Susanne Pickel, Gert Pickel
Empirische Politikforschung

Susanne Pickel, Gert Pickel

Empirische Politikforschung

Einführung in die Methoden der Politikwissenschaft

ISBN 978-3-486-58515-5
e-ISBN (PDF) 978-3-486-77902-8
e-ISBN (EPUB) 978-3-11-039841-0

Library of Congress Control Number: 2018934564

Bibliografische Information der Deutschen Nationalbibliothek
Die Deutsche Nationalbibliothek verzeichnet diese Publikation in der Deutschen Nationalbibliografie; detaillierte bibliografische Daten sind im Internet über http://dnb.dnb.de abrufbar.

© 2018 Walter de Gruyter GmbH, Berlin/Boston
Einbandabbildung: Konstantin Androsov/Hemera/Thinkstock
Satz: le-tex publishing services GmbH, Leipzig
Druck und Bindung: CPI books GmbH, Leck

www.degruyter.com

Inhalt

Vorwort —— VIII

1 Einleitung —— 1

2 Wissenschaftstheorie und Konzeptionalisierung —— 5
2.1 Methode und Methodologie —— 5
2.2 Die wissenschaftstheoretischen Grundlagen – Begriffsbildung —— 6
2.3 Quantitativ versus qualitativ? —— 12
2.4 Theorien und Hypothesen —— 15
2.5 Das Forschungsdesign einer Untersuchung —— 19
2.6 Fazit —— 29
2.7 Weiterführende Literatur —— 30

3 Grundlagen der empirischen Forschung —— 32
3.1 Methoden als Handwerkszeug —— 32
3.2 Die Basis quantitativer Forschung – Messung, Variablen und Skalenniveaus —— 33
3.2.1 Messung, Daten und Variablen —— 33
3.2.2 Skalenniveaus —— 38
3.2.3 Indizes —— 41
3.2.4 Typologien und Kategorisierungen —— 44
3.2.5 Gütekriterien quantitativer Forschung – Zuverlässigkeit und Validität —— 46
3.3 Exkurs: vergleichende Forschung und ihre Spezifika —— 49
3.4 Die Basis qualitativer Forschung – methodisch geleitetes Fremdverstehen —— 54
3.4.1 Regelgeleitetes Sinnverstehen und Textbasiertheit —— 54
3.4.2 Prüfkriterien – Reproduktionsgesetzlichkeit und Validität —— 56
3.5 Fazit —— 60
3.6 Weiterführende Literatur —— 60

4 Datenerhebung —— 62
4.1 Grundsätzliches zur Datenerhebung —— 62
4.2 Auswahlstrategien und Versuchsanordnungen —— 63
4.2.1 Versuchsanordnungen – das Zusammenspiel von Datenauswahl, Datenerhebung und Datenauswertung —— 63
4.2.2 Bewusste Auswahl von Untersuchungsstichproben —— 67
4.2.3 Zufallsauswahl von Stichproben —— 70

4.3	Einsatz von Strukturdaten, prozessproduzierten Daten und Makrodaten —— 75	
4.4	Experimentelle Designs —— 77	
4.4.1	Grundlagen des Experiments unter Laborbedingungen —— 77	
4.4.2	Feldexperimente —— 82	
4.5	Das repräsentative Interview der Umfrageforschung —— 84	
4.5.1	Umfrageforschung —— 84	
4.5.2	Die Gestaltung des Fragebogens —— 88	
4.5.3	Exkurs: vergleichende Umfragen – funktionale Äquivalenz —— 93	
4.5.4	Interviewsituation und Feldphase —— 95	
4.5.5	Datenaufbereitung, Datentransformation und Datenkontrolle —— 104	
4.6	Das qualitative Interview —— 110	
4.6.1	Logik und Vielfalt qualitativer Interviews —— 110	
4.6.2	Das Experteninterview als spezifisches politikwissenschaftliches Instrument —— 120	
4.7	Gruppendiskussion und Fokusgruppeninterview —— 127	
4.8	Beobachtungsverfahren —— 134	
4.9	Fazit —— 138	
4.10	Weiterführende Literatur —— 139	
5	**Datenanalyse —— 141**	
5.1	Statistische Datenanalyse —— 141	
5.1.1	Univariate Analysen – der Einstieg in die statistische Analyse —— 146	
5.1.2	Bivariate Analysen – der einfache Königsweg? —— 153	
5.1.3	Schätz- und Testverfahren – Signifikanz und schließende Statistik —— 161	
5.1.4	Multivariate Analysen —— 167	
5.1.5	Kausalanalytische Verfahren – die (multiple) Regressionsanalyse —— 169	
5.1.6	Dimensionsanalytische Verfahren – die Faktorenanalyse —— 182	
5.1.7	Gruppenbildende Verfahren – die Clusteranalyse —— 192	
5.2	Aggregatdatenanalyse und Sekundärdatenanalyse —— 197	
5.2.1	Aggregatdatenanalyse – Makrophänomenen auf der Spur —— 197	
5.2.2	Eine Chance für finanziell Klamme – die Sekundärdatenanalyse —— 201	
5.3	Makroqualitative Verfahren —— 204	
5.3.1	Konzeptionelles Denken in makroqualitativen Verfahren —— 204	
5.3.2	QCA – die Feststellung von Erklärungsheterogenität —— 206	
5.3.3	Problembereiche der QCA und wie man ihnen entgegentritt —— 212	
5.3.4	Fuzzy-Set QCA und Erweiterungen der QCA —— 214	

5.4	Die Auswertung qualitativer Interviews —— **215**	
5.4.1	Sinnrekonstruktion, theoretische Sättigung und Fallorientierung – Grundsätzliches zur Auswertung qualitativer Interviews —— **215**	
5.4.2	Die qualitative Inhaltsanalyse und ihre Kernprinzipien —— **222**	
5.4.3	Die qualitative Inhaltsanalyse – potenzieller Ablaufplan —— **225**	
5.4.4	Grounded Theory als Beispiel für ein rekonstruktives Verfahren —— **233**	
5.5	Verfahrenskombinationen, Designs und „sekundäre" Strategien der Auswertung —— **238**	
5.5.1	Integrative und aufbauende Analysevorgehen —— **238**	
5.5.2	Process Tracing – politikwissenschaftliche Prozessanalyse —— **239**	
5.5.3	Diskursanalyse(n) —— **244**	
5.5.4	Triangulation und Mixed-Methods-Designs —— **251**	
5.5.5	Mehrebenenanalyse – der Kontext in den Individualdaten —— **255**	
5.6	Fazit —— **260**	
5.7	Weiterführende Literatur —— **261**	
6	**Beispiel für eine eigene Umfrage – Erhebung zur Politikverdrossenheit —— 265**	
6.1	Das Problem —— **265**	
6.2	Die Fragestellung —— **265**	
6.3	Konzeptspezifikation, Literaturanalyse und Hypothesenbildung —— **266**	
6.4	Forschungsdesign – Auswahl der Untersuchungsform und Operationalisierung —— **268**	
6.5	Ausführung des Forschungsdesigns – Zugang zu Feld und Stichprobe —— **275**	
6.6	Feldphase – konkrete Durchführung einer Umfrage —— **278**	
6.7	Zwischenschritte – Dateneingabe und Datenkontrolle —— **280**	
6.8	Untersuchungskern – Datenanalyse und Interpretation —— **282**	
6.9	Dissemination – Präsentation der Ergebnisse —— **286**	
7	**Fazit und Perspektiven —— 291**	

Literatur —— 295

Stichwortverzeichnis —— 305

Vorwort

Will man ein Lehrbuch zur empirischen Politikforschung schreiben, stellen sich eine Vielzahl an Fragen und Entscheidungsalternativen. Die erste liegt gleich in dem Begriff **„empirisch"** selbst begründet. Hier wird gemeinhin zwischen „qualitativen" und „quantitativen" Verfahren unterschieden. Gleichzeitig beinhaltet die Begriffsverwendung eine Abgrenzung gegenüber eben nicht empirischen Vorgehensweisen, die gemeinhin als „Alltagsfeststellungen" klassifiziert werden. Doch damit nicht genug. Auch der Begriff der **Politikforschung** grenzt sich von anderen sozialwissenschaftlichen Bereichen ab. So verweist er auf den inhaltlichen Bereich, auf den sich die vorgenommenen Forschungsvorhaben – denn um diese handelt es sich hauptsächlich, wenn man von „empirisch" und „Forschung" spricht – beziehen. Diese Unterscheidung ist nicht unerheblich, haben sich doch seit Längerem Instrumentarien der Sozialwissenschaften in einer großen Bandbreite entwickelt. Sie stehen mittlerweile in einer hinreichenden Zahl an einschlägigen Lehrbüchern zu sozialwissenschaftlichen Methoden mit teils beachtlichen Auflagen zur Verfügung (vgl. Atteslander 2013; Diekmann 2007; Häder 2010; Kromrey 2012; Schnell u. a. 2013; Weilscher 2007). Diese Instrumentarien finden auch in der Politikwissenschaft ihre Anwendung. Für den Bereich „Politikwissenschaft" finden sich mit der Einführung von Dreier (1996) und dem ausgezeichneten Band von Behnke u. a. (2010) sowie Hildebrandt u. a. (2015) einschlägige Methodenbücher. Zudem hat sich in den letzten Jahren der Markt der Einführungsbücher für qualitative Methoden der Sozialforschung massiv erweitert (z. B. Bohnsack 2014; Flick 2014; Flick u. a. 2010; Kleemann u. a. (2009); Przyborski/Wohlrab-Sahr 2013 oder Strübing 2013).

Was macht also vor diesem Hintergrund die Besonderheit einer noch dazu kompakten und damit im Umfang begrenzten Einführung in die empirische Politikforschung aus? Insbesondere drei Aspekte sind zu nennen, die in ihrer Kombination dazu anregen, dieses Buch vorzulegen:
1. die Konzentration auf **Beispiele aus der Politikwissenschaft**, schließlich sind die meisten Einführungen in die empirische Sozialforschung auf Beispiele der Soziologie ausgerichtet.
2. eine klare **Anwendungsbezogenheit** des Vorgestellten, in dem Sinne, dass Studierende auf die vorgestellten Instrumente und Zugänge zurückgreifen können.
3. die Beschränkung auf das **empirische Vorgehen** innerhalb dieses Fachbereichs und seine Begründungen.

Angesichts der vorliegenden Publikationen soll weniger zum wiederholten Male die Basis empirischer Sozialforschung ausgebreitet, als vielmehr ein zur Anwendung anregender Zugang zu bestimmten Kernaspekten empirischer Politikforschung präsentiert werden. Dies setzt an einigen Stellen Selektion und Konzentration voraus. So ist es nicht nur unmöglich, der mittlerweile breiten Methodenvielfalt mit einer begrenzten Seitenzahl Herr zu werden, es ist vermutlich auch unter studentischer Perspektive nicht sinnvoll.

Damit ist bereits der Hinweis auf die Zielgruppe, die mit diesem Lehrbuch angesprochen wird, gegeben. Die vorliegende Einführung ist vor allem für Studierende der Politikwissenschaft konzipiert. Dabei sind es insbesondere Teilnehmer der jungen BA-Studiengänge der Politikwissenschaft, die sich mit eben diesem Bereich auseinandersetzen müssen – und sollten. Nicht von ungefähr kann man darauf verweisen, dass gerade die empirischen Kenntnisse – und diese sind nicht zu verwechseln mit breiten Kenntnissen der Statistik oder Mathematik – später zu einem der größten „Jobgaranten" im Fach werden können. Ob an der Universität, in Projekten oder auch außerhalb von Universitäten – handwerkliches Rüstzeug wird auch zukünftig (fast) immer gefragt sein. Doch nicht nur das reine „Verwertungsinteresse" steht bei dem vorliegenden Buch im Vordergrund. Auch für das bleibende Interesse an wissenschaftlichen Fragestellungen werden weiterführende Hinweise gegeben. Sie sollen nicht nur die Voraussetzungen für ein späteres MA-Programm schaffen, sondern politik- und sozialwissenschaftlichen „Outsidern" den Zugang zu einer empirischen Fundierung von Politikwissenschaft ermöglichen. Dies kann weder in breiter Ausführlichkeit für alle Bereiche geschehen – weiß man ja nicht, was der jeweilige Interessent für seine Forschung konkret benötigt –, noch unter Verwendung einer tiefer gehenden statistischen Darstellung ausgeführt werden. Vielmehr ist es Ziel, einen **Überblick** zu vermitteln, der dann in Kombination mit Hinweisen die Weiterarbeit ermöglicht.

Entsprechend dieser Überlegungen werden wir in diesem Buch versuchen, einen knappen und prägnanten Einblick in die zentralen Fragen empirischer Politikforschung zu geben. Dies ist nicht ganz einfach, spannt es doch einen enorm breiten Themenbereich auf, der von der Wissenschaftstheorie bis hin zu der großen Bandbreite multivariater Analyseverfahren reicht. Natürlich können, angesichts des Ziels einer konzentrierten Darstellung, nicht alle der Themen in aller Ausführlichkeit und Breite behandelt werden. Um dieses Manko auszugleichen, welches mit großer Sicherheit das Volumen des Bandes auf über 500 Seiten ausgeweitet hätte, werden wir in jedem der vorgelegten Kapitel mit abschließenden **Literaturverweisen** die Möglichkeit zu einem tiefer gehenden Selbststudium eröffnen. **Boxen** sollen die wichtigsten Aussagen zu den einzelnen Kapiteln noch einmal prägnant zusammenfassen, um eine zügige Wiederholung der Kernaussagen zu ermöglichen.

Bei den ausgewählten Themen haben wir uns auf die zentralen Bereiche der Methoden der Politikwissenschaft beschränkt, welche derzeit innerhalb dieses Studiums angewendet werden. Viele der hier präsentierten Überlegungen entstanden folglich entsprechend Vorlesungen an der Universität Duisburg-Essen, an der Universität Greifswald und an der Europa Universität Viadrina Frankfurt (Oder). Den dort teilnehmenden Studierenden wollen wir an dieser Stelle genauso herzlich für ihre kritischen und positiven Kommentare danken, wie den Kollegen, die Einfluss auf dieses Buch genommen haben. Besonderer Dank gilt unseren Mitarbeitern Toralf Stark und Wiebke Breustedt sowie unseren studentischen Hilfskräften Lydia Messerschmidt, Merve

Vardar und Cemal Öztürk, die sich beim Redigieren und kritischen Kommentieren des Bandes in hervorragender Weise hervorgetan haben.[1] Unser besonderer Dank gilt der Lektorin unseres Verlages, Annette Huppertz, und Monika Pfleghar für eine sorgfältige, geduldige Betreuung.

Duisburg/Leipzig, 05.03.2018
Susanne und Gert Pickel

---

[1] Aus pragmatischen Gründen wird im vorliegenden Buch die männliche Form für beide Geschlechter verwendet (norwegische Formel).

1 Einleitung

Empirische Politikforschung bezieht sich zentral auf den Bereich der **Grundlagen und Methoden des Faches** Politikwissenschaft, aber auch auf deren Anwendung zur Beantwortung von Forschungsfragen. Dies impliziert ein offenes Verständnis von empirischer Forschung, welches – will man die manchmal etwas artifizielle Unterscheidung aufrechterhalten – sowohl quantitative als auch qualitative Methoden umfasst. Was die methodischen Grundlagen der empirischen Politikforschung angeht, bestehen kaum Unterschiede zu den sozialwissenschaftlichen Methoden, wie sie allgemein in anderen Gebieten der Sozialwissenschaften und hauptsächlich in der Soziologie gelehrt werden (vgl. Atteslander 2006, 2010; Diekmann 2007; Hirschle 2015; Kromrey 2012; Schnell u. a. 2013). Verfahren der Umfrageforschung, der Analyse statistischer Daten oder der Individualdatenanalyse werden dort zur Genüge behandelt – und sowohl der Umgang mit ihnen als auch ihre statistische Auswertung unterscheidet sich in der Politikwissenschaft nicht von den Nachbardisziplinen der Soziologie, Volkswirtschaft oder Psychologie. Auch für den Bereich der qualitativen Sozialforschung hat sich mittlerweile ein großer **Korpus an Einführungsbüchern** etabliert (Flick 2014; Flick u. a. 2010; Kleemann u. a. 2009; Mayring 2010; Przyborski/Wohlrab-Sahr 2013; Strübing 2013). Diese wurden in der Politikwissenschaft lange Zeit nur stiefmütterlich zur Kenntnis genommen. Erst bei Behnke u. a. (2010) findet sich eine erste detailliertere Berücksichtigung dieser Zugänge, die endlich auch innerhalb der Politikwissenschaft dazu führten, die Bezeichnung „qualitativ" nicht mehr als Ausflucht vor quantitativer Analyse und jeglicher kontrollierter empirischer Analyse ins Feld zu führen. Die **Besonderheiten** der empirischen **Politikforschung** liegen in drei Punkten:

1. Die in ihr behandelten Sachverhalte beziehen sich vornehmlich auf **politikwissenschaftliche Phänomene**. Es kommt also zu einer Spezifizierung des inhaltlichen Interesses.
2. Dem Instrumentarium der **Aggregatdatenanalyse** kommt in der Politikwissenschaft eine höhere Bedeutung zu als dies in den in der Soziologie gelehrten sozialwissenschaftlichen Methoden gemeinhin üblich ist. Sie stellt insbesondere das Zentrum für die Vergleichende Politikwissenschaft dar (siehe Lauth u. a. 2015), findet aber auch in der politischen Ökonomie und mittlerweile auch in den Internationalen Beziehungen Verwendung.
3. Die empirische Politikforschung berücksichtigt **vergleichende Methoden** als eigenständige Analyseformen. Dies impliziert neben der bereits erwähnten Aggregatdatenanalyse die breite Nutzung von Indizes und Expert Judgements (Benoit/Wiesehomeier 2009).

Daneben haben in den letzten Jahren auch andere Verfahren Einzug in das Repertoire der empirischen Politikwissenschaft gehalten. Erwähnenswert sind Vorgehen wie die der Experteninterviews, der Grounded Theory, des Process Tracing, der Diskursanalyse oder aber der QCA (Qualitative Comparative Analysis).

Wie sich gerade am Beispiel der QCA zeigt, spielen viele der angesprochenen Verfahren für jeweils ganz spezielle **Bereiche der Politikwissenschaft** eine größere, umgekehrt für andere eine geringere Bedeutung. Ist die QCA in ihren verschiedenen Ausführungen besonders für die Vergleichende Politikwissenschaft und für den politikwissenschaftlichen Teilbereich der Internationalen Beziehungen von großem Interesse, entfalten Experteninterviews ihre Bedeutung eher im Bereich der Policy-Forschung – und dort besonders im Spektrum des Lehrbereichs „Politisches System der Bundesrepublik Deutschland". Das Process Tracing wurde ebenfalls zuerst in den Internationalen Beziehungen angewandt, erfährt nun aber auch in anderen Bereichen der Politikwissenschaft, zum Beispiel in der Policy-Analyse, eine gestiegene Nachfrage (Bennett 2014; Schimmelfennig 2006). Breiter gestreut sind Verfahren wie die Umfrageforschung, welche allerdings über die Wahl- und politische Kulturforschung immer noch am stärksten in der politischen Systemlehre – ob auf Deutschland bezogen oder vergleichend – ihren Einsatz findet (Lipset 1981; Pickel/Pickel 2006). Ein Lehrbuch zur empirischen Politikforschung muss somit notwendigerweise einen Spagat zwischen den unterschiedlichen Subdisziplinen der Politikwissenschaft vornehmen. Das **erste Kapitel** schließt mit einer Skizze ab, die ein **idealtypisches Forschungsprojekt** nachzeichnet. Es soll mit Blick auf die Folgekapitel helfen, Strukturen erkennen und einordnen zu können, als auch eigene Forschungsarbeiten zu ermöglichen.

Damit ergibt sich die Gliederung des vorliegenden Buches fast von selbst. Zu Beginn des Buches **(Kapitel 2)** werden die Grundlagen für eine wissenschaftliche empirische Analyse, ja für eine Wissenschaft überhaupt gelegt. Dies geschieht in der Regel über die Begrifflichkeiten der **Wissenschaftstheorie** und zieht sich über Begriffsbestimmungen hin bis zum Aufbau eines Forschungsdesigns für eine konkrete politikwissenschaftliche Erhebung. Die Wissenschaftstheorie dient zur Unterscheidung zwischen Alltagserfahrungen und wissenschaftlichen Abhandlungen, aber auch zur Differenzierung zwischen methodisch-wissenschaftlichen Vorgehensweisen und unmethodischen (und teils auch unwissenschaftlichen) Studien. Hier existieren verschiedene Verständnisse, deren Kenntnis und Unterscheidbarkeit im Anliegen für einen Zugang zur empirischen Forschung überhaupt zentral sind. Damit ist die zentrale Fragestellung der Wissenschaftstheorie, wie Erkenntnis bzw. Wissen zustande kommt. Aber auch die Fassung von Kategorien, Begriffen und empirischen Aussagen ist für wissenschaftliche Arbeit zentral und verdient es, behandelt zu werden. Damit ist das **Grundverständnis** gelegt, um überhaupt wissenschaftliche Studien umsetzen zu können.

Kapitel 3 setzt sich mit den eher handfesten **Grundlagen der empirischen Forschung** auseinander, erklärt die Prinzipien der Messung und legt darüber hinaus dar, was Variablen, Indizes und Skalenniveaus sind. Diese bilden die Grundeinheiten für die spätere Analyse und sind in ihrer Wertigkeit nicht zu unterschätzen. Genaues wissenschaftliches Arbeiten an dieser Stelle führt später zu validen (gültigen) und verlässlichen (reliablen) Ergebnissen, die für andere Wissenschaftler nachvollziehbar sind (Transparenz). Dabei geht es auch um messtheoretische Grundlagen, die empirische Forschung erst ermöglichen. Neben den Gütekriterien für die empirische Forschung wird in diesem Kapitel auch die besondere Stellung der vergleichenden Analyse behandelt, handelt es sich doch auch hier um eine grundsätzliche Differenzierung im thematischen und methodischen Zugangsprofil.

In **Kapitel 4** wird der Bereich der **Datenerhebung** behandelt. Hier wird die Basis für die spätere Analyse geschaffen, der im politikwissenschaftlichen Forschungsprozess eine große Bedeutung zukommt. Nur sauber und vernünftig erhobene Daten können später valide Ergebnisse hervorbringen. Die Datenerhebung kann auf unterschiedliche Weise erfolgen. Entweder nutzt man vorliegende statistische Grunddaten, erhebt – möglichst repräsentative – Bevölkerungsumfragen oder greift auf nicht statistische (qualitative) Erhebungsverfahren zurück. Letztere variieren nochmals erheblich hinsichtlich ihres genauen Forschungsziels und Vorgehens. Übliche Erhebungsverfahren sind die Befragung bzw. die Beobachtung, aber auch die Gruppendiskussion bzw. das Experiment. Wichtig für alle Datenerhebungsverfahren ist, dass sie Informationen über die Umwelt einholen. Dies gilt auch für die als qualitativ klassifizierten Verfahren. Anders aber als quantitative Vorgehen, die versuchen, Hypothesen zu prüfen oder Theorien zu hinterfragen, geht es in den qualitativen Vorgehen im Wesentlichen darum, empirisches Material zu erfassen, welches eine Rekonstruktion der Deutungsmuster der Untersuchten und eine Durchdringung für politisches Handeln ermöglicht. So wie die Rekonstruktion von Sinn dabei im Zentrum steht, unterscheiden sich doch die Erhebungsformen. Selbst wenn es etwas sonderlich klingen mag, sind auch die in der qualitativen Sozialforschung produzierten Transkriptionen von Interviews, Beobachtungsprotokolle oder Textzusammenstellungen nichts anderes als Datenmaterial, welches dann in einer weiteren Phase systematisch analysiert werden muss. In diesem Kapitel werden wir uns auf die in der Politikwissenschaft gebräuchlichsten Verfahren der Datenerhebung konzentrieren.

Liegen die Daten vor, setzt in der Regel die Phase der **Datenauswertung** ein, die in **Kapitel 5** behandelt wird. Hier sind Diversifizierungen möglich, die bereits bei der Datenerhebung Entscheidungen hervorgerufen hatten. Hat man bei der Datenerhebung auf Experteninterviews zurückgegriffen, besteht nun die Auswahl zwischen verschiedenen Methoden der hermeneutischen Auswertung der erhobenen verbalen Daten. Wir werden hier aus dem reichhaltigen Angebot heraus vor allem die qualitative Inhaltsanalyse und die Grounded Theory gezielt in den Blick nehmen. Wurde eine standardisierte Umfrage durchgeführt oder liegen Strukturdaten vor, sind statistische Methoden notwendig. Dabei gibt es, das sei bereits hier gesagt, keine schlechten Methoden, sondern nur der Thematik und dem Datenmaterial angemessene oder unangemessene Vorgehensweisen. Letztendlich kann angesichts der großen Bandbreite der verfügbaren Analyseverfahren auch hier nur ein „Schnappschuss" möglicher Vorgehensweisen angesprochen werden. Es wird ein Einblick gegeben in univariate, bivariate und multivariate Zugänge der statistischen Analyse. Bei letzteren konzentrieren wir uns auf Regressionsanalyse, Clusteranalyse und Faktorenanalyse. Weiterführende Literaturhinweise bieten Möglichkeiten der Vertiefung an. In der Darstellung werden wir zudem einige Schwerpunkte setzen, die es potenziellen Interessenten an solchen Analysen ermöglichen, diese umzusetzen. Abschließend wird auf kombinierende Verfahren eingegangen, wie die Prozessanalyse, die Diskursanalyse, die Mehrebenenanalyse sowie Mixed-Methods-Designs.

In **Kapitel 6** werden zusammenfassend die bisherigen Überlegungen aufgegriffen und die zentralen Prämissen eines empirischen Forschungsprozesses und dessen Ablaufs anhand eines konsistenten Beispiels (der Ermittlung von Politikverdrossenheit) dargestellt. Das präsentierte Vorgehen kann als **Raster** für die Durchführung eines Forschungsprojekts dienen. Es werden an dieser Stelle Vorschläge unterbreitet, wie ein erfolgreiches Forschungsprojekt oder eine erfolgreiche empirische Abschlussarbeit konzipiert und durchgeführt werden sollten. Dabei wird an die bereits in den Vorkapiteln vorgestellten Überlegungen zur Konzeption und Durchführung von Forschungsprojekten unter Verwendung bestimmter Methoden zurückgegriffen.

2 Wissenschaftstheorie und Konzeptionalisierung

2.1 Methode und Methodologie

Zum Bereich der **Methodologie** zählt die Festlegung, wie in einem konkreten Forschungsprozess handwerklich vorgegangen wird. Damit wird auch die Aussage getroffen, dass man für den Zugang zur Beschreibung und Erfassung von Realität so etwas wie wissenschaftliche Methoden benötigt. Denn Wissenschaft ist in gewisser Hinsicht **Systematisierung**. Und diese wird, nicht anders als wenn man durch Gesetze Regelungen für den Umgang in Gesellschaften festlegt, durch bestimmte Regelungen und **Standards** der wissenschaftlichen Forschung erreicht. Die Methodologie legt also fest, dass wissenschaftliche Ergebnisse auf in dem jeweiligen Fachbereich vereinbarten und akzeptierten Standards beruhen müssen. Und diese werden durch den Einsatz bestimmter, ebenfalls akzeptierter Methoden gesichert. Üblicherweise werden diese in Korrespondenz zu Theorien des jeweiligen Fachgebiets stehen.

Dies schließt ein, dass man die Methode, die man verwendet, beschreibt und illustriert, wie man mit einem existierenden Forschungsproblem umgeht und gegebenenfalls die abhängige und unabhängige Variable der eigenen Forschung festlegt – wenn die Überlegung kausal ausgerichtet ist – und sichtbar macht. Es gilt die Regel, dass oft unterschiedliche Methoden dem **Untersuchungsgegenstand angemessen** sind, um einen Erkenntnisfortschritt zu erzielen. Diese Gegenstandsangemessenheit sollte auch das zentrale Kriterium der Auswahl der Forschungsmethode darstellen. Gleichzeitig werden sich aufgrund der persönlichen Vorlieben und der eigenen Ausbildung immer Präferenzen für die eine oder andere Methode herausbilden. Auch dies ist legitim, sollte jedoch offengelegt werden.

Es gibt keine gute oder schlechte, richtige oder falsche Methode. Es gibt nur eine dem Forschungsgegenstand angemessene und nicht angemessene Methode.

Wozu wird überhaupt so etwas wie eine Methode benötigt? **Methoden** sind nicht als Einengung gedacht, sondern dienen als Hilfen, um die komplexe Realität systematisch erfassen zu können. Gerade die **Systematik**, also ein auf Methoden zurückgreifendes Vorgehen, unterscheidet Wissenschaft von Alltagswissen. Die Methoden erlauben es, die zentralen Kriterien wissenschaftlichen Arbeitens zu sichern: Nachprüfbarkeit, mögliche Widerspruchsfreiheit, Transparenz des Vorgehens und – wenn es geht – auch Wiederholbarkeit der Ergebnisse bei gleicher Forschungsanlage. Methoden sind das Handwerkszeug zur Klärung von Forschungsfragen, die zuerst auf einer praktischen Ebene formuliert oder aus Theorien abgeleitet werden. Ziel ist es, entweder die verwendete Theorie zu verbessern oder sie zu widerlegen. Ein solches Vorgehen verlangt einen gewissen Grundstock an Kenntnis wissenschaftlichen Arbeitens. Dieser wird in der Wissenschaftstheorie gelegt.

2.2 Die wissenschaftstheoretischen Grundlagen – Begriffsbildung

Die Grundlage wissenschaftlichen Arbeitens setzt ein klares und mit anderen **geteiltes Verständnis von Wissenschaft** voraus. Nur so sind eine Kommunikation und die produktive Auseinandersetzung über wissenschaftliche Befunde möglich. Hierfür zentral ist der Bereich der Wissenschaftstheorie. Dort wird das Verhältnis von Methodologie, Methode und Theorie behandelt und ein Überbau für deren Anwendung festgelegt. Zudem erfolgt die Abgrenzung eines wissenschaftlichen Vorgehens gegenüber dem Alltagsverständnis. Es reicht nicht aus, die im Alltag gewonnenen Erfahrungen individuell zu deuten bzw. für sich von einem persönlichen Standpunkt aus zu interpretieren, vielmehr müssen nachvollziehbare **Regeln** und Deutungssysteme bestimmt werden. Die Regeln einer empirisch arbeitenden Wissenschaft sind dabei **Gültigkeit** (Validität), **Zuverlässigkeit** (Reliabilität) des von ihr verwendeten Datenmaterials sowie **Transparenz** der verwendeten Methoden und der erzielten Ergebnisse. Diese Kriterien beziehen sich auf die Abbildung der Wirklichkeit durch Daten (siehe Kapitel 3.2.5).

Bereits auf einer allgemeineren Ebene bestehen Ansatzpunkte für die Einschätzung der „Wissenschaftlichkeit" eines Ergebnisses. Gewährleistet werden soll diese anhand verschiedener **Kriterien**, wie zunächst der Transparenz des Forschungsprozesses, die eine Überprüfbarkeit der erzielten Ergebnisse und die Reproduzierbarkeit (entweder durch andere Forscher mit gleichen Daten oder durch den Forscher selbst) einer Untersuchung – zentrale Kriterien der Wissenschaftlichkeit – erst ermöglicht. Diese Kriterien setzen allerdings eines zwingend voraus: die Bildung überprüfbarer **Begriffe** und **Aussagen**.

Kriterien wissenschaftlichen Arbeitens
Um wissenschaftliche Erkenntnis von Alltagswissen zu unterscheiden, benötigt man verschiedene Kriterien. Neben der logischen Widerspruchsfreiheit sind dies Transparenz, Überprüfbarkeit und Reproduzierbarkeit. Diese Kriterien beziehen sich auf Aussagen, die in der Form von Sätzen vorgestellt werden. Diese Sätze wiederum greifen auf Begriffe zurück, die möglichst klar und eindeutig sein sollten.

Doch was ist überhaupt ein wissenschaftlicher Begriff? Ein **wissenschaftlicher Begriff** benötigt unbedingt eines: eine klare und abgrenzbare Definition. Er muss einen Gegenstand möglichst trennscharf und genau beschreiben. Ist dies nicht der Fall, so sind die Folgeprobleme gewaltig, wird doch „im Nebel herumgestochert". Mindestens genauso schlimm ist es, wenn man sich nicht über den Gegenstand verständigen kann. Die Festlegung von Begriffen ermöglicht es, sich über bestimmte Befunde und Phänomene aus der Realität unmissverständlich und nicht profan oder oberflächlich zu unterhalten. Dies kann kontrovers sein, dies kann harmonisch sein, entscheidend ist, dass jeder weiß, über was er redet – und die anderen auch. Diese **klare und auch eindeutige Begriffsbestimmung** setzt eine Verständigung über ihre Akzeptanz durch ihre Anwender voraus. Die Verwendung des Begriffs muss in der Profession anerkannt sein. Oder besser: Jeder kann erkennen, was der jeweilige Nutzer eines Begriffs damit meint. Ein dritter Aspekt ist ebenfalls zu nennen: Ein Begriff sollte auf einen Gegenstand hinweisen, der in der einen oder anderen Weise erforscht werden kann.

Wie sieht dies nun aus? In der Regel wird man in der wissenschaftlichen Diskussion Aussagesätze bilden. Diese können unterschieden werden in **allgemeine Sätze**[1], die einen universalen Anspruch besitzen (und so in der sozialwissenschaftlichen Realität eher nicht vorkommen) und **singuläre Sätze** (siehe Behnke u. a. 2010: 21). Diese singulären Sätze sagen etwas über einen realen Sachverhalt aus bzw. versuchen, diesen zu beschreiben. Damit sind sie an der Realität überprüfbar. So wird der singuläre Satz „Heute ist Wahltag" recht schnell überprüft werden können, wenn man den Fernseher einschaltet. Dann kann er als falsch oder wahr klassifiziert werden. Singuläre Sätze versuchen, Tatsachen adäquat abzubilden, allgemeine Sätze beschreiben universale Annahmen, also theoretisch formulierte Gesetzmäßigkeiten. Diekmann (2007: 151) spricht hier von **hypothetischen Sätzen**.

Das Problem allgemeiner Sätze liegt in der Annahme begründet, dass sie auf generelle Gültigkeit – eben **Gesetze** – zielen. Gesetze sind „empirische, hypothetische Sätze mit raumzeitlich unbegrenztem Gültigkeitsanspruch, die als empirisch bestätigt gelten können" (Diekmann 2007: 151; auch Friedrichs 2006: 60–73 oder Dreier 1997: 115–149). Geht man in den Naturwissenschaften recht häufig davon aus, dass solche Gesetze feststellbar sind, ist man in den Sozialwissenschaften hier wesentlich skeptischer. Entsprechend verläuft sozialwissenschaftliche Theoriebildung meist auch mit eingeschränkten oder probabilistischen (auf Wahrscheinlichkeiten beruhenden) „Gesetzesaussagen".[2] Wir werden in der Folge noch sehen, dass es gerade Theorien sind, die wir als Ausgangspunkt empirischer Sozialforschung benötigen. Sie geben uns universale Grundannahmen mit auf den Weg, die wir in der Folge an der Realität prüfen. Dann verwerfen wir sie, modifizieren sie oder sehen sie als bestätigt an.

Wissenschaftliche Begriffe müssen klar, nachvollziehbar und so eindeutig wie möglich sein.

Dies wird unter dem Gedanken der Abbildung- oder **Korrespondenztheorie der Wahrheit** verstanden (Tarski 1994; ausführlich Behnke u. a. 2010: 22), in der von einer Repräsentation der Realität in den Sätzen ausgegangen wird. Die Vermittlung verläuft dabei nicht ganz so direkt, wie man es vielleicht gerne hätte, schließlich sind auch wissenschaftliche Aussagesätze sprachvermittelt. Nur das, was ich ausdrücken kann, kann repräsentiert werden. Entsprechend wird eine sprachliche Abbildung der Realität, wie wir sie im wissenschaftlichen Prozess behandeln, immer nur einen

---

1 Allgemeine Sätze sind zum Beispiel physikalische Gesetze wie das Gravitationsgesetz, das überall gültig ist.
2 Albert (1964) spricht hier recht passend von „Quasi-Gesetzen" (Diekmann 2007: 151).

Ausschnitt dieser Realität erfassen und repräsentieren können. Dabei ist zu beachten, dass solche Zuordnungen nicht von sich aus existieren, sondern von Menschen vorgenommen werden: Sätze und Begriffe sind in ihren Zuweisungen **sozial konstruiert**.[3] Doch Vorsicht: Dies bedeutet nicht, dass keine intersubjektive Forschung möglich ist. Auch sozial konstruierte Phänomene sind in ihrer Konsequenz real existierende soziale und politische Tatsachen – und damit empirisch fassbar und erfassbar. Allerdings sollte man sich des Charakters der Konstruiertheit immer bewusst sein und die subjektive Konstruktivität berücksichtigen. Überhaupt ist ja nicht die Einzelaussage im Interesse der Sozialwissenschaften: Nicht die Betrachtung von Einzelkonstruktionen von Individuen, sondern **generalisierende Aussagen** über die soziale Umwelt und deren Mechanismen sind angestrebt. Dies ist übrigens das Ziel sowohl quantitativer als auch qualitativer Sozialforschung. Die gesellschaftliche Bedingtheit sozialer Konstruktionen tritt am stärksten hervor, wenn man Grenzen unterschiedlicher Kulturen überschreitet. Schon im Nachbarland existieren manchmal abweichende soziale Konstruktionen und Verständnisse über Gegenstände. Sie zeichnen sich aber dadurch aus, dass sie innerhalb der spezifischen kulturellen Kontexte großen gemeinsamen Anklang und oft Verbindlichkeit für die Strukturierung des eigenen Handelns finden.

Warum nun Korrespondenztheorie der **Wahrheit**? Letztendlich ist es das Ziel jedweder Forschung, in empirischen Sätzen darüber zu entscheiden, ob Sätze **wahr oder falsch** sind. Das ist keine normative Aussage oder Position, sondern eine einfache Entscheidung über den empirischen Wahrheitsgehalt einer Aussage, die auf empirischer Prüfung beruht. So muss es möglich sein, Aussagen in Klarheit auszusprechen und dann eine Entscheidung über deren Gültigkeit treffen zu können. Ohne diese Chance einer Entscheidung zwischen Alternativen wie wahr oder falsch ist Wissenschaft gar nicht möglich. Bezugspunkt sind die bereits erwähnten **Aussagen**. Die Formulierung von Aussagen muss den Kriterien der hinreichenden Präzision in der Bestimmung des untersuchten Gegenstands (siehe auch Begriffsbestimmung) und logischer Widerspruchsfreiheit genügen.

Versuchen Sie immer, empirischen Informationsgehalt zu erreichen. Ohne diesen ist Forschung nutzlos. Der empirische Informationsgehalt ist umso höher, je mehr Möglichkeiten bestehen, die Aussage zu widerlegen.

Die zentrale Eigenschaft, die Sätze aus Sicht der Korrespondenztheorie der Wahrheit und aus Sicht wissenschaftlicher Forschung erfüllen müssen, ist, dass sie einen **empi-**

---

3 Beispielsweise wandelte sich die Bezeichnung für Menschen, die aus dem Ausland nach Deutschland gekommen sind, im Laufe der Zeit von „Gastarbeitern" zu „Menschen mit Migrationshintergrund". Gemeint war oft der gleiche Personenkreis, die Bezeichnung entspricht nur teilweise einer Schärfung des tatsächlichen Begriffs, vielmehr wandelte sich die Verwendung innerhalb der Gesellschaft (und Politik).

rischen **Informationsgehalt** aufweisen (Friedrichs 2006: 72). Erst wenn dies der Fall ist, werden sie zu empirischen Sätzen. Sie dürfen also nicht tautologisch[4] oder nichtssagend sein, sollen sie einen wissenschaftlichen Gehalt besitzen. Ein Satz der Färbung „Spricht Angela Merkel mit Wladimir Putin, ändert sich die Ukraine-Politik Russlands oder nicht" besitzt keinerlei empirischen Informationsgehalt. Einfach gesagt: Man weiß danach nicht mehr als zuvor. Je höher der empirische Informationsgehalt, desto besser ist ein entsprechender Satz. Die Wertigkeit oder der empirische Informationsgehalt eines Satzes oder einer Aussage ergibt sich recht einfach aus der Zahl der möglichen Kontradiktionen: „Der Informationsgehalt eines Satzes ist die Menge der von diesem Satz ausgeschlossenen Sätze" (Diekmann 2007: 152). Den höchsten empirischen Informationsgehalt finden wir, wenn es uns gelingt, eine universale Annahme zu bestätigen. Dieses Vorgehen eröffnet uns die Chance, viele Phänomene im Alltag zu deuten. Wie unschwer zu vermuten, ist dies gleichzeitig die wohl ambitionierteste Aufgabe wissenschaftlicher Forschung. Für den wissenschaftlichen Gebrauch versucht man, die Sätze in eine schärfere Form zu fassen, die dem eingeschränkten Charakter sozialwissenschaftlicher Aussagekraft besser entgegenkommt – in sog. **Hypothesen**. Diese werden wir später genauer betrachten, stoßen sie doch bereits in den Kern einer bestimmten Wissenschaftsausrichtung vor.

Denn bevor diese Richtung weiter verfolgt wird, muss sich bewusst gemacht werden, dass innerhalb der Politikwissenschaft verschiedene Wissenschaftstraditionen existieren – und nicht alle arbeiten mit Hypothesen. Sie repräsentieren verschiedene Zugänge zur **Wissenschaftstheorie**. Wissenschaftstheorie legt die Grundlagen für wissenschaftliches Denken und Arbeiten. Sie reflektiert über Formen des Erkenntnisgewinns und markiert damit die Grenze zwischen Alltagswissen und Wissenschaft (Chalmers 2006; Dreier 1996; Patzelt 2005; Kuhn 1997). Da Wissenschaftstheorie ein sehr diskursives und breites Feld darstellt, kann es hier nicht in Breite behandelt werden. Wir werden uns deswegen im Folgenden stark auf die operativen Konsequenzen der wissenschaftstheoretischen Diskussion konzentrieren und die breiteren Debatten, die von den Klassikern der Wissenschaftstheorie Thomas Kuhn, Imre Lakatos, Paul Feyerabend und Karl Popper geprägt wurden, nur um die vielleicht wichtigsten zu nennen, unberücksichtigt lassen. Eine Lektüre sei aber allen, die wissenschaftlich arbeiten wollen, sehr ans Herz gelegt. Eine gute Übersicht bietet Chalmers (2006).

Wissenschaftstheorie – deduktiv, induktiv und verstehend
Wissenschaftstheorie beschäftigt sich mit den Formen des Erkenntnisgewinns in ihrer Ganzheit. Auf der Ebene der wissenschaftlichen Erklärungen sind erklärende und verstehende Zugänge zu unterscheiden. Innerhalb der erklärenden Zugänge kann ein von der Theorie abgeleiteter, an der Überprü-

---

[4] Eine tautologische Aussage ist stets wahr. Sie enthält keine Aussage, die bestätigt oder widerlegt werden kann: „Wenn gewählt wird, wird gewählt" – eine solche Aussage ist nicht überprüfbar. „Wenn gewählt wird, erhalten Kandidaten Stimmen" hingegen schon. Die Stimmen für die Kandidaten können ausgezählt werden.

fung von allgemeinen Gesetzesaussagen orientierter, deduktiver Zugang oder ein von der Datengewinnung abgeleiteter, auf die Formulierung von Hypothesen, Theorien oder Gesetzesaussagen ausgerichteter induktiver Zugang gewählt werden.

Grob können zwei Traditionen unterschieden werden: ein **erklärender**, auf Kausalität setzender Zugang und ein **verstehender**, an der Hermeneutik orientierter Zugang. Diese Differenz zwischen Erklären und Verstehen mündet in drei sog. **Syllogismen** – den deduktiv-nomologischen Syllogismus, den induktiv-statistischen Syllogismus und den verstehenden Syllogismus. Syllogismen sind nichts anderes als logische Erklärungssysteme für Schlussfolgerungen, die helfen sollen, Weltausschnitte systematisch zu begreifen. Was ist unter diesen Syllogismen zu verstehen?

Der **deduktiv-nomologische Syllogismus** startet bei einer theoretischen Annahme. Diese kann bereits existieren und nun einer Prüfung unterzogen werden, oder sie kann als eine logisch nachvollziehbare Vorannahme formuliert worden sein. Entscheidend ist, dass diese Theorie nach der Formulierung von aus ihr abgeleiteten Hypothesen an der Wirklichkeit überprüft wird. Der Begriff „deduktiv" meint „von der allgemeinen Aussage (der Theorie) ausgehend zum Spezifischen". „Nomologisch" verweist auf die oft gesetzmäßige Anlage dieser Ausgangsüberlegungen. Zu Gesetzen über Phänomene und ihre Beziehungen in der Welt zu gelangen, ist der Fluchtpunkt wissenschaftlichen Erkenntnisinteresses. Die typische Form dieses Vorgehens ist das sog. **Hempel-Oppenheim-Schema** (Hempel/Oppenheim 1948; Hempel 1974; Tabelle 2.1). Es will über ein Zusammenspiel von Explanans (das Erklärende), Explanandum (das zu Erklärende) und Antezendenzbedingungen (Rahmenbedingungen) reale Beziehungsannahmen überprüfen.

Tab. 2.1: Hempel-Oppenheim-Schema am Beispiel der Annahme des demokratischen Friedens (eigene Zusammenstellung).

Gesetzesannahme (Explanans)	Demokratien führen gegeneinander keine Kriege.
Rahmenbedingung (Antezedenzbedingung)	Land A und Land B sind Demokratien.
Ereignis (Explanandum)	Land A und Land B führen keine Kriege gegeneinander.

Kommt es zu einem Ereignis, das dem Explanandum widerspricht, so muss die ganze Theorie infrage gestellt – oder genauer gesagt falsifiziert – werden. Sie trifft bis auf Weiteres erst einmal nicht zu. **Falsifikation** ist ein Begriff, der mit dem Namen Karl Popper (2005) verbunden ist und auf das Widerlegen von Hypothesen zielt (siehe Kapitel 2.3). Dafür entscheidend ist die Feststellung, dass Prüfungen entlang theoretischer Annahmen und Gesetze erfolgen. Meistens wird man eine Theorie nicht allein aufgrund lediglich einer Gegenaussage vollständig aufgeben. Allerdings ist ihre universale Gültigkeit gebrochen. Dem kann mit Modifikationen oder **Einschränkungen der Theorie** begegnet werden. In unserem Beispiel würde die Theorie vielleicht so umformuliert: „Demokratien führen keine Kriege gegeneinander, wenn keine ethnischen Minderheiten ihrer Bevölkerung in benachbarten Ländern leben." Diese zusätzlichen Klauseln werden als ceteris paribus bezeichnet. Wir sehen hier die enge Bindung an die Aussagen zum empirischen Informationsgehalt. Da dieser bei mutigen Annahmen am höchsten ausfällt, fordert Popper dazu auf, beim Bilden von Hypothesen mutig zu sein.

Die strikte Argumentationslinie von Gesetzen hat sich für die Sozialwissenschaften als nahezu undurchführbar erwiesen. Zu viele Faktoren wirken in der komplexen Umwelt auf Beziehungen in der Gesellschaft ein. Dies führt zu einer gewissen Verkehrung der Überlegungen. Nicht mehr die allgemeingültige Theorie, sondern eher die sich verdichtende Sammlung von Daten konstituiert erst eine Theorie und eine Annahme. Diese Vorgehensweise wird als **induktiv-statistischer Syllogismus** bezeichnet. Das Denkmuster ist dabei nicht grundsätzlich anders als im Hempel-Oppenheim-Schema dargestellt, nur wird der Datengewinnung nun eine andere, stärkere Rolle zugestanden. So erfolgen die Schlussfolgerungen eher aus der Sammlung der Beobachtungen heraus, also vom Besonderen zum Allgemeinen (induktiv). Allerdings kommt auch das induktiv-statistische Vorgehen nicht ohne Theorie oder zumindest Vorannahmen aus, muss man doch wissen, welche Daten man sammelt und wie sie möglicherweise miteinander in Beziehung gesetzt werden können oder müssen. So kommt es in der Regel in der konkreten Forschungsarbeit zu einem Wechselspiel zwischen Deduktion und Induktion.

Ein für die Sozialwissenschaften nützlicher Aspekt ist, dass der induktiv-statistische Ansatz von der stark deterministischen Position des deduktiv-nomologischen Syllogismus abweicht und probabilistische (Wahrscheinlichkeits-)Annahmen zulässt. Diese korrespondieren dann wieder mit den Erfahrungen einer Begrenztheit von allgemeinen Aussagen und Sätzen über die soziale Welt. Damit wird zwar der empirische Informationsgehalt der Aussage auf den ersten Blick geringer, allerdings kann feiner justiert werden, in welchem Ausmaß bestimmte Annahmen doch zutreffen oder nicht. Ein Beispiel: Es wird beobachtet, dass Person A Unzufriedenheit an der Demokratie äußert. Zudem wird beobachtet, dass Person A ausländerfeindliche Aussagen tätigt. Diese Feststellung findet sich auch bei weiteren Personen, es gibt auch Personen, die Unzufriedenheit an der Demokratie bekennen – und nicht ausländerfeindlich sind. Nur die Zahl der ersteren scheint aber die Zahl der zweiten Gruppe zu übertreffen. Die daraus folgende **probabilistische Aussage** wäre: „Unzufriedenheit mit der Demokratie befördert Ausländerfeindlichkeit".

Der dritte Mechanismus des Schließens von Bekanntem (Gesetzesaussage oder Beobachtung) auf das Unbekannte ist das **Verstehen**. Hier wird von dem eher kausal orientierten, auf Erklärung zielenden Verständnis der beiden gerade vorgestellten Syllogismen Abstand genommen. Vielmehr geht es beim **verstehenden Syllogismus** um die Rekonstruktion dessen, was jemand mit einer bestimmten Handlung oder Aussage wirklich verbindet. Es geht also darum, die immanenten Wissens- und Sinnstrukturen zu entschlüsseln. Speziell dem Element **„Sinn"** kommt hier eine entscheidende Rolle

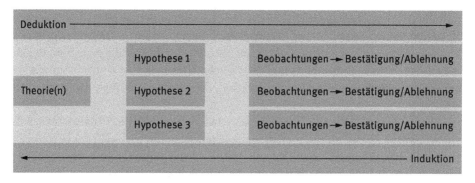

Abb. 2.1: Induktion und Deduktion (eigene Zusammenstellung; siehe auch Mayer 2008: 19).

zu. Dem subjektiven Sinn von Handeln kommt aus Sicht dieses wissenschaftstheoretischen Zweiges die entscheidende Bedeutung zu – und es ist notwendig, dieses aus der Realität (oder Empirie) herauszuarbeiten und zu rekonstruieren. Dies ist mithilfe statistischer Methoden, wie sie für die beiden anderen Mechanismen des Schließens üblich sind, nicht möglich. Drei Aspekte werden benötigt, um das Verstehen ergründen zu können: die Wollens-, Wissens- und Handlungsaussage. Im ersten Schritt wird die Handlungsaussage beobachtet „Der Handelnde geht zur Wahl (x)", dem folgt die Betrachtung der Wollensaussage „Der Handelnde beabsichtigt, dass Merkel wiedergewählt wird (y)" (siehe Abbildung 2.1). Kombiniert man diese beiden Aussagen, kommen wir zu dem Schluss „Der Handelnde ist überzeugt, Merkel kann nur wiedergewählt werden (y), wenn er zur Wahl geht (x)."

Gehen Sie kritisch mit Alltagserfahrungen um und hinterfragen Sie diese systematisch. Nutzen Sie dazu wissenschaftstheoretische Erkenntnisse.

Entsprechend dieses unterschiedlichen Wissenschaftsverständnisses mündet die Unterscheidung zwischen „Erklären" und „Verstehen" in einer **Aufteilung** der empirischen Methoden. Sind sog. qualitative Methoden dem wissenschaftstheoretischem Verständnis des Verstehens verpflichtet, stehen sog. quantitative Methoden den beiden erklärenden (deduktiv und induktiv) Wissenschaftsverständnissen nahe. Letztere lehnen sich in gewisser Sicht an die Überlegungen der Naturwissenschaften an. Doch was bedeutet diese Zweiteilung?

2.3 Quantitativ versus qualitativ?

Lange Zeit wurde die Unterscheidung zwischen qualitativem und quantitativem Vorgehen als die zentrale **Konfliktlinie** in der empirischen Sozialforschung hervorgehoben. Die Folge waren häufig relativ klare Richtungsentscheidungen von Forschern für die eine oder die andere Methode. Diese Zeit scheint mittlerweile zwar noch nicht ganz, aber doch zumindest weitgehend überwunden (siehe z. B. Kelle 2007). Neue Forschungsprojekte entscheiden sich für einen Zugang und eine Methode, die der vorliegenden Fragestellung angemessen ist. Geht es darum, Policy-Präferenzen zu erheben, sind Leitfadeninterviews mit entsprechenden Experten das Mittel der Wahl. Will man sich einen Eindruck über das Wahlverhalten der Bevölkerung verschaffen, bieten sich standardisierte Umfragen an. Geht es darum den Einfluss der Finanzkrise auf Regierungsentscheidungen zu ermitteln, kann eine Kombination aus Aggregatdatenanalyse und Experteninterviews oder Process Tracing hilfreich sein (siehe Kapitel 5.5.2). Letzteres deutet bereits auf die immer größer werdende Beliebtheit der Kombination von qualitativen und quantitativen Zugängen, wie sie sich bei Verfahren der **Triangulation** oder der Mixed-Methods-Designs finden lassen, hin (siehe Kapitel 5.5.4).

Was ist mit „qualitativ" oder „quantitativ" gemeint? Bei sog. **quantitativen Verfahren** handelt es sich um Forschungsvorhaben, welche zum Zweck der „Objektivierung" die in der Realität bestehenden Phänomene über Kategorisierung und Abbildung durch sogenannte Indikatoren zu Variablen verdichtet. Reale Ereignisse werden in Indikatorereignisse (das Auftreten des Indikators) übersetzt. Diese können (über den Prozess der Operationalisierung) letztendlich in **Zahlen** erfasst werden, mit denen statistische Operationen möglich sind. Dies folgt in der Regel der wissenschaftstheoretischen Logik der deduktiven oder induktiven Forschung mit einem weitgehend linear ablaufenden Forschungsprozess. Typische Vorgehen sind die Aggregatdatenanalyse oder die Umfrageforschung. Vor allem mündet dieses Denken in **standardisierte** Verfahren, die statistisch ausgewertet werden. Wichtig ist dabei das Ziel der Verdichtung der Information. Dies wird über kategorisierende Vorgehen abgesichert. Kategorisierungen werden anhand von eindeutig zuweisbaren Kategoriensystemen vorgenommen. Sie sollen möglichst mittels geschlossener Kategorien erfasst werden. Ist dies nicht bereits durch die Struktur der Daten gegeben, werden die Ergebnisse mithilfe eindeutiger Regeln Kategorien zugeordnet. Die Kategorisierungen eröffnen aus Sicht der Forscher v. a. Vergleichbarkeit und Reproduzierbarkeit. Gleichzeitig – und dessen muss man sich bei ihrer Anwendung auch immer bewusst sein – reduzieren sie die Ergebnisvielfalt möglicher Antworten. Entsprechend handelt es sich auch bei der Bestimmung von Kategorisierungen, die sorgfältig, überlegt und am besten theoretisch abgesichert erfolgen sollte, immer um Trade-offs zwischen Komplexitätsreduktion und Ergebnisverlust.

Qualitative Verfahren folgen einem Wissenschaftsverständnis, das sich mit „verstehend" beschreiben lässt. Sie sind üblicherweise nicht linear und stark auf den Untersuchungsfall konzentriert angelegt. Es wird versucht, an die Basis des Wissens und die **Konstruktionsmechanismen** der beobachtbaren Phänomene heranzukommen – und sie von verschiedenen Blickwinkeln aus zu beleuchten. Damit soll der Gesamtheit oder Ganzheit eines Phänomens Rechnung getragen werden. Von zentraler Bedeutung ist die Rekonstruktion des hinter einer bestimmten Handlung stehenden Entscheidungsprozesses in seiner Komplexität und seiner subjektiven Deutung. Die-

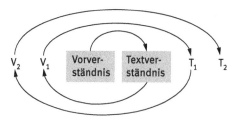

Abb. 2.2: Hermeneutischer Zirkel (Gadamer 1960: 250, 275).

ses auf Verstehen angelegte Vorgehen mündet in die Idee eines **hermeneutischen Zirkels** der Untersuchung (auch Strübing 2013: 21). Man beginnt nicht mit einer Frage oder gar Hypothese und landet bei einem Ergebnis bzw. einer Antwort auf diese Frage, sondern man muss immer wieder Interpretationsschleifen einführen, die es ermöglichen, den **Sinn** der Handlung oder des Gesagten tiefer zu ergründen. Die Zirkularität des Erhebungsprozesses zielt darauf ab, möglichst tief in die Wissensstruktur des Erhebungssubjekts oder -objekts einzudringen (siehe Abbildung 2.2). In der Politikwissenschaft finden sich hier seltener Verfahren der Beobachtung oder der Ethnografie, sondern häufiger der narrativen oder fokussierten Interviews. Durch dieses Vorgehen sollen die Breite und die vielfältigen Mechanismen der Realitätsproduktion möglichst detailliert erfasst werden.

Im Prinzip geht es beim hermeneutischen Zirkel um eine Dekonstruktion und Sinnerschließung eines Textes – oder einer empirischen Tatsache. Damit wird auch die Herkunft des hermeneutischen Zirkels in den Verfahren der Textinterpretation erkennbar. Ziel ist es dabei, das teilweise verzerrte und nur begrenzt informierte **Vorverständnis zu überwinden** und über die zirkulären Interpretationsprozesse der „wahren" Realität möglichst nahezukommen. Es sind v. a. die Prozesse der fortlaufenden Korrektur der bisherigen Interpretation, welche zusätzlichen und erweiterten Erkenntnisgewinn ermöglichen. Diese Prozesse setzen eine Offenheit für neue Anregungen sowie die Bereitschaft, sich selbst zu korrigieren, voraus – beides keine einfachen Eigenschaftsprofile. Für die Umsetzung konkreter Forschungsprojekte kann man den hermeneutischen Zirkel dahingehend erweitern, dass er bereits im Erhebungsprozess seinen Anfang findet. So ist es nach einer ersten Interpretation eines transkribierten narrativen Interviews ohne Weiteres möglich, den Probanden dieses Interviews erneut zu befragen – speziell auf die Aussagen, die für den Forscher uneindeutig geblieben sind. Auch kann man sich der „richtigen" Interpretation versichern. Insgesamt bedeutet dieses Denken für den gesamten Prozess qualitativer Forschung eine geringere Trennung zwischen Erhebung und Interpretation und eine engere Verschränkung von Theorie und Empirie.

Dabei darf man die **Begriffszuweisungen „quantitativ" und „qualitativ"** nicht als normativ wertend verstehen. Qualitativ bedeutet nicht „besser" oder „von der Qualität hochwertiger" und quantitative Forschung erschöpft sich nicht in der bloßen Akkumulation und Zurschaustellung von Zahlen. Die Termini sind dazu da, einige grundsätzliche Unterscheidungen in Wissenschaftsverständnis und Vorgehen zu charakterisieren. Setzen quantitative Verfahren überwiegend auf standardisierte Zugänge und versuchen über Beziehungen zwischen isolierten Analyseeinheiten (den Indikatoren) anhand erklärender Aussagen auf Basis vorgegebener Theoriekonstrukte zu treffen, so sind qualitative Zugänge, die über eine große Variationsbreite verfügen, in der Verwendung ihrer Analyse- und Deutungsmethoden offener gegenüber der eigenen Gestaltungskraft der Empirie. Dies bedeutet nicht, dass sie theorielos sind, im Gegenteil ist es das Ziel, möglicherweise sogar Theorien zu generieren. Ansonsten zeichnen sich qualitative Zugänge in Abgrenzung zu quantitativen Vorgehen in ihrer Distanz zur Standardisierung des Eingangsmaterials (Standardisierung besteht häufig im prozeduralen Ablauf der Erhebung fort) und ihrem Bezug zum wissenschaftstheoretischem Konzept des Verstehens aus. Beide Vorgehensweisen teilen allerdings die grundlegenden Prämissen der empirischen Sozialforschung: Sie gehen systematisch-analytisch vor, zielen auf generalisierbare Aussagen und müssen **anhand** des von ihnen **geleisteten Erkenntnisfortschritts beurteilt** werden. Nur wenn quantitative Analysen sinnvoll und belastbar mit inhaltlich weiterführenden Interpretationen versehen werden können, besitzen sie einen sozialwissenschaftlichen Nutzen, und nur wenn qualitative Zugänge übertragbare Mechanismen aufdecken, die über Singularitäten hinausreichen, erzielen sie einen wissenschaftlichen Erkenntnisgewinn.

Qualitativ und quantitativ
Forschungszugänge können allgemein in qualitative Politik- und Sozialforschung mit Schwerpunkt auf Sinnverstehen und in quantitative Politik- und Sozialforschung mit Schwerpunkt auf kausalen Erklärungen, die mit statistischen Methoden bearbeitet werden, unterschieden werden. Keines der beiden Vorgehen ist wissenschaftlich besser oder schlechter, höchstens einem Forschungsgegenstand angemessen oder nicht angemessen. Qualitative wie quantitative Sozialforschung teilen dabei die Systematisierung über analytische Untersuchungsmethoden und das Ziel mit Information geladener generalisierender Aussagen über die Wirklichkeit.

2.4 Theorien und Hypothesen

Kehren wir nach dem Ausflug in die Diskussion um „quali-" und „quanti-" zurück zu Theorien und Hypothesen. Sie sind ein wichtiges Instrument der empirischen Sozial- und Politikforschung. Die **Theorien** stellen dabei allgemeine Konstrukte dar, die dem Forscher helfen, übergreifende Fragestellungen zu entwickeln. Sie zu bestätigen oder auszubilden, ist das zentrale Ziel von Wissenschaft. So besitzen Theorien den Vorzug längerfristig existierender Aussagesysteme, die es ermöglichen, einen langfristigen Erkenntnisfortschritt zu erreichen – und nicht in immer wiederkehrende empirische Singularaussagen zu verfallen. Daraus abgeleitete **Hypothesen** sind dann die Grundlage für die konkrete Umsetzung eines Forschungsprojekts und stellen eine Verengung und Präzisierung der Fragestellung dar. Nun sind auch Theorien nicht immer von universeller Reichweite und können auch recht begrenzte Zusammenhangsbeziehungen formulieren. Theorien können also anhand ihrer Reichweite unterteilt werden. So gibt es nur eine überschaubare Anzahl an verschiedene gesellschaftliche Bereiche übergreifenden, universellen bzw. **„großen" Theorien**. Meist – und für die konkrete Forschung oft bedeutsamer – finden sich Theorien mittlerer Reichweite.

Als Theorien mit dem weitesten Erklärungsanspruch sind in der Politikwissenschaft der Strukturfunktionalismus, die Systemtheorie (zentrale Vertreter sind Talcott Parsons und Niklas Luhmann) und die Rational-Choice-Theorien (zentrale Vertreter: Anthony Downs und Hartmut Esser) anzusehen. Setzt der Strukturfunktionalismus eher auf eine starke Prägung des Individuums durch die es umgebenden gesellschaftlichen, politischen und wirtschaftlichen Strukturen und Normen, gehen Rational-Choice-Ansätze stärker von einer individuellen Gestaltbarkeit der Umwelt aus. Rahmenbedingungen erklären hierbei zusammen mit individuellen Präferenzsystemen die Handlungen der Individuen. Resultate auf gesellschaftlicher Ebene sind dann – vereinfacht gesagt – das Ergebnis der Aggregation dieser Handlungen oder aber ein Ergebnis von Aushandlungsspielen zwischen verschiedenen machtvollen Akteuren. Für die Anwendung in der empirischen Politikforschung müssen diese Theorien aber aufgrund ihres umfassenden Erklärungsanspruchs zumeist thematisch spezifiziert und konzentriert werden.

Neben diesen Theorien sind der Institutionalismus bzw. **Neoinstitutionalismus** und die **Politische Kulturforschung** (vgl. Lauth u. a. 2014) von großer Bedeutung für die Politikwissenschaft. Obwohl sie gegenüber der System- und der Rational-Choice-Theorie Einschränkungen im Geltungsbereich unterliegen, sind sie als übergreifende Theorien anzusehen, die für verschiedenste gesamtgesellschaftliche Fragestellungen eingesetzt werden können. Der Institutionalismus wurde um kulturalistische Elemente und Aspekte rationalen Handelns zum sog. Neoinstitutionalismus erweitert und nimmt in der politikwissenschaftlichen Forschung eine wichtige Rolle ein. Gemeinhin richtet der Neoinstitutionalismus seinen Blick auf gesamtgesellschaftliche Phänomene und integriert historische Entwicklungslinien, was ihn in Teilen von den beiden eher systematisch angelegten Theorien des Rational Choice und der Systemtheorie unterscheidet.

Von diesen umfassenden Theorieansätzen müssen **Theorien der mittleren Reichweite** unterschieden werden. Sie konzentrieren sich auf abgegrenzte Themenkomplexe und weisen zumeist eine höhere Spezifität in der Fragestellung auf. Diesen Theorien sind zum Beispiel die Parteiendifferenzthese in der Wohlfahrtsstaatsforschung oder die Annahme des Wertewandels für Erklärungen von Veränderungen im Bereich der Politics zuzurechnen. Eine Fragestellung, die zum Beispiel mithilfe der Deprivationstheorie überprüft, inwieweit relative Deprivation (also das Gefühl, weniger als andere Mitbürger zu bekommen) zu Ausländerfeindlichkeit führt, entspräche einem Konzept und wäre eine Theorie mittlerer Reichweite, da ihr Erklärungsanspruch exakt auf diese Fragestellung begrenzt bleibt. Ziel der Anwendung von Theorien mittlerer Reichweite ist die **Erklärung eines thematisch begrenzten Sachverhalts** aus einem Unterthema der Politikwissenschaft. Sie sind nur eingeschränkt auf andere Bereiche der Politikwissenschaft übertragbar und besitzen einen geringeren Verallgemeinerungsgrad als umfassende Theorien. Gleichzeitig können sie ein zu eng gefasstes Ergebnis produzieren, wenn weitere Erklärungsansätze nicht hinreichend überprüft werden. Verwendet man zum Beispiel nur das Konzept der relativen Deprivation zur Erklärung von Ausländerfeindlichkeit, kann es sein, dass man Erklärungen, wie Vorurteile als Folge einer Bedrohungswahrnehmung oder soziale Herkunft, übersieht. Oft ist eine weitreichende Erklärung mit vielen Erklärungsansätzen allerdings nicht der Anspruch von Theorien mittlerer Reichweite.

Orientieren Sie sich für eine politikwissenschaftliche Forschungsarbeit immer an einer Theorie.

Hypothesen dienen zur Begrenzung des Untersuchungsprojekts. Sie sind aus Theorien oder aber plausiblen Annahmen abzuleiten und stellen eine Kurzfassung der Theorie oder Annahmen über Zusammenhänge in der Realität dar. Sie stellen einen deterministischen („Wenn-dann"; Gesetzesaussage) oder probabilistischen („Je-desto"; Wahrscheinlichkeitsaussage) kausalen Zusammenhang mindestens zweier miteinander (vermutlich) in Beziehung stehender Sachverhalte her (Schnell u. a. 2013: 49). Hypothesen sind keine subjektive Vorentscheidung oder Position des Forschers, die im besten Fall einfach bestätigt wird. Vielmehr sind sie Ziel einer kritischen, meist quantitativ-statistischen Testung. Ihr Vorzug liegt in der Reduktion der Fragestellung auf überprüfbare und klar eingegrenzte Fragestellungen. Karl Popper empfiehlt, mutige Hypothesen aufzustellen, da sie den größten Erkenntnisgewinn versprechen. Werden sie widerlegt, muss man sie umformulieren und neu testen. Das **Testen von Hypothesen** ist also ein offener Prozess. Hypothesen formulieren Leitideen und geben dem Forscher – oder forschenden Studierenden – eine **Orientierung** in seinem Forschungsprojekt. Sie dienen als Wegmarken in einer weiten (und manchmal unübersichtlichen) Forschungslandschaft. Dabei sollte man nicht bei zu engen Hypothesen stehen bleiben, der Erkenntnisgewinn der Forschungsarbeit wird durch die Reichweite der gewählten Hypothesen abgesteckt. Gleichzeitig ist es zu vermeiden, eine Flut an Hypothesen überprüfen zu wollen und jede Einzelbeziehung zwischen zwei Sachverhalten in einer eigenen Hypothese zu formulieren. Einige **klar bestimmte, gut durchdachte und theoretisch abgeleitete Hypothesen** sollten das Mittel der Wahl sein.

Wie können Hypothesen empirisch überprüft werden? Die erste Möglichkeit ist die **Verifikation**. Sie stellt fest, dass die überprüfte Annahme vollständig und immer Gültigkeit besitzt. Diese Aussage ist für die Sozialwissenschaften im Grunde unrealistisch, denn im Bereich des gesellschaftlichen Zusammenlebens greifen zu viele Faktoren in die Zusammenhangsstrukturen weniger realer Sachverhalte ein, die in einer Hypothese formuliert werden. Das heißt, Hypothesen können die realen Bedingungen nicht vollständig erfassen. Wesentlich realistischer – und entsprechend auch der Kern wissenschaftlicher Überprüfung nach der Auffassung des kritischen Ratio-

Tab. 2.2: Stufen der Hypothesenprüfung (eigene Zusammenstellung).

Verifikation	dauerhaft gültige Bestätigung einer Aussage; sie ist unter den vorgegebenen Bedingungen ohne Ausnahme immer gültig. (Eine Verifizierung ist in den Sozialwissenschaften nahezu unmöglich.)
Falsifikation	Zurückweisung einer Annahme auf der Basis ihr widersprechender Ergebnisse
Bestätigung	singulare Bestätigung einer Aussage oder Hypothese; sie enthält eine hohe Vorläufigkeit und ist im Informationsgehalt geringer als die Falsifikation.

nalismus Karl Poppers – ist die **Falsifikation**. Sie stellt die Widerlegung einer Annahme dar. Dies ist bei deduktiv-nomologischen Aussagen relativ leicht, bei induktiv-statistischen deutlich schwieriger (siehe Tabelle 2.2).

Es empfiehlt sich, vor Beginn einer Untersuchung Hypothesen über die möglichen Ergebnisse zu formulieren. Selbst wenn man die Hypothesen nicht im strengen Sinne testet, bieten sie doch Anhaltspunkte und Leitlinien für die weitere Arbeit. Also: Formulieren Sie Hypothesen.

Die Reaktion auf eine Falsifikation bei deduktiv-nomologischen Annahmen wurde bereits beschrieben, sie liegt in der Einengung der Annahme und der Einführung von Ceteris-paribus-Klauseln. Bei induktiv-statistischen Hypothesen wird man vermutlich Schwellenwerte bestimmen, ab denen man eine Falsifikation vornimmt oder die Hypothese bestätigt. Damit ist man bei der dritten Möglichkeit, der **Bestätigung**, angelangt. Hierbei wird anhand des empirischen Befunds eine Hypothese bestätigt. Damit kann man weiterhin von der Gültigkeit der Hypothese und der dahinterliegenden Annahme ausgehen. Eine Bestätigung ist aber in der Wertigkeit des wissenschaftlichen Erkenntnisgewinns geringer als die Falsifikation anzusetzen, besitzt sie doch – anders als diese – nur einen vorläufigen Charakter bis zum nächsten Test.

Formen des Hypothesentests
Hypothesen können bestätigt oder falsifiziert werden. Die Möglichkeit der Verifikation ist in den Sozialwissenschaften nicht gegeben oder zumindest hochgradig unrealistisch. Dabei ist die Falsifikation einer Hypothese eine erkenntnisreichere Aussage als ihre (vorläufige) Bestätigung, reicht sie doch in ihrer Konsequenz weiter als eine Bestätigung. Reaktionen auf die Falsifikation sind entweder neue Hypothesen, Modifikationen der Hypothesen oder eben die Erkenntnis, dass die Hypothesen unzutreffend sind.

Wissenschaftstheoretisch wird das Testen von Hypothesen mit dem Namen **Karl Popper** (2005) verbunden. Er regte, wie bereits erwähnt, ein striktes Testen von mutigen Hypothesen an. Hypothesen, die unter diesen Bedingungen bestätigt werden können, geben dem Forscher eine belastbare Grundlage für wissenschaftliche Aussagen. Popper folgt den Überlegungen des Kritischen Rationalismus, der durch die möglichst kritische und scharfe Prüfung von Annahmen einen klaren und sicheren Erkenntnisgewinn zu erzielen sucht. Unklare und schwammige Formulierungen werden als unwissenschaftlich abgelehnt. Dabei ist der **Kritische Rationalismus** interessanterweise keine „empiristische" Vorgehensweise. Vielmehr geht es um das wissenschaftliche Argument und Gegenargument. Man prüft eine Hypothese an vielen Gegenargumenten, übersteht sie diese kritische Anfrage, ist sie es wert, weiterverwendet zu werden.

Andere wissenschaftstheoretische Ausrichtungen erkennen dieses Vorgehen zwar generell an, halten die Regeln für eine Anwendung in den Sozialwissenschaften aber für zu streng (zusammenfassend Meidl 2011; Kuhn 1997). So etablierte sich eine Gruppe des **Positivismus**, die auf die Wirklichkeitsabbildung empirischer Befunde abstellt. Es geht um Zusammenhänge zwischen unmittelbar beobachtbaren Gegebenheiten, die durch Erfahrung wahrgenommen werden. Nur das Erfahrene, das empirisch Wahrnehmbare, besitzt Gültigkeit und kann als wissenschaftliche Erkenntnis angesehen werden. Metaphysische Erkenntnis wird abgelehnt. Auch die Annahmen des Positivismus werden immer wieder infrage gestellt. Die zentralen Kritikpunkte liegen in den Hinweisen auf eine weitgehende Konstruiertheit der Welt sowie in der Problematik der Erhebung von realen Phänomenen. So verfügt man nur über Indikatorereignisse, diese seien aber eben nicht direkt die Realität, sondern maximal ein (verzerrter) Ausschnitt oder ein (verzerrtes) Abbild der Wirklichkeit. Nichtsdestoweniger hat sich, auch gestützt durch eine naturwissenschaftliche Auffassung von Wissenschaft, eine starke Linie empirischer Forschung mit einem gewissen Objektivitätsanspruch etabliert.

2.5 Das Forschungsdesign einer Untersuchung

Wichtig für jede wissenschaftliche Arbeit ist das gewählte **Forschungsdesign**. Es legt die Rahmenbedingungen für die durchzuführende Untersuchung fest und gibt einen Leitfaden für die Umsetzung der empirischen Analyse vor. Zugleich werden bereits bei der Festlegung des Untersuchungsdesigns wichtige Entscheidungen getroffen, die für die Untersuchung richtungweisend sind. So stellt die Auswahl der Untersuchungsfälle bzw. die Bestimmung der **Stichprobe** für die Beantwortung einer Fragestellung bereits die Weichen für spätere Ergebnisse. Werden hier die Regeln der Repräsentativität verletzt, ist es in der Folge nicht mehr möglich, verallgemeinerbare Ergebnisse zu erzielen. Aber auch die Auswahl der **Untersuchungsmethode** ist von maßgeblicher Bedeutung. Entscheidet man sich für ein sog. quantitatives Untersuchungsdesign, werden die weiteren Schritte der Analyse genauso klar vorgegeben, wie wenn man ein qualitatives Design wählt. Die jeweilige empirische Methode entscheidet also über die Analyseschritte, die zur Beantwortung der Forschungsfrage notwendig sind. Auch an dieser Stelle ist zu betonen, dass einzig die **Angemessenheit der Methode** für eine Untersuchungsfragestellung entscheidend ist. Korrespondieren gewählte Methode und Fragestellung nicht miteinander, sind keine zuverlässigen und aussagekräftigen Ergebnisse zu erwarten.

> Eine Methode muss dem Untersuchungsgegenstand immer angemessen sein. Prüfen Sie, ob Sie nicht nach anderen Kriterien entscheiden, und ob diese richtig sind.

Wie kann ein entsprechendes **Forschungsdesign** aussehen? Es muss die konkrete Fragestellung der Untersuchung genauso umfassen wie die Auswahl einer Zielstichprobe bzw. die Auswahl von Probanden und die Entscheidung für ein (oder mehrere) Datenauswertungsverfahren. Im Kern ist das Forschungsdesign immer theoriegeleitet oder zumindest von einer klaren – und möglichst nicht zu kleinen und begrenzten – **Fragestellung** geführt.[5] Das gesamte Forschungsprojekt ist auf diese Fragestellung hin ausgerichtet. Abbildung 2.3 gliedert die verschiedenen Phasen eines solchen Projekts, die wir in den folgenden Kapiteln im Detail behandeln und die wir in Kapitel 6 anhand eines Beispiels zur Politikverdrossenheit explizieren werden, idealtypisch auf. Dabei sind je nach gewählter Methode und Fragestellung Variationen im Ablauf möglich, allerdings wird ein Orientierungsrahmen für die Anlage jedes Forschungsprojekts gegeben.

> **Forschungsfragen und Theorien**
> Wissenschaftliche Forschung lebt von ihrer Anbindung an Theorien und der Formulierung klarer und abgrenzbarer Forschungsfragen, die inhaltliche Entscheidungen ermöglichen. Eine Forschungsfrage sollte eine Frage sein, auf die zum Abschluss der Arbeit eine wissenschaftliche Antwort mit Erkenntnisgewinn gegeben werden kann. Damit sind Fragen, die mit „Ja" oder „Nein" beantwortet werden können, für wissenschaftliche Arbeiten unbrauchbar. Zu beachten ist auch, dass jede Forschungsarbeit in ihrem Verlauf eine Komplexitätssteigerung erfährt. Entsprechend ist die Forschungsfrage so eng und knapp wie nur möglich zu formulieren.

Ausgangspunkt ist die Entscheidung über die **Problemstellung** einer Untersuchung. Das Forschungsproblem muss klar eingegrenzt und ggf. auch abgegrenzt werden. Dies geschieht durch die Formulierung einer **Forschungsfrage**. Sie sollte präzise, vom Umfang her begrenzt und möglichst als „echte" Frage gestellt sein. Sie soll zum Abschluss der Untersuchung durch die Interpretation wissenschaftlicher Ergebnisse beantwortet werden. Die Forschungsfrage präzisiert die zunächst noch losen Forschungsüberlegungen für eine konkrete wissenschaftliche Bearbeitung. Sie sollte zu einem Erkenntnisgewinn beitragen und dient als der **zentrale Orientierungsstrang** für die Untersuchung. Sie ist also ein roter Faden durch die Arbeit, der die Vielfalt an Zugängen reduziert und einen Rahmen gibt, sodass relevante von irrelevanten Informationen unterschieden werden können. Die Entscheidung für eine Forschungsfrage ist nicht profan. Im Gegenteil, an dieser Stelle kann bereits die Entscheidung über Erfolg oder Misserfolg einer Arbeit fallen. Die größten Gefahren liegen in der

---

[5] Größere Teile der im Folgenden vorgestellten Überlegungen zum Ablauf eines Forschungsprojekts beruhen auf früheren Überlegungen, an denen die Autoren beteiligt waren (Lauth u. a. 2015) und wurden für die hier vorliegende breitere Fragestellung modifiziert.

Abb. 2.3: Ablauf eines Forschungsprozesses (Lauth u. a. 2015, angelehnt an Lauth/Winkler (2006), modifiziert nach Überlegungen der Autoren).

Formulierung einer zu schwammigen oder einer zu breiten Forschungsfrage. Man merke sich: Jedes Projekt erfährt in seiner Umsetzung eine Erweiterung in seiner **Komplexität.** Entsprechend führt eine zu breite Forschungsfrage fast unweigerlich in eine Überkomplexität. Am besten sind Forschungsfragen, die auf den ersten Blick so knapp sind, dass man gar nicht vermutet, mit ihnen mehr als 15 Seiten füllen zu können. Sie werden zum Schluss, nach sorgfältiger Bearbeitung, gerne einmal 100 Seiten erzeugen.

Forschungsfragen sind das Produkt ganz unterschiedlicher Anregungen. Für eine politikwissenschaftliche Bearbeitung sind allerdings Bezüge zu **Theorien** hilfreich. Häufig wird auf eine am Gegenstand der Forschung ausgerichtete Theorie mittlerer Reichweite zurückgegriffen, die konkrete Vermutungen über die Forschungsfrage mit sich bringt. Man kann aber auch – gerade in der qualitativen Forschung – explorativ vorgehen. Dabei werden, wie im hermeneutischen Zirkel (siehe Abbildung 2.2) erläutert, Erkenntnisgewinne aus den Beobachtungen zu einer übergreifenden, allgemeinen Aussage verdichtet. Mögliche theoretische Bezugsannahmen werden erst im Laufe des Forschungsprozesses aufgedeckt. Generell impliziert die Verwendung von Theorien auch den Einbezug unterschiedlicher theoretischer Strömungen. Diese können sich gelegentlich auch widersprechen. Dann sollte am Ende der Analyse die Erklärungskraft der jeweiligen theoretischen Ansätze herausgearbeitet werden. Auch Theorien verwandter oder allgemeiner Gegenstandsbereiche können auf die eigene Untersuchung übertragen werden (z. B. soziologische, sozialpsychologische und ökonomische Theorien). Die Eigenschaften guter Forschungsfragen zeigen sich an erster Stelle durch eine geringe Anzahl an Fragen innerhalb eines Projekts. Des Weiteren sind diese präzise formuliert und besitzen sowohl politische bzw. soziale als auch wissenschaftliche Relevanz.

Für die Erstellung der Hypothesen ist es günstig, eine breit angelegte **Literaturanalyse** durchzuführen. Sie ermöglicht eine weitere Konzentration der Fragestellung. Die dabei erhaltenen Einblicke dienen im Verlauf der Arbeit sowohl als Referenz und Kontrolle der eigenen Ergebnisse, als auch der Anregung zu ihrer Interpretation. Um feststellen zu können, inwieweit eine Theorie zutrifft, werden die in der Theorie verwendeten zentralen Annahmen präzisiert. In dieser Phase der **Konzeptspezifikation** sind Entscheidungen über die Wahl der Begriffe, der Definitionen und die Auswahl der Kategorien und Typologien zu treffen. Dabei ist zu fragen, ob die verwendeten Begriffe einen empirischen Bezug haben, ob die zu untersuchenden Sachverhalte überhaupt beobachtbar und empirisch erforschbar sind und, wenn möglich, ist bereits zu antizipieren, welche Schwierigkeiten im Projekt auftreten können. Hier gilt es auch genauer zu überlegen, wie das Projekt umgesetzt werden soll – und kann.

Nach der Explikation der Fragestellung und der Kontextspezifikation besteht der nächste Schritt darin, das Untersuchungsgebiet für die empirische Analyse zu strukturieren. Dabei sollte die zu untersuchende Problemsituation möglichst präzise beschrieben werden. Für quantitativ angelegte Forschungsprojekte impliziert dies die Präzisierung der Fragestellung in **Hypothesen** (siehe Kapitel 2.4). In ihnen werden Vermutungen darüber angestellt, wie eine mögliche Lösung der Forschungsfrage und ihrer Unterfragen aussehen könnte. Kausal formulierte Hypothesen, welche in der Politikwissenschaft dominieren, besitzen zumeist folgende Hypothesenform: „Wenn A, dann B" oder „Je häufiger A, desto wahrscheinlicher B". Eine Studie kann sich auf mehrere Hypothesen beziehen, dabei ist es aber angebracht, diese auf eine möglichst geringe Anzahl, wenn es geht auf fünf bis sechs Hypothesen, zu beschränken. Zudem sollten die zentralen Hypothesen – die auch mit der Kernfragestellung eng verbunden sein müssen – erkennbar herausgestellt werden.

Nachdem die Hypothesen aufgestellt sind, stehen Entscheidungen an, welche Art von Informationen wann, wo und wie häufig erhoben werden sollen. Diese Festlegung fällt unter den Bereich des **Forschungsdesigns** (Brady/Collier 2004; King u. a. 1994). Im Forschungsdesign wird festgelegt, wie die spätere Analyse der Daten erfolgen soll. Entscheidungskriterien sind die **Untersuchungsform**, die Art der Daten, der Untersuchungszeitraum, das Untersuchungsgebiet, die Anzahl der Datenerhebungszeitpunkte sowie die Anzahl der Untersuchungseinheiten. Die bislang ausgewählten Elemente der Untersuchung müssen operationalisiert werden. **Operationalisierung** meint die Angabe, wie einem theoretischen Begriff in der Realität beobachtbare **Indikatoren** zugeordnet werden. Sie stellt eine, wenn nicht die entscheidende Brücke zwischen Theorie und empirischer Forschung her. Es werden Anweisungen ausgearbeitet, wie Messungen für einen bestimmten Begriff vorgenommen werden. Eine solch strenge Form der Operationalisierung wird ausschließlich in statistischen Designs verwendet. In Experteninterviews zum Beispiel umschreibt der Begriff der Operationalisierung eine Präzisierung der zu untersuchenden Gegenstände. Nur dann, wenn die entwickelten Instrumente **valide** (gültig) und **reliabel** (zuverlässig) den zu untersuchenden Gegenstand operationalisieren, kann überhaupt ein wissenschaftlich verwertbares Ergebnis erzielt werden. Für den späteren Rückgriff auf die Entscheidungen an dieser Stelle ist eine nachvollziehbare Dokumentation der Kriterien und Beschlüsse hilfreich.

Ein zweiter zentraler Aspekt ist die Auswahl des Untersuchungsfelds. Üblicherweise erfolgt die **Fallauswahl** bzw. die Festlegung der Stichprobe der Untersuchung gleichzeitig mit der Operationalisierung. Sie legt die Untersuchungseinheiten der späteren empirischen Analyse fest. Bei der Auswahl der Untersuchungseinheiten stellt sich die Frage, auf welche Grundgesamtheit sich die Ergebnisaussagen beziehen. Soll zum Beispiel das Wahlverhalten von Jungwählern im europäischen Vergleich erforscht werden, dann ist eine Festlegung der Fälle auf Erwachsene knapp über dem 18. Lebensjahr angemessen, vorausgesetzt, das Wahleintrittsalter liegt bei 18 Jahren. Gleich an dieser Stelle sei auf eine Problematik hingewiesen, die speziell für Aggregatdatenanalysen bedeutsam ist – *den Selection Bias.*[6] Ab und zu werden die Untersuchungsfälle nach unwissenschaftlichen Kriterien, wie Sprachkenntnis, persönlichem Interesse oder vergangenem Urlaubsziel, ausgewählt. Eine solche Fallauswahl führt zu verzerrten Forschungsergebnissen, weil die Fälle schlimmstenfalls für die Forschungsfrage irrelevant sind oder nur aus einem ganz bestimmten Typus

---

6 Der Auswahl der Untersuchungsstichprobe wurde dabei in der Vergleichenden Politikwissenschaft in den letzten Jahren eine große Bedeutung zuteil. So setzten sich King u. a. (1994, 2004) eindrücklich mit den Problemen des Selection Bias (Fehler bei der Fallauswahl) auseinander.

an Fällen ausgewählt werden. Entscheidend für die Fallauswahl ist die Angemessenheit für die Forschungsfrage, eine Varianz auf der abhängigen Variablen – ohne diese können keine Untersuchungsergebnisse erzielt werden – und eine möglichst breite Untersuchungsanlage (möglichst viele Fälle der Grundgesamtheit beziehungsweise Repräsentativität). Beispielsweise können zum Einfluss von Kriegen auf die Demokratisierungsprozesse von politischen Systemen keine Aussagen getroffen werden, wenn in allen Untersuchungsländern Kriege geführt wurden (keine Varianz der unabhängigen Variablen) und/oder die Demokratisierungsprozesse in allen Untersuchungsländern gescheitert sind (keine Varianz der abhängigen Variablen). Für Studien mit kleinen Fallzahlen ist es von zentraler Relevanz, die Fallauswahl wissenschaftlich und klar nachvollziehbar entlang eines Untersuchungsdesigns zu **begründen** (Seawright/Gerring 2008: 297). Überhaupt sind Designs Anlagen zur Durchführung eines Vorhabens, welche auf die Präsentation von Begründungsstrukturen für das eigene Tun ausgerichtet sind. Zudem ist eine Ordnung des konzeptionellen Vorgehens ihre zentrale Leistung, welche ganz praktisch Sicherheit für eine später gut zu interpretierende Studie erzeugt.

Für Experteninterviews oder textgestützte Verfahren werden die zu interviewenden Personen, Experten oder aber Texte ausgewählt. Beispielsweise ist es wichtig, zu bestimmen, mit welchen Gesetzestexten innerhalb von welchem Zeitraum Staatstätigkeiten im Sektor der Sozialpolitik untersucht werden sollen. Dabei gilt für dieses Beispiel das Gleiche wie für die Auswahl einer Stichprobe in einem statistischen Design: Es ist davon auszugehen, dass eine komplette Erfassung aller Untersuchungseinheiten im Rahmen einer sog. **Vollerhebung** in den Sozialwissenschaften in der Regel nicht möglich sein wird. Zumeist beziehen sich die Untersuchungen auf Ausschnitte der Realität, die möglichst nahe an einer Abbildung der Gesamtheit liegen sollten oder aber nach geeigneten theoretischen Kriterien ausgewählt werden. Die so gewonnene Stichprobe sollte die zu untersuchende Grundgesamtheit (Gesamtheit aller Elemente, Ereignisse, Einheiten, die in der Realität vorhanden sind) über eine möglichst **repräsentative Auswahl** abbilden. Für die Analyse von Aggregatdaten besteht häufiger die Chance, alle Untersuchungseinheiten (meist Länder) zu erheben. Wenn dies nicht der Fall ist, wird bei der Auswahl der Länder auf eine theoretische Begründung zurückgegriffen.[7] Diese Designphase endet mit der Festlegung eines **Forschungsplans,** der die verschiedenen Entscheidungen während der vorangegangenen Schritte festhält und die weiteren Forschungsschritte in ihrer zeitlichen Reihenfolge fixiert.

Bei der Konzeption des Forschungsdesigns wurde bereits die Richtungsentscheidung hinsichtlich der verwendeten Methodik getroffen. Zu Beginn der Feldphase wird ein **geeignetes Erhebungsinstrument** geschaffen. Dieses steht in stringenter Abhängigkeit von der gewählten Forschungsmethodik. So benötigen Experteninterviews

---

7 In der Vergleichenden Politikwissenschaft wird hier explizit auf Prinzipien des Most Similar Cases Design bzw. des Most Different Cases Design zurückgegriffen (siehe Lauth u. a. 2009: 2015).

Leitfäden, Bevölkerungsumfragen standardisierte Fragebögen und Textanalysen inhaltliche Kodiervorschriften. Für Aggregatdatenanalysen ist die Entscheidung für die Wahl der Datenquellen zu treffen. Eine hohe Verlässlichkeit ist notwendig, denn der Forscher muss der Datenherkunft vertrauen können. Auch sollten Archivreisen zur Datenakquirierung und zur Überprüfung der Datenqualität geplant und terminiert werden. Während in der Feldphase der Bevölkerungsumfrage und des Experteninterviews hauptsächlich die valide Erhebung der Informationen im Zentrum steht, liegt die Arbeit bei der Aggregatdatenanalyse oder der Sekundäranalyse von Umfragedaten in der Auswahl der richtigen Quellen.

Der Bestimmung der Untersuchungseinheiten und der Konzeptionalisierung eines Forschungsplans folgt die **Feldphase** mit der **Datenerhebung**. Verschiedene Erhebungsmethoden können hierbei zum Einsatz kommen: standardisiertes Interview, Leitfadeninterview, offenes, narratives Interview, Gruppeninterview, Beobachtung, Feldexperiment, Erhebung von Strukturdaten. Die Wahl der Erhebungsmethoden ist von der Fragestellung der Untersuchung abhängig. Bei einem Design, das auf Individualdaten als Grundlage für die spätere Interpretation der Ergebnisse ausgerichtet ist (Befragung, Experteninterview), bieten sich Pretests des verwendeten Instruments an, um dessen Tauglichkeit für die weitere Datenerhebung zu testen. Dies gilt im Prinzip auch für Leitfadeninterviews, die einen nicht unerheblichen Erfahrungsschatz voraussetzen. Wichtig ist, dass man sich mit seinem Erhebungsinstrument vertraut gemacht hat, wenn man die Untersuchung selbst durchführt. Bei größeren Forschungsprojekten, zum Beispiel repräsentativen Umfrageprojekten, wird die Feldphase überwiegend gegen finanzielle Mittel an ausführende Forschungsinstitute übertragen. Eine Möglichkeit für Studierende, die bei Eigenerhebungen dem Problem eines hohen Aufwands bei geringen verfügbaren Ressourcen sowie oft geringen Fallzahlen gegenüberstehen, ist der Rückgriff auf bereits bestehende Datenbestände. Diese „**Sekundärdaten**" sind entweder über das Internet oder in Deutschland bei der GESIS (https://www.gesis.org) gut zu erhalten (siehe Kapitel 5.2.2).

Nach Abschluss der Feldphase werden, falls nötig, die erhobenen Informationen in eine datentechnische Form gebracht. Dies geschieht im Rahmen der **Datenerfassung**. Die Daten müssen eine bestimmte EDV-gerechte Struktur aufweisen, die eine Weiterarbeit ermöglicht. Die Verkodung der erzielten Informationen stellt dabei, egal ob Aggregatanalyse, Individualdatenanalyse oder QCA[8], das Zentrum für eine weite-

---

8 QCA (Qualitative Comparative Analysis) ist eine Analyseform, die qualitative Informationen, meist über politische Systeme oder Ereignisse, in Daten umsetzt, die nach der Boolschen Algebra in einem speziellen Analyseprogramm verarbeitet werden können. Bei der QCA geht es um die Konstellationen von empirischen Sachverhalten, die einen weiteren empirischen Sachverhalt bedingen. Beispielsweise kann untersucht werden, unter welchen Bedingungen Revolutionen gelingen und unter welchen sie scheitern. Zudem können notwendige und hinreichende Bedingungen extrahiert werden.

re Bearbeitung der Daten dar.[9] Vorliegende Strukturdaten müssen oft für die angestrebte Analyse umkodiert werden. Quantitative Daten werden in Dateien gespeichert und aufbereitet, sodass die statistischen Analyseprogramme (R, SPSS, SAS, STATA, PSPP[10]) angewendet werden können. Auch qualitative Informationen werden aufgearbeitet, sodass sie effizient und zuverlässig ausgewertet werden können. Hierzu existieren Analyseprogramme (WinMax, MAXQDA, Testpack). Innerhalb einer auf Experteninterviews oder anderen Interviewformen beruhenden Analyse sind Transkriptionen sowie ein Vergleichsraster bzw. ein Kodierplan für die Auswertung notwendig. Daten für die makroqualitative Analyse (QCA, Fuzzy-Sets) werden für die entsprechende Software kodiert, wobei Entscheidungen über die notwendigen Schwellenwerte zu treffen sind. Selbst wenn diese Betrachtungen eher wirken, als entstammten sie einer quantitativen Sichtweise, ist es doch so, dass auch in den qualitativen Zugängen die Textaufbereitung von Bedeutung ist.

Für alle Daten gilt, dass sie einer **Datenkontrolle** unterzogen werden sollten. Hier wird die Qualität der Daten – egal ob selbst erhoben oder aus anderen Quellen erworben – überprüft. Die damit verbundene Quellenkritik und -prüfung bezieht sich nicht nur auf die Qualität von Daten, sondern auch auf die Qualität von Texten, deren Unabhängigkeit und Plausibilität zu prüfen ist. Im Visier sind technische Fehler (Übertragungsfehler, Fehleingaben) und Auffälligkeiten (unerklärliche Abweichung im Antwortmuster von Personen, aus dem üblichen Muster herausfallende Werte). Sowohl eine externe Validierung (Vergleich mit Ergebnissen aus ähnlichen Untersuchungsprojekten oder alternativen Strukturdaten) als auch eine interne Validierung (Analyse innerhalb des Datensatzes, zum Beispiel durch Beziehungsanalysen zu verwandten theoretischen Konzepten) sichern die Gültigkeit der erhobenen Daten. Generell ist an dieser Stelle auch der Einbezug einer breiten Text- und Datenbasis zu empfehlen. So kann gerade die Konfrontation von Zusammenhangsergebnissen aus zwei unabhängigen Datensätzen Auskunft über die Stabilität oder Instabilität von Ergebnissen geben. Werden unrealistische Fälle oder Fehler festgestellt, sind diese zu **bereinigen** und aus der Analyse auszuschließen, würden sie doch möglicherweise zu Verfälschungen führen (siehe Kapitel 4.5.5).

Zur **Datenauswertung** stehen unterschiedliche Techniken zur Verfügung, die in Abhängigkeit von der gewählten methodischen Ausrichtung zum Einsatz kommen (siehe Kapitel 5). Dabei sind zur Analyse der Daten Modelle einzusetzen, die sowohl der Art der Daten (Zahlen, Texte) als auch ihrer Struktur (Verteilung, Kategorisierung) und der aus der Formulierung der Forschungsfrage resultierenden Reichweite der Aussage gerecht werden. Datenanalysen umfassen einfache Darstellungen **(Deskripti-**

---

[9] Die Verfassung eines Codebooks, in dem Variablen, Fragen und deskriptive Ergebnisse erfasst sind, erweist sich hier als nützliches Vorgehen.
[10] Bei PSPP handelt es sich um eine Shareware-Variante von SPSS, welche insbesondere dann hilfreich ist, wenn man einen ersten Einblick in die Datenanalysetechniken erhalten oder eigene kleinere Studien umsetzen will.

on), zum Beispiel der Häufigkeiten von statistischen Daten, als auch vertiefende Analysen. Hier können **Typologien** wie auch **Klassifikationen** hilfreich sein. In diesem Fall versucht der Forscher, in die untersuchten Fälle eine gewisse Ordnung zu bringen und die bislang verborgen gebliebene Struktur der Beziehungen zwischen den Fällen zu entschlüsseln. Grundlage jeglicher Typologie oder Klassifikation ist die Ordnung von Fällen (Ländern) nach bestimmten Kriterien, die hinsichtlich bestimmter Eigenschaften entweder gleich oder ungleich sind. Es kann aber auch wichtig sein, zunächst latente Dimensionen sozialer Phänomene zu entschlüsseln, nach denen eine Strukturierung vorgenommen werden kann. Dies findet in der Umfrageforschung über **Dimensionsanalysen** statt. In den (quantitativ-)empirisch geprägten Sozialwissenschaften ist die Frage nach **kausalen Beziehungen** von besonderer Bedeutung. Hier kommen die vorher formulierten Hypothesen zum Einsatz und zur Prüfung. Hypothesentests nehmen häufig einen größeren Zeitraum ein, weil verschiedene empirische Modelle getestet werden müssen. Qualitative Vorgehen nutzen weniger Hypothesen, entwickeln aber im Wechselschritt zwischen Auswertung und Rückgriff auf das empirische Material Ergebnisse, wenn nicht gar Theorien (siehe Kapitel 5.4) Hier stehen die Mechanismen und ganzheitlichen Strukturen im Vordergrund des Interesses. Die erzielten Ergebnisse dienen als zentrale Grundlage für spätere Berichte und Publikationen.

Vor dem Abschluss einer Forschungsarbeit stehen die **Interpretationen** der erzielten Ergebnisse. Sie erfolgen unter Berücksichtigung des Hintergrundwissens der Forscher und theoretischer Bezüge. Eigentlich stellen sie die wirkliche wissenschaftliche Arbeit dar, erschließen sich die vorliegenden Daten doch nicht von selbst. Sowohl die theoretischen Vorannahmen zu Beginn des Projekts als auch grundsätzliche Aussagen zum Themenbereich relevanter Theorien können nun einbezogen, aber auch kritisiert werden. Interpretationen sollten sich an die eingangs ausgewählten Überlegungen anlehnen, aber auch offen für neue – vielleicht unerwartete – Ergebnisse sein. Sie können dabei einen hohen Theorieanspruch besitzen, aber auch für pragmatische und praktische Zwecke (zum Beispiel in der Politikberatung) verwendet werden.

Die letzte und leider oftmals nicht erreichte Stufe ist die Diskussion der Generalisierung bzw. **Verallgemeinerung** der eigenen Ergebnisse und der **Theoriebildung** bzw. Theoriebestätigung. Die Verallgemeinerung ist die logische Erweiterung des vorgenommenen Hypothesentests, indem die Ergebnisse auf die Theorien und Annahmen rückbezogen werden, aus denen die Hypothesen abgeleitet wurden. Damit sind nicht nur Voraussagen für noch nicht untersuchte Fälle möglich, sondern es besteht auch die Chance, erste Implikationen für die Bildung neuer Theorien zu gewinnen. Kernziel sind die Interpretation und die Übertragung der bislang erzielten empirischen Ergebnisse auf ein (theoretisches) allgemein testbares Muster, das in der Folge wieder weiteren Tests unterzogen werden kann. Nur auf diesem Wege ergibt sich die Möglichkeit, ein Wunschziel jedes Sozialforschers zu realisieren: die Prognose von Ereignissen. Grundlage für die Umsetzung dieses Analyseziels ist neben den erzielten Ergebnissen eine Einbindung alternativer Resultate und insbesondere theoretischer

Implikationen. Die **Prognosefähigkeit** des Ergebnisses hängt von der Tragfähigkeit und Stabilität der ermittelten Zusammenhangsergebnisse sowie deren theoretischer Plausibilität ab. Dabei besitzen statistische Verfahren häufig den Vorzug einer etwas einfacheren Generalisierbarkeit, da sie diese bereits als Ziel für ihre Analyse aufweisen. Hierbei bedeutsam sind die verwendete Stichprobe und der umfassende Einbezug des Kontexts.

Die Auswertungsphase endet in der Regel mit einem **Forschungsbericht** (oder im Studienfall mit einer Haus- oder Examensarbeit). In diese Arbeit fließen neben den erzielten Ergebnissen auch die bisherigen wissenschaftlichen Erfahrungen des Forschers ein. Einerseits werden die Entscheidungen, die im Rahmen einer Untersuchung getroffen wurden, dokumentiert, andererseits werden Probleme bei diesen Entscheidungen festgehalten. Die so entstehende Dokumentation des Forschungsprojekts soll zentrale Erkenntnisse des Projekts schildern und anderen Wissenschaftlern bei der Vorbereitung verwandter Projekte weiterhelfen. Sie dient zudem als Legitimation gegenüber dem Geldgeber, sofern es sich nicht um eine Haus- oder Examensarbeit handelt, wofür leider sehr selten Geldgeber zur Verfügung stehen. In dem Forschungsbericht sollte deutlich gemacht werden, inwieweit die Ergebnisse des Forschungsvorhabens in einem systematischen Zusammenhang mit bereits Bekanntem stehen. Die erzielten Resultate sollten sich über den Forschungsbericht hinaus in **Publikationen** und Vorträgen zu Teilbereichen der untersuchten Thematik niederschlagen und zur wissenschaftlichen Diskussion beitragen. Diese Verbreitung stellt ein zentrales Anliegen wissenschaftlicher Forschung dar. Da die Bearbeitung aller Elemente des Forschungsprojekts sehr umfangreich ist und zumeist nur begrenzte Zeitressourcen nach oder bis zum Abschluss des Projekts zur Verfügung stehen, bietet sich meist eine Publikation von gezielt ausgesuchten Teilergebnissen in Zeitschriften an. Diese können kürzer ausfallen (zumeist ca. 20 Seiten) und sich auf einen kleineren Begründungszusammenhang konzentrieren. Gelegentlich – und oftmals mit nicht unwesentlicher Zeitverzögerung – erfolgt eine ausführlichere Veröffentlichung in Buchform. Publiziert wird nicht selten in einem Sammelband, in dem die einzelnen Mitglieder eines Forschungsteams jeweils Beiträge zu einzelnen Themenbereichen beisteuern.

Aus Gründen wissenschaftlicher Redlichkeit und Transparenz wird Fachkollegen die Möglichkeit zur **Reanalyse** gegeben. Das den Interpretationen zugrunde liegende Datenmaterial wird für Kontrollanalysen **zur Verfügung gestellt**. Gerade bei Aggregatdatenanalysen gehört es zum guten Ton, den Datensatz, welcher der Analyse zugrunde liegt, über das Internet oder auf Nachfrage via Übersendung für Sekundäranalysen verfügbar zu machen. Umfragen sollten nach einem gegebenen Zeitraum an eines der in vielen Ländern bestehenden Datenarchive (für Deutschland GESIS) übergeben werden, die diese Daten wiederum zu Reanalysen zur Verfügung stellen. Dies eröffnet anderen Forschern die Möglichkeit, die gezogenen Schlüsse zu überprüfen und gegebenenfalls alternative Erklärungsmodelle kontrastierend zu analysieren. Nach Abschluss aller vorhergehenden Schritte kann das Forschungsprojekt als beendet gelten. Die Daten werden archiviert. Möglicherweise wird zu geeigneten Anlässen noch einmal auf die erzielten Ergebnisse zurückgegriffen. In der Regel wird dies noch bis zu fünf Jahre nach Abschluss des Projekts geschehen (häufig im Rahmen von Vorträgen). Im besten Fall bietet sich eine Replikationsstudie an, welche die zeitliche Vergleichsperspektive eröffnet.

Legen Sie immer einen Forschungsplan an, um sich die verschiedenen Schritte Ihrer Arbeit plastisch vor Augen zu führen. Dies ist auch für die zeitliche Planung des eigenen Projekts von essenzieller Bedeutung.

Studentische Forschungsarbeiten müssen aus Zeit- und Kapazitätsgründen konzentrierter und kürzer ausfallen. Längst nicht alle der genannten Forschungsschritte können umfassend ausgeführt werden. Nichtsdestoweniger bleiben die Logik des Forschungsprozesses und die damit verbundenen Kriterien die gleichen. Die genannten Standards gelten für den wissenschaftlichen Forschungsbereich und sollten nicht zur Abschreckung, sondern zur Orientierung dienen. Ihnen kann sich schrittweise von der Bachelorarbeit, der Master- bzw. Magister- und Diplomarbeit bis hin zur Dissertation immer mehr genähert werden.

2.6 Fazit

Fasst man die bisherigen Überlegungen zusammen, so wird deutlich, dass die **Angemessenheit** der verwendeten Methode für die Forschungsfrage entscheidend ist. Zur Durchführung einer Studie, egal auf welchem wissenschaftlichen Niveau, stellen eine klar und deutlich formulierte Forschungsfrage, konzentrierende Hypothesen (für eine quantitative Ausrichtung), eine Darlegung, welche empirische Methode warum verwendet wird, und eine klare Zielorientierung zentrale Grundlagen für das Gelingen dar. Dies setzt die Verwendung klarer und **trennscharfer Begriffe** sowie Sätze mit empirischem Informationsgehalt voraus. Will man eine Antwort auf eine formulierte Forschungsfrage erhalten, muss man diese eindeutig und mit klarem Bezug zu theoretischen Grundlagen und zur Realität formulieren. Dabei ist es wichtig, sich hinsichtlich des wissenschaftstheoretischen Zugangs klar zu werden, bestimmt dieser doch in der Regel die dann gewählte Methode. Diese kann eher dem quantitativen Ansatz (Einsatz statistischer Methoden und zumeist kausal-erklärende Fragestellung) oder dem qualitativen Ansatz (Methoden des Sinnverstehens) verpflichtet sein. Egal welchen Zugang man wählt, entscheidend sind eine klare Planung des Projekts und ein **strukturiert-systematisches Vorgehen**. Dies besitzt den Vorzug, Ergebnisse zu produzieren, die über die eigene Argumentation hinaus belastbar sind, was für wissenschaftliche Arbeiten von hoher Relevanz ist. Kann man dem Autor keine methodischen Fehler vorwerfen, muss man erst selbst belastbarere Ergebnisse liefern können, um die Forschungsergebnisse zu widerlegen. Dies stellt auch einen gewissen Schutz für empirische Arbeiten – und deren Verfasser – dar.

Kernkriterien der Forschung
Die Durchführung eines erfolgreichen Forschungsprojekts setzt eine gute, klare und nachvollziehbare Konzeption voraus. Es sollte eine Fragestellung vorliegen, die klar formuliert ist und eine klare Beantwortung ermöglicht. Ziel sollte immer der Gewinn von Erkenntnis sein. Methodische Sauberkeit, also eine fachgerechte und für den Leser transparente Durchführung, sichert die Ergebnisse und letztendlich auch den Forscher gegenüber anderen Meinungen ab.

2.7 Weiterführende Literatur

P. Atteslander (2013): Methoden der empirischen Sozialforschung. Berlin (13. Aufl.).
Seit Langem etabliertes Einführungswerk in die Methoden der empirischen Sozialforschung; hilfreich in der Darstellung der Definition von Begriffen und des Vorgangs der Operationalisierung.

J. Behnke; N. Baur; N. Behnke (2010): Empirische Methoden der Politikwissenschaft. Paderborn (2. Aufl.).
Detaillierte Darstellung der in den Politikwissenschaften angewendeten Methoden und ihrer Herleitung; sehr empfehlenswert für Einsteiger in die Politikwissenschaft; politikwissenschaftliche Beispiele bei enger Anbindung an die sozialwissenschaftliche Kernmethodik.

A. Chalmers (2006): Wege der Wissenschaft. Einführung in die Wissenschaftstheorie. Heidelberg (6. Aufl.).
Klassiker der Vorstellung von Wissenschaftstheorie; behandelt verschiedene Ansätze und Denkweisen, wie zum Beispiel diejenigen von Thomas Kuhn, Karl Popper und Imre Lakatos; sehr zu empfehlen für einen vertieften Einblick in die Wissenschaftstheorie.

A. Diekmann (2007): Empirische Sozialforschung. Grundlagen. Methoden. Anwendungen. Reinbek bei Hamburg (11. Aufl.).
Standardwerk der empirischen Sozialforschung, in dem Wissenschaftstheorie, Erhebungsmethoden und Auswertungsverfahren mit einem gewissen Schwerpunkt auf quantitativen Methoden dargestellt werden.

V. Dreier (1996): Empirische Politikforschung. München (speziell S. 83–285).
Ausführliche Einführung in die empirische Politikforschung mit deutlichem Schwerpunkt auf Aspekten der Wissenschaftstheorie und der Konzeptionalisierung politikwissenschaftlicher Forschung; ausführliche Diskussion von wissenschaftstheoretischen Zugängen und deren Konsequenzen.

J. Friedrichs (2006): Methoden empirischer Sozialforschung. Wiesbaden (14. Aufl.).
Seit Langem bewährtes Standardeinführungsbuch in die Methoden der empirischen Sozialforschung mit ausführlichem Teil zur Wissenschaftstheorie und Begriffsbildung.

H. Kromrey (2012): Empirische Sozialforschung. Modelle und Methoden der standardisierten Datenerhebung und Datenauswertung. Stuttgart (12. Aufl.).
Etabliertes Einführungsbuch in die quantitative Sozialforschung mit Schwerpunkten auf Erhebungs- und Auswertungsverfahren

H.-J. Lauth; G. Pickel; S. Pickel (2015): Methoden der vergleichenden Politikwissenschaft. Wiesbaden (2. Aufl.).
Lehrbuch für die Verwendung der in der Politikwissenschaft wichtigen Methoden des Vergleichs; konzentriert sich weitgehend auf die Makroebene, beschäftigt sich aber auch ausführlich mit Prozessen der Fallauswahl und spezifischer Probleme der komparativen Forschung wie sie in der vergleichenden Politikwissenschaft diskutiert werden; interessante Angaben zum Forschungsdesign.

K. Popper (2005): Logik der Forschung. Tübingen (11. Aufl.).
Kernwerk der Wissenschaftstheorie und vor allem des kritischen Rationalismus; lesenswert und weiterführend für wissenschaftliches Denken allgemein; empfehlenswert für das Verständnis positivistischen Denkens, aber auch der Logik von Hypothesenbildung und sozialwissenschaftlicher Forschung.

R. Schnell; P. B. Hill; E. Esser (2013): Methoden der empirischen Sozialforschung. München (9. Aufl.).
Standardwerk der empirischen Sozialforschung mit einem Überblick über wissenschaftstheoretische Grundlagen und anwendbare Methoden; enthält sowohl Erhebungs- als auch Auswertungsverfahren und führt in diese konzentriert und verständlich ein.

C. Weilscher (2007): Sozialforschung: Theorie und Praxis. Konstanz.
Einführungsbuch mit Schwerpunkt auf der Wissenschaftstheorie und Anwendungspraxis; hilfreich durch die Diskussion praktischer Probleme empirischSozialforschung wie auch ihrer wissenschaftstheoretischen Einbettung.

3 Grundlagen der empirischen Forschung

3.1 Methoden als Handwerkszeug

Grundlage jeder empirischen Forschung sind konkrete Prämissen, wie bei den empirischen Analysen **vorzugehen** ist. Empirische Methoden stellen das Handwerkszeug dar, mit dem die Analysen vorgenommen werden. Dieses Werkzeug muss zum Werkstoff passen, das heißt die empirischen Analysemethoden müssen der Forschungsfrage angemessen sein. Eine Einteilung der empirischen Methoden erfolgt nun entlang der in Kapitel 2 ausgeführten wissenschaftstheoretischen Richtungen.

Quantitative Forschungsdesigns bedienen sich einer möglichst objektiven Messung von sozialen und politischen Tatbeständen. Zu diesem Zweck verwenden sie Indikatoren und Variablen. Dazu muss die soziale und politische Realität in die entsprechende Form (Ausprägungen von Variablen) transformiert werden, auf die das statistische Handwerkszeug angewendet werden kann. Eine möglichst valide (richtige) und reliable (zuverlässige) Abbildung der Realität kann mittels empirischer Methoden beschrieben und unter bestimmten Umständen kausalanalytisch untersucht werden.

Für **qualitative Vorgehen** sind andere Formen der Transformation bedeutsam. Hier wird versucht, die Realität tiefer gehend zu erfassen und Sinnkonstruktionen zu verstehen. Dafür wird auf statistische Zugänge verzichtet. Ausgehend vom beschriebenen alternativen wissenschaftstheoretischen Verständnis einer sozial konstruierten Welt wird versucht – weitgehend über hermeneutische Vorgehen –, den Gehalt von Realitätsprozessen zu rekonstruieren. Dieses Vorgehen ist dabei weder völlig frei, noch beliebig, sondern unterliegt in gleicher Weise wie das quantitative Vorgehen strengen wissenschaftlichen Regeln. So wird durch kontrolliertes Vorgehen oder abgesicherte Mechanismen (Beteiligung mehrerer Forscher, klare Konzeption des Vorgehens) versucht, die über den einzelnen Untersuchungsfall hinausreichende Geltung des Forschungsergebnisses abzusichern.

In beiden Fällen – im quantitativen wie qualitativen Vorgehen – dienen die verwendeten Methoden immer als **Werkzeug** zur kontrollierten Untersuchung sozialer und politischer Tatbestände. Sie sollen dem Forscher helfen, wissenschaftlich belastbare Aussagen über Forschungsfragen zu erhalten. Wichtig ist dabei, dass die Ergebnisse ausgehend von konkreten Fragestellungen auf zuverlässigem und nachvollziehbarem Wege zustande kommen. Bevor man aber ein Handwerkszeug anwenden kann, muss es grundlegende Kriterien geben, die seine Anwendbarkeit ermöglichen. Im „alltäglichen Leben" könnte man hier wohl von einem „TÜV-Stempel" sprechen. Dieser bezieht sich auf das Verständnis von Methoden als Absicherung empirischer Befunde hinsichtlich ihrer Intersubjektivität. Letztendlich ist es so möglich, eine belastbare Aussage zu treffen, die **durch ihre methodische Absicherung** (bei korrekter Anwendung der Methoden) **legitimiert** wird. Dies ist bei Alltagsaussagen nicht der Fall, diese entstehen zumeist als Ad-hoc-Formulierungen und sind nicht systematisch geprüft. Ein Teil der „TÜV-Überprüfung" wird bereits durch die Kriterien der Wissenschaftstheorie abgedeckt, an denen sich jegliche wissenschaftliche Forschung ausrichten muss. Ein weiterer Teil zielt ab auf die Grundeinheiten des jeweiligen Zugangs – Messung, Variablen und Skalenniveaus für quantitative (siehe Kapitel 3.2 und 3.3), Kriterien der Rekonstruktion sowie Textlichkeit für qualitative empirischen Methoden (siehe Kapitel 3.4). Beginnen wir mit der Basis quantitativer Zugänge.

3.2 Die Basis quantitativer Forschung – Messung, Variablen und Skalenniveaus

3.2.1 Messung, Daten und Variablen

Zentral für die quantitative Sozialforschung – und damit auch für die Politikforschung – ist die Produktion von weiterverwertbaren Untersuchungseinheiten in Form von Zahlenmaterial, das über den Prozess der Messung erhoben wird. Bei der Messung folgt man den Gedanken der sogenannten Abbildungstheorie. Man geht davon aus, dass soziale Tatbestände in Zahlen transformierbar sind. Unter dem Begriff der **Messung** versteht man entsprechend die Zuweisung von Zahlen zu Aussagen über die Realität, gleiche Eigenschaften der Realität erhalten dabei auch gleiche Zahlenwerte. Diese voraussetzungsvolle Annahme ist notwendig, um mit statistischen Methoden weiterarbeiten zu können, denn erst durch den Vorgang des Messens entstehen quantitative Daten. In der Messung werden somit die Regeln der Transformation von Phänomenen in Zahlen festgelegt. Dabei handelt es sich in der Regel um **Merkmale**, die einem **Merkmalsträger** (einem Objekt, z. B. einer Partei, oder einem Subjekt, z. B. einem Wähler) zugeordnet sind. Ein Merkmalsträger vereint viele Merkmale auf sich (Religiosität, sozialer Status, Einkommen, Familienstand usw.; Behnke u. a. 2010: 97–99; Schnell u. a. 2013: 117–119). Das messtheoretische Ziel ist, eine (ein-)deutige Relation zwischen dem Definitionsbereich der wissenschaftlichen Daten und der Realität herzustellen und die Realität in den Daten möglichst wirklichkeitsgetreu abzubilden. Dies beinhaltet, dass die Abstände und Relationen zwischen unterschiedlichen Eigenschaften in der Realität sich in dieser Form in den Daten widerspiegeln. Die Struktur der Realität soll auch als empirische Datenrealität ihren Ausdruck finden. Hierfür sind Regeln der Umsetzung zu entwickeln, die es ermöglichen, solche Daten zu produzieren. Nichts anderes geschieht beispielsweise bei der Umrechnung von Wählerstimmen in Sitzanteile der Parteien in Parlamenten: Die Stimmenanzahl wird mittels eines kontrollierbaren Sitzzuteilungsverfahrens – in Deutschland Sainte-Laguë – in entsprechende Sitzanteile im Deutschen Bundestag transformiert. Diese Sitzanteile sollen dann der Stimmverteilung über die Parteien entsprechen.

> **Messung**
> Der Prozess der Messung, die Zuweisung von Zahlenwerten zu bestimmten Eigenschaften, produziert Daten in Form von Zahlenwerten. Der Messprozess legt die Transformationsregeln zwischen (sozialem) Tatbestand und Variable (Merkmal) fest. Die Einheiten der Variable (Merkmalseinheiten) stellen die Grundlage für später durchzuführende Untersuchungen und Berechnungen dar. Merkmalsträger können Objekte (z. B. Parteien) oder Individuen (z. B. Wähler) sein.

Der Begriff **„Daten"** umfasst wesentlich mehr als nur das Zahlenmaterial, das in der quantitativen Forschung aus der Abbildung und Zusammenfassung von Informationen aus der Realität entsteht. Der Begriff der Daten beschreibt jegliche Form von auf wissenschaftlichem Wege produzierten Analysegrundlagen. Auch Transkripte, die aus Interviews in der qualitativen Forschung entstehen, sind Daten in diesem Sinne. Dies gilt für einen großen Teil der Geisteswissenschaften, deren „Datenmaterial" Texte oder Dokumente sind, die (vorwiegend) mit hermeneutischen oder interpretativen Methoden ausgewertet werden (Bohnsack 2014; Kleemann u. a. 2009). Daten sind folglich das Produkt eines jeden Erhebungsprozesses und können in **unterschiedlichen Formaten** vorliegen. Sie sind die **Grundlage** der Auswertung. Damit wird deutlich: Nicht das narrative Interview einer Person an sich ist die wissenschaftliche Leistung, es ist nur die Grundlage für die Transkription, die dann regelgerecht mit entsprechenden empirischen Methoden ausgewertet wird. Erst die Auswertung, Deutung und Verallgemeinerung ist die wissenschaftliche Leistung.

Das Produkt der Messung ist die **Variable**. „Variablen sind nichts anderes als die symbolische Repräsentation von Merkmalsdimensionen" (Gehring/Weins 2004; Diekmann 2007: 117–123) und können mehrere Ausprägungen annehmen. Dabei reduzieren sie die Komplexität des Forschungsgegenstands auf ausgesuchte Eigenschaften oder Merkmale. In einer Umfrage zu politischen Einstellungen wird zum Beispiel der Bürger nicht in all seinen Eigenschaften, sondern unter dem Aspekt seiner Einstellung zur Integration in politische Prozesse und seiner Parteizugehörigkeit gesehen. Der Bürger (Merkmalsträger) ist der Träger verschiedener Einzeleigenschaften (Merkmale), die dann in der Folge in unterschiedlicher Weise miteinander in Beziehung gesetzt werden können. Er ist also beispielsweise SPD-Mitglied (Merkmal 1 = Parteimitgliedschaft) und gleichzeitig zufrieden mit der Demokratie (Merkmal 2 = Zufriedenheit mit der Demokratie) sowie politisch interessiert (Merkmal 3) oder eben CDU-Mitglied (Merkmal 1) und auch politisch interessiert (Merkmal 2) (siehe Tabelle 3.1). Die Variable stellt also – ganz dem Namen nach – die Variation der möglichen Eigenschaften dar, welche dann für den einzelnen Merkmalsträger zutrifft. In unserem Beispiel für die Bundesrepublik Deutschland hat das Merkmal 1 „Parteimitgliedschaft in einer Bundestagspartei" 2014 fünf Ausprägungen – Mitgliedschaft in der SPD, CDU, bei Bündnis 90/Die Grünen, bei Die Linke oder keine Parteimitgliedschaft. Das Merkmal 2 „Zufriedenheit mit der Demokratie" kann zehn Ausprägungen aufweisen – von 1 (völlig unzufrieden) bis 10 (vollkommen zufrieden). Das Merkmal 3 „Politisches Inter-

Tab. 3.1: Variable – Merkmal – Datum (eigene Zusammenstellung).

Variable	Ausprägung	Wert
Parteizugehörigkeit	SPD	1
	CDU	2
	Bündnis 90/Die Grünen	3
	Die Linke	4
	keine Parteimitgliedschaft	5
Zufriedenheit mit der Demokratie	bin voll und ganz zufrieden	10
	(Variationen)	2–9
	bin völlig unzufrieden	1
politisches Interesse	politisch interessiert	1
	politisch nicht interessiert	0

esse" zerfällt in zustimmende und ablehnende Antworten, die politisch Interessierte von Uninteressierten unterscheiden.

Träger der Merkmale ist der einzelne Wähler. Variablen können grundsätzlich unterschiedlich viele Eigenschaften erfassen – dichotom mit zwei Ausprägungen (im Beispiel Merkmal 3) oder polytom bzw. multinominal (im Beispiel Merkmal 1 oder 2) mit mehreren Ausprägungen. Die Ausprägungen können in der Ordnung zueinander variieren: Sie sind diskret (wenige eindeutige Werte: SPD-Mitglied, CDU-Mitglied usw.) oder kontinuierlich bzw. stetig (jeder beliebige Wert reeller Zahlen: Position auf einem Kontinuum der Beurteilung von Demokratie zwischen 1 und 100) (Schnell u. a. 2013: 130). Hinsichtlich ihrer Position im Forschungsprozess kann man drei Gruppen von Variablen unterscheiden: Die **abhängigen Variablen** bilden das zu erklärende Phänomen ab. Nach dem in Kapitel 2 vorgestellten Hempel-Oppenheim-Schema wäre dies das Explanandum (z. B. Demokratiequalität, Regimewechsel, Fremdenfeindlichkeit). Die **unabhängigen Variablen** sind all diejenigen Faktoren, die zur Erklärung der abhängigen Variablen herangezogen werden (Explanans; z. B. Mehrheits- oder Konsensdemokratie, Arbeitslosenquote, Bildungsstand der Person, relative Deprivation, Wirtschaftswachstum, Haushaltseinkommen). Mit den **Kontextvariablen** werden die Randbedingungen erfasst, die den Grad der Ähnlichkeit der Fälle bestimmen und nicht zu den beiden ersten Gruppen gehören. Über ihren Einfluss kann auch die Reichweite der Ergebnisse der Beziehungen zwischen unabhängigen und abhängigen Variablen bestimmt werden. Sie spielen vor allem für Aggregatdatenanalysen eine wichtige Rolle. Die Kontextvariablen dienen eher zur Kontrolle von kausalen Analysen zwischen unabhängiger und abhängiger Variable, als dass sie Variationen der Beziehungen ermöglichen.[1]

---

[1] Der Bezug zwischen diesen verschiedenen Variablentypen wird später in den Auswertungsverfahren im Konzept der Mehrebenenanalyse deutlich werden (siehe Kapitel 5.5).

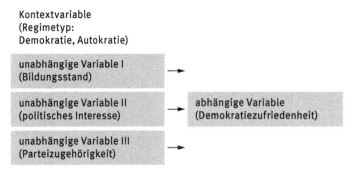

Abb. 3.1: Variablenbeziehungen (eigene Zusammenstellung).

⚡ Wollen Sie etwas erklären, entscheiden Sie sich rechtzeitig und durchdacht für eine klar identifizierbare abhängige Variable.

Die Entscheidung, zu welchem Typus eine Variable zählt, ist allein von der Fragestellung abhängig. So kann Religiosität eine abhängige Variable sein, wenn man sich fragt, ob sozioökonomischer Wohlstand zu Säkularisierung führt. Gleichzeitig kann sie als unabhängige Variable auftreten, zielt die Frage darauf ab, ob Religiosität zu Fundamentalismus und Konflikthandlungen führt. Auch als Kontextvariable ist sie denkbar, kann sie doch den Zusammenhang zwischen dem Wert politischer Freiheit und dem Wahlverhalten moderieren (siehe Abbildung 3.1).

Für die angestrebten „Berechnungen" sind die Variablen die Erhebungsgrundlage, entscheidend sind aber die Zahlenwerte, die sich dort abbilden – also die Daten. Ein **Datum** beschreibt die Zahlenzuordnung (Merkmalsausprägung) zu einer Aussage (Merkmal) einer Einheit (Merkmalsträger). Dies kann auf der Mikroebene eine Person sein oder auf der Makroebene ein Land. Diese Ausprägungen werden anhand von **Indikatoren** gemessen. Ein Indikator ist ein soziales (ggf. latentes) Konstrukt. Manche Merkmale können direkt beobachtet werden, sie produzieren manifeste Variablen (z. B. Alter) oder sie lassen sich nur über Befragung ermitteln bzw. aus der Kombination von Merkmalen erschließen (latente Variablen, z. B. Demokratie oder Ausländerfeindlichkeit). Indikatoren sind Abbilder von Realitätsphänomenen oder theoretischen Konstrukten, die nicht direkt gemessen werden können. Das Alter eines Menschen ist direkt über die Anzahl an Jahren messbar, die seit seiner Geburt vergangen sind. Das Alter ist ein empirischer Begriff, der nicht in Indikatoren übersetzt werden muss. Demokratie hingegen ist ein theoretischer Begriff bzw. ein ganzes theoretisches Konstrukt, das aus vielen Einzelaspekten besteht, die nicht direkt beobachtet bzw. gemessen werden können. Im Allgemeinen wird Demokratie als Zusammenspiel aus Freiheit, Gleichheit und Kontrolle definiert. Möchte man nun den Grad an Freiheit (Variable) bestimmen, den Bürger in ihrem politischen System genießen, so kann dieser nicht direkt, sondern nur über einen Umweg über Indikatoren bestimmt werden. Indikatoren für Freiheit können zum Beispiel die Verankerung von Meinungs-, Presse- und Versammlungsfreiheit in der Verfassung sein. Die Ausprägung der Indikatoren variiert zwischen „Ja" und „Nein".

Variablen und Indikatoren sind nicht identisch (Friedrichs 2006: 86). Beziehen sich Variablen auf die Definition und ihre Explikation, so rekurrieren Indikatoren auf den Bereich der Operationalisierung des Messkonstrukts. Sind Variablen eher eine inhaltliche Größe, stellen Indikatoren methodische **Anwendungskonstrukte** dar. Sowohl Indikatoren als auch Variablen können unterschiedliche Ausprägungen annehmen. Diese Ausprägungen repräsentieren die Antworten auf den Indikator. Indikatoren repräsentieren somit den Inhalt des Messkonstrukts. Ist zum Beispiel der Grad an Ausländerfeindlichkeit in einer Gesellschaft von Interesse, kann dieser anhand einer Befragung in einer Bevölkerungsumfrage bestimmt werden: „Es leben zu viele Ausländer in Deutschland". Die Antworten können zwischen „stimme voll und ganz zu", „stimme zu", „lehne ab", „lehne voll und ganz ab" und „weiß nicht" variieren. Die Variable heißt „Ausländerfeindlichkeit", der Indikator ist die Frage nach den Ausländern in Deutschland, seine Ausprägung wird über die Antwortskala gemessen.

Ein Phänomen kann durch einen oder mehrere Indikatoren beschrieben werden. Werden mehrere Indikatoren verwendet, kommt es zu einer Verdichtung und einer höheren Reliabilität der Abbildung der Realität. In unserem Beispiel zur Bestimmung des Grades an Ausländerfeindlichkeit kann ein zweiter Indikator verwendet werden: „Wenn Arbeitsplätze knapp werden, sollte man die in Deutschland lebenden Ausländer wieder in ihre Heimat zurückschicken" (beide Fragestellungen aus Heitmeyer 2012: 38). Beide Fragen können kombiniert werden und liefern dann eine genauere Erkenntnis über die Ausprägung der Ausländerfeindlichkeit. Gleichzeitig kann sich aber auch die Klarheit der Abbildung durch den notwendigen Abgleich der verschiedenen Aussagen reduzieren, die zur Abbildung zusammengeführt werden müssen.

Indikatoren – Abbildungen von Realität
Indikatoren bilden Realitätsphänomene oder theoretische Konstrukte ab, die nicht direkt gemessen werden können. Ein Phänomen kann durch einen oder mehrere Indikatoren abgebildet werden. Als Handlungsanweisung gilt es, den konzeptionellen Bezug zwischen dem Indikator und dem von ihm abzubildenden sozialen bzw. politischen Phänomen gut zu durchdenken, theoretisch abzusichern und für den Leser klar und ersichtlich niederzuschreiben.

Die anhand von Indikatoren durch Messung erhobenen **Daten** bilden die Grundlage für die Weiterarbeit an der Untersuchung. Sie sind „Container" von Informationen, die aufgrund der Zuweisung von Zahlen zu Realitätsphänomenen eine vermittelte und konzentrierte Form annehmen: Gleiche Realitätsphänomene erhalten den gleichen Zahlenwert. Dies bedeutet auch, dass Daten und ihre bloße Darstellung für sich noch keine Aussagen tätigen. Aussagen werden erst durch **Interpretationen** des Forschers produziert. Dazu ist es notwendig, die in Daten transformierten Informationen wieder zurückzuübersetzen und die über Daten geleisteten „Verkettungen" der Information für den sozialwissenschaftlich interessierten Betrachter sichtbar zu machen. Der interpretierende Forscher sollte den Produktionsprozess der Daten sehr gut kennen, denn dort wird die Grundlage für die Verlässlichkeit der Analyseergebnisse gelegt.

3.2.2 Skalenniveaus

Wie wird eine möglichst gute Abbildung der Realität in den Daten – also in den empirischen Relativen – gewährleistet? Hier kommt es auf die Verhältnissetzung zwischen den Ausprägungen einer Variablen und dem empirischen Sachverhalt an und darauf, wie diese Ausprägungen messtheoretisch zueinander in Beziehung stehen. Kurz: Es geht um die Qualität der Messung. Diese Beziehung wird mit den sogenannten Skalenniveaus beschrieben. Die Skalenniveaus der verwendeten Variablen sind von zentraler Bedeutung für die empirische Analyse sozialwissenschaftlicher Phänomene. Ihre Kenntnis ist für eine weitergehende Analyse unerlässlich, denn die Bestimmung der Skalenniveaus einer Variablen gibt nicht nur Auskunft über die **Beziehung der Ausprägungen eines sozialen Tatbestands** zueinander, sondern ist gleichzeitig die zentrale Voraussetzung für die spätere empirische und statistische Analyse. Bestimmte komplexe Verfahren der empirischen Datenanalyse sind nur mit Variablen möglich, die ein bestimmtes Skalenniveau besitzen. Oder anders gesagt: Eine Vielzahl an statistischen Auswertungsverfahren ist für bestimmte Skalenniveaus gar nicht zugelassen oder nicht geeignet. Je höher das Skalenniveau, desto höher ist auch der Informationsgehalt der Variable (siehe Tabelle 3.2).

Was sind Skalenniveaus und welche Skalenniveaus gibt es? Im Allgemeinen unterscheidet man vier Skalenniveaus. Auf der Ebene der einfachsten Relation der Merkmalsausprägungen rangiert das **Nominalskalenniveau,** das durch das Relationsverhältnis gleich – ungleich geprägt wird. So sind beispielsweise Äpfel und Birnen, ein in der Politikwissenschaft gerne strapaziertes Beispiel, nicht direkt vergleichbar. Dies gilt beispielsweise auch für den Vergleich verschiedener Herrschaftssysteme: So kann man zwar der Meinung sein, dass eine Demokratie besser ist als eine Auto-

Tab. 3.2: Skalenniveaus (eigene Zusammenstellung; zu weiteren Beispielen vgl. Behnke u. a. 2010: 103–107; Schnell u. a. 2013).

Skalenniveau	Beispiel	Relationsverhältnis
Nominalskala	Obst, politische Systeme	gleich – ungleich
Ordinalskala	Ranglisten, Noten	höher – niedriger
Intervallskala	Thermometer und Temperatur Politbarometer: Sympathienskalometer	relationales Verhältnis mit gleichen Abständen
Ratioskala	Größe, Länge, Alter	gleiche Abstände mit einem festen Nullpunkt

kratie, eine Rangfolge ergibt sich aus der reinen Benennung der politischen Systeme (**Nominalskala**) noch nicht.

Anders sieht es aus, wenn man zum Beispiel ihre Größe oder den Fruchtgehalt von Äpfeln und Birnen oder die Demokratiequalität politischer Systeme in den Blick nimmt. Diese sind in beiderlei Hinsicht (Größe, Fruchtgehalt) sehr gut miteinander vergleichbar. In Bezug auf den Fruchtgehalt hat man zumindest ein **Ordinalskalenniveau**, das ein „Mehr" oder „Weniger" zulässt. Gleiches gilt auch für andere Einheiten, wie zum Beispiel Länder oder Bundesstaaten. Auch bei der Demokratiequalität oder dem Ausmaß an politischen Protesten kann man ein Land hinsichtlich seines Grades an Verwirklichung demokratischer Ideale als besser oder schlechter gegenüber einem anderen Land einordnen. Hierzu bedarf es eben nur eines klaren Bezugspunkts (Wie man ja weiß, jedes Land ist anders). Die Einordnung in „besser" und „schlechter" oder „weniger" und „mehr" stellt das Kernmerkmal der **Ordinalskala** dar, die Reihenfolgen oder Ränge abbildet. Dabei ist jedoch zu beachten, dass die Abstände zwischen den Merkmalsausprägungen nicht gleich sein müssen.

Anhand des Beispiels des Politikersympathienskalometers des Politbarometers kann eine **Intervallskala** erläutert werden: Politiker sollen auf einer „Temperaturskala" bewertet werden. Den Befragten wird eine Skala mit Werten vorgegeben, die gleiche und feste Abstände der Merkmalsausprägungen abbildet. Wird Angela Merkel mit dem Wert 2,0 bewertet und Gregor Gysi mit 0,5, Frank-Walter Steinmeier mit 1,5 und Bernd Lucke mit 0,0, kann ausgesagt werden, dass der Abstand der Beliebtheit zwischen Merkel und Steinmeier genauso groß ist, wie zwischen Gysi und Lucke. Der Abstand zwischen Lucke und Steinmeier ist dreimal so groß wie der Abstand zwischen Steinmeier und Merkel. Diese Relationen sind nur dann möglich, wenn man zwischen den verschiedenen Variablenwerten gleiche, feste Abstände annehmen kann. In diesem Fall handelt es sich um eine **Intervallskala**. Hier wird davon ausgegangen, dass die verschiedenen gemessenen Abstände gleich – und dadurch im Verhältnis zueinander kalkulierbar sind. Entsprechend können weitreichende relationale Aussagen getroffen werden. Viele statistische Auswertungsverfahren, speziell alle multivariaten, setzen als Niveau die Intervallskala voraus. Die Aussage „Merkel ist viermal so beliebt wie Gysi" ist in einer Intervallskala nicht zulässig. Dazu wird eine **Ratioskala** benötigt.

---

1. Kennen Sie die Skalenniveaus.
2. Ermitteln Sie das Skalenniveau der jeweiligen Variablen.
3. Informieren Sie sich über die zulässigen statistischen Verfahren.

Die Ratioskala stellt eine exaktere Form der Intervallskala dar, die neben den gleichen Abständen zwischen den Merkmalsausprägungen zusätzlich einen festen Nullpunkt angeben kann. Dies benötigt man in der Regel, um Aussagen wie „Ein Apfel hat doppelt so viele Vitamine wie eine Birne" oder „Die Demokratie in Land A ist doppelt so alt wie die Demokratie in Land B" vornehmen zu können. In der Regel findet man in der Realität mehr Ratioskalen als Intervallskalen, liegt doch sehr häufig ein **Nullpunkt** vor. Alter, Größe. Länge, Bruttosozialprodukt und auch der Vitamingehalt von Obst kann in einer Ratioskala abgebildet werden. In nahezu jeder quantitativen Studie der empirischen Sozialforschung zielt man darauf ab, eine möglichst hohe Zahl an Variablen zu erhalten, die über dieses Skalenniveau verfügen. Die letzteren beiden – Intervall- und Ratioskala – werden in zusammengefasster Form als ein metrisches Skalenniveau bezeichnet.

Eine Möglichkeit, diese „Metrik" aus Variablen mit nicht metrischem Skalenniveau zu erzeugen, ist die Umkodierung der Variablen in sogenannten „Dummys". Die Ausprägungen eines **Dummys** variiert zwischen 1 (Ja) und 0 (Nein). Im Prinzip kann jede Variable in mehrere Dummys zerlegt werden. Mit dieser Transformation besitzt man für alle Dummys einen festen Abstand zwischen den Ausprägungen – dieser ist bei einem existierenden Abstand (zwischen 0 und 1) per definitionem gleich (zu sich selbst). Wie sieht dies in der Realität aus? Nehmen wir als Beispiel die Frage zur Wahlabsicht. Hierbei werden die Umfrageteilnehmer gefragt: „Wenn nächsten Sonntag Wahlen zum Deutschen Bundestag stattfinden würden, welcher Partei würden Sie Ihre Stimme geben?" Als Antwortkategorien werden jeweils die aktuellen Bundestagsparteien sowie die aussichtsreichsten Kleinparteien genannt. Die daraus gebildete Variable ist nominalskaliert. Durch statistische Transformation (Umkodieren in andere Variable in SPSS) erzeugt man nun jeweils eigene Dummy-Variable für jede einzelne Partei, zum Beispiel x_CDU, x_SPD usw. Bei dieser Kodierung erhalten zum Beispiel alle Befragten, die die CDU als präferierte Partei angegeben haben, den Wert 1, alle anderen den Wert 0. Mit den so erzeugten Variablen können dann auch diejenigen komplexen Rechenoperationen durchgeführt werden, die für metrische Variablen vorgesehen sind. Wichtig: Nicht alle der so produzierten Dummys dürfen dann **gleichzeitig** in multivariate Modelle einbezogen werden. Dies hat statistische Gründe. Es muss immer ein **Referenzbereich** an Varianz verbleiben. Bei den noch zu besprechenden Regressionsmodellen darf zum Beispiel immer zumindest eines der Dummys als Referenzwert nicht in die Analyse einbezogen werden. Die Begründung liegt in der Redundanz von Informationen, das heißt der Überladung mit nicht notwendigen Elementen. Bei unserem Beispiel stehen die Kategorien CDU, SPD, Bündnis 90/Die Grünen, Die Linke, andere oder keine Partei zur Verfügung. Es ist logisch ableitbar, wenn eine Person nicht die CDU, die SPD, Die Linke, andere oder keine Partei gewählt hat, dass die Stimme bei der Wahl den Grünen gegeben wurde.

! **Skalenniveaus – Basis der Variableneinschätzung**

Skalenniveaus bezeichnen, wie Antwortvorgaben einer Frage oder eines quantitativ beurteilten Sachbestands in Relation zueinander stehen und wie exakt dieser Sachverhalt gemessen werden kann. Vier Skalentypen stehen zur Verfügung: Nominalskalen, Ordinalskalen, Intervallskalen, Ratioskalen. Der Skalentyp entscheidet über die weiteren statistischen Möglichkeiten der Verwendung einer Variablen. Eine entscheidende Schwelle ist der Übergang zwischen Ordinal- und Intervallskala. Nominal-

und Ordinalskalen sind zunächst nur für deskriptive Verfahren geeignet. Nur mit Daten, die Intervall- oder Ratioskalenniveau besitzen, sind in der Regel komplexere, multivariate analytische statistische Verfahren durchführbar.

Die Zuordnung der Variablen zu den verschiedenen Skalen ist – wie bereits erwähnt – für die spätere Verwendung und Entscheidung über komplexe Verfahren (z. B. der multivariaten Analyse) bedeutsam. So sind diese in der Regel nur anwendbar, wenn die einbezogenen Variablen zumindest Intervallskalenniveau aufweisen. Entsprechend kommt der Bestimmung des Skalenniveaus für die quantitative empirische Forschung eine große Bedeutung zu, bildet sie doch die **Transformationsregel** des realen Phänomens in eine Operationalisierung ab. Dies ist an einigen Stellen nicht so einfach, wie es auf den ersten Blick scheint. So besteht insbesondere bei der Verwendung von Einstellungsfragen in Umfragen eine gewisse **Pragmatik** in dieser Transformation. Statistisch regelgerecht muss man davon ausgehen, dass eine Frage mit den Antwortkategorien „Stimme stark zu", „Stimme eher zu", „Lehne eher ab", „Lehne stark ab" ordinal skaliert ist. Für die statistischen Berechnungen der Umfrageforschung wird aber zumeist eine Intervallskalierung angenommen. Abgesehen von der Pragmatik der Anwendbarkeit spricht ein Argument für diese Öffnung: Man geht davon aus, dass die Befragten eine entsprechende Skala ebenfalls räumlich – und damit im Intervall – wahrnehmen.

3.2.3 Indizes

Bei Indizes handelt es sich um **konstruierte Variablen, die verschiedene Merkmale zusammenfassen**. Hintergrund ist üblicherweise der Versuch, Information zu reduzieren und zu konzentrieren. Grundsätzlich sollten einer Indexkonstruktion immer entweder klare theoretische Überlegungen oder empirische, dimensionsanalytische Überprüfungen – oder am besten beides – vorausgehen. Wichtig ist, dass der konstruierte Index eine latente Dimension, also einfach gesprochen, einen beschreibbaren Gegenstand abbildet. So soll ein „Demokratieindex" (wie z. B. Polity-IV, Freedom House) Aussagen über den Grad der Demokratie zulassen oder ein Index der Umweltverträglichkeit bei deren Einschätzung helfen. Indizes wie der Human Development Index sollen dagegen Auskunft über den Grad der gesellschaftlichen Entwicklung in einem Land geben. Wird das Ziel solcher Aussagen nicht erreicht, ist der Index wertlos. Damit dies nicht geschieht, ist bei der Indexbildung auf die **Richtung** der Ausprägungen der Variablen (aufsteigend oder absteigend), die **Skalierung** der Variablen und die **Messeinheiten** zu achten. Sie sind zu harmonisieren – und auch zu dokumentieren, bevor ein valider Index erstellt werden kann (siehe Tabelle 3.3).

Vorteile von Indizes liegen neben der **Konzentration und Verdichtung der Information,** die eine einfachere Weiterarbeit mit bestimmten latenten Konstrukten ermöglicht, in einer stärkeren Absicherung der Abbildung des abzubildenden **laten-**

Tab. 3.3: Indizes – Beispiele (eigene Zusammenstellung).

Index	Inhalt	Adresse
Human Development Index	Abbildung des gesellschaftlichen Entwicklungsstands einer Gesellschaft Hintergrund: sozioökonomische Modernisierungstheorie	hdr.undp.org/en
Freedom House Index	Beschreibung des Grades der Umsetzung von zivilen Freiheitsrechten und politischen Rechten Hintergrund: liberales Demokratiemodell	https://www.freedomhouse.org/
Polity-IV-Index	Index zur Abbildung der Umsetzung politischer Rechte in Verfassungen Hintergrund: an Rechten orientiertes Demokratiemodell	www.systemicpeace.org/polity/polity4.htm
DEREX INDEX (Rechtsextremismusindex)	Abbildung subjektiver Haltung der latenten Variable „Rechtsextremismus" über Verbindung von Einzelitems Hintergrund: Einstellungsforschung zu Extremismus	derexindex.eu/

ten Phänomens. Der neu gebildete Index ist zum einen weniger beeinflussbar von Schwankungen und ermöglicht konsistentere Zeitvergleiche. An manche latente Phänomene kann man sich erst über Indizes herantasten. So dürfte der Beantwortungserfolg der direkten Frage „Sind Sie Rechtsextremist?" nur sehr begrenzt sein. An dieser Stelle versucht man über Bündel von Einzelindikatoren und Einzelaussagen (z. B. Kailitz 2004: 193; http://derexindex.eu) ein Profil dieser Einstellungsstruktur zu ermitteln. Doch auch bei Aggregatdaten ist es zuweilen sinnvoll, mit Indizes zu arbeiten (Munck/Verkuilen 2002). So unterliegen gerade vergleichende Untersuchungen dem Problem eher **kleiner Fallzahlen** (siehe Kapitel 3.2.5). Will man auf dieser Ebene statistisch arbeiten, gilt es, eine Grundregel zu beachten: Die Anzahl der Variablen darf die Anzahl der Fälle nicht übersteigen, möchte man ein Analyseergebnis erzielen. Dies lässt sich oft nur über die Bündelung von Information erreichen. Auf der statistischen Ebene kann es zudem sein, dass sich die in Indizes integrierten Einzelvariablen in ihren **Messfehlern ausgleichen.**

> **Indizes – Informationssichernde Komprimiertheit**
> Indizes sind aus einzelnen Items konstruierte, zusammengefasste Variablen, die eine Konzentration und Verdichtung von Information vornehmen. Durch ihre Zusammenführung sollen sie eine höhere Stabilität der Messung gewährleisten. Sie befinden sich auf einem höheren Abstraktionsniveau als die zu ihrer Konstruktion herangezogenen Items.

Indizes können auf unterschiedliche Weise **konstruiert** werden. Die einfachste Vorgehensweise ist die Summierung der Einzelitems im Sinne einer sogenannten Likert-

Skalierung. Dabei wird davon ausgegangen, dass alle einbezogenen Items die gleiche Wertigkeit für den Index besitzen. Eine Überprüfung der Passförmigkeit von Likert-Skalen kann über die Reliabilitätsanalyse oder auch Faktorenanalysen erfolgen (siehe Kapitel 5.1.6). Sie stellen das Gros der in der Politikwissenschaft verwendeten Indizes dar. Gleichzeitig stellt sich in diesen Kombinationen immer die Frage, inwieweit eine gleichwertige Aufnahme unterschiedlicher Informationen gerechtfertigt ist. Ist nicht die Ablehnung von Ausländern für Rechtsextremismus ein gewichtigerer Faktor als zum Beispiel Nationalstolz? Zudem können Indizes auch über Multiplikation erstellt werden. Daneben existieren noch andere Möglichkeiten, wie etwa Rasch-Skalierungen, die aber in der Regel in der Politikwissenschaft kaum zur Anwendung kommen.

In der **Einstellungsforschung** wird häufig mit Indizes gearbeitet. Sie bieten sich besonders dann an, wenn einem latenten Phänomen nachgespürt wird, das nicht sinnvoll auf direktem Wege erfassbar ist, wie zum Beispiel Rechtsextremismus. Diese Indizes werden zumeist anhand sogenannter **Itembatterien** erhoben, in denen verschiedene Stimuli abgefragt werden, die aus Sicht der Forscher in Zusammenhang miteinander stehen und das **latente Phänomen** abbilden könnten. Durch die Zusammenführung der verschiedenen Einzelaussagen kann es dann gelingen, das nicht direkt sichtbare Phänomen oder Einstellungssyndrom einzukreisen und letztendlich in seiner Breite zu erfassen. Eine solche Itembatterie ist die Rechtsextremismusskala.

Latente Phänomene
Latente Phänomene sind in der Realität existierende Sachbestände, die sich nicht direkt, also nicht manifest, erfassen lassen. Man findet sie besonders bei Einstellungen und Werten. So stellt zum Beispiel das Phänomen „Fremdenfeindlichkeit" ein solch latentes Phänomen dar, welches nur über „Indizien" zu erfassen ist. Methodisch geschieht dies in Form von Itemskalen, die versuchen, das latente Phänomen einzukreisen.

Hierbei wird – dies geschieht zum Beispiel in der Psychologie seit vielen Jahrzehnten – auf vorliegende Erfahrungen früherer Untersuchungen zurückgegriffen. Viele Itembatterien kommen immer wieder zum Einsatz. Ihre Stabilität auch unter unterschiedlichen Kontextbedingungen zu prüfen, ist dabei eine wichtige Aufgabe. Gelingt dies, kann man mit einem gewissen Vertrauen auf diese **„Standardskalen"** zurückgreifen.[2] Als Test wird in der Regel auf Verfahren der Dimensionsanalyse (Reliabilitäts- und Faktorenanalyse) zurückgegriffen, die in Kapitel 5 behandelt werden. Die dahinter liegende Annahme ist, dass Abbildungen eines gemeinsamen Phänomens untereinander relativ eng verbunden sein sollten. Der Nutzen dieser statistisch kontrollierten Zusammenführung ist auch, dass mögliche Probleme der Multikollineari-

---

[2] Entsprechende Itemskalen werden bei der GESIS im Kontext des sogenannten Zuma-Skalenhandbuchs gesammelt. Typisch ist auch die Existenz von solchen mehrfach getesteten Skalen in der Psychologie. Ein Beispiel hierfür ist das bekannte Freiburger Persönlichkeitsinventar, in dem verschiedenste Messinstrumente mit ihren Prüfergebnissen abgebildet werden.

tät in späteren multivariaten Verfahren durch den Einbezug vieler miteinander verschränkter Einzelvariablen begegnet wird.

3.2.4 Typologien und Kategorisierungen

Kategorien sind Oberbegriffe, die Variablen zusammenfassen (Lauth u. a. 2009: 44). Die Kategorie ist ein Merkmal mit verschiedenen Ausprägungen: Zum Oberbegriff „politisches System" gehören zum Beispiel Demokratie, Autokratie; zum Oberbegriff „Demokratie" die Variablen Freiheit, Gleichheit und Kontrolle, die ihrerseits wieder Kategorien darstellen. Hier wird deutlich, dass Kategorien auf unterschiedlichen Abstraktionsebenen angesiedelt sind. Kategorien können als Variablen anderer Kategorien und damit als deren Spezifikationen zum Einsatz kommen. Hieraus entsteht ein „Analysebaum", dessen **Stamm** durch die abstrakteste Kategorie gebildet wird (hier: politisches System) und aus dem sich **Äste** (Unterkategorien; hier: Demokratie und Autokratie), **Zweige** (Spezifikationen der Unterkategorien; hier Freiheit, Gleichheit, Kontrolle) und **Blätter** (Variablen zur Bestimmung des Phänomens; hier: z. B. Meinungsfreiheit gemessen anhand der Festlegung in der Verfassung) wachsen.

Typologien stellen eine weitere Art der **Kombination von Variablen** dar. Sie folgen stärker als Indizes einem theoretischen Leitbild. Unter einer Typologie wird eine mehrdimensionale (mindestens zwei Dimensionen) Abbildung verstanden, die entsteht, wenn alle Kategorien zweier oder mehrerer Variablen kombiniert werden (Zuordnung von zwei oder mehr Merkmalen, die zwei oder mehr Ausprägungen aufweisen). Sie resultiert aus einer spezifischen Kombination von einzelnen Merkmalsausprägungen (Aarebrot/Bakka 1997: 62; Lauth u. a. 2009: 44–49; Schnell u. a. 2013: 157–158). Ein Merkmal bzw. seine Ausprägung kann direkt beobachtbar sein (z. B. Anzahl der Herrschenden) oder eine weitere Operationalisierung mit entsprechenden Indikatoren benötigen (zur empirisch begründeten Typenbildung siehe Kluge 2000). Die Ergebnisse sind nicht direkt empirisch zu testen, sondern unterliegen **systematisch-theoretischen Überlegungen**. Es gibt verschiedene Möglichkeiten, eine **Typologie** zu konstruieren. Die Konstruktion muss systematisch anhand der ausgewählten Merkmale erfolgen. So ist es nicht sinnvoll, bei jedem Typus andere Merkmale einzubeziehen. Gleichzeitig muss nicht jede logisch mögliche Kombination zwingend genutzt werden.

Als Beispiel soll hier die Herrschaftstypologie von Aristoteles dienen, die aus den Merkmalen „Qualität der Herrschaft" (Welches Interesse wird vertreten?) und „Anzahl der Herrschenden" (Wie viele regieren?) konstruiert wird (siehe Tabelle 3.4). Die Ausprägungen beider Merkmale werden nun kombiniert – quasi gekreuzt. Zuerst muss der konstruierte Typus in sich **konsistent** sein. So ergibt es beispielsweise wenig Sinn, einen Herrschaftstypus zu bilden, der gleichzeitig freie Wahlen und umfassende Zensur aufweist. Dies setzt also voraus, dass sich beide Merkmale nicht in den Inhalten überschneiden – und dadurch in Gegensätzlichkeit kommen können. Wichtig ist immer die

Tab. 3.4: Beispiel einer Typologie: sechs Typen von Herrschaftsformen nach Aristoteles (Lauth u. a. 2014: 45).

Merkmal		(qualitativ) Nutzen der Herrschaft	
	Merkmalsausprägung	Interessen der Gemeinschaft	Interessen der Regierenden
(quantitativ) Anzahl der Herrschenden	Alleinherrschaft	Monarchie	Tyrannei
	Herrschaft der Wenigen	Aristokratie	Oligarchie
	Volksherrschaft (Herrschaft der Vielen)	Politie	Demokratie bzw. Ochlokratie

Klarheit und Eindeutigkeit der Merkmalskategorien. Nur wenn diese klare Zuweisungen zulässt, eignet sich ein Merkmal überhaupt zu einer Typologiekonstruktion. Eine **Typologie** kann sowohl theoretisch als auch empirisch konstruiert werden. Im ersten Fall liegen klare Annahmen vor, nach denen die verschiedenen Typen entstehen sollen und können. Im zweiten Fall – der als induktiv-statisch zu bezeichnen ist – ergeben sich spezifische empirische Kombinationen. Ist bei der theoretischen Konstruktion das Problem, dass sie sich auch in der Realität halbwegs entsprechend realisiert, liegt das Problem bei der empirischen Konstruktion im Nachgang: So muss den empirisch ermittelten Typen nun eine inhaltliche Bedeutung zugeschrieben und ein Bezug zu Theorien hergestellt werden.

Über grundsätzliche Typologien hinausgehend gibt es auch **Subtypenbildungen**. Sie repräsentieren Abweichungen von einem Haupttypus. Hier ist es die Frage, welchen Status diese Untertypologien einnehmen. So gibt es zum einen Konzepte, die Teilkonzepte oder Dimished Subtypes darstellen. Hier ist zum Beispiel das Konzept der „defekten Demokratie" zu nennen, das abweichend von einem Root-Konzept eine Variation desselbigen vornimmt – aber eben nicht einen vollständig neuen Typus ausbildet. Ein Root-Konzept ist ein theoretisches Basiskonzept, von dem Unterkonzepte abgeleitet werden. Im vorliegenden Fall ist ein Root-Konzept „Demokratie", das andere „Autokratie". Defekte Demokratien tragen Eigenschaften beider Konzepte, sind aber den Demokratien deutlich ähnlicher als den Autokratien. Eine andere Variante ist ein eigenständiger Typus – wie zum Beispiel „hybride Regime" (siehe Lauth u. a. 2009: 51–56), die ebenfalls Eigenschaften beider Root-Konzepte besitzen, die jedoch nicht danach unterschieden werden, ob sie den Demokratien oder Autokratien ähnlicher sind.

Typologie und Klassifikation !
Eine Typologie stellt eine theoretisch begründete Kombination von Einzelmerkmalen dar. Ihr Ziel ist es, über die Verknüpfung der Information die Vielfalt kombinierter Phänomene abzubilden. Eine Klassifikation beruht ebenfalls auf einem theoretisch begründeten Zuweisungsprozess des Forschers, mündet aber in der Differenzierung nach einem Merkmal.

Typologien und Klassifikationen besitzen ihren zentralen Nutzen in einer eher **kategorialen Ordnung** der Welt. Anders als Indizes suchen sie nicht, Informationen zusammenzufassen, sondern diese für eine differenzierte Nutzung auseinanderzuhalten.

3.2.5 Gütekriterien quantitativer Forschung – Zuverlässigkeit und Validität

Quantitative Forschungsvorhaben müssen sich nach verschiedenen **Kriterien** beurteilen lassen. Zuerst sind dies die bereits erwähnten Kernkriterien der wissenschaftlichen Forschung, wie zum Beispiel Nachvollziehbarkeit, Wiederholbarkeit (Replizierbarkeit) unter gleichen Bedingungen und intersubjektive Überprüfbarkeit. An quantitative Untersuchungen sind zusätzlich noch weitere Anforderungen zu stellen, die hauptsächlich auf den Erfahrungen der klassischen **Testtheorie** beruhen. Dabei ist es wichtig, dass bereits die messtheoretischen Zuordnungen eindeutig sind und auch einen „Stresstest" bestehen. Hier kommen nun die eingangs erwähnten Kriterien der Reliabilität (Zuverlässigkeit) und Validität (Gültigkeit) ins Spiel (siehe Tabelle 3.5).

Unter **„Validität"** wird die Gültigkeit der Abbildung der Realität verstanden. Es stellt sich die Frage, ob mit dem verwendeten Instrument das gemessen wird, was aus der Theorie abgeleitet gemessen werden soll. Nur dann ist es möglich, Aussagen mit Bezug zur Fragestellung zu verfassen. Das Problem der Überprüfung der Validität oder der Validierung liegt im Wesentlichen darin, dass viele zu messende Tatbestände

Tab. 3.5: Gütekriterien wissenschaftlicher Forschung (eigene Zusammenstellung).

Kriterium	Prüfung	Gewährleistung
Nachvollziehbarkeit	Verstehen, wie eine Untersuchung durchgeführt wurde	Dokumentation und transparente Niederschrift
Replizierbarkeit	Erzielen der gleichen oder ähnlicher Ergebnisse unter gleichen (experimentellen) Rahmenbedingungen (Test – Retest)	saubere Durchführung und Kontrolle der externen Faktoren
intersubjektive Überprüfbarkeit	Erzielen der gleichen oder ähnlicher Ergebnisse durch andere Forscher unter ähnlichen (experimentellen) Rahmenbedingungen	Verfügbarmachen des Datenmaterials und Transparenz in der Durchführung
logische Stringenz	logische Zusammenhänge und Argumentationsstrategien	Theoriebezug
Gültigkeit	Es wird gemessen, was gemessen werden soll.	Abbildung der Realität

in der Realität nur latent vorhanden[3] oder schlecht greifbar sind. Strategien der Validitätsüberprüfung sind zumeist **interne Validierungsschritte**, in denen das gemessene Konstrukt mit inhaltlich vergleichbaren Konstrukten der gleichen Erhebung in Verbindung gebracht wird. Auch der Rückbezug auf die zugrunde liegenden Theorien ist hier sinnvoll. Durch statistische Zusammenhänge soll eine gewisse Bestätigung des Messinhalts und seiner Deutung erreicht werden. Dabei zielt in Validierungsstrategien vieles darauf hin, die Informationsdichte zu erhöhen, um den Schluss ziehen zu können, dass das, was man misst, auch der Realität oder zumindest einer gemeinsam geteilten Konstruktion der Realität entspricht. Dem dient auch die **externe Validierung**, bei der andere Informationen, zum Beispiel auch aus anderen Umfragen, zur Prüfung des eigenen Ergebnisses hinzugezogen werden. Findet sich zum Beispiel ein Konstrukt „Ausländerfeindlichkeit" und man kann aus dem Antwortverhalten zwischen 20 und 30 Prozent Anfälligkeit hierfür ausmachen, hilft es, wenn in anderen Untersuchungen, ruhig auch mit variierenden Messinstrumenten zu dieser Thematik, ähnliche Größen auftreten. Ist dies nicht der Fall, gilt es, die eigenen Daten hinsichtlich Fragestellung, Stichprobenauswahl und Konstruktvalidität zu überprüfen. Gleiches gilt, wenn im Rahmen der internen Validierung zum Beispiel die aus der Theorie und aus anderen Studien bekannten Bezüge zwischen Rechtsextremismus, Ausländerfeindlichkeit und Nationalismus nicht statistisch ermittelbar sind. Dann muss man sich noch einmal Gedanken über sein Messkonstrukt für Ausländerfeindlichkeit machen.

Vertrauen Sie Ihren Ergebnissen, aber prüfen Sie sie auch anhand interner und externer Validierungsmaßnahmen.

Eine andere Form der Validierung ist, inwieweit sich die aus dem Instrument ergebenden Ergebnisse mit denen in der Realität decken, soweit diese einem genauer zugänglich sind. Diese Validierung an der Praxis (Mayer 2008: 57) entfällt allerdings, wenn es hier keine belastbaren Beobachtungen gibt. Insgesamt kann zwischen der (schwer zu prüfenden) **Inhaltsvalidität**, der **Kriteriumsvalidität** (externe Validierung) und der **Konstruktvalidität** (interne Validierung) unterschieden werden (Schnell u. a. 2013: 154–157).[4] Ist Letztere teilweise prüfbar, ist Erstere schwierig zu überprüfen.

Nicht nur die quantitative Sozialforschung greift auf Validierungsstrategien zurück. Wie in Kapitel 3.4 noch näher behandelt wird, gelten auch für qualitative Verfahren die Kriterien der Validität und Reliabilität als Orientierungsgrößen für eine

---

3 Demokratie kann zum Beispiel nicht direkt gemessen werden. Der (theoretische) Begriff muss erst in Unterkategorien und dann weiter in Indikatoren zerlegt werden, bis man einen „messbaren" Indikator erhält. Am Ende des Prozesses wird Demokratie dann unter anderem über Meinungsfreiheit bestimmt, die selbst über Einstellungen der Bürger oder Berichte von Amnesty International „gemessen" wird.
4 Zur Weiterführung: Bei Schnell u. a. (2013: 154–166) werden ausführlich die Möglichkeiten der Konstruktvalidierung diskutiert und vorgestellt.

wissenschaftlich saubere Arbeit (Flick 2014: 487–510; Przyborski/Wohlrab-Sahr 2013: 36–38). Bei qualitativen Forschungszugängen kann zum Beispiel die Gültigkeit im natürlichen Lebensumfeld, also eine kontextuelle Gültigkeit, geprüft werden. Auch dies ist faktisch eine Validierung an der Praxis. Sie wird als **ökologische Validierung** bezeichnet (siehe Kapitel 3.4). In einer weiteren Form werden die Zustimmung von Befragten oder die stützenden Deutungen der Beobachtungen durch nachträgliche Zustimmung der Beobachteten eingeholt. Decken sich die Deutungen, kann von einer **kommunikativen Validierung** gesprochen werden (Mayer 2008: 57). Zudem kann man – und dies gilt wieder für qualitative und quantitative Zugänge – eine **externe Validierung** vornehmen. Hier wird im Prinzip auf die Replizierbarkeit der Ergebnisse Bezug genommen und untersucht, inwieweit vergleichbare Forschungsdesigns und Forschungsanlagen zu gleichen oder ähnlichen Befunden kamen.

Reliabilität und Validität
Reliabilität und Validität stellen die zentralen Gütekriterien jeder Art von wissenschaftlicher Forschung dar. Reliabilität bezeichnet die Zuverlässigkeit, mit der ein bestimmtes Messinstrument ein Konstrukt abbildet. Validität beschreibt die Gültigkeit einer Messung in dem Sinne, dass sie die Realität auch wirklich abbildet. Ist die Inhaltsvalidität kaum überprüfbar, so können Maßnahmen zur Überprüfung der Kriteriums- und der Konstruktvalidität genauso vorgenommen werden, wie die Prüfung der Reliabilität.

Die zuletzt genannte Form der Validierung leitet über zu dem zweiten Gütekriterium, der Reliabilität. Unter **„Reliabilität"** wird die Zuverlässigkeit einer Messung verstanden. Im Prinzip ist es das Ziel, herauszubekommen, ob sich die ermittelten Ergebnisse im Wiederholungsfall unter gleichen Bedingungen replizieren lassen. Dies ist nicht immer einfach, variieren doch die Rahmenbedingungen in der Feldforschung so stark, dass sich eher selten gleiche Bedingungen wiederfinden lassen. **Replikation** ist somit eine sehr starke Anforderung. Gleichzeitig sollten Ergebnisse unter ähnlichen Umständen nicht zu stark von den selbst erzielten Ergebnissen abweichen. Im Bereich experimenteller Anwendungen stellt dies die zwingende Forderung von Test-Retest-Vorgehen dar.

Da es in selbst durchgeführten Studien oft schwierig ist, beide Gütekriterien in dieser Schärfe zu erfüllen, haben sich **Zwischenstandards** eingebürgert. Zum einen sind die erzielten Ergebnisse auf **Plausibilität** zu überprüfen. Plausibilität ist als Prüffaktor nicht zu unterschätzen, greift sie doch auf verschiedene Beobachtungen zurück. Selbst wenn dies nicht durchweg systematisch ist, sollten erkannte Verstöße gegen Plausibilitätsstrukturen jeden Forscher dazu führen, seine Ergebnisse noch einmal einer stringenten und eingehenden Prüfung zu unterziehen. Eine weitere Strategie ist es, das eigene Vorgehen für andere Interessenten offenzulegen. Diesen Punkt haben wir bereits als zentrales wissenschaftstheoretisches Kriterium behandelt – **Transparenz**. Eine Maßnahme hierfür ist es, die verwendeten Daten für Kontroll- und Sekundäranalysen durch andere Forscher zur Verfügung zu stellen.

3.3 Exkurs: vergleichende Forschung und ihre Spezifika

Die vergleichende Politikwissenschaft hat als eigenständiger Fachbereich in den letzten Jahrzehnten erheblich an Bedeutung gewonnen. Auch wenn sie sich aller oben behandelten üblichen Methoden der empirischen Sozialforschung bedienen kann, hat sie doch zusätzlich einen speziellen Fokus: Sie wendet die Analysemethoden vor dem Hintergrund systematisch vergleichender, kriteriengeleiteter Fragestellungen an. Aus dem Vergleich werden einerseits Fälle (Länder, Ereignisse, Akteure) von anderen abgegrenzt, andererseits werden Gemeinsamkeiten zwischen diesen Untersuchungsobjekten gesucht. Die Vergleiche dienen letzten Endes der Prognose von künftigen Verläufen in ähnlichen Objektkonstellationen.

Um Vergleiche ziehen zu können, dürfen die Objekte nicht vollständig unterschiedlich sein. Sie müssen mindestens eine gemeinsame Eigenschaft, das sogenannte Tertium Comperationis aufweisen.[5] Bemüht man die alte Annahme, man könne Äpfel und Birnen nicht vergleichen, lässt sich an diesem Beispiel leicht erläutern, warum diese Annahme, aus der Warte der vergleichenden Methoden betrachtet, falsch ist: Äpfel und Birnen fallen unter den Oberbegriff „Kernobst", somit sind sie Teil einer übergeordneten Kategorie. Eigenschaften dieser Kategorie (Merkmale) sind zum Beispiel der Vitamingehalt oder die Haltbarkeit. Auf einen politikwissenschaftlichen Gegenstand übertragen, können Demokratien mit Autokratien verglichen werden, wenn man beide als politische Systeme (Kategorie) auffasst, deren Eigenschaften (Merkmale), zum Beispiel Anzahl der Parteien, das Wahlsystem, die Kontrolle der Regierung usw. verglichen werden.

Im weiten Sinne kann jede Anwendung von Begriffen und Kategorien als Vergleich verstanden werden, da diesem jeweils ein Abgleichen der Bezeichnungen mit dem empirischen Referenzbereich zugrunde liegt. Bei den Methoden des Vergleichs geht es allerdings wesentlich stärker noch um die systematische und vergleichende Untersuchung von empirischen Phänomenen (Fälle). Ein wesentliches Merkmal aller **komparativen Methoden** besteht darin, die maßgeblichen Variablen zu kontrollieren und Fälle **systematisch** in Beziehung zu setzen. Auf dieser Systematik ruht der zentrale Punkt des Vergleichs. Nicht subjektive oder grobe, am Alltagswissen orientierte Aussagen sind das, was man in der Politikwissenschaft (und auch den Sozialwissenschaften im Allgemeinen) als komparativ anerkennt. Vielmehr wurden hier bestimmte Prämissen und methodische Zielsetzungen entwickelt, die einen geordneten, systematischen und damit belastbaren Vergleich von politischen und sozialen Phänomenen ermöglicht. Dieser besitzt seine Schwerpunkte auf der Makroebene, ohne dass er auf diese beschränkt ist.

---

5 Eine ausführliche Diskussion und Darstellung der Methodik des Vergleichs findet sich in Lauth u. a. 2009.

> **Nutzen Sie die Chancen des Vergleichs.** Ein systematischer Vergleich ist in der Lage, das Verständnis über einen Sachbestand maßgeblich zu erweitern. Manches Ergebnis ist ohne Vergleichsgrundlage nicht interpretierbar.

Die Anfänge systematischen Vergleichens in den Sozialwissenschaften können auf die Arbeiten von **John Stuart Mill** (1978 [1843]) zurückgeführt werden. Mit seinen Überlegungen zu den Methoden der Differenz (Method of Difference) bzw. Konkordanz (Method of Agreement) führt er die ersten kontrollierten Variationen von miteinander in Beziehung stehenden „Variablen" in die Betrachtung politischer Systeme ein. Aus der Logik dieses analytischen Vorgehens leitet sich später das Forschungsdesign der Most Similar Cases bzw. der Most Different Cases ab (vgl. S. Pickel 2015). Der Vergleich erbringt dann zusätzlichen Erkenntnisgewinn, wenn er Relationen herstellen kann. Betrachtet man beispielsweise das politische System der Bundesrepublik Deutschland isoliert von anderen politischen Systemen, kann man nicht erkennen, ob der Grad der Verankerung der Demokratie wirklich hoch oder niedrig ist. Erst in Relation zu anderen Ländern kann das Ausmaß der Unterstützung der Demokratie in Deutschland interpretiert werden. Damit wird hier ein **räumlicher Vergleich** (Querschnittsvergleich) vorgenommen. Eine weitere Möglichkeit ist der Vergleich zwischen Zeitpunkten (**zeitlicher Vergleich**; Längsschnittvergleich). Dieser wird relativ häufig vorgenommen. Er ist jedoch stark vom jeweiligen zeitlichen Kontext abhängig: Vergleicht man zum Beispiel die Ablehnung von Muslimen in der deutschen Bevölkerung zwischen 2000 und 2010, fällt auf, dass diese angestiegen ist. Eine einfache Erklärung sind die Geschehnisse des 11. September 2001. Doch auch andere Kontextfaktoren sind für eine Erklärung zu berücksichtigen (z. B. relative Deprivation, Angst vor Überfremdung, Unwissen über die Inhalte des Islam).

> **Definition der vergleichenden Methode**
> Methoden des Vergleichs bezeichnen im Allgemeinen die Art und Weise einer komparativen Untersuchung von empirischen Phänomenen mit einem bestimmten Erkenntnisziel, wobei es gilt, die maßgeblichen Variablen auf verschiedene Weise zu kontrollieren. Dabei hat sich in Abhängigkeit von verwendbaren Fallzahlen eine Unterscheidung zwischen Fallstudien (n = 1), Paarvergleichen (n = 2), vergleichender Methode (wenige Fälle) und statistischer Analyse (viele Fälle) herauskristallisiert.

Die vergleichende politikwissenschaftliche Forschung greift ebenfalls auf Variablen und Indizes zurück. Der Verwendung von Indizes kommt dabei in den letzten Jahren ein wesentlicher Bedeutungszuwachs zu, sind sie doch besonders gut geeignet, Informationen zu konzentrieren. Dies ist für vergleichend angelegte Vorgehen besonders wichtig, leiden doch viele komparative Analysen an dem **Problem geringer Fallzahlen**. Da sich verschiedene multivariate Analyseverfahren aber nur bei einem Übersteigen der Variablenzahl durch die Fallzahl statistisch sinnvoll realisieren lassen, können Indizes zur Reduktion der Variablenzahl genutzt werden. Gleichwohl bleibt dies für vergleichende Forschung jenseits der statistischen Makroanalysen ein Problem, welches es zu lösen – oder zumindest zu bearbeiten – gilt. Bereits deskriptive Vergleiche von wenigen Fällen oder Paarvergleiche stellen einen Erkenntnisgewinn dar. Die Untersuchungsfälle müssen allerdings besonders sorgfältig ausgewählt werden, um keine wissenschaftlichen Artefakte oder Fehlschlüsse zu produzieren. Entsprechend kann die Beschäftigung mit der **Fallauswahl** oder dem **Forschungsdesign** als zentrales Themenfeld der vergleichenden Analyse angesehen werden. Hierzu wurde in der Vergleichenden Politikwissenschaft das Instrumentarium der **kontrollierten Vergleichsanordnungen** entwickelt (Lauth u. a. 2009). Oft wird auch von der „vergleichenden Methode" gesprochen, die dann von anderen analytischen Vorgehensweisen abgegrenzt wird. Konzeptionelles Rückgrat dieser Überlegungen sind zwei spezielle Designs oder Versuchsanlagen: Es handelt sich um das Most Different Systems Design und das Most Similar Systems Design. Beide Designs sind Bestandteil oder Produkt der als grundlegend für die Methoden[6] des Vergleichens angesehene Festlegung Arend Lijpharts (1971: 682–685) und seiner Aufteilung der analytisch-vergleichenden Vorgehensweisen in Fallstudien, vergleichende Methode, Experiment und statistische Methode (siehe Tabelle 3.6).

Diese Differenzierung beruht weitgehend auf der Anzahl der Fälle, die analysiert werden. So ist die statistische Methode weitgehend mit Large-N-Studien (n > 50) gleichzusetzen, während die vergleichende Methode sich überwiegend auf begrenzte Fallzahlen (n < 50 und n > 20) konzentriert. Lijphart (1971: 684) sieht dies sogar

Tab. 3.6: Methoden des Vergleichs (nach Lijphart 1971) (Lauth u. a. 2015, Rekombination auf Basis von Lijphart 1971; siehe auch Jahn 2006: 178).

Fallstudien	komparative oder vergleichende Methode	experimentelle Methode, Quasi-Experiment	statistische Methode
Typen von Einzelfallstudien – atheoretische – theoriegenerierende – theorietestende	systematische Analyse einer kleinen Anzahl von Fällen (Small-N-Analysis), in der Regel anhand des MSSD oder des MDSD	Versuchsaufbau analog zu naturwissenschaftlichem Experiment (Kontrolle aller Variablen und der Rahmenbedingungen)	Systematische Analyse einer größeren Anzahl von Fällen (Large-N-Analysis) (statistische Kontrolle)

MSSD = Most Similar System Design
MDSD = Most Different System Design

---

6 Methode wird nach Lijphart (1971: 683) als genereller Zugang zu Verständnis und Erklärung einer Materie angesehen, der von den konkreten Untersuchungstechniken zu unterscheiden ist. Diese Benennung führt, da die von ihm als Analysetechniken eingeordneten Vorgehen üblicherweise im Sprachgebrauch als sozialwissenschaftliche Methoden behandelt werden, gelegentlich zu Missverständnissen.

explizit an einer Stelle als einzige Differenz zwischen beiden Methoden: „The comparative method resembles the statistical method in all respects except one. The crucial difference is that the number of cases it deals with is too small to permit systematical control by means of partial correlations". Dieses Verständnis von einer **„echten vergleichenden Methode"** wird mittlerweile oft als nicht mehr trennscharf genug empfunden, um dem heute vorherrschenden Pluralismus an vergleichenden Analyseverfahren und Zugängen gerecht zu werden. Umso mehr, als sich in der vergleichenden Politikwissenschaft gerade die Kombination von statistischen Analysen und Fallstudien stark verbreitet hat. In der Regel werden mittlerweile alle genannten Verfahren zu den Methoden des Vergleichens gezählt, solange sie eine komparative Komponente beinhalten.

Die vergleichende Methode in der Tradition von Lijphart (1971, 1975) zeichnet sich durch zwei Eigenheiten aus: Einerseits greift sie in der Regel auf wenige Fälle zurück – was sie von der statistischen Methode unterscheidet –, andererseits muss sie, aufgrund der Fallbeschränkungen gegenüber Vielländeranalysen, auf einer **bewussten Fallauswahl** beruhen. Faktisch greift man bei einer an diesem Design orientierten Untersuchung entweder auf einen strukturierten Vergleich im Sinne von mehreren Fallstudien zurück oder es werden Verfahren der Aggregatdatenanalyse verwendet, die aufgrund der wenigen Fälle allerdings behutsam und transparent vorgenommen werden müssen. Wichtig ist die Strukturiertheit des Vorgehens, welche sich an der Bereitstellung klarer Vergleichskriterien festmacht. Damit unterscheiden sich diese Vergleiche von der auf die Tiefe und Gesamtheit des Falles ausgerichtete Einzelfallstudie (Jahn 2006: 337–350). Bezüge zu sozialwissenschaftlichen Theorien und zu systematisch entwickelten Forschungsfragen sind allerdings in diesem Zusammenhang hochgradig bedeutsam. Aufgrund der Anfälligkeit der Small-N-Analysen für Abweichungen von einzelnen Fällen, sind eine systematische Fallauswahl und eine präzise formuliertes **Forschungsdesign** zwingend notwendig.

Als kontrollierte Versuchsanordnungen, die der systematischen Fallauswahl dienen, haben sich seit den 1970er-Jahren (vgl. Przeworski/Teune 1970) das **Most Similar Systems Design** (MSSD) und das **Most Different Systems Design** (MDSD) durchgesetzt (Lauth u. a. 2014, 2015). Ersteres geht von gleichen Rahmenbedingungen (z. B. Wohlstand, EU-Mitgliedschaft) für alle Untersuchungsfälle (Länder) aus und analysiert in der Folge, inwieweit die Variation einer erklärenden (unabhängigen) Variablen x/Nicht x (z. B. parlamentarisches oder präsidentielles Regierungssystem) eine Differenz im Ergebnis y/Nicht y (Outcome) erzeugt (z. B. Defekt der Demokratie oder kein Defekt). Das Most Different Systems Design dagegen untersucht einen gleichen Zusammenhang zwischen x und y (parlamentarisches Regierungssystem ist immer eine nicht defekte Demokratie) und sichert diesen Zusammenhang über verschiedenste Kontexte (Wohlhabende und Nichtwohlhabende Länder, EU-Mitglieder und Nichtmitglieder) ab. Entsprechend ist die inhaltliche Grundthese des MDSD meist relativ einfach zu widerlegen und ein so gestütztes Ergebnis kann sowohl als sehr stabil als auch in hohem Ausmaß als verallgemeinerbar angesehen werden (siehe Tabelle 3.7).

Tab. 3.7: Untersuchungsdesigns im Überblick (eigene Zusammenstellung nach Landmann 2000: 28; Skocpol/Somer 1980: 184).

	MSSD			MDSD		
	Land 1	Land 2	Land ...	Land 1	Land 2	Land ...
Rahmenbedingungen	A	A	A	A	D	G
	B	B	B	B	E	H
	C	C	C	C	F	I
erklärende Variable	x	x	Nicht x	x	x	x
Outcome	y	y	Nicht y	y	y	y

So hilfreich diese Konzeption ist, beide Designs bringen auch **Probleme** mit sich: Sie sind von der Grundkonzeption her dichotom geprägt. Entweder sind die Variablen (x, y) vorhanden oder nicht (Ja oder Nein). Dies lässt keine hohe Erklärungsvarianz zu und entspricht eher einem deduktiv-nomologischen Wissenschaftsmodell als einem induktiv-statistischen. Da man es üblicherweise in empirischen Untersuchungen mit kontinuierlichen Variablen oder graduellen Merkmalsausprägungen (also Prozente von Zustimmungen, Qualitätsgrade der Demokratie) zu tun hat, bleibt die konkrete Anwendbarkeit der Designs begrenzt. Es handelt sich bei der Darstellung also um eine **Idealvorstellung** beider Designs, die nur selten zu realisieren ist. In der Forschungspraxis finden sich entsprechend Variationen in der Konzeption, die vor allem durch Mischungen der Untersuchungsanordnungen zustande kommen. Bei allen Variationen ist zu beachten, dass eine sorgsam begründete Fallauswahl durchgeführt wird, da sonst die Gefahr des **Selection Bias** auftritt (Collier u. a. 2004).[7] Auf diese Gefahren verweisen auch George und Bennett (2005: 67–69), die eine „structured, focused comparison" als Grundlage der vergleichenden Fallanalyse empfehlen. Zuerst sollte das „Universum" ermittelt werden, dem die Untersuchungsfälle angehören, eine klare Forschungsfrage gestellt und deren Bearbeitung festgelegt werden – gemeinhin Elemente des Forschungsdesigns. Danach kommt es zu einer umfassenden Durchführung der Studie, die alle möglichen Erklärungen für das untersuchte Phänomen enthalten sollte. Und zum Abschluss sind die erzielten Ergebnisse an die Theorie des Feldes anzuschließen (vgl. S. Pickel 2009).

---

[7] Der Selection Bias bezeichnet Probleme, die aufgrund einer unzureichenden Fallauswahl auftreten. So kann zum einen die Variation der unabhängigen bzw. abhängigen Variablen eingeschränkt sein, zum anderen können spezielle Fälle ausgesucht worden sein, die ein verzerrtes Ergebnis produzieren. In diese Gefahr kommen zum Beispiel auch Aussagen, die nur auf Basis von hoch entwickelten OECD-Staaten über diese hinaus verallgemeinert werden.

> Konzeptionelle Designs (Most Similar Systems Design, Most Different Systems Design) sind ein nützliches Mittel zur Systematisierung von Vergleichen. Entscheiden Sie sich für ein Vergleichsdesign und nutzen Sie es als Interpretationsschema.

Es wird deutlich, dass die Anordnungen des Most Similar Systems Designs und des Most Different Systems Designs ihre Stärke in der Strukturierung der Fälle besitzen und es so ermöglichen, aus den kontextuellen Faktoren Schlüsse auf Unterschiede zwischen den Fällen ziehen zu können. Ein eigenständiges Analyseverfahren sind sie allerdings nicht, weswegen der Begriff „vergleichende Methode" für sie auch mit großer Vorsicht zu verwenden ist. Nichtsdestoweniger illustrieren sie aber sehr gut das Denken der vergleichenden Forschung und der vergleichenden Politikwissenschaft, welches in der **Kontrolle der Umfeldbedingungen**, Kontextfaktoren und systematischen wie auch **reflektieren Auswahl- und Designverfahren** liegt. Dies kommt mittlerweile auch in den Analysemethoden zum Ausdruck, lehnen sich doch gerade makroqualitative Vorgehen in Teilen stark an diese Denkmuster an (siehe Kapitel 5.3). Eine weitere Strategie der vergleichenden Methode liegt in deskriptiven Analysen von Beziehungen zweier Variablen. Hier wird üblicherweise auf Streudiagramme zurückgegriffen, deren abweichende Fälle dann gesondert untersucht werden. Für die Bearbeitung der vergleichenden Fälle sind Rückgriffe auf Umfragedaten, Experteninterviews und Mixed-Methods-Designs üblich (siehe Kapitel 5).

3.4 Die Basis qualitativer Forschung – methodisch geleitetes Fremdverstehen

3.4.1 Regelgeleitetes Sinnverstehen und Textbasiertheit

Will man eine Differenzierung zwischen quantitativer und qualitativer Forschung einführen, liegt diese zuerst einmal auf der wissenschaftstheoretischen Ebene (siehe Kapitel 2.4). Zur Erinnerung: Kann man das Grunddenken der quantitativen Forschung als auf das **Erklären** von Phänomenen ausgerichtet einordnen, so ist der zentrale Vorgang, der für die qualitative Forschung im Vordergrund steht, das Verstehen – genauer das Sinnverstehen (z. B. Kleemann u. a. 2009: 14–15). Es gilt nicht, Beziehungen zwischen zuerst einmal voneinander unabhängigen „Variablen" zu bestimmen und deren Kausalitäten oder Beziehungen herauszuarbeiten, sondern hinter diese Bezüge zu blicken, die in der Realität miteinander verwobenen Strukturen zu ergründen, diese in ihren Mechanismen zu durchschauen und zu rekonstruieren. Diesem Denken liegt ein stark auf menschliches **Handeln** in sozialen und kulturellen Kontexten bezogenes Bild gesellschaftlicher Wirklichkeitsbetrachtung zugrunde.

Ebenfalls wurde bereits angesprochen, dass speziell in der Politikwissenschaft gelegentlich der Fehlschluss zu finden ist, dass qualitative Forschung alleine durch die

Abwesenheit von Zahlen zu identifizieren ist. So richtig diese Abgrenzung auf den ersten Blick ist, so wenig ist sie allerdings ein ausreichendes Kriterium, um qualitative Forschung angemessen zu beschreiben. Eine solche Klassifikation ist aber nicht nur für definitorische Zwecke unzureichend, sie birgt erhebliche Gefahren. Das Problem ist, dass diese Negativabgrenzung gerne dazu benutzt wird, um relativ ungeordnete Wahrnehmungen und Beschreibungen der Wirklichkeit ad hoc und quasi impressionistisch zu deuten. Genau dies ist aber eben keine qualitative Forschung, sondern eben das Beschriebene – Impressionen, persönliche Meinungen oder, im besten Fall, Gedankenexperimente. Davon abzugrenzen sind systematische Theoriediskussionen und philosophische, auf Logik aufgebaute Debatten. Doch auch Letzteres ist keine qualitative Sozialforschung. Von dieser kann nur dann gesprochen werden, wenn **systematisch und regelgeleitet** versucht wird, gesellschaftliche Phänomene und die gesellschaftliche Realität zu verstehen.

Qualitative Sozialforschung arbeitet regelgeleitet und systematisch. Gehen Sie nicht davon aus, dass empirisch nicht fundierte und belegte Aussagen als „qualitativ" zu bezeichnen sind.

Da ist es wichtig, sich vor Augen zu führen, dass qualitative Verfahren nicht anders als quantitative Verfahren auf eine möglichst hohe **intersubjektive Überprüfbarkeit** abzielen (da Objektivität in den Sozialwissenschaften ja nicht zu erreichen ist, aber den angestrebten Fluchtpunkt darstellt) und auf **überindividuelle, verallgemeinerbare Aussagen** zielen. Nicht das Individuum für sich, sondern Sozialgruppen oder die Gesellschaft sind Subjekt und Objekt der Analyse. Hier sind festgelegte Regelhaftigkeiten und methodische Standards die entscheidenden Mechanismen der Absicherung dieser Zielsetzung (Przyborski/Wohlrab-Sahr 2010: 42). Vor allem diese Regelhaftigkeit in der Untersuchungsanlage und Analyse ist es, die qualitative Sozialforschung überhaupt zu wissenschaftlicher Forschung macht. Damit unterliegen auch qualitative Untersuchungen wissenschaftlichen (Prüf-)Kriterien.

Qualitative Forschung – regelgeleitet und alltagsnah
Qualitative Sozialforschung ist immer regelgeleitetes Vorgehen mit dem Ziel des Sinnverstehens. Dies trifft sowohl auf die Untersuchungsanlage als auch die verwendete Analysemethode im engeren Sinne zu. Als Prüfkriterien dienen neben den grundsätzlichen Prämissen von Validität und Reliabilität die Prinzipien der Nachvollziehbarkeit, weitegehende Nachprüfbarkeit und der Transparenz. Da Test-Retest-Verfahren aufgrund der Nichtstandardisierung schwierig sind, beziehen sich diese Prinzipien vor allem auf die Überprüfbarkeit durch andere Forscher. Validität wird durch die bewusste – und dokumentierte – Berücksichtigung impliziten Alltagswissens erreicht.

Entsprechend ihres wissenschaftlichen Anspruchs unterscheidet sich an diesem Punkt qualitative und quantitative Forschung kaum, auch wenn sie noch immer häufig als **Gegenprogramm** zu hypothesenprüfenden, statistischen Verfahren verstanden wird. Selbst wenn in der modernen sozialwissenschaftlichen Forschungslandschaft solch eine reine Abgrenzungshaltung mehr und mehr überwunden wird (Przyborski/Wohlrab-Sahr 2010: 25 auch 2013; Flick 2014: 51–52), bestehen im Grundverständnis zwischen beiden Ausrichtungen auch einige zentrale Unterschiede, die es sinnvoll erscheinen lassen, immer noch die Bezeichnungen zur Klassifikation der groben Forschungsrichtung zu verwenden. Das Zentrum der Differenzen liegt in der Wissenschaftstheorie und/oder dem **erkenntnistheoretischen** Zugang. Sind zum Beispiel quantitative Forschungsvorhaben in der Regel deduktiv (oder maximal induktiv) angelegt, versuchen also, von einem theoretischen Ansatz ausgehend diese Theorie oder daraus resultierende Annahmen zu überprüfen und dann ggf. die Theorie zu verändern und zu modifizieren oder gar zu widerlegen, richtet die qualitative Forschung ihr Augenmerk auf das Verstehen und die Rekonstruktion der **Sinnzusammenhänge**. Eine zweite, entscheidende Differenz ist die zwischen einer möglichst großen **Offenheit** qualitativer Zugänge gegenüber standardisierten Zugängen zum Erkenntnismaterial in quantitativen Zugängen.

Wissenschaftstheoretische Voraussetzung ist dabei die Annahme, dass vieles dem wir in der Welt begegnen, auf **sozialen Konstruktionen** beruht – und eben nicht gegenständlich objektiv ist. Diese Konstruktionen gilt es, zu verstehen und in ihrer Bedeutung zu rekonstruieren. Speziell die alltäglichen Konstruktionen der Untersuchten sind dabei von Interesse. Da diese zu durchdringen oft nicht einfach ist und zudem nur selten über das einfache Prüfen einer einzigen bestehenden Theorie erfolgen kann, bietet sich ein lineares Forschungsvorgehen nicht an. Vielmehr ist es sinnvoll, **iterativ**, also in Wechselschritten vorzugehen und nie die Nähe zum empirischen Material zu verlieren. Vor allem interpretative Verfahren zeichnen sich durch wiederholte systematische Rückgriffe und ein Zurückgehen in die Erhebungsphase aus. Entsprechend ist der qualitative Forschungsprozess nicht linear und mit **begrenzter Zirkularität** versehen. Man dreht sich also nicht im Kreis, sondern irgendwann, wenn eben eine **empirische Sättigung** erreicht ist, legt man sich auf ein Ergebnis fest. Diese Denkweise findet sich im sogenannten **hermeneutischen Zirkel** wider (siehe Kapitel 2.4). Speziell interpretative Verfahren nehmen sich vor, stärker theoriengenerierend als theorienüberprüfend zu arbeiten.

3.4.2 Prüfkriterien – Reproduktionsgesetzlichkeit und Validität

Was sind nun die konkreten **Prüfkriterien qualitativer Sozialforschung?** Zuerst einmal sind dies nicht wesentlich andere als in der quantitativen Forschung. Auch hier sind **Reliabilität** und **Validität** Kernprinzipien, also eine zuverlässige Untersuchung, die den Gegenstand, sei er auch konstruiert, gültig beschreiben. Doch auch **Test-Retest-Stabilität**, Nachvollziehbarkeit und eine potenzielle Reproduzierbarkeit der Ergebnisse können als Prüfkriterien herangezogen werden. In der qualitativen Forschung können nun keine Reliabilitätstests über Messwerte durchgeführt werden. Hier kommt die **Intercoderreliabilität** zum Tragen: Die Texte, die aus Interviews,

Beobachtungen oder Dokumenten entstanden sind, werden von unterschiedlichen Forschern kodiert. Das Ergebnis dieses Prozesses sollte eine möglichst ähnliche Zuweisung von Codes zu Textpassagen ergeben. Allerdings muss man Einschränkungen hinsichtlich der Möglichkeiten der Validitäts- und Reliabilitätsprüfung vornehmen. So wie nicht etwas völlig anderes herauskommen sollte, wenn man zum Beispiel eine Gruppendiskussion oder eine teilnehmende Beobachtung einer identischen Personengruppe vornimmt, so unterliegen die sozialen Konstruktionen doch leicht einem Wandel und Variationen. Zudem unterliegen sie einem unterschiedlichen Zugang durch die Forscher. Sind Variationen von Phänomenen in der Alltagswelt natürlich und repräsentieren sie einfach die Diversität des Sozialen, so stellt Zweites ein methodisches Problem dar. Zumindest das methodische Problem gilt es anzugehen, reicht es doch unter der Prämisse der Gesellschaftswissenschaften nicht aus, den subjektiven Sinn einzelner Individuen zu ergründen. Vielmehr muss auch hier der Versuch unternommen werden, generalisierbare Aussagen zu erreichen (Kleemann u. a. 2009: 15). Die divergierenden Sichten und Zugänge der Forscher können an diesen Ergebnissen Kritik anbringen, solange sie die verwendeten Designs und Gegebenheiten akzeptieren.

Die Ergebnisse vergleichbarer Forschungsarbeiten sollten auch bei qualitativen Untersuchungen, egal welcher Forscher sie vornimmt, ähnliche Sinnstrukturen herausarbeiten können, werden diese doch als **generalisierbare Sinnstrukturen** interpretiert (Glaser/Strauss 1967; zur Grounded Theory siehe auch Kapitel 5.4.4). Dies schließt nicht aus, dass die erfassten Wissensbestände milieu- und sozialgruppenspezifisch variieren und zu unterschiedlichen Sinnstrukturen oder „Sinnwelten" führen können.[8] „Die Schlüssel zur Generalisierung liegen im **Vergleich** und in der **Typenbildung**" (Przyborski/Wohlrab-Sahr 2010: 48; Kelle/Kluge 2010, Hervorh. durch d. Verf.), welche anhand eines engen Bezugs zum empirischen Material und maximal eingeordnet in die Prämissen einer allgemeinen Metatheorie hilft (übergreifende allgemeine Annahmen begrifflich-theoretischer Art), Sinnstrukturen zu verdichten.

Validität wird durch die Absicherung **adäquater**, also auch dem Sinnhorizont des Untersuchten entsprechenden, Rekonstruktionen zu erreichen versucht. Hier hilft es aus Sicht qualitativer Methoden, insbesondere rekonstruktiver Techniken, weiter, wenn man Einblick in die generelle formale Gestaltung und die Regelmäßigkeiten von **Alltagskommunikation** besitzt. Kenntnisse über „normale" Formen von bestimmten Kommunikationsabläufen sind hier ein Beispiel. Man spricht an dieser Stelle von einer Nutzbarmachung sogenannten **impliziten Wissens** über die Alltagskommunikation (Przyborski/Wohlrab-Sahr 2010: 37; Bohnsack u. a. 2011: 85). Kommunikationsstrukturen spielen damit neben Handlungen eine weitere wichtige Rolle in qualitati-

---

[8] Gerade der Begriff der Wissensbestände ist hier von Bedeutung, stellt er doch den Kern der für die qualitative Sozialforschung so wichtigen Wissenssoziologie dar (z. B. Berger/Luckmann 1967).

ven Studien. Die Nähe zu den im Alltag auffindbaren Common-Sense-Strukturen ist dann geeignet, ein hohes Maß an Gültigkeit zu gewährleisten.

> Reproduktionsgesetzlichkeit oder auch Test-Retest-Stabilität sind ohne Einschränkung neben Validität und Reliabilität die zentralen Gütekriterien jeglicher Form empirischer Sozialforschung.

Durch die sorgfältige Dokumentation dieser alltäglichen Standards wird auch dem Kriterium der **Reliabilität** Genüge geleistet, wie „durch den Nachweis der **Reproduktionsgesetzlichkeit** der herausgearbeiteten Strukturen" (Przyborski/Wohlrab-Sahr 2010: 40; Hervorh. durch d. Verf). Ersteres sichert eine **prozedurale Reliabilität** ab, die über eine Qualitätssicherung der Aufzeichnungen, ggf. auch durch Standardisierungen im Vorgehen und der akribischen Dokumentation, die Zuverlässigkeit der Interpretationen absichern soll (Flick 2014: 490; auch Kirk/Miller 1986). Letzteres besagt, dass die aufgedeckten Strukturen über den Fall hinaus wiederzufinden sind. Das setzt die Verdichtung zu einer bestimmten Struktur voraus, die bereits in einem Untersuchungsfall, möglicherweise zu verschiedenen Problemlösungspunkten innerhalb des Falles, einen Mechanismus der Reaktion oder der Sinnverarbeitung zeigen.

Die Nähe zu den wissenschaftstheoretischen Prüfkriterien variiert dabei zwischen den qualitativen Verfahren mit ihrer Vielfalt. Interpretative Sozialforschung richtet ihr Augenmerk auf „dokumentierte Äußerungen" und Handeln sowie einer daraus resultierenden möglichen Rekonstruktion des überindividuellen **sozialen Sinnes**. Mit Bezug auf Weber ist es hilfreich, den Begriff des sozialen Sinnes noch einmal kurz aufzunehmen. Dieser beschreibt auf andere Menschen bezogenes sinnhaftes Handeln (Weber 1972). Dafür ist aber ebenfalls wichtig, Aussagen zu erreichen, welche individuelle Aussagen übersteigen. Um die angestrebten allgemeinen Aussagen überprüfbar zu machen, benötigt man nun klare methodische Richtlinien, welche vor allem dem Prinzip der **Nachvollziehbarkeit** und **Nachprüfbarkeit** folgen. Für jeden anderen Forscher soll es erkennbar und verständlich sein, warum ein Primärforscher zu einer bestimmten Interpretation und Ableitung kommt. Daraus ergibt sich als sekundäres Kriterium die **Transparenz** der bearbeiteten Texte und ihrer Auswertung. Jeder sollte anhand der kontrollierten Verdichtung des Materials über die Methode nachvollziehen können, wie sich eine bestimmte Interpretation ergeben hat. Folglich lebt qualitative wie quantitative Forschung von **Belegstrukturen**.

Wie passt dies mit dem Prinzip der Offenheit zusammen, welches interpretative und qualitative Sozialforschung verspricht? Im Prinzip ist es dem qualitativen Sozialforscher immer bewusst, dass er keinen „unmittelbaren Zugang zu den spezifischen Lebenswelten der Beforschten besitzt. Um doch einen Einblick in die spezifischen Lebenswelten gewinnen zu können, greift er auf das Vorgehen des „methodisch angeleiteten Fremdverstehens" zurück (Schütze u. a. 1973; Kleemann u. a. 2009: 18–19; Przyborski/Wohlrab-Sahr 2010: 25). In diesem Zugang geht der Forscher, mehr als in der standardisierten Forschung, von der expliziten Annahme einer sozialen Konstruiertheit der Welt, der Standortgebundenheit von Menschen (auch dem Forscher) im soziokulturellen Kontext sowie einer Begrenztheit des Erkenntnisgewinns aus. Einfach gesagt, den Untersuchten wird die Möglichkeit eröffnet, ihre Aussagen im eigenen Deutungskontext einbringen zu können und nicht in ein Korsett standardisierender Vorgaben und aus der Theorie resultierenden Verengungen gepresst zu werden. „Das heißt, die Äußerung eines Untersuchten wird z. B. **im Kontext seiner Erzählung interpretiert**" (Przyborski/Wohlrab-Sahr 2010: 31; Strübing 2014, Hervorh. durch d. Verf). Der methodische Kontrollfaktor ist die bewusste und klare Darstellung der Differenz zwischen den bestehenden Relevanzsystemen der Untersuchten und dem Interpretationsrahmen. Hilfsmittel, um sich diesen Einschränkungen zu stellen, ist die immer wieder bewusste **Reflexion** von Forschungsgegenstand und Erkenntnis bzw. Ergebnis. In vielen qualitativen Vorgehen wird dabei auf die strikte Einhaltung sequenzieller Abläufe bestanden. Anders gesagt, Erzählungszüge und Argumentationsabläufe sollten nicht willkürlich auseinandergerissen werden.

Die Basis qualitativer Forschung – Texte
Ausgangspunkt qualitativer Sozialforschung sind geschriebene Texte. Ihre Genese und Kontextbindung ist zu dokumentieren und für die Interpretation zu berücksichtigen. Auch die Entstehungssituation sowie die Qualität der Abbildung der Realität (Antwortverzerrungen, falsches Antwortverhalten, falsche Übersetzung) sind im Blick zu behalten. Letztendlich gilt aber für qualitative Forschung: Etwas das nicht durch den Text abgesichert wird, hat auch in einer Interpretation nichts zu suchen.

Damit wird klar, was das zentrale Material der qualitativen Analyse ist: **Text**. Ob man ein interpretatives Verfahren oder die qualitative Inhaltsanalyse verwendet, immer sind es feste Texte, die der Analysegegenstand und die Basis der Analyse sind. Ihre Genese ist zu dokumentieren und zu reflektieren, sie sind auch in ihr soziales Umfeld und Kontexte einzuordnen, doch was nicht durch den Text **abgesichert** wird, hat auch in einer Interpretation nichts zu suchen. Dies bedeutet aber auch, dass die in Kapitel 4 behandelten qualitativen Erhebungsformen (narratives Interview, fokussiertes Interviews, Beobachtung, Gruppendiskussion) eines zwingend voraussetzen, um zu einer sozial- und politikwissenschaftlichen Analyse zu führen: die Textualisierung und **Transkription**. Somit kann man auch für qualitative Forschungsvorhaben, zählen sie zu den rekonstruktiven, interpretierenden oder hermeneutisch analysierenden Vorgehen, gewisse **Standards**, die sich vor allem in den methodischen Ausführungen niederschlagen, definieren. Dass diese Vorgehen eine größere Bandbreite erreicht haben, ist verschiedenen Faktoren geschuldet, von denen die systematische Bildung wissenschaftlicher Schulen, Unzufriedenheit mit dem Erkenntnisgewinn aus verfügbaren qualitativen Verfahren oder auch einfach divergierende Erkenntnisinteressen nur die wichtigsten sein dürften.

3.5 Fazit

In Kapitel 3 wurden die Grundlagen empirischer Politikforschung dargestellt. Variablen, Indikatoren und Indizes sind als Grundeinheiten empirischer Analyse unerlässlich. Gleichzeitig ist es zentral, den Begriff der **Messung** als Abbildung latenter, in der Realität auffindbarer Eigenschaften zu verstehen, die in der Folge Interpretation benötigen. Umgekehrt ist es für verallgemeinerbare Aussagen zwingend, dass eine Informationsverdichtung vorgenommen wird. In der quantitativen Sozialforschung erfolgt dies im Sinne einer Umsetzung von Information in Zahlen, in der qualitativen Forschung durch Textualisierung. Die über quantitative Methoden gewonnenen Zahlen können über Indizes noch einmal verdichtet werden. Sie komprimieren Information, werden aber für die Interpretation abstrakter. Qualitative Vorgehen schlagen einen anderen Weg des Vorgehens ein, berufen sich dabei aber auch auf zentrale, belastbare Mechanismen und Vorgehenshinweisen. Hier kommt die Wissenschaftstheorie ins Spiel. Sie dient dazu, einerseits die Grundlagen eines wissenschaftlichen Verständnisses, welches wissenschaftliche Erkenntnis von Alltagswissen unterscheidet, andererseits das generelle Zugangsdenken zu empirischen Phänomenen (deduktiv, induktiv, verstehend) festzulegen. Zentrale, und nicht zu hintergehende Kriterien der Wissenschaftlichkeit durchgeführter Studien sind **Reliabilität** und **Validität**. Dies gilt für quantitative wie qualitative Forschungsvorhaben. Ansonsten sind quantitative Vorgehen eher der Logik des Erklärens und qualitative Verfahren eher der Logik des Verstehens nahe. In der quantitativen Forschung wird versucht, eine Stabilität von Ergebnissen durch Test-Retest-Verfahren zu sichern, in der qualitativen Forschung wird der Reproduktionsgesetzlichkeit eine entscheidende Bedeutung zuerkannt. Daraus resultieren Spreizungen in der Forschungsplanung: Quantitative Forschungsprojekte sind sehr stark linear konzipiert, wenn auch nicht vollständig, qualitative Forschungsprojekte folgen dem hermeneutischen Zirkel. Eine spezifische Stellung unter den betrachteten Zugängen nimmt die komparative Forschung mit ihrer „vergleichenden Methode" ein, welche ein spezifisches Forschungsdesign zur Analyse in den Politikwissenschaften zur Verfügung stellt, das andere sozialwissenschaftliche Disziplinen erst mit Blick auf internationale Projekte für sich entdecken.

3.6 Weiterführende Literatur

J. Behnke; N. Baur; N. Behnke (2010): Empirische Methoden der Politikwissenschaft. Paderborn. (2. Aufl.)
Sowohl die Bildung von Indizes als auch von Skalen wird ausführlich behandelt und in den Kontext der empirischen Forschung in der Politikwissenschaft gestellt.

B. Glaser; A. Strauss (1967): The Discovery of Grounded Theory. Strategies for qualitative research. Chicago.
Klassiker der qualitativen Sozialforschung mit Präsentation der Grounded Theory aber auch generellen Konzepten zur Konzeption qualitativer Sozialforschung.

U. Flick (2014): Qualitative Sozialforschung. Eine Einführung. Reinbek bei Hamburg (6. Aufl.) (speziell S. 11–192 und S. 487–567).
Einführung in die Grundlagen, Prinzipien und Vorgehen qualitativer Sozialforschung; auf den ausgewiesenen Seiten ausführliche Herleitungen der Spezifik qualitativer Forschung, auch in Relation zu quantitativer Sozialforschung.

F. Kleemann; U. Krähnke; I. Matuschek (2009): Interpretative Sozialforschung. Eine praxisorientierte Einführung. Wiesbaden.
Sehr gut lesbares Buch über die Vorgehensweisen der interpretativen Sozialforschung, das die Grundprinzipien interpretativer Verfahren der Sozialforschung verständlich unter Verwendung von Beispielen erklärt.

H.-J. Lauth; G. Pickel; S. Pickel (2009): Methoden der vergleichenden Politikwissenschaft. Ein Einführung. Wiesbaden (2. Aufl.).
Explizit auf Methoden des Vergleichs ausgerichtetes Lehrbuch, das verschiedenste Zugänge aufnimmt und explizit darstellt; sowohl die Prinzipien vergleichender Forschung als auch verschiedene Zugänge (QCA, Fuzzy-Sets) werden ausführlich behandelt.

A. Przyborski; M. Wohlrab-Sahr (2010/2013): Qualitative Sozialforschung. München (3. Aufl./4 Aufl.).
Standardwerk der qualitativen Sozialforschung, das deren Grundprämissen und Durchführung klar und nachvollziehbar darstellt; insbesondere Grundprinzipien der rekonstruktiven qualitativen Sozialforschung werden gut erklärt.

R. Schnell; P. B. Hill; E. Esser (2013): Methoden der empirischen Sozialforschung. München (9. Aufl.) (speziell S. 127–207).
Standardwerk der empirischen Sozialforschung, das sich ausführlich mit Validität, deren Prüfung und weiteren Aspekte methodischer Grundlagen auseinandersetzt; bietet einen breiten Überblick über verschiedene Methodenzugänge mit einem gewissen Schwerpunkt auf quantitativen Vorgehen.

C. Weilscher (2007): Sozialforschung: Theorie und Praxis. Konstanz.
Einführung in die empirische Sozialforschung mit Schwerpunkt auf Grundprinzipien der Umsetzung empirischer Sozialforschung; enthält viele plastische Beispiele und Erläuterungen.

4 Datenerhebung

4.1 Grundsätzliches zur Datenerhebung

Ohne Datenerhebung keine Analyse: Die Datenerhebung ist ein voraussetzungsvoller Schritt auf dem Weg zur Beantwortung der Forschungsfrage. So müssen zu diesem Zeitpunkt die theoretischen Überlegungen, die Umsetzung der Hypothesen und Annahmen in ein Erhebungsinstrument sowie die technische Operationalisierung der Untersuchungsfragen abgeschlossen sein. Die Datenerhebung umfasst alle Aspekte des Sammelns des verwendeten Datenmaterials. Dabei ist zu beachten, dass der Begriff der Datenerhebung wertneutral ist. Mit „Datenerhebung" können gleichermaßen eine standardisierte Umfrage, die Zusammenstellung von statistischen Grunddaten, Experteninterviews, strukturierte verdeckte Beobachtungen, Gruppendiskussionen oder auch die Auswahl bereits vorhandener Texte (Zeitungsartikel, Archivdokumente, Wahlprogramme) gemeint sein. Der Phase der Datenerhebung kommt extrem große Bedeutung für die späteren Forschungsergebnisse zu. Wer hier ungenau arbeitet, kann dies im Verlauf des Forschungsprozesses kaum mehr korrigieren; „Garbage in, garbage out", lautet die Regel, die man sich hier merken kann. Nur wenn in dieser Phase sorgfältig, nachvollziehbar und auf die Inhalte fokussiert vorgegangen wird, besteht später überhaupt die Möglichkeit, ein belastbares Forschungsergebnis zu erzielen. So können zum Beispiel die besten und exaltiertesten Methoden der quantitativen Datenanalyse früher begangene Fehler in der Fragebogengestaltung nicht mehr bereinigen. Im Gegenteil: Die Anwendung ausgefeilter statistischer Auswertungsverfahren wird dann nicht nur irrelevant, sondern zum Selbstzweck des Forschers.

Die angemessene Datenerhebungsmethode
Es gibt keine falschen, nur dem Forschungsgegenstand unangemessene Datenerhebungsmethoden. Wichtigstes Ziel einer Untersuchung ist, eine Fragestellung mit angemessenen Datenerhebungs- und passenden Analysemethoden zu bearbeiten. Dies kann gelegentlich auch ein Methodenmix sein. Dabei kommt der Datenerhebung für die spätere Analyse große Bedeutung zu. Als Merkregel gilt: „Garbage in, garbage out".

Jede der möglichen Erhebungsmethoden hat ihre Stärken und Schwächen. Dabei ist es wichtig, festzuhalten: Es gibt keine falsche **Datenerhebungsmethode**, sondern nur eine dem Forschungsgegenstand angemessene oder unangemessene. Die Datenerhebungsmethode ist jedoch immer nur ein Teil des Analyseprozesses. Sie muss mit den späteren Analysemethoden in Zusammenhang stehen und sollte so von Anfang an in einem Forschungsdesign konzipiert werden, das Datenerhebung, Auswertung und Interpretation zusammen denkt. Zur Datenerhebung zählt neben der Konzeption eines Instruments zur Datensammlung auch die Auswahl der untersuchten Grundgesamtheit und, wenn notwendig, die Bestimmung von **Stichproben**, die über diese

Grundgesamtheit Auskunft geben. All diese Punkte sollten in der zu Beginn des Forschungsvorhabens anzulegenden Versuchsanordnung festgelegt werden.

Seien Sie bei der Auswahl ihrer Untersuchungsmethode achtsam und sorgfältig, aber auch nicht ängstlich.

In Kapitel 4 werden wir mögliche Auswahlstrategien vorstellen, die Stichprobenziehung beleuchten und unterschiedliche Möglichkeiten der Datenerhebung sowie ihre Instrumente und Vorgehen behandeln. Dem voran steht die Anlage einer Versuchsanordnung.

4.2 Auswahlstrategien und Versuchsanordnungen

4.2.1 Versuchsanordnungen – das Zusammenspiel von Datenauswahl, Datenerhebung und Datenauswertung

Den Einstieg in jede Form der Datenerhebung bildet das Anlegen der **Versuchsanordnung**. Mit ihr werden das Vorgehen der Datenerhebung sowie deren schrittweiser Ablauf festgelegt. Dies umfasst, ausgehend vom angestrebten Auswertungsverfahren, eine Entscheidung für ein bestimmtes Erhebungsvorgehen sowie eine Stichprobe. So kann eine Versuchsanordnung zur Frage nach der Existenz und den Ursachen von Politikverdrossenheit in der Leipziger Bevölkerung folgendermaßen aussehen: Ausgehend von der Fragestellung entscheidet man sich für eine standardisierte Umfrage in Kombination mit Leitfadeninterviews. Diese werden geplant und durchgeführt: Die standardisierte Umfrage als schriftliche Befragung unter 1000 Haushalten, die anhand von Adressstichproben der Stadt bestimmt wurden (Zufallsstichprobe), die qualitativen Interviews mit 12 Interviewpartnern, die zuvor anhand statistischer Grundmerkmale quotiert wurden. Beide Vorgehen ziehen in der Folge auf sie zugeschnittene Auswertungsmethoden nach sich (siehe Kapitel 5). Diese verschiedenen Datenerhebungen und ihre Auswertungen können schließlich im Rahmen einer Ergebnistriangulation über die Forschungsfrage miteinander verbunden werden: Die kausalanalytische Auswertung der Umfrage und die sinnrekonstruierende Interpretation der qualitativen Interviews werden auf ihr jeweiliges Erklärungspotenzial hinsichtlich der Politikverdrossenheit in Leipzig angewandt. Der Ablauf der Untersuchung ist somit vorgeplant und festgelegt. Damit hat man für dieses Beispiel eine Versuchsanordnung konzipiert, die dazu dient, die Frage nach der lokalen Politikverdrossenheit in Leipzig so umfassend – kausalanalytisch-erklärend und sinnrekonstruierend (siehe Kapitel 2.3) – wie möglich zu beantworten. Man könnte dieses Vorgehen zusätzlich durch Beobachtungen der Bürger in bestimmten politischen Entscheidungssituationen und durch Einbeziehung und Berechnung statistischer Grunddaten, zum Beispiel zur Teilnahme an Wahlen, ergänzen. Zudem wird in der

Tab. 4.1: Erhebungsformen im Überblick (eigene Zusammenstellung).

Erhebungsform	Bereich
struktur- oder prozessproduzierte Daten	quantitativ
standardisierte Befragung	quantitativ
experimentelle Designs	quantitativ und qualitativ
Beobachtungsverfahren	qualitativ
qualitative Befragung	qualitativ
Gruppendiskussionen	qualitativ (quantitativ)

Versuchsanordnung ein grober Zeitrahmen festgelegt und der konkrete Ablauf der Versuchsanordnung geplant. An erster Stelle steht allerdings die Auswahl der zur Forschungsfrage passenden Erhebungsform (im Beispiel sind dies gleich zwei Erhebungsformen: standardisierte Umfrage und qualitatives Interview) und die Bestimmung der zu untersuchenden Grundgesamtheit.

Wenden wir uns den Erhebungsformen zu (siehe Tabelle 4.1). Die in den Sozialwissenschaften verwendeten **Erhebungsformen** lassen sich grob unterscheiden in experimentelle Designs, die Analyse von Makro- und Strukturdaten, die mit Stichproben arbeitende Umfrageforschung, das qualitative Interview (mit mehreren Varianten wie dem narrativen Interview oder dem Leitfadeninterview), Gruppendiskussionen und Beobachtungsverfahren. Aber auch spezielle Vorgehensweisen wie Fokusgruppendiskussionen oder das Process Tracing sind an dieser Stelle zu berücksichtigen. Die Erhebungsformen korrespondieren – wie bereits gesagt – mit bestimmten Auswertungsmethoden (siehe Kapitel 5), was bereits in einer frühen Phase der Planung des Forschungsprojekts bedacht werden sollte. Allerdings sind natürlich Variationen der jeweiligen Auswertungen von Datenmaterial möglich. Dieses Auswertungsspektrum ist aufgrund des Erhebungsmaterials jedoch auf einen Korridor (zum Beispiel innerhalb von standardisierter Umfrageforschung oder qualitativem Interview) begrenzt. Zentral für den Erfolg der Datenerhebung ist eine **Abstimmung der Phasen**, der Stichprobenauswahl und der Datenauswertung zu Beginn eines Projekts. Einfacher ausgedrückt: Erhebt man Daten, ohne zu wissen, wie man sie auswerten möchte, wird man später vor dem Problem stehen, dass die Daten für das gewählte Auswertungsverfahren unter Umständen nicht geeignet sind.

Die Erhebungsphase weist zwei Schwerpunkte auf: die Form der Erhebung und die Auswahl der Untersuchungseinheiten. Ziel jedweder sozialwissenschaftlichen Untersuchung ist es, allgemeingültige Aussagen (Aussagen die immer und unter allen Umständen zutreffen) oder aber Aussagen über eine bestimmte Grundgesamtheit zu treffen. Was ist eine Grundgesamtheit? Eine Grundgesamtheit beschreibt zum einen die Menge an Fällen, die mit wissenschaftlichen Aussagen beschrieben werden soll, zum anderen die Menge an Fällen, die die Bezugsgruppe erschöpfend ausmacht (vgl. Diekmann 2007: 587–588). Anders gesagt: „Statistische Grundgesamtheiten sind also Mengen von Datenwerten, die an einer inhaltlich, räumlich und zeitlich abgegrenzten Menge von Elementen oder Individuen erhoben werden, auf die sich eine wissenschaftliche Aussage beziehen soll" (Behnke u. a. 2010: 143; Schnell u. a. 2013: 255–298). Diese Zuordnung ist allerdings nicht auf statistische Einheiten begrenzt, sie gilt auch für alle anderen Formen der politikwissenschaftlichen Analyse.[1] So dienen auch qualitative Interviews, Beobachtungsverfahren und Textanalysen dazu, Aussagen über Grundgesamtheiten zu treffen. Eine typische Grundgesamtheit sind die Einwohner der Bundesrepublik Deutschland. Aussagen über diese kann man im ZDF-Politbarometer erhalten. Hier wurde zum Beispiel festgestellt, dass 65 % der Deutschen die Energiewende befürworten. Allerdings wurden hierzu aus Zeit- und Kostengründen nicht alle Deutschen befragt. In der Politikwissenschaft ist es eher selten, dass man in den Genuss kommt, Vollerhebungen einer Grundgesamtheit durchzuführen oder auf das komplette Untersuchungsmaterial zu einer Forschungsfrage zurückgreifen zu können.

Stichproben und Grundgesamtheit
In der Regel werden in den Sozialwissenschaften aus pragmatischen Gründen Stichproben untersucht, die Aussagen über eine Grundgesamtheit ermöglichen sollen. Eine Grundgesamtheit können zum Beispiel die Bürger der Bundesrepublik Deutschland sein, die Mitglieder des deutschen Bundestags oder alle 16- bis 18-Jährigen der Stadt Duisburg. Wichtig: Bereits hier kann über Erfolg oder Misserfolg der Untersuchung entschieden werden. Repräsentiert die Stichprobe die Grundgesamtheit nicht, das heißt ist die Stichprobe nicht wie diese zusammengesetzt („Grundgesamtheit im Kleinen"), können auf Basis dieser Stichprobe keine auf die Grundgesamtheit bezogenen Aussagen getroffen werden.

In Umfragen, wie die, welche im Auftrag des Politbarometers durchgeführt werden, wird mit **Stichproben** gearbeitet. Da die Erhebung der Grundgesamtheit (hier: alle Bürger der Bundesrepublik Deutschland) zu teuer, zu aufwändig und schlicht von der praktischen Umsetzung her unmöglich ist, muss man sich auf eine begrenzte Zahl an Befragten begrenzen. Die Stichprobe stellt eine **Auswahl aus einer Grundgesamtheit** dar. Entscheidend ist: Sie wird als deren Abbild gesehen und für Aussagen über die Grundgesamtheit verwendet. Wichtig ist: Ziel der Datenerhebung ist es also nicht, Aussagen über die Stichprobe zu tätigen, sondern über die Grundgesamtheit. In einer Untersuchung über die Politikverdrossenheit Jugendlicher und junger Erwachsener in Deutschland (15- bis 21-Jährige) heißt es im Forschungsbericht beispielsweise nicht: „Die Stichprobe von 1000 Jugendlichen ist überwiegend politikverdrossen", sondern „Jugendliche zwischen 15 und 21 Jahren in städtischen Problembezirken sind eher politikverdrossen als Jugendliche in strukturell besser gestellten Wohngebieten". Bereits die Auswahl der Stichprobe ist für den Erfolg oder Misserfolg eines Forschungsprojekts entscheidend. Die Stichprobe muss genau so zusammengesetzt sein wie die

---

[1] Auch bei der Rekonstruktion des Sinnes bestimmter Beziehungen über qualitative Verfahren gibt es in der Regel eine Zielbezugsgröße, für die diese Sinnstruktur als konstitutiv angesehen wird.

Grundgesamtheit, sie muss diese also „im Kleinen" abbilden. Spätere Aussagen hängen in erheblichem Maße von der Qualität der gezogenen und realisierten Stichprobe ab. Die beste und detaillierteste Auswertungsmethodik kann einen Fehler in der Stichprobenbestimmung nicht mehr bereinigen. Typische Möglichkeiten der Stichprobenauswahl sind die Quotenstichprobe und die Zufallsstichprobe, die auf eine jeweils unterschiedliche Logik in der Auswahl der Untersuchungseinheiten zurückgreifen.

> **Datenerhebungsmethoden**
> Datenerhebungsmethoden sind zu unterscheiden in eher qualitative Vorgehen, die ihr Ziel auf das wissenschaftstheoretische Denken des Verstehens und später auf eher hermeneutische Auswertungsverfahren legen, und quantitative Verfahren, die eher dem wissenschaftstheoretischen Modell des Erklärens verhaftet sind und im späteren Verlauf zumeist statistische Auswertungsverfahren bevorzugen.

Die Versuchsanordnung kann darüber hinaus dahingehend unterschieden werden, ob man ein Querschnitts- oder ein Längsschnittdesign wählt. Hier geht es um die zeitliche Aussagerichtung der Untersuchung. In der Regel hat man es in der Umfrageforschung mit **Querschnittbefragungen** (Cross-Section Analysis) zu tun, die über mehrere Merkmalsträger einmalig zu einem Zeitpunkt durchgeführt werden. Sie sind ein „Schnappschuss" bestimmter Handlungen und Einstellungen zu einem bestimmten (erst einmal singulären) Zeitpunkt. Ihre Stärke liegt nicht in der Prüfung zeitlich unabhängiger Kausalaussagen, sondern in der Ermittlung von Zusammenhangsbeziehungen und systematischen Gegenüberstellungen von Vergleichsgruppen (z. B. ältere Menschen versus jüngere Menschen mit Blick auf Werte). Gleichzeitig sind sie die am weitesten verbreitete Form der Datenerhebung in der Umfrageforschung, was auf die mit Umfragen verbundenen Kosten wie auf die Begrenzung von Projektlaufzeiten zurückzuführen ist. Daneben gibt es sogenannte **Längsschnittstudien**, die Untersuchungseinheiten mit den gleichen Instrumenten zu unterschiedlichen Zeitpunkten betrachten und dadurch einen Zeitvergleich von Ergebnissen ermöglichen. Längsschnittuntersuchungen müssen unterschieden werden in **Trendanalysen**, die unterschiedlichen Personen zu unterschiedlichen Zeitpunkten immer wieder gleiche Fragen stellen (bzw. Beobachtungen durchführen oder entsprechende Strukturdaten aneinanderreihen) und in Panelstudien, in der die gleichen Personen zu unterschiedlichen Zeitpunkten (wiederholt) auf die gleiche Weise befragt werden. Bei Trendanalysen kann, soweit mehr als vier Zeitpunkte vorliegen, das statistisch exaltierte Verfahren der Zeitreihenanalyse (vgl. Diekmann/Mitter 1984) eingesetzt werden. Dabei handelt es sich faktisch um eine Regressionsanalyse (siehe Kapitel 5) unter Einbezug zeitlicher Einheiten. In der Regel fehlt allerdings die notwendige Zahl an Datenzeitpunkten für solche Analysen und man betrachtet die Ergebnisse zu den verschiedenen Datenzeitpunkten in Relation zueinander. Ein typisches Beispiel sind die immer wiederholten Wahlbefragungen, die sich auf Veränderungen in der Wahlabsicht konzentrieren. Diese werden dann zumeist mit Bezug auf den Kontext, was Ereignisse und Veränderungen potenziell einflussreicher Faktoren angeht, interpretiert.

Panelstudien zielen auf die Analyse von Veränderungen der Individuen über die Zeit und bringen besonders interessante Einblicke in Prozesse des Einstellungs- und Wertewandels oder der Veränderung des Wahlverhaltens. Bei dieser Art von Studien werden den gleichen Personen die gleichen Fragen zu unterschiedlichen Zeitpunkten gestellt. Man kann also Veränderungen persönlicher Präferenzen auf die Spur kommen. Sie sind speziell auch für biografische Entwicklungen und für das Nachspüren von Effekten größerer gesellschaftlicher Ereignisse auf Einstellungen und Verhaltensweisen von Nutzen. Auch in qualitativen Analysedesigns können auf die gleiche Art der Wiederholungsbefragung Veränderungen innerhalb von Zeiträumen und die Gründe für diese Veränderungen bestimmt werden. Diese Art des Denkens über Veränderung entspricht den Grundüberlegungen wissenschaftlicher Analyse, wie sie in experimentellen Designs (siehe Kapitel 4.6) umgesetzt werden. In der Regel wird allerdings der Begriff „Paneldesign" in Verbindung mit der Umfrageforschung verwendet (siehe Kapitel 4.5). Aufgrund der aufwändigen Betreuung, der kosten- und zeitintensiven Panelpflege sowie der mit dem Zeitabstand zwischen den Erhebungswellen steigenden Ausfallquoten sind Panelstudien in der Politikwissenschaft eher selten.[2] Gleichwohl gelten Panelstudien vielen als Königsweg der Bestimmung von Einstellungswandel.

Längsschnitt- und Querschnittbetrachtungen

Aus Ressourcengründen werden Daten zumeist im Querschnitt zu einem Untersuchungszeitpunkt erhoben. Mit entsprechenden Daten ist es schwierig, belastbare Kausalaussagen zu erzielen, da Kausalaussagen auf Vorher-Nachher-Beziehungen zwischen Variablen beruhen. Da sie nur zu einem Zeitpunkt vorliegen, sind Kausalbeziehungen dann mangels zeitlicher Differenz zwischen den erhobenen Variablen nur über theoretische Annahmen zu bestimmen. Hierfür verwendet man Brückenannahmen. Für Brückenannahmen sind Trendanalysen hilfreich, die über den Vergleich von Ergebnissen repräsentativer Stichproben zu unterschiedlichen Zeitpunkten vorsichtige Rückschlüsse auf Veränderungen zulassen, oder Panelanalysen, die durch die Befragung derselben Personen zu mehreren Zeitpunkten Veränderungseffekte tatsächlich erfassen können.

4.2.2 Bewusste Auswahl von Untersuchungsstichproben

Hinsichtlich der Auswahl von Untersuchungsstichproben kann zwischen Verfahren der Quoten- oder der bewussten Auswahl und der Zufallsstichprobe unterschieden werden. In bewussten Auswahlverfahren entscheidet der Forscher zumeist theoretisch begründet und von der Untersuchungsfragestellung geleitet über die Stichprobe. Zufallsstichproben hingegen basieren auf statistischen Annahmen. Sie zielen auf

---

[2] Das bereits erwähnte Politbarometer oder der DeutschlandTrend sind bekannte Trendbefragungen, das Sozio-oekonomische Panel (SOEP) eine bekannte Panelbefragung.

eine möglichst genaue Abbildung der Grundgesamtheit. Wenden wir uns zuerst der bewussten Auswahl bei Erhebungen zu.

> **Auswahlstrategien für Stichproben**
> Da Grundgesamtheiten nur selten für eine Vollerhebung zur Verfügung stehen, werden in der Regel Stichproben gezogen. Es gibt vor allem zwei übergreifende Auswahlformen von Stichproben: die Zufallsauswahl und die Quotenauswahl. Nur die Zufallsauswahl kann Repräsentativität in Bezug auf eine Grundgesamtheit garantieren. Es gilt also, Kosten, Nutzen, Kapazitäten und Ziel der Untersuchung abzuwägen.

Unter einer **Quotenstichprobe** versteht man zumeist die bewusste Auswahl von Probanden (vgl. Diekmann 2007: 390–398; Schnell u. a. 2013: 292–296). Die Quotenstichprobe wird anhand bereits bekannter Merkmale der Grundgesamtheit bestimmt. Sie wird überwiegend bei Spezialstichproben eingesetzt. Sie kann jedoch keine Repräsentativität gewährleisten. Für ihre Durchführung ist ein sogenannter **Quotenplan** notwendig. Dieser sollte direktes Resultat der Untersuchungsanlage und der Forschungsfrage sein. Bei einer Quotenstichprobe sollte immer darauf geachtet werden, Vergleichsstichproben zu berücksichtigen. So ist die Aussagekraft einer Stichprobe von 18- bis 25-Jährigen vor dem Hintergrund der Fragestellung „Sind Jugendliche besonders aktiv in politischen Netzwerken?" recht gering. Man weiß allein anhand der Quotenstichprobe nicht, ob ein Wert von 45 % hoch oder niedrig ist oder nicht. Besitzt man hingegen zusätzlich Informationen über andere Altersgruppen (z. B. aus anderen Stichproben bzw. Umfragen), können diese Vergleiche einem bei der Interpretation der Ergebnisse wesentlich weiterhelfen. Andere Formen der bewussten Auswahl zielen auf die Untersuchung von möglichst differenten Fällen oder Fällen, die gerade vor dem Hintergrund spezifischer Fragestellungen (z. B. Jugendarbeitslosigkeit, Bildung von Flüchtlingen) von besonderem Interesse sind.

Die in Tabelle 4.2 dargestellte Quotierung entsteht aufgrund des Interesses, verschiedene Migrationsgruppen miteinander zu vergleichen. Dabei wird berücksichtigt, dass sowohl Migranten aus Ländern außerhalb Deutschlands, als auch Migranten aus Ostdeutschland eine eher kleine Gruppe ausmachen. Es wird nun gezielt versucht, die Gruppe der Jugendlichen und jungen Erwachsenen zwischen 18 und 35 Jahren häufiger als bei einer Zufallsverteilung möglich auszuwählen, da sie von besonderem Belang für das Forschungsinteresse ist. Mittel hierzu ist eine **Überquotierung** der ent-

Tab. 4.2: Idealtypisches Quotendesign (eigene Zusammenstellung).

	Altersgruppe 18–35	Altersgruppe 36–65	Altersgruppe 66+
geboren in Westdeutschland	40 %	15 %	15 %
geboren in Ostdeutschland	5 %	5 %	5 %
Migrant aus einem Land außerhalb Deutschlands	5 %	5 %	5 %

sprechenden Altersgruppen. Unter „Überquotierung" versteht man ein Verfahren, das die Differenzierung von Betrachtungen in speziellen Teilen der Stichprobe (hier: der Migranten) gewährleisten soll. Grund für eine Überquotierung ist immer ein gezieltes theoretisches und inhaltliches Interesse an einer spezifischen Bevölkerungsgruppe. Derartige Überquotierungen können in Kombination mit Gewichtungen auch bei Zufallsstichproben eingesetzt werden, wie im nächsten Abschnitt besprochen werden wird.

Gerade in **studentischen Arbeiten** lassen sich Quotenstichproben kaum vermeiden, besteht hier nahezu nie die Möglichkeit (oder stehen hier nahezu nie die Mittel zur Verfügung), eine repräsentative Zufallsstichprobe zu ziehen. Diese Einschränkung stellt allerdings zumeist kein Problem dar, weil viele Fragestellungen von der Suche nach Zusammenhängen und relationalen Aussagen getragen sind. Zusammenhänge sind auch in nicht repräsentativen Stichproben mit einer gewissen Belastbarkeit zu bestimmen und zu bewerten. Entsprechend sind ordentlich konzipierte Quotenstichproben für studentische Arbeiten ein probates Mittel, um selbstständig und empirisch arbeiten zu können. In diesen Fällen gilt es, im Quotenplan darauf zu achten, dass die für die Fragestellung interessanten Gruppen – und **Vergleichsgruppen**! – in hinreichender Befragungsstärke erfasst werden. So sind Interpretationen der Ergebnisse einer Gruppe erst dann aussagekräftig, wenn sie anderen Gruppen gegenübergestellt werden können (siehe Tabelle 4.2).

Gerade für Beziehungsanalysen sind Quotenstichproben ein durchaus probates Mittel. Durchdenken Sie, was Sie wissen möchten, und stellen Sie sich dann eine sinnvolle Quotenstichprobe zusammen.

Quasi eine qualitative Variante der Quotenstichprobe ist das in der qualitativen Sozialforschung angewandte Verfahren des **Theoretical Sampling** (vgl. Glaser/Strauss 1967). Hier lautet die Prämisse: Jede Form von Datenerhebung sollte durch die Untersuchungsfälle gesteuert werden – womit die Ergebnisse von der Stichprobenauswahl abhängen (siehe Kapitel 3.4). Im Grunde gilt die Annahme, durch eine fortwährende Modifikation und Anpassung von Erhebung und Theorie werde irgendwann das optimale Ergebnis erreicht. „Beim theoretischen Sampling wird auf der Basis der bisherigen Analyse entschieden, welche Gruppen oder Subgruppen von Populationen, Ereignissen oder Aktivitäten als Nächste in die Untersuchung aufgenommen werden müssen" (Merkens 2010: 296). Faktisch erfolgt eine Zusammenführung aller Informationen zu den Untersuchungsfällen mit dem Ziel des Verstehens des Untersuchungsphänomens, das über einen schrittweisen Ergänzungsprozess, im Sinne des hermeneutischen Zirkels, die Informationen verdichtet und Theorieentwicklung ermöglicht.

Entsprechend ist es wichtig, bestimmte, mit dem Forschungsinteresse korrespondierende Fälle auszuwählen, oder aber **Kontrastfälle** zu bestimmen und diese zu untersuchen, um den Forschungsprozess zu fokussieren. Kontrastfälle zeichnen sich gegenüber den zuvor ausgewählten Untersuchungseinheiten durch klar definierte und bewusste Gegensätzlichkeit hinsichtlich eines oder mehrerer Merkmale aus. Kontrastfälle ermöglichen vor dem Hintergrund der theoretischen Gegensätzlichkeitsannahme einen nicht zu unterschätzenden Erkenntnisgewinn – und eröffnen Interpretationsmöglichkeiten. Auch andere Kriterien können der Auswahl dienen, sie müssen dem Forscher nur bewusst sowie im Einklang mit dem Forschungsinteresse sein und sollten dem Leser (inklusive ihres Auswahlprinzips) transparent gemacht werden. Auch die quantitative Quotenstichprobe folgt der Idee, durch die bewusste Auswahl unterschiedlicher Untersuchungsobjekte Vergleichsmöglichkeiten zu erzeugen, die einem hinsichtlich einer Fragestellung weiterhelfen. Prinzipiell ist es auch möglich, die in Kapitel 3.3 beschriebenen Auswahldesigns (Most Similar System Design, Most Different System Design) für diese Konzeption von Stichproben anzuwenden. Zumeist geschieht dies bei der wenige Fälle enthaltenden Analyse von Makrodaten. Gleichwohl sind solche Designs auch für Umfragedaten oder andere Stichprobenkompositionen sinnvoll, da nachvollziehbar, anderen vermittelbar und klar vorstrukturiert.

4.2.3 Zufallsauswahl von Stichproben

Bevor man sich dem wohl klassischen Auswahlverfahren in der Sozialforschung, der Zufallsauswahl, zuwendet, lohnt sich der Blick auf ein Vorgängerverfahren, das von Laien recht gerne mit der Zufallsauswahl verwechselt wird: der **willkürlichen Auswahl**. Die willkürliche Auswahl ist von bewussten Auswahlverfahren wie der Quotenstichprobe oder der Zufallsauswahl zu unterscheiden. Willkürliche Auswahlen finden dann statt, wenn zum Beispiel Straßenbefragungen oder Befragungen in der Mensa einer Universität durchgeführt werden. Da willkürliche Auswahlen eine pragmatische sowie kostengünstige und zeitsparende Variante der Erhebung von Datenmaterial darstellen, sind sie nicht selten. Nahezu alle Befragungen von Bürgern durch Medien, die als Straßenbefragung präsentiert werden, arbeiten mit willkürlichen Auswahlverfahren. Nun könnte man darauf hinweisen, dass es Zufall ist, wer in das „Netz der Straßenbefragung" gelangt. Dem ist aber nicht so: Durch die Standortgebundenheit unterliegen willkürliche Befragungen einer Vielzahl an systematischen Verzerrungen. So speisen in der Regel nur Studierende in der Mensa, die dort durchgeführte Befragung ist also verzerrt hinsichtlich der Bildungsabschlüsse. Auch die Möglichkeit, um 14 Uhr einzukaufen, verrät bei einer entsprechenden Straßenbefragung viel über den Erwerbsstatus der Befragten. Eine solche Stichprobe ist somit schon auf den ersten Blick relativ sicher hinsichtlich der Berufstätigkeit verzerrt, kommen doch reguläre Arbeitnehmer systematisch in geringerer Zahl in diese Stichprobe.

Varianten der willkürlichen Auswahl sind **sich selbst generierende Stichproben**, wie sie beispielsweise durch Nachfragen seitens der Medien, speziell des Fernsehens, generiert werden. Eine typische Form ist der sogenannte Tele-Dialog (TED) (vgl. Behnke u. a. 2010: 197). Auch Stichproben, die im **Schneeballverfahren** entstehen, zählen dazu. Bei diesem Vorgehen werden mithilfe der Befragten oder durch Vertrauenspersonen Kontakte gewonnen. Diese Verfahren sind zwar hochselektiv, doch gerade bei begrenzten und sensiblen Stichproben interessant. Nehmen wir ein Beispiel: Eine repräsentative Stichprobe aus Sinti und Roma in Duisburg zu erheben, ist nahezu unmöglich, doch sind wir eben an Aussagen über diese (schlecht erforschte) Bevölkerungsgruppe interessiert. Einfacher ist es, mittels eines entsprechenden Verbands oder durch die Weitervermittlung von bereits Befragten Sinti oder Roma an weitere Interviewpartner zu gelangen. Noch schwieriger ist es zum Beispiel, Hacker von Internetseiten der Regierung nach ihrer Motivation für ihr Tun zu befragen. Für diese Befragungsgruppe dürfte kein anderes Verfahren als das des Schneeballsystems überhaupt funktionieren. Gleichwohl muss man sich hier dessen bewusst sein, dass man nur begrenzte Aussagen über eine Grundgesamtheit trifft – und der Gefahr systematischer Verzerrungen und systematischer Fehler ausgesetzt ist.

Zufallsstichprobe
Die Zufallsstichprobe beruht auf einem Auswahlverfahren, das darauf abzielt, die Grundgesamtheit im Kleinen abzubilden. Dazu muss jedes Mitglied einer Grundgesamtheit über die gleiche Möglichkeit verfügen, in diese Stichprobe zu gelangen. Nur so ist es möglich, anhand von Analyseergebnissen der Stichprobe Aussagen über die Grundgesamtheit zu treffen (siehe Box „Repräsentativität"). Zufallsstichproben lassen sich mithilfe spezifischer Verfahren der Face-to-Face-Befragung (Random-Route und Schwedenschlüssel), zufälliger Adressstichproben oder Random-Last-Digit-Methoden der Telefonbefragung ziehen.

In der Umfrageforschung haben sich Zufallsstichproben als der einzuhaltende Standard etabliert. Die Stichproben aus einer Grundgesamtheit werden dabei durch eine zufällige Auswahl „ohne Zurücklegen" bestimmt. Dies bedeutet, ein einmal entnommener Proband kommt nicht zurück in die Auswahl – und kann so nicht irrtümlicherweise doppelt ausgewählt werden. Zentraler Anspruch der Zufallsstichproben ist es, die den Forscher interessierende Grundgesamtheit **repräsentativ** abzubilden. Repräsentativität heißt, die Stichprobe weist die gleiche (strukturelle) Zusammensetzung hinsichtlich der Untersuchungsobjekte auf wie die Grundgesamtheit (Schnell u. a. 2013: 296–298). Diese Abbildungsäquivalenz wird durch eine Kombination von zwei statistischen Regeln gewährleistet: Ab einer bestimmten Fallgröße sorgt die statistische Zufallsregel dafür, dass sich Zufallsfehler ausgleichen. Das Risiko, zufällig eine Gruppe zu bevorzugen, sinkt also auf eine geringe Wahrscheinlichkeit ab. Mit einer gewissen Sicherheit kann von der Stichprobe auf die Grundgesamtheit geschlossen werden. Dabei ist auch die Schlussgüte bzw. der Fehlerterm für das Schließen auf die Grundgesamtheit bestimm- und berechenbar. Als geeignete Grundgröße hat sich eine Stichprobe von 1000 Einheiten erwiesen. Diese Grundgröße reicht in Kombination mit der Zufallsauswahl aus, um nahezu jede Grundgesamtheit beschreiben zu können – vorausgesetzt, jede Einheit der Grundgesamtheit hatte auch tatsächlich die gleiche Möglichkeit, in die Stichprobe zu gelangen.

> **Repräsentativität**
> Repräsentativität bezeichnet die Eigenschaft, eine Grundgesamtheit durch eine Stichprobe abzubilden. Eine Stichprobe ist dann repräsentativ, wenn sie in ihrer Zusammensetzung die Grundgesamtheit (z. B. hinsichtlich soziodemografischer Merkmale) wiedergibt. Repräsentativität wird am besten durch die Verwendung einer Zufallsstichprobe erreicht. Entscheidend ist, dass jedes Untersuchungsobjekt aus der Grundgesamtheit die gleiche Möglichkeit besitzt, in die Stichprobe gezogen zu werden. Die Erkenntnis aus der Statistik, das sogenannte „große Fallzahlen" eine ausgleichende Wirkung auf die Zusammensetzungen von Verteilungen besitzen, sichert das Ergebnis einer repräsentativen Verteilung ab. Entsprechend dieses Wissens geht man davon aus, dass bei einer reinen Zufallsstichprobe von 1000 Personen und mehr für nahezu jede Grundgesamtheit Repräsentativität erreicht werden kann.

Gerade die begrenzte Bedeutung der Stichprobengröße bei gleichzeitig hoher Bedeutung der Stichprobenzusammensetzung wird oft übersehen: Stichproben gewinnen durch höhere Fallzahlen nur wenig an Repräsentativität. So besteht nicht nur ein Grenznutzen bei der Erhöhung der Fallzahlen, der bereits bei 1000 Befragten einsetzt, sondern auch hohe Fallzahlen schützen nicht vor Verzerrungen, wenn systematisch bestimmte Personengruppen keinen freien Zugang zur Stichprobe hatten. Selbst sehr große Stichproben sind also kein Garant für repräsentative Ergebnisse. So kann eine Stichprobe von 20.000 Befragten nicht als repräsentativ angesehen werden, wenn im Befragungsgebiet bestimmte Regionen nicht bereist werden oder wenn Telefonumfragen in Ländern durchgeführt werden, in denen die Landbevölkerung deutlich weniger mit Telefonanschlüssen ausgestattet ist als die Stadtbevölkerung. Es kommt zu **systematischen Ausfällen**, die die Repräsentativität der Stichprobe einschränken. Durch systematische Ausfälle wird die Grundgesamtheit falsch abgebildet, egal wie hoch die Zahl der Befragten ist. Ein Beispiel wäre, wenn bei einer Befragung von 100.000 Befragten alle Wähler der SPD aus bestimmten Protestgründen nicht teilnehmen. Damit ist die Stichprobe trotz ihrer Größe nicht repräsentativ. Im Unterschied zu Zufallsfehlern, die sich ausgleichen können, ist es nicht möglich systematische Ausfälle durch eine Vergrößerung der Stichprobe aufzufangen.

> Vermeiden und/oder kontrollieren Sie systematische Ausfälle, gehen sie mit zufälligen Ausfällen dafür gelassen um. Vermeiden Sie Gewichtungen, sofern möglich, nutzen Sie diese aber, wenn notwendig.

Systematische Ausfälle sind nicht unüblich. So ist bekannt, dass bestimmte soziale und politische Gruppen für Face-to-Face-Umfragen und Telefonumfragen besonders schwer zu gewinnen – zum Beispiel FDP-Wähler oder die Zeugen Jehovas. Sie sind häufig selbstständig und aufgrund ihrer Arbeitszeiten nur schwer zu Hause anzutreffen. Systematischen Verzerrungen versucht man mit **Gewichtungen** beizukommen. Auf Basis früherer Erfahrungen oder anhand statistischer Grunddaten werden die Stichproben angepasst. Große Meinungsforschungsinstitute nehmen Gewichtungen vor allem nach sozialstrukturellen Eigenschaften vor. So wird zum Beispiel auf diese Weise in Wahlumfragen auf die geringe Erreichbarkeit von FDP-Wählern reagiert und deren Anteil durch einen Multiplikator für die Darstellung von Häufigkeiten verstärkt. Gewichtungen stellen in gewisser Hinsicht die Einführung von ausgewählten Quotierungsmerkmalen dar, welche bekannte systematische Abweichungen in der Stichprobe zugunsten einer repräsentativen Aussage korrigieren helfen. Die Gewichtungsfaktoren (Zahlen, mit denen die in der Stichprobe vorhandenen Personen einer Gruppe multipliziert werden) ermöglichen die nachträgliche Anpassung der Stichprobenzusammensetzung an die Zusammensetzung der Grundgesamtheit.

Die **Kalkulation einer Gewichtung** kann folgendermaßen erfolgen: Zunächst wird anhand einer verlässlichen statistischen Quelle die „wahre Verteilung" hinsichtlich eines für die Studie relevanten Merkmals ermittelt. Sieht man eine Abweichung zwischen Stichprobenwert und statistischer Kennzahl, kann man eine Gewichtung vornehmen. Es wird ein Gewichtungsfaktor, ein Multiplikationsfaktor, berechnet. Allerdings ist nur dann eine Gewichtung notwendig, wenn dieses Merkmal einen zu erwartenden Einfluss auf das Ergebnis hat. Ein Beispiel: Beläuft sich der Anteil der Bevölkerung mit Migrationshintergrund in Deutschland zum Beispiel auf 9 %, in der Stichprobe wurde hingegen nur ein Anteil von 4,5 % ausgemacht, ist der Gewichtungsfaktor 2. Das bedeutet, jede Person mit Migrationshintergrund in der Studie wird quasi verdoppelt. In Tabelle 4.3 wird eine Altersstichprobe „begradigt". Dafür wurden alle Befragten „heruntergewichtet" (z. B. Faktor 0,75), deren Anteil in der Stichprobe überproportional zu den statistischen Kennwerten war (siehe Tabelle 4.3). Ein Ziel bei der Gewichtung ist, dass die Gesamtfallzahl der Stichprobe sich nicht verändert und gleich bleibt. Allein die Zusammensetzung der Stichprobe in ihrer relationalen Verteilung wird im Nachhinein technisch verändert.

Tab. 4.3: Beispiel eines Gewichtungsvorgangs (eigene Zusammenstellung).

	Altersgruppe 18–35	Altersgruppe 36–65	Altersgruppe 66+
reale Verteilung	40 %	30 %	30 %
Stichprobenverteilung	20 %	40 %	40 %
Gewichtungsfaktor (Multiplikator)	2	0,75	0,75

Eine andere Variante, in Zufallsstichproben einzugreifen, sind gezielt vom Forscher vorgenommene **Überquotierungen**. Wir haben sie bereits im Zusammenhang mit Quotenstichproben angesprochen (siehe Kapitel 4.2.2). Überquotierungen erfolgen dann, wenn bestimmte Untersuchungsgruppen nur eingeschränkt mithilfe des Zufallsverfahrens erreicht werden können. Dies trifft zumeist auf sehr kleine Gruppen von Untersuchungsobjekten zu, die nur einen geringen Anteil der Grundgesamtheit ausmachen (z. B. 1 bis 2 %). Erfasst die Stichprobe ebenfalls einen Anteil von 1 bis 2 % dieser Untersuchungsobjekte, ist sie zwar repräsentativ, da die spezifische Teilstichprobe jedoch zu klein ist, kann sie nicht weiter analysiert werden. Überquotierungen werden daher bereits im Zuge der Datenerhebung oder gar vor deren Start aus konzeptionellen und theoretischen Gründen festgelegt. Zum Beispiel kann der Anteil an Befragten unter 29 Jahren verdoppelt werden, um somit eine Jugendstichprobe zu erzeugen, die differenziert analysiert werden kann. Die Überquotierung unterscheidet sich dahingehend von der Quotenstichprobe, dass man sich auf wenige Merkmale – am besten auf eines – konzentriert. Anschließend wird die Stichprobe mittels Gewichtung wieder in einen repräsentativen Zustand transformiert. Man nimmt also gezielt eine Stichprobenveränderung vor, die, je nach Analyseziel, wieder korrigiert werden kann. Faktisch arbeitet man auch hier mit den oben erklärten Gewichtungsfaktoren.

Systematische Ausfälle
Systematische Ausfälle von Untersuchungsobjekten (z. B. Befragten) sind ein zentrales Problem bei Umfragen, da sie das Ergebnis verzerren. Um systematische Ausfälle handelt es sich dann, wenn eine spezifische Zielgruppe der Untersuchung, von der zudem Auswirkungen auf das Ergebnis zu erwarten sind, unter- oder überdurchschnittlich häufig in die gezogene Stichprobe gelangt. Gründe hierfür können zum Beispiel geringere Erreichbarkeit, Antwortverweigerungen oder der Erhebungsort sein.

Sowohl bei der Quoten- als auch bei der Zufallsstichprobe können **Probleme bei der Stichprobenerhebung** auftreten. Diese liegen zum einen in der Erreichbarkeit der Stichprobenangehörigen, zum anderen in Differenzen zwischen der geplanten (repräsentativen oder quotierten) Zusammensetzung der Stichprobe und den tatsächlich erfassten Personen. Seitens der Markt- und Meinungsforschung wird in den letzten Jahrzehnten das Sinken der **Ausschöpfungsquoten** beklagt, was auf Antwortverweigerungen der Probanden zurückzuführen ist. Als Ausschöpfungsquoten bezeichnet man den Anteil der Personen, die für eine Zufallsstichprobe ausgewählt wurden und mit denen ein Interview durchgeführt werden konnte. In diesem Zusammenhang sind **systematische Ausfälle** am problematischsten. Hierbei handelt es sich um spezielle Zielgruppen, die aus unterschiedlichen Gründen nicht entsprechend der geplanten Verteilung realisiert werden konnten. Das Problem systematischer Ausfälle ist die Produktion von systematischen Verzerrungen, die letztendlich zu Fehlaussagen über die Grundgesamtheit führen können. Von systematischen Ausfällen – und späteren systematisch fehlenden Werten – sind **Zufallsausfälle** zu unterscheiden. Sie verteilen sich gleichmäßig und sind unsystematisch. Jenseits systematischer Ausfälle stellen bei reinen Zufallsausfällen niedrige Ausschöpfungsquoten zunächst einmal kein Problem dar. Dies ist der Fall, wenn zum Beispiel das Verweigerungsverhalten allein von der zufälligen Orts- und Zeitwahl abhängt. Gleichwohl kann die Zeit auch systematisch werden. Führt man zum Beispiel eine Befragung nur im Laufe des Nachmittags, also der Kernarbeitszeit durch, dürfte es recht sicher zu systematischen Ausfällen von abhängig beschäftigten Arbeitnehmern kommen. Unabhängig von der Ausschöpfung werden Meinungsforschungsinstitute letztendlich eine bestimmte Stichprobengröße (z. B. 1000 Befragte) realisieren, die sie vorher mit dem Auftraggeber abgesprochen haben. Ausfälle in der gewählten Stichprobe werden durch Nachziehungen von Probanden ersetzt. Das heißt auch, es werden deutlich mehr Anfragen an mögliche Interviewpartner gestellt als die Anzahl an Befragten in der realisierten Stichprobe ist. Bei einer Ausschöpfungsquote von 40 % und einer Zielgröße von 1000 Befragten müssen also 2500 Personen kontaktiert und angesprochen werden.

Prüfen Sie anhand statistischer Grunddaten (oder anhand der Ergebnisse anderer Befragungen) die wichtigsten (soziodemografischen) Verteilungen ihrer Stichprobe.

Sowohl bei der Quoten- als auch bei der Zufallsstichprobe können **Probleme bei der Stichprobenerhebung** auftreten. Auch für **eigene Erhebungen** können sowohl systematische als auch zufällige Ausfälle entstehen. Niedrige Ausschöpfungsquoten gehen zumeist mit einer Aufwandssteigerung oder der Gefahr sinkender Stichprobenzahlen einher. Speziell bei postalischen Befragungen sind Ausschöpfungsquoten unter 25 % eher der Normalfall. Daher ist es hier besonders wichtig zu **kontrollieren**, ob eine bestimmte Gruppe aufgrund von Antwortverweigerungen oder durch Nichterreichen überdurchschnittlich häufig aus der Stichprobe gefallen ist. Wichtig sind bei einer eigenen Erhebung die Kontrolle von potenziellen systematischen Ausfällen und die Reflexion darüber, inwieweit man überhaupt auf eine repräsentative Erhebung zielt bzw. für welche Personengruppe die eigene Erhebung repräsentativ sein soll.

4.3 Einsatz von Strukturdaten, prozessproduzierten Daten und Makrodaten

Keine speziellen Erhebungstechniken, aber große Sorgfalt benötigt die Verwendung von **Strukturdaten**. Strukturdaten werden gelegentlich auch als **prozessproduzierte Daten** bezeichnet, da sie nicht als Ergebnis von Erhebungsverfahren durch Forscher, sondern (relativ eigenständig) durch wirtschaftliche und/oder politische Prozesse entstehen. Diese Daten liegen in der Regel in aggregierter Form vor. Für Analysen werden sie entweder so genutzt, wie sie in der Datenbank abgebildet sind, oder sie werden für den Forschungszweck neu kombiniert. Sie werden vom Forscher zu einem eigenen Datensatz zusammengestellt und dann entsprechend seiner Fragestellung statistisch analysiert. Strukturdaten haben den Vorteil, dass die Daten oftmals aufwändiger Erhebungen bereits vorliegen und somit die Budgets für Forschungsvorhaben zumeist (müssen nicht die Daten erworben werden, wie zum Beispiel die CDs der Weltbank) nicht durch die Datenerhebung belastet werden. Gleichzeitig weisen sie einen Vorteil gegenüber den anderen noch vorzustellenden Erhebungsformen auf, sie sind explizit **nicht reaktiv**. Dies bedeutet, sie unterliegen, anders als bei Befragungen oder auch (teilnehmenden) Beobachtungen, keiner direkten Beeinflussung durch Bedingungen des Umfelds oder durch das Untersuchungsobjekt. Deswegen wird ihnen eine höhere Stabilität in der Abbildung zuerkannt (Reliabilität). Von Nachteil ist hingegen, dass für den verwendenden Forscher oft nicht auszumachen ist, wie und auf welchem Wege die Daten zustande kamen. Der Forscher muss also auf die Validität und Reliabilität der Strukturdaten (und die sie erhebenden und zusammenstellenden Institutionen) vertrauen oder die Daten durch Kontrollen gleicher Daten aus anderen Quellen auf Validität und Reliabilität überprüfen.

Strukturdaten sind zumeist bestehenden Datenbanken als **Quelle** zu entnehmen, etwa den Datensammlungen der Weltbank oder, explizit dafür ausgelegt, EuroStat. Auch andere offizielle Stellen oder Organisationen stellen Daten für Forschungszwecke zusammen (z. B. GESIS, Köln). Dies umfasst Daten von Krankenkassen, Polizeistatistiken oder Wirtschaftsunternehmen. Auf der internationalen Ebene haben sich die Datenressourcen der EU, OECD, der Vereinten Nationen, der Weltbank oder der International Labour Organization (ILO) bewährt. Einen guten Fundus liefern die Datensammlungen der Vereinten Nationen in den **Human Development Reports**, die im Internet frei verfügbar sind. Auf der nationalen Ebene sind die statistischen Ämter (Bundesamt, Landesämter) zentrale Verwalter und Sammler von entsprechenden Daten. Aber auch große Firmen und Krankenkassen verfügen über umfangreiche Datenbestände auf dieser Ebene. Auf lokaler Ebene finden sich in Gemeinden, Städten und auch Kirchen vielfältige Daten über das „Leben vor Ort". Hier ist es möglich, auf Anfrage und bei Sicherung der Datenschutzrichtlinien (z. B. Zufallsauswahl aus dem **Melderegister** einer Stadt) interessante Strukturdaten zu erhalten. Zusammenstellungen aktueller Strukturdaten finden sich in den Statistischen Blättern des Statistischen Bundesamts wie auch in den alle zwei Jahre erscheinenden Datenreports (erhältlich bei der Bundeszentrale für politische Bildung).

Strukturdaten
Bei Strukturdaten handelt es sich um bereits vorliegende Kennziffern, die zur Analyse von sozialen und politischen Sachverhalten verwendet werden können. Ihre Vorteile sind die Nonreaktivität ihrer Entstehung und die oftmals leichte Zugänglichkeit. Von Nachteil sind die Begrenztheit, mit der Aussagen über Personen getroffen werden können, sowie die fehlende Möglichkeit der Überprüfung durch den Forscher. Strukturdaten liegen im Optimalfall für alle Einheiten einer Grundgesamtheit vor.

Die Analyse von Strukturdaten wird überwiegend unter dem Aspekt der Analyse von **Aggregatdaten** behandelt. Sie haben aufgrund der zunehmenden Sammlung statistischer Grunddaten in den letzten Jahrzehnten erheblich an Potenzial für die Politikwissenschaft – und dort insbesondere für die Vergleichende Politikwissenschaft – gewonnen (Jahn 2009; Pickel 2016). Aggregatdaten fassen die Eigenschaften größerer Einheiten zusammen und werden im Unterschied zu Daten, die über die Befragung oder Beobachtung von Individuen gewonnen werden, als **Makrodaten** oder auch Aggregatdaten bezeichnet. Aggregatdaten beziehen sich auf die kollektive Ebene der Gesellschaft, sie sind numerische Abbildungen von makrogesellschaftlichen

Prozessen oder Eigenschaften. Globale Merkmale (z. B. das politische System eines Landes) kennzeichnen eine unteilbare, genuine Eigenschaft des Kollektivs. Sie sind streng genommen keine zusammengefassten, sondern eigenständige Merkmale der Untersuchungsobjekte. Analytische Merkmale werden aus den Eigenschaften einzelner Individuen aggregiert, das heißt zusammengefasst, indem sie aus bestimmten, absoluten Individualmerkmalen errechnet werden (z. B. Arbeitslosenquote, Durchschnittseinkommen). Auch aggregierte Individualmerkmale aus Umfragen fallen in diese Kategorie. **Strukturelle Merkmale** werden aus den relationalen Individualmerkmalen errechnet (z. B. Anteil gegenseitiger Facebook-Freundschaften an der Zahl maximal möglicher Facebook-Freundschaften innerhalb eines Master-Jahrgangs; Diekmann 2007: 120–121; Maier/Rattinger 2000: 10–11).

Seien Sie auch gegenüber Strukturdaten, die von Ämtern und aus offiziellen Quellen stammen, hinreichend misstrauisch und prüfen sie ihre Reliabilität, wo es möglich ist.

Für die Durchführung von Aggregatdatenanalysen ist es allerdings per se egal, welche der auf Kollektivmerkmale beruhenden Aggregatdaten man verwendet, da sie einheitlich auf der Ebene einer übergeordneten Makroeinheit untersucht werden. Sie beziehen sich dann konkret auf die kollektive Ebene der Gesellschaft, ohne unmittelbare Festlegung der Größe der analysierten Untersuchungseinheiten (Engel 1998: 19). Die **Zielrichtung** der Aggregatdatenanalyse ist die Analyse von Beziehungen auf der Ebene der Kollektive (Achen 1995; Schmidt 1995), also das Treffen von Aussagen über generelle Entwicklungen und die Herausarbeitung von Gesetzmäßigkeiten bzw. verallgemeinerbaren Zusammenhangsmustern und Ergebnissen. Hierfür sind Nachvollziehbarkeit und eine für die Rezipienten transparente Dokumentation der verwendeten Daten und Datenquellen genauso unabdingbar, wie eine Kontrolle auf Zuverlässigkeit und Richtigkeit des verwendeten Datenmaterials. Gemeinhin werden die auf diese Weise akquirierten Daten mit statistischen Methoden ausgewertet und bearbeitet (zu Aggregatddatenanalysen siehe Kapitel 5.2).

4.4 Experimentelle Designs

4.4.1 Grundlagen des Experiments unter Laborbedingungen

Zu den klassischen Formen der empirischen Sozialforschung zählen Experimente (Zimmermann 2006). Sie spielten aufgrund ihrer relativ rigiden Vorgaben hinsichtlich der Kontrolle der Umfeldbedingungen lange Zeit für sozialwissenschaftliche Vorgehen (anders als in der Psychologie) eine Nebenrolle, haben aber in den letzten Jahren in der Politikwissenschaft erheblich an Prominenz gewonnen. Speziell in der Wahlforschung und bei Vorgehen, die die Erklärung von Verhalten zum Ziel haben, kommen Experimente verstärkt zum Einsatz. In Experimenten werden unter **kontrol-**

lierten Rahmenbedingungen bestimmte Sachverhalte und Zusammenhänge untersucht; speziell interessieren Ursache-Wirkungs-Beziehungen. Es wird unterschieden zwischen **Laborexperimenten**, die unter voll kontrollierten Bedingungen in einer „reinen" Umgebung durchgeführt werden, und **Feldexperimenten**, „bei denen der zu untersuchende Gegenstand nicht aus seiner natürlichen Umgebung herausgelöst wird" (Atteslander 2006: 168).

Der große Vorteil eines experimentellen Designs ist die Möglichkeit, schrittweise oder wechselweise einzelne **Komponenten** der Rahmenbedingungen zu **verändern** (Treatments) und die reale Verhaltensreaktion der Probanden beobachten und protokollieren zu können. Hauptaugenmerk im Experiment liegt somit auf den Kriterien der **Isolation** der Versuchsbedingungen gegenüber verzerrenden Faktoren sowie der Kontrolle der Rahmenbedingungen (vgl. auch Behnke u. a. 2010: 51). Dabei gilt es soweit möglich, den Einfluss von Drittvariablen, also andere mögliche kausale Ursachen für einen Tatbestand, auszuschließen oder zumindest zu kontrollieren. Entsprechend ist **Kontrolle** der Untersuchungsanlage die zweite große Aufgabe in experimentellen Designs. Durch Kontrolle wird gewährleistet, dass vorgenommene Aussagen über Wirkungszusammenhänge auch wirklich auf die Treatments zurückzuführen sind. Das Dreigestirn Isolation, Kontrolle und **Manipulation** der potenziell zusammenhängenden Faktoren ist das Rückgrat eines jeden experimentellen Designs. Das zentrale Ziel von Experimenten ist die **Untersuchung und Identifikation von kausalen Zusammenhängen und deren Wirkungsstärke**.

> Achten Sie bei Experimenten auf die Kombination von Manipulation, Isolation der Effekte und Kontrolle. Berücksichtigen Sie dabei auch, dass Experimente immer sehr stringent durchgeführt und gut dokumentiert sein müssen.

Für die Kontrolle der Wirkungen ist eine Differenzierung zwischen **Versuchsgruppe** bzw. Experimentalgruppe und **Kontrollgruppe** entscheidend. Abweichungen im Verhalten oder den Einstellungen der beiden Gruppen werden als Ergebnis der Intervention bzw. des Stimulus interpretiert. Dies setzt voraus, dass sich beide Gruppen hinsichtlich anderer Merkmale nicht systematisch unterscheiden bzw. dass solche Unterschiede kontrolliert werden können. Diekmann (2007: 337) sieht folgende drei Merkmale als zentral für experimentelle Designs an: 1. Es werden mindestens **zwei** experimentelle **Gruppen** gebildet (Versuchs- und Kontrollgruppe). 2. Die Versuchspersonen werden den experimentellen Gruppen nach einem **Zufallsverfahren** zugewiesen, um systematische Merkmalsdifferenzen zwischen den Gruppen zu vermeiden[3]. 3. Der Forscher nimmt eine **experimentelle Manipulation** mittels entsprechende Sti-

---

3 Eine Gefahr besteht in der **Selbstselektion** von Teilnehmergruppen, die dann Verzerrungen in den Ergebnissen mit sich bringen kann. Dies ist gerade bei einer freien Suche von Testpersonen durch Aushänge und Anfragen ein Risiko, bis hin zum Problem der Teilnahme von erfahrenen „Dauerprobanden" (auch Hirschle 2015: 84).

Tab. 4.4: Untersuchungsanordnung im experimentellen Design (eigene Zusammenstellung, vgl. auch Atteslander 2006: 171).

	Zeitpunkt 1	Zeitpunkt 2	Zeitpunkt 3
Versuchsgruppe	Messung der Untersuchungsvariable	Treatment	Messung der Untersuchungsvariable
Kontrollgruppe I	Messung der Untersuchungsvariable	kein Treatment	Messung der Untersuchungsvariable
Kontrollgruppe II	Messung der Untersuchungsvariable	(alternatives Treatment/ Placebo)	Messung der Untersuchungsvariable

muli in der Versuchsgruppe, nicht aber in der Kontrollgruppe vor.[4] In gewisser Hinsicht handelt es sich also bei Experimenten immer um zeitlich aufeinanderfolgende Datenerhebungen – ähnlich wie Paneldesigns. Dabei wird davon ausgegangen, dass entsprechende Treatments auch tatsächlich die Wirkungen hervorrufen, die dann gemessen werden.[5]

Ein **Beispiel**: Der Versuchsgruppe werden Bilder mit kriegerischen Auseinandersetzungen im Nahen Osten vorgeführt, einer Kontrollgruppe Werbefilme, einer zweiten Kontrollgruppe Slogans zum interreligiösen Zusammenleben in Deutschland (siehe Tabelle 4.4). Danach werden Einstellungen gegenüber Statements zum Bau von Minaretten bzw. Moscheen erfragt oder es wird das Verhalten in einem entsprechenden Gespräch mit einem Vertreter eines muslimischen Verbands beobachtet. Finden sich hier maßgebliche – in die theoretisch erwartete Richtung gehende (hier: eine stärkere Distanz zum Minarettbau und zu muslimischen Mitbürgern in der Versuchsgruppe) – Unterschiede, kann man von einem Effekt der Treatments ausgehen. War die Zusammensetzung aller drei Gruppen zufällig und nicht anderweitig verzerrt, ist auf einen kausalen Effekt im Sinne der Anregung von muslimkritischen Positionen durch eine negative Medienberichterstattung auszugehen. Durch eine Ausweitung der Gruppen und Einzelanalysen ist es möglich, auch statistisch verwertbare Aussagen zu erhalten – und diese auf ihre Signifikanz hin zu prüfen.

Das Experiment
Das Experiment stellt die grundsätzlichste Form der wissenschaftlichen Analyse dar. Unter möglichst vollständig kontrollierten Rahmenbedingungen werden verschiedene Einflussfaktoren gezielt manipuliert (Stimuli). Aufgrund des hohen Maßes an Kontrolle von Rahmenfaktoren und Drittvariablen können speziell kausale Effekte und deren Wirkungsstärke bestimmt werden. Das Experiment gilt als Grundform wissenschaftlicher Untersuchungen.

---

4 Natürlich können auch mehrere Gruppen mit unterschiedlichen Stimuli manipuliert und dann die unterschiedlichen Beobachtungen interpretiert werden.
5 Experimentelle Anordnungen sind bis heute in den Naturwissenschaften das verbreitete Vorgehen und besitzen eine weitreichende Bedeutung in der Psychologie.

Spielten Experimente in der Politikwissenschaft lange Zeit eher eine untergeordnete Rolle, sind sie nach wie vor in der Psychologie von großer Bedeutung. Hierfür sind ihre Nähe zu den Naturwissenschaften, ihre hohe Kontrollierbarkeit und auch die geringere Ausrichtung auf große Zahlen und Repräsentativität sowie gesellschaftsverallgemeinernde Aussagen verantwortlich. Häufig werden auch klinische Experimente angewandt. Für die Sozialwissenschaften und speziell die Politikwissenschaft ist wenn, dann der noch junge Zweig der **politischen Psychologie** an experimentellen Designs interessiert. Hier geht es in der Regel um die Analyse von Wirkungen auf Personen und daraus resultierende Einstellungen und Verhalten. So kann es zum Beispiel ein Ziel eines experimentellen Settings sein, zu erforschen, wie eine Fernsehdebatte zwischen Politikern bei den Bürgern ankommt – und welcher Politiker einen besseren Eindruck bei den potenziellen Wählern hinterlässt (Faas/Huber 2010; Maier/Faas 2011). Gerade Medieneffekte haben in den letzten Jahren eine verstärkte Nachfrage in der Politikwissenschaft entfaltet. Aber auch die Simulation einer bestimmten Entscheidungssituation und deren Variation durch verschiedene Schlüsselreize können bei der Erklärung politischen Verhaltens weiterhelfen.

Veranschaulichen wir uns den Nutzen und die Probleme von Experimenten anhand eines prominenten Beispiels. Immer noch zu den wichtigsten Experimenten zählen das sogenannte „Milgram-Experiment" zu Überprüfung von Gehorsamkeitsstrukturen sowie die Experimentalreihe zur Feststellung der von Adorno und seinen Mitarbeitern attestierten „autoritären Persönlichkeit". In der Versuchsanordnung des **Milgram-Experiments** wurden Probanden, die Regler für die Verteilung elektrischer Stromschläge bedienten, von Forschungsleitern angewiesen, Personen, die Fehler beim Lösen bestimmter Aufgaben machten, elektrische Schläge in einer bestimmten Höhe zu erteilen. Die elektrischen Schläge wurden auf Anordnung des Versuchsleiters stetig in ihrer Intensität gesteigert. Ziel war es, herauszufinden, inwieweit Durchschnittsbürger bereit sind, Autoritäten zu folgen und Handlungen auszuführen, die eigentlich Gewissenskonflikte hervorrufen müssten.[6] Ursprünglicher Hintergrund dieses kontrollierten Laborexperiments war die Idee, zu überprüfen, ob die Verbrechen im Nationalsozialismus aufgrund eines bestimmten sozialpsychologischen Unterschieds der Deutschen zu anderen Bevölkerungen erklärbar wären. Angenommen wurde, dass Deutsche eine erhöhte Gehorsamkeitsstruktur bei geringerer Auflehnungsbereitschaft aufwiesen. Ergebnis war, dass eine größere Gruppe an Versuchspersonen, zwar mit Gewissensbissen, unter Vorgabe einer von ihnen anerkannten Autorität dazu bereit war, bis zur maximalen Stromstärke zu gehen. Damit war ein Hinweis auf die generelle Anfälligkeit von Menschen

---

[6] Als Ergebnis des Experimentes konnte eine starke Obrigkeits- und Autoritätshörigkeit der Probanden festgestellt werden, welche im Nachgang kognitive Dissonanzen durch unterschiedliche Argumentationen abzubauen versuchten. Immerhin 26 von 40 Probanden weigerten sich nicht, auf Anweisung zur maximalen Stromschlagzahl von 450 V zu gehen.

gegenüber Autoritätsstrukturen, auch unter Gewissenskonflikten, gegeben (Miligram 1974).[7]

Experimentelle Designs können unterschiedlich aufgebaut sein (siehe Behnke u. a. 2010: 57–65). Um Aussagen über kausale Effekte treffen zu können, empfiehlt sich eine **Vorher-Nachher-Bestimmung** der Untersuchungskomponenten. Entsprechende Designs werden als Pretest-Posttest-Designs bezeichnet. Neben dieser klassischen Form des Experiments kann man auch einfach Post-Test-Analysen durchführen. Dies ist vor allem notwendig, wenn keine zeitlich vorgelagerten Ergebnisse vorliegen oder diese nicht mehr zu produzieren sind. In reinen Posttest-Designs ist es somit wesentlich schwieriger, die Veränderung exakt zu bestimmen. Daneben existieren noch weitere Variationsanordnungen zwischen Experimental- und Kontrollgruppe (faktorielle Designs, Multigruppendesigns), die aus Übersichtsgründen an dieser Stelle nicht weiter behandelt werden (siehe Behnke u. a. 2010: 63–64). Speziell für Sozialwissenschaftler wichtig ist die systematische und genaue Kontrolle der sozialen Rahmen- und Herkunftsbedingungen sowie der sozioökonomischen und psychologischen „Drittvariablen". Gerade die Effekte aus der die Individuen umgebenden sozialen Struktur und Kultur sind dabei oft schwer auszuschließen bzw. in ihrer gezielten Wirksamkeit zu isolieren. Der größte Gewinn experimenteller Designs liegt in der kontrollierten Identifikation von Kausalbeziehungen.

Allerdings sind experimentelle Designs in den Sozialwissenschaften auch mit Schwierigkeiten konfrontiert. Ein **Problem** von Experimenten in den Sozialwissenschaften ist ihre Beschränkung in der Probandenzahl, ein anderes die unnatürlichen Rahmenbedingungen. So stellt jedes Experiment eine unnatürliche Situation für Probanden dar, die natürliche Reaktionen und Handlungen abbilden soll. Dies gilt vor allem für Laborexperimente. Laborexperimente ermöglichen die besten Chancen, das Untersuchungsvorhaben optimal zu kontrollieren, besitzen aber gleichzeitig den höchsten Grad an „**Künstlichkeit**". Sie führen damit zu einer geringen externen Validität. Es ist wichtig, sich zu vergegenwärtigen, dass Experimente immer nur über einen selektiven Ausschnitt der Realität Auskunft geben können. Durch ihr Untersuchungsdesign mit der Isolierung von Variablen und Treatment neigen sie dazu, weit von der Realität entfernt zu sein (**Selektivität** und **Realitätsdistanz**). Ihr Ursprung liegt in den Laboren der Naturwissenschaften, wobei mittlerweile auch für sozialwissenschaftliche Experimente Räume mit Videoaufnahmemöglichkeiten und guter Isolation zur Verfügung stehen. Die größten Probleme für effektive Ergebnisse in experimentellen Designs ergeben sich aus den **intervenierenden Drittfaktoren**. Selbst wenn sie im Experiment kontrolliert werden können, besitzen sie doch möglicherweise im Realitätscheck einen erheblichen Einfluss. „Experimentell bestätigte Theorien können durch die Wirklichkeit falsifiziert werden" (Atteslander 2006: 178).

---

7 Für eine Liste klassischer Experimente in der Psychologie siehe https://de.wikipedia.org/wiki/Liste_der_klassischen_Experimente_in_der_Psychologie.

> ⚡ Achten Sie bei Experimenten darauf, dass Lerneffekte und Selbstselektion der Probanden nicht zu einer Verfälschung der Ergebnisse führen.

Selbst wenn es gelingt, externe und unerwünschte Einflüsse auszuschließen, ist die Validität des Experiments nicht gesichert. Zum einen können die Probanden im Rahmen des Experiments das richtige Verhalten „erlernen". Dieser Lernprozess kann entweder aus einer Reifung der Person (Maturation) resultieren, vornehmlich wird dieser aber auf den sogenannten **Hawthorne-Effekt** zurückgeführt. Der Hawthrone-Effekt beschreibt die Tatsache, dass der Proband sein Verhalten vor allem deswegen verändert, weil er weiß, dass er beobachtet wird – also Subjekt wissenschaftlicher Analyse ist. Atteslander (2006: 175) verweist auf das Risiko einer selbsterfüllenden Prophezeiung (Selffulfilling Prophecy). Hier spielen Aspekte der sozialen Erwünschtheit wie auch der gruppenbildenden Identität einer gemeinsamen Untersuchungsgruppe eine wesentliche Rolle.[8] Diesem Effekt kann in Feldexperimenten begegnet werden. Feldexperimente entziehen sich allerdings vielen Aspekten rigoroser Kontrollanordnungen. Eine andere Vorgehensweise sind Blind- und Doppelblindversuche, in denen die Probanden nicht über das wahre Ziel ihres Besuchs informiert sind. In beiden Fällen versucht man, dem Problem der **Reaktivität** zu begegnen. Als generelles Problem erweist sich, dass es nicht sicher ist, ob die ermittelten Ergebnisse auf die **Gesellschaft als Ganzes übertragen** werden können.

4.4.2 Feldexperimente

Experimente ohne den zuvor beschriebenen Grad an Künstlichkeit bezeichnet man als **Feldexperimente**. Dabei handelt es sich um experimentelle Untersuchungen, die in natürlicher Umgebung stattfinden (Diekmann 2007: 630–640). Auch in Feldexperimenten wird eine enge und klar vorgegebene Versuchsanweisung umgesetzt, welche die Effekte eines spezifischen Treatments untersucht. Durch die Ansiedelung im Lebensalltag entfällt das für Laborexperimente typische Problem der Reaktivität. Einerseits können in Feldexperimenten intervenierende Faktoren deutlich schlechter als im Laborexperiment kontrolliert oder ausgeschlossen werden, andererseits sind sie stärker in der Realität verankert und unterliegen nicht der „künstlichen Situation", unter denen Experimente in Laborbedingungen stattfinden. Gleichzeitig steigt der Aufwand, das Experiment zu kontrollieren, erheblich. Ein typisches Feldexperiment ist die Lost-Letter-Methode (Merritt/Fowler 1948).

In der **Lost-Letter-Methode** werden Briefe, die hinsichtlich ihrer Aufschrift variieren, „scheinbar verloren" (siehe Tabelle 4.5). Das heißt, sie werden im öffentlichen

---

[8] Dabei ist es allerdings auch möglich, die Ausbildung einer Gruppenidentität zum eigenständigen Analyseziel eines Experiments zu machen.

Tab. 4.5: Miligrams Feldexperiment mit Lost-Letter-Methode (Diekmann 2007: 527).

Anzahl der verlorenen Briefe	Anschrift	Rücklauf in %
100	Medical Research Association	72
100	Mr. Walter Carnap	71
100	Friends of the Communist Party	25
100	Friends of the Nazi Party	25

Raum deponiert, sodass sie von Probanden gefunden werden können. Die Briefe sind in der Regel vollständig frankiert und die Hemmschwelle, die Briefe in einen Postkasten einzuwerfen, wird im Versuchsdesign möglichst gering gehalten. Dies geschieht zum Beispiel durch eine gewisse Nähe der „Verlustplätze" zu Postkästen. Die Rahmenbedingungen und die Adressen sollten insoweit standardisiert werden, dass keine intervenierenden Effekte (Drittvariablen) zu systematischen Fehlern führen können (z. B. Abstand zum Briefkasten). Entscheidend für die inhaltliche Auswertung ist die systematische Variation der Adressen, welche entlang des jeweiligen Forschungsinteresses geschieht. Die verlorenen Briefe sind an unterschiedliche Personen oder soziale Gruppen adressiert. Ziel ist es, herauszufinden, welches Prestige bzw. Vertrauen diese unterschiedlichen Gruppen in Relation zueinander genießen. So könnte man zum Beispiel, um die Nähe bzw. affektive Haltung gegenüber verschiedenen kleineren politischen Parteien herauszufinden, Briefe mit den Adressanten NPD, KPD, Familienpartei und als Kontrollgruppe Briefe an die Karstadt-Zentrale „verlieren" und dann auszählen, welche Briefe am häufigsten an ein imaginäres Büro zurückkommen. Dann kann man aus dem Rücklauf die Akzeptanz der jeweiligen Organisationen miteinander vergleichen. Als Adresse wird dabei ein neutraler Sammelort genutzt, an den die unterschiedlich „gelabelten" Briefe zurückadressiert werden. Dort kann man die Auszählung vornehmen. Der Vorteil ist, dass man reale Handlungen abprüft und keine – möglicherweise durch soziale Erwünschtheit – beeinträchtigten Aussagen (wie aus Befragungen) bewerten muss.[9] Damit ist es möglich, gerade im öffentlichen Umgang durch Aspekte politischer Korrektheit und sozialer Erwünschtheit schwierig zu bestimmender Haltungen der Bürger reliabel zu erfassen. Die Effektivität dieser Form von Feldexperimenten zeigt folgendes Ergebnis aus einer Studie, auch wieder von Milgram u. a. 1965:

Selbst wenn die zurückgesandten Briefe nicht zwingend die Sympathie gegenüber der entsprechenden Gruppe ausdrücken müssen, sind sie doch illustrativ und sagen etwas über die Haltung gegenüber den entsprechenden Gruppen aus. Die Unterschiede im Rücksendeverhalten sind nun berechenbar und eröffnen Erklärungs-

---

9 Häder (2010: 127) verweist darauf, dass der Bekanntheitsgrad der Lost-Letter-Methode mittlerweile dazu führt, dass sie von dem einen oder anderen Probanden identifiziert wird – und somit nicht mehr nonreaktiv ist.

möglichkeiten. Gleichzeitig kann ein Ausschluss von intervenierenden Faktoren nicht mit letztendlicher Sicherheit gewährleistet werden und die Interpretation bleibt dem Forscher überlassen. Im Unterschied zu Laborexperimenten liegen eben keine vollständigen Kontrollbedingungen vor. Auch die Operationalisierung eines zu messenden Faktums durch die entsprechende Anschrift ist mit Schwierigkeiten verbunden. Setzt man im oben vorgestellten Beispiel für Walter Carnap den Namen Rudolf Hess ein, würde dies vermutlich einen merklichen Effekt auf das Ergebnis haben. Dieser wäre dann aber möglicherweise anders als im Design beabsichtigt (neutrale Abfrage). Fragen der Operationalisierung gehören entsprechend zum Standardproblem reaktiver Verfahren. Will man aus den Vergleichen lernen, muss man dies mit klarem Bezug auf die Treatments interpretieren können. Dies ist in Feldexperimenten nicht immer gegeben. Gleichzeitig ist die Bandbreite der Möglichkeiten von Feldexperimenten fast unerschöpflich und öffnet Raum für kreative Fragestellungen mit einem übersichtlichen Aufwand, was es auch für Studierende interessanter macht, als bislang von diesen vielleicht wahrgenommen.

Feldexperimente
Feldexperimente werden in der natürlichen Umwelt der Probanden durchgeführt und vermeiden somit in der Regel (wenn sie nicht von den Probanden durchschaut werden) die Gefahr der Reaktivität. Ihr Vorteil liegt in der Alltagsnähe und der Erhebung in natürlichen Umgebungen. Gleichzeitig stellen sie hohe Anforderungen an die Kontrolle der Rahmenbedingungen und von potenziellen Störeffekten bzw. Drittvariablen. Sie finden nicht unter gut kontrollierbaren Laborbedingungen statt und unterliegen einer Vielzahl schwer kalkulierbarer Einflüsse durch die Umwelt, die eine belastbare Interpretation oft erschweren.

4.5 Das repräsentative Interview der Umfrageforschung

4.5.1 Umfrageforschung

Die **Umfrageforschung** ist das vielleicht wichtigste Datenerhebungsverfahren in der Politikwissenschaft. Dies gilt sowohl für nationale als auch international vergleichende Umfragen. Umfragen geben Auskunft über Verhaltensweisen, Einstellungen und Werte der Bürger, gerade auch in Richtung Politik und politischer Themen. Speziell in Demokratien mit ihrer stärkeren Ausrichtung auf den Willen des Bürgers erlebten sie einen Aufschwung. Zentrale Ursache für die in den letzten Jahrzehnten rasant steigende Verbreitung der Surveys sind die technische Vereinfachung der Durchführung (z. B. Telefonumfragen, computergestützte Verfahren, Online-Surveys) sowie die dadurch kostengünstigere Erhebung und die leichtere Speicherung und Verwaltung der Daten durch zentrale Archive. Diese Aspekte führen heute zu einer deutlichen Verbesserung der Datenlage für empirische Analysen. Die günstigere strukturelle Situation ist verbunden mit einer gleichzeitigen Steigerung des Interesses in der Politikwissenschaft an politischen Haltungen und Handlungen der Individuen, was zu einer erheblichen

Ausweitung der Umfrageforschung im wissenschaftlichen wie im kommerziellen Bereich geführt hat. Kenntnisse der Umfrageforschung sind für viele Absolventen der Politikwissenschaft Eintrittskarten in lukrative, wenn auch arbeitsaufwändige Tätigkeiten in Meinungsforschungsinstituten.

Zu unterscheiden sind nationale Umfragen, die sich nur mit der Bevölkerung in einem Land befassen, und internationale, Länder oder Regionen vergleichend angelegte Umfragen. Letztere versuchen anhand der in der Regel gleichen Fragen in mehreren Ländern Unterschiede und Gemeinsamkeiten zwischen diesen herauszuarbeiten. Konzeptionell **vergleichend angelegte Umfragestudien** sind u. a. die World Values Surveys (WVS), die European Values Study (EVS), die European Social Surveys (ESS) und die Eurobarometer(EB)-Reihen der Europäischen Union. Daneben existiert eine größere Zahl anderer Vergleichsstudien durch einzelne Forschergruppen. Bekannte nationale Studien sind in Deutschland die Nationale Deutsche Wahlstudie, die German Longitudinal Election Study (GLES), die Allgemeine Bevölkerungsumfrage der Sozialwissenschaften (Allbus) oder das Sozio-oekonomische Panel (SOEP). Sie werden regelmäßig (zumeist im Turnus von zwei Jahren) mit unterschiedlichen inhaltlichen Zielrichtungen erhoben und mit etwas Zeitverzögerung anderen Forschern zugänglich gemacht. Damit bilden sie das Rückgrat quantitativer empirischer Umfrageforschung in Deutschland. Begleitend finden sich verschiedene Umfragen, die von kommerziellen Meinungsforschungsinstituten – auch regelmäßig – durchgeführt werden. Die möglicherweise bekanntesten sind vermutlich die Politbarometer im Auftrag des ZDF.

Die Umfrageforschung stellt Daten bereit, die Auskunft über die **durchschnittlichen Haltungen der Bevölkerungen** innerhalb verschiedener Aggregate (z. B. Länder, Kontinente, Kulturen) geben. Nicht das Individuum an sich, sondern das zu untersuchenden Kollektiv (der Individuen) ist Ziel der beschreibenden wie erklärenden Analyse. Umfragen transportieren auf der Individualebene gewonnene Ergebnisse durch **Aggregation** auf die Makroebene. Aggregation ist die Zusammenfassung von Merkmalausprägungen der Mikroebene auf eine höhere Ebene. Von Interesse ist beispielsweise nicht die Wahlentscheidung des einzelnen Bürgers, sondern die der deutschen Wähler: Das Politbarometer oder der DeutschlandTrend bündeln entsprechend die Aussagen der Befragen zu Stimmanteilen für Parteien. Daraus lässt sich eine Prognose erstellen, welche Stimmanteile die Parteien bekämen, wenn am Sonntag Bundestagswahlen oder Landtagswahlen wären. Um solche Aussagen treffen zu können, ist eine **repräsentative Abbildung** der Gesamteinheiten (siehe Kapitel 4.2) unumgänglich. Ohne diese ist eine sinnvolle und aussagekräftige Aggregation nicht möglich. Sind die Daten aggregiert, werden sie entsprechend der Vorgehensweisen der Aggregatdatenanalyse und der methodischen Grundprinzipien statistischer Datenanalyse verwendet. (siehe Kapitel 4.2).

Basis für die Daten sind **standardisierte Interviews**. Sie transformieren Aussagen in Zahlen. Dies geschieht über die Anwendung eines **Codeplans**, in dem den Antwortvorgaben Zahlen fest zugewiesen werden. Durch seine Standardisierung schafft der Fragebogen die Möglichkeit, Aussagen über die Grundgesamtheit zu treffen. Dies geschieht über die Aussagen der Befragten, welche sowohl Hinweise auf Verhalten, sozialstrukturelle Einbettung als auch über ihre Einstellungen. Meinungen und Wertorientierungen beinhalten. **Standardisierung** bedeutet, dass für die Fragen im Fragebogen möglichst alle denkbaren Antwortvorgaben vorgegeben sind. Dies stellt an den Forscher die Aufgabe, das Universum der möglichen Antworten mit seinen Vorgaben umfassend abzudecken.[10] Zur Absicherung werden zumeist Residualkategorien wie „weiß nicht" zu den substanziellen Antwortvorgaben hinzugefügt. Die Standardisierung der Antwortvorgaben ermöglicht eine **Vergleichbarkeit** der Individuen innerhalb der Surveys, wie auch zwischen Surveys in verschiedenen Ländern sowie Aussagen über die Gesellschaft(en). Standardisierte Umfrageverfahren haben sich für die Analyse von Kollektiven auf der Basis der Aussagen von Individuen weitgehend durchgesetzt. Grund ist: Narrative oder semistrukturierte Interviews sowie individualpsychologische Verfahren eignen sich aufgrund ihrer Probleme bei der Verallgemeinerbarkeit nur begrenzt für Rückschlüsse auf die Grundgesamtheit. Auch im Repräsentativfragebogen sind offene Fragen, also Fragen ohne vorstrukturierte Antwortmöglichkeiten, möglich. Sie können mit einem vertretbaren Arbeitsaufwand allerdings nur für recht kleine Stichproben durchgeführt werden. Die so erzielten Antworten unterliegen aufgrund ihrer nicht kontrollierten Bandbreite entweder aufwändigen qualitativen Analyseverfahren oder sie müssen nachträglich kategorisiert und standardisiert werden. Entsprechend sollte man in standardisierten Befragungen die Anzahl offener Fragen eher gering halten. Gut geeignet sind offene Fragen in den Hauptbefragungen vorangehenden Pretests, wo sie helfen können, das Antwortspektrum aufzuspannen und die Kenntnisse der Forscher über ein Themengebiet zu erweitern.

Neben der regionalen Vergleichbarkeit ist auch eine **zeitliche Vergleichbarkeit** von Umfragen möglich. Dazu benötigt man eine Replikation (Wiederholung) bereits vorher gestellter Fragen. Dies kann als Panelbefragung oder als Trendbefragung umgesetzt werden. In **Panelbefragungen** werden dieselben Personen zu einem späteren Zeitpunkt erneut befragt. Dies ermöglicht auch, einen Einblick in Veränderungsprozesse bei individualen Einstellungen zu gewinnen. Damit liegt die Panelbefragung recht nahe an einem experimentellen Design. Allerdings sind Panelbefragungen sehr aufwändig und sind durch selektive Ausfälle immer dem Risiko ausgesetzt, ihre Repräsentativität zu verlieren (Panelmortalität) (siehe Kapitel 4.1). Wesentlich häufiger sind **Trendbefragungen.** Hier werden dieselben Fragen wie-

---

10 Ist der Forscher unsicher, ob er alle oder zumindest alle wichtigen Antworten auf die Fragen im Fragebogen kennt, oder sollen neue Fragen entwickelt oder bislang eher wenig erforschte Fragestellungen bearbeitet werden, dann können offene Fragen ohne vorgegebene Antwortkategorien in den Fragebogen aufgenommen werden. Sie müssen jedoch gesondert erfasst und später wieder zu Kategorien zusammengefasst werden. Weil diese Verfahren aufwändig und teuer sind, versuchen die meisten Forscher in standardisierten Befragungen so weit wie möglich auf offene Fragen zu verzichten.

derholt jeweils repräsentativen Stichproben vorgelegt. Vergleichsebene ist dann die Aggregatebene. Letzteres gilt für die meisten Fragenbereiche der European Value Study oder der World Values Surveys. Allerdings ist zu bedenken: Nur wenn die Fragen der Studie zu t_0 wortgetreu in die Studie t_{0+1} übertragen werden, können die Ergebnisse in der späteren Auswertung miteinander verglichen werden. Dies gilt auch, wenn die erste Frageformulierung nicht hundertprozentig gelungen ist oder mittlerweile in Wortlaut und Ausrichtung nicht mehr den aktuellen Gegebenheiten entspricht. Entsprechend sorgfältig sind die Fragen zu formulieren, besonders, wenn sie zu einem späteren Zeitpunkt wiederholt werden sollen. Eine Veränderung des Wortlauts der Frage sowie der Antwortvorgaben sorgt ansonsten dafür, dass keine zeitliche Vergleichbarkeit mehr vorgenommen werden kann. Allerdings kann sich eben auch das historische Verständnis für Fragen verändern und sie wirken überholt oder unverständlich. Dann muss man sie aufgeben. Bei der Zusammensetzung eines Fragebogens ist es sinnvoll, Fragen aus bereits durchgeführten Erhebungen in die eigene Umfrage zu übernehmen. Damit eröffnen sich sowohl temporale als auch regionale Vergleichsmöglichkeiten für die Forscher, die in der Interpretation der Ergebnisse erheblich weiterhelfen. Zudem können die jetzt erzielten eigenen Daten anhand früherer Erhebungen einer externen Validierung unterzogen werden.

Ziel der Umfrageforschung
Das zentrale Ziel der Umfrageforschung ist es, eine zuverlässige und repräsentative Aussage über eine Grundgesamtheit abzugeben. Nicht das Individuum, sondern die Grundgesamtheit steht im Fokus des Interesses. In der Regel geschieht dies mithilfe einer Zufallsstichprobe, die mindestens ca. 1000 Befragte erfasst. Das Augenmerk liegt auf den aggregierten Ergebnissen und Zusammenhängen.

Es ist wichtig, sich zu vergegenwärtigen, dass die Umfrageforschung auf eine durch den Probanden **vermittelte Information** zurückgreift. Das heißt, es werden Aussagen der Befragten über ihre Haltung zu einer Politik, zu politischen Akteuren, zu ihrer persönlichen Situation und ihren Wertvorstellungen erfasst. Diese Informationen sind aber durch das Subjekt vorgefiltert und müssen keine direkte Abbildung einer objektiven Situation sein. Schließlich bewertet und deutet das Individuum einen Tatbestand, bevor es eine Äußerung dazu abgibt. Spezifische Sichtweisen sowie Relationen zur Umwelt, zur eigenen Lage und zu bestimmten Wertvorstellungen sind für die Urteile bedeutsam. So kann man mit seiner sozioökonomischen Situation unzufrieden sein, obwohl man objektiv gesehen über erheblich mehr als andere in der Gesellschaft verfügt. Dies kann beispielsweise dann der Fall sein, wenn man in einem sehr wohlhabenden Gebiet lebt. Diese Intervention der Einschätzungen unterscheidet dann auch die meisten Ergebnisse der Individualdatenanalyse von der Aggregatdatenanalyse. Letztere arbeitet in der Regel häufiger mit (relativ) objektiven Indikatoren. Allerdings sind es oft gerade diese Sichtweisen und weniger die objektiven Rahmenbedingungen, welche den Grund für individuelle Handlungen darstellen – und für den

Sozialforscher interessant werden.[11] Zugespitzt ist die standardisierte Befragung sogar fast die einzige Möglichkeit, die überhaupt Meinungen, Einstellungen und Werte auf der Ebene der Bevölkerung erfassen kann.

4.5.2 Die Gestaltung des Fragebogens

Von zentraler Bedeutung für die Umfrageforschung ist die Konstruktion des Instruments: des Fragebogens. Hier sind nicht wenige Fehlermöglichkeiten vorhanden. Nicht nur inkorrekte Aussagen von Befragten können zur Erhebung von Werten führen, die den „wahren" (Einstellungs-)Wert des Probanden verfehlen. Auch **handwerkliche Fehler** bei der Übersetzung von theoretischen Annahmen in Indikatoren und schließlich in konkrete Fragestellungen produzieren Fehler. Deshalb ist für die Umfrageforschung die Gestaltung des Fragebogens von zentraler Bedeutung. Hier wird die Grundlage für die späteren Auswertungen gelegt. Fehler bei der Fragebogengestaltung sind später (in der Feldphase und dann in der Auswertungsphase) nicht mehr zu korrigieren. Folglich zahlen sich Sorgfalt und Zeit, die in die Konstruktion des Erhebungsinstruments investiert werden, aus. Es ist anzuraten, einen eigenhändig konstruierten Fragebogen zuerst mit Bekannten durchzugehen und fachliche Beratung hinzuzuziehen. Für neu entwickelte Fragen ist immer ein **Pretest** (also ein Vorabdurchlauf der Befragung) zu empfehlen. Ratsam ist auch ein Blick in bereits vorliegende, getestete Fragebögen und die Berücksichtigung von bereits in anderen Studien getesteten Instrumenten (Fragekomplexe). An dieser Stelle wird deutlich: Ohne Vorkenntnisse und die Kenntnis von entsprechenden Techniken sowie das Wissen um Fallstricke kann kein Fragebogen so konstruiert werden, dass er valide und reliable Ergebnisse liefert. Fehler sind in der Konstruktion der Antwortkategorien und in der unklaren Formulierung der einzelnen Fragestellungen möglich. Auch kann es passieren, dass wichtige Themenbereiche sowie für die inhaltliche Erklärung notwendige Fragen fehlen. Dies hat das spätere Fehlen von potenziellen Erklärungsvariablen zur Folge. Alle Fehler zusammen resultieren in Fragebögen, die die Forschungsfragen, zu deren Beantwortung die Daten erhoben werden, nicht vollständig beantworten können. Gleichwohl gilt es, mit diesen Fehlern auch etwas gelassen umzugehen. Solche Auslassungen und Versäumnisse sind eine regelmäßige Erfahrung in der Betreuung von Umfrageprojekten an Universitäten. Sie sind in gewisser Hinsicht auch unvermeidbar, kann man doch vorab nicht jede Möglichkeit in Betracht ziehen. Letztendlich ist die Konstruktion eines Fragebogens ein schwieriges und zeitaufwändiges Unterfangen, das einiges an Expertise und Erfahrung erfordert. Lehrforschungsseminare dienen in der Regel u. a. der Vermittlung dieser Kenntnisse.

---

11 Zu Details der Auswertungsphase und des Ablaufs einer vergleichenden Umfrageanalyse siehe Lauth u. a. (2009: 155–164).

> Treffen Sie eine frühzeitige Entscheidung für eine bestimmte Form der Umfrage (schriftlich, postalisch, face to face, telefonisch) und deren Zielsetzung und organisieren Sie zeitnah den Zugang zum Feld.

Für die Gestaltung des Fragebogens ist wichtig, welche **Form der Befragung** man ausgewählt hat. Als Alternativen stehen die schriftliche, die telefonische, die Face-to-Face-Befragung und – mittlerweile vermehrt eingesetzt – die Online-Befragung zur Verfügung (siehe Kapitel 4.5.3). So unterliegt ein Fragebogen für eine schriftliche Befragung anderen Anforderungen als ein Fragebogen, der später face to face oder telefonisch erhoben wird. Bei der schriftlichen Befragung muss in besonderer Weise darauf geachtet werden, dass die Fragebögen wieder zurück an den Absender gelangen. Die effektivste Variante ist die Beigabe eines frankierten Rückumschlags. Hier führt in der Regel der Primärforscher selbst die Umfrage durch. Face-to-Face- oder telefonische Interviews werden dagegen zumeist durch Umfrageinstitute durchgeführt und nach der Erhebung digitalisiert. Die Antworten der Probanden werden dann direkt während des Interviews vom Interviewer in ein Datenerfassungsgerät (Laptop, PC) eingegeben. So steht dem Auftraggeber ein Datensatz quasi umgehend nach Ende einer recht kurzen Befragungsperiode zur Verfügung.

Bei allen Befragungen ist auf eine klare Struktur des Fragebogens und eine eindeutige **Filterführung** zu achten (siehe Tabelle 4.6). Filterführungen steuern das Antwortverhalten dahingehend, dass Personen sich nicht mit Fragen beschäftigen müssen, die nicht auf sie zutreffen. Dies wäre ermüdend und abschreckend für die betroffenen Befragten. Bei schriftlichen Befragungen muss der Fragebogen so gestaltet sein, dass er vom Befragten selbstständig und ohne Hilfe eines Interviewers korrekt ausgefüllt werden kann.

Der Fragebogen beginnt am besten immer mit einem Hinweis auf die durchführende Institution und auf die Vertraulichkeit und Anonymität. Dann sollte sich der Befragte an leichten Eingangsfragen „aufwärmen" können. Diese dienen dazu, in das Thema einzuführen, und sollten den Befragten nicht abschrecken. Die Frageabfolge ist entlang einer Schwierigkeits- oder **Spannungskurve** konstruiert: Nach den leichteren Einführungsfragen werden die Beantwortungsanforderungen und die Komplexität der Fragen gesteigert. Zum Abschluss des Fragebogens werden wieder leichtere Fragekomplexe (z. B. Fragen zur Sozialstruktur) eingebaut. Ziel ist es immer, den Probanden durch den Aufbau der Fragen in einer geeigneten Reihenfolge zu einem vollständigen Ausfüllen des Fragebogens zu führen. Nicht vollständig ausgefüllte Fragebögen sind fast so ungünstig wie nicht ausgefüllte. Teilweise ist es sogar besser, diese aus der Stichprobe zu entfernen. Es gilt die Faustregel, dass zumindest zwei Drittel des Fragebogens ausgefüllt sein sollten. Ziel der Konstruktion eines Fragebogens ist also **Response** – Antworten! Neben Brüchen im Ablauf der Frageführung trägt die Länge des Fragebogens dazu bei, dass Befragte das Interview abbrechen – natürlich vor allem dann, wenn der Fragebogen zu lang ist. Eine für die Zielgruppe unangemessene Sprache oder allzu plumpe sprachliche Anbiederungen sollten ebenfalls unterbleiben.

Tab. 4.6: Fragebogenaufbau (eigene Zusammenstellung).

	Inhalt	Ziel
Eingangs-statement	– Ziel der Befragung und des Auftraggebers – Hinweis auf Vertraulichkeit und Anonymisierung der Daten sowie Einhaltung von Datenschutzrichtlinien – ggf. Hinweis auf Veröffentlichungen am Ende des Projekts und Incentives für die Teilnahme	– Schaffen einer Vertrauensatmosphäre und Informationsvermittlung – Anregung zur Teilnahme
Aufwärmteil	– einfache Fragen, ggf. Sozialstruktur – keine Itembatterien	– „warm werden" – in das Interview einführen und den Probanden binden
Komplexteil	– komplexere und sensiblere Fragen, die inhaltlich in einer Ab- und Reihenfolge stehen – gelegentlich bewusste Trennung von laut Theorie verbundenen inhaltlichen Dimensionen	Kern der Untersuchungsfragen erhalten
Ergänzungsteil	weniger zentrale Fragen, die zur Ergänzung und Erklärung des Untersuchungsziels dienen	zusätzliche Informationen
Ende	– Sozialstruktur – Dank an Probanden für die Teilnahme am Interview sowie, wenn seitens Forscher gewünscht, Frage zur Bereitschaft von nochmaliger Ansprechbarkeit bei Nachfragen	Informationen über Sozialstruktur

Fragebogengestaltung
Standardisierte Fragebögen sind das zentrale Datenerhebungsinstrument der Umfrageforschung. Sie geben den Probanden sowohl die Fragen als auch das möglichst vollständige Spektrum der Antwortvorgaben vor. Bei der Gestaltung eines Fragebogens ist neben den Formulierungen auf die Platzierung der Fragen, die Länge des Fragebogens sowie auf dessen Wirkung auf die Probanden und die entsprechende Angemessenheit für die Befragtengruppe zu achten.

Innerhalb eines Fragebogens können unterschiedliche **Frageformen** zum Einsatz kommen (siehe Tabelle 4.7). Neben direkten Fragen, die sich auf sozialstrukturelle Gegebenheiten, Verhaltensweisen und Einstellungen beziehen, ist eine indirekte Bestimmung sozialer Phänomene möglich – und teilweise notwendig. Gerade Einstellungsstrukturen, Werte oder tiefer liegende Überzeugungen sind nicht durch ein-

Tab. 4.7: Filterführung (eigene Zusammenstellung).

Frage 1:	Sind Sie Mitglied einer politischen Partei?
Antwortvorgaben:	☐ Ja (Wenn ja, dann weiter mit Frage 2)
	☐ Nein (Wenn nein, dann weiter mit Frage 3)
Frage 2:	Wie stark fühlen Sie sich dieser Partei verbunden?
Frage 3:	Was ist der Grund, weshalb Sie nicht Mitglied einer Partei sind?

fache, direkte Fragen zu ermitteln, sondern müssen eingekreist werden. Mittlerweile zählt es zu den Standards der Einstellungsforschung, dass **Itembatterien** zum Einsatz kommen. Itembatterien sind ein Bündel aus Statements, die überwiegend nur Zustimmung und Ablehnung zulassen. Gelegentlich sind die Antwortskalen auch etwas differenzierter. Ihr Ziel ist es aber immer, im Zusammenspiel der verschiedenen Statements latente und nicht auf den ersten Blick erkennbare Einstellungen zu ermitteln. Diese Itembatterien werden in der Auswertungsphase mit dimensionsanalytischen Verfahren bearbeitet und statistisch zu latenten Hintergrunddimensionen zusammengefasst. Ein typisches Analyseziel für eine Itembatterie ist zum Beispiel Rechtsextremismus. Dieser kann nicht sinnvoll mittels einer direkten Frage „Sind Sie rechtsextrem?" erfasst werden. Stattdessen werden verschiedene Haltungen zu unterschiedlichen Sachverhalten abgefragt (siehe Tabelle 4.6). Sie ergeben über die Dimensionsanalyse die Hintergrundvariable „Rechtsextremismus" (auch Dimension oder latente Variable), die dann zusammengefasst weiterbearbeitet wird.

Vermeiden Sie Suggestivfragen, halten Sie die Anzahl an offenen Fragen in standardisierten Befragungen gering. Achten Sie auf eine klare Struktur des Fragebogens.

Auch in eine standardisierte Erhebung können offene oder teilweise **offene Fragen** integriert werden. Sie bieten sich gerade dort an, wo man das Untersuchungsfeld nicht genau erschließen kann und nicht alle potenziellen Antwortmöglichkeiten bekannt sind. In der Regel wird man allerdings versuchen, offene Fragen **auf ein Minimum zu reduzieren**, da diese eine aufwändige nachträgliche Codierung nach sich ziehen. Bewährt hat sich eine Kombination aus festen Antwortvorgaben und einer ergänzenden Antwortkategorie „Sonstiges". Letztere ist oft jedoch nur von begrenztem Nutzen, das sie in der Analyse häufig nicht mehr berücksichtigt wird, was meist mit den heterogenen Antworten und vor allem den insgesamt wenigen Antworten zusammenhängt.

In der Regel besteht ein standardisierter Fragebogen aus Fragen, für die ein Set an **Antwortvorgaben** zur Verfügung gestellt wird. Zwischen diesen Vorgaben soll der Befragte wählen. Das Set kann substanzielle Antwortvorgaben enthalten oder eine abgestufte Zustimmung bzw. Ablehnung erfragen. Auch die Wahl zwischen den Antwortalternativen „Ja" oder „Nein" wird häufiger angeboten. Daneben sind Skalen von 1 bis 10 oder 1 bis 7 genauso verbreitet wie die Bereitstellung von vier Antwortvorgaben. Antwortvorgaben sollten, wie übrigens auch die Frage selbst, eindeutig formuliert und für möglichst jeden Probanden klar verständlich sein. Fachtermini sind in Bevölkerungsumfragen weitgehend zu vermeiden. Der Befragte sollte in der Lage sein, die Anwortvorgaben zu verstehen, zu identifizieren und dann die für ihn passenden auswählen zu können. Zudem sollten die Antwortvorgaben präzise, trennscharf (d. h. die Antwortvorgaben dürfen sich nicht überschneiden) und erschöpfend formuliert sein, also das ganze mögliche Antwortspektrum abbilden.

> **Probleme der Fragebogengestaltung**
> Bei der Gestaltung eines Fragebogens muss darauf geachtet werden, dass dieser nicht zu ausführlich ausfällt, dass die Fragen klar und eindeutig und die Antwortvorgaben präzise, trennscharf und erschöpfend formuliert sind – also alle Antwortmöglichkeiten umfassen. Fachtermini sind genauso zu vermeiden wie Suggestivfragen oder mehrdeutige Fragen.

Dringend zu vermeiden sind **Suggestivfragen**. Dabei handelt es sich um Fragen, die dem Befragten ein bestimmtes Antwortverhalten „in den Mund legen". Eine typische Suggestivfrage wäre die Folgende: „Sind Sie nicht auch der Überzeugung, dass alle Politiker korrupt sind?" Auch sollten dem Gebot der Eindeutigkeit und Präzision entsprechend **keine mehrdeutigen Fragen** gestellt werden. Was will ein Proband auch auf folgende Frage antworten: „Sind Sie für die Einführung einer LKW-Maut und würden Sie diese auch befolgen?" Was bedeutet es nun, wenn er mit „Ja" geantwortet hat? Man muss sich vergegenwärtigen, dass man nach Abschluss der Erhebung ausschließlich die in Zahlen umgesetzte Information zur Verfügung hat und den Probanden nicht mehr nach der Intention seiner Antwort fragen kann. Gleiches gilt für die Antwortvorgaben. Sie sollten eine klare Information über die Bekundung des Befragten geben. So sind zum Beispiel Antwortvorgaben wie „Stimme stark zu", „Stimme eigentlich zu", „Stimme etwas zu", „Stimme mehr oder weniger zu" und „Lehne ab" nur als begrenzt hilfreich anzusehen. Sie sind nicht trennscharf, präzise und erschöpfend formuliert. Hilfreich hingegen sind Antwortvorgaben wie „Stimme voll und ganz zu", „Stimme zu", „Lehne ab" und „Lehne voll und ganz ab". Sie sind trennscharf, präzise und erschöpfend formuliert, wenn man sie um die Antwortkategorie „Weiß nicht" ergänzt. Ebenfalls **zu vermeiden sind akademische Fragebögen**, die für die Befragten kaum verständlich sind und die eher abstoßend wirken als zum Ausfüllen anregen.

> Halten Sie ihre Fragebögen so kurz wie möglich, decken Sie mit den Fragen die Forschungsfrage ab und vergessen Sie keinesfalls die erklärende Variable. Denken Sie auch daran, eine Spannungskurve in den Frageverlauf einzubauen und die Zahl der offenen Fragen möglichst gering zu halten.

Auf die **optische Gestaltung eines Fragebogens** sollte ebenfalls geachtet werden, wenn die Erhebung erfolgreich verlaufen soll. Dies ist für Telefonsurveys weniger relevant, aber für schriftliche oder Online-Befragungen wichtig. Zunächst ist ein Eingangsstatement zu formulieren, das über Zweck und Auftraggeber Auskunft gibt und auf die Vertraulichkeit der Befragung hinweist. Es ist unbedingt auf die **Länge des**

Fragebogens zu achten. Im Eifer des Erkenntnisinteresses neigt man zu einer wahren Flut an Fragen, die in den Fragebogen aufgenommen werden soll. Dies ist besonders dann der Fall, wenn mehrere Personen oder eine Arbeitsgruppe an der Konstruktion eines Fragebogens beteiligt sind. Die Fragebogenlänge ist der häufigste Anlass für den Befragten, das Interview abzubrechen. So geht dem geneigtesten Befragten in einem Face-to-Face-Interview an einem öffentlichen Ort nach ungefähr 10 bis 15 Minuten die Geduld aus. In heimischer Atmosphäre sind die meisten Befragten geduldiger, das Interview sollte dennoch auf maximal 30 bis 45 Minuten begrenzt sein. Telefoninterviews sollten möglichst 30 Minuten nicht überschreiten. Schon 40 Minuten werden aus Sicht der Meinungsforschungsinstitute als eigentlich unzumutbar angesehen. Bei schriftlichen Befragungen und Online-Befragungen ist es schwieriger, Richtwerte anzugeben. Allerdings zeigt die Erfahrung, dass über 10 Seiten hinausgehende schriftliche Erhebungen oft nicht vollständig ausgefüllt werden.

4.5.3 Exkurs: vergleichende Umfragen – funktionale Äquivalenz

Vergleichende Umfragen unterliegen einigen zusätzlichen Anforderungen gegenüber Umfragen in einem Erhebungsgebiet. Diese werden in diesem Kapitel nur kurz angesprochen, da sie ergänzend sind, und man für eine genauere Beschäftigung auf einschlägige Lehrbücher zurückgreifen kann (zu weiteren Informationen siehe Lauth u. a. 2015). Vergleichende Umfragen finden in verschiedenen Erhebungsgebieten, meist unterschiedlichen Ländern (es können aber auch unterschiedliche Bundesländer sein), zur gleichen Zeit und anhand des gleichen Fragebogens statt. Die Fragen werden dabei oft in **unterschiedlichen kulturellen Kontexten** erhoben. Es ist in diesem Falle immer fraglich, inwieweit in allen Untersuchungsgebieten ein gleiches oder zumindest vergleichbares Verständnis der gestellten Fragen bzw. Konzepte vorliegt (z. B. Demokratie, Rechtsstaatlichkeit). Oder anders gesagt: Es ist zu hinterfragen, ob die in der Umfrage verwendeten Begriffe in den verschiedenen Erhebungsgebieten gleiche oder gleichwertige Assoziationen bei den Befragten hervorruft – oder aber unterschiedliche Bedeutungen besitzen **(Kulturspezifität)**. Da die Antworten auf die untersuchte Fragestellung aufgrund des Ziels der Vergleichbarkeit in allen Erhebungsgebieten die gleiche Bedeutung bzw. Aussagekraft besitzen sollte (Scheuch 1968), kommt dieser Frage der Äquivalenz eine wesentliche Bedeutung in der vergleichenden Umfrageforschung zu. Nur wenn diese gewährleistet ist, ist es möglich, valide und zuverlässige (reliable) Erhebungen durchzuführen und die in den verschiedenen Gebieten abgegebenen Antworten direkt zu vergleichen. Eine Vorgehensweise, um dieser Anforderung an die Datenerhebung gerecht zu werden, ist die Herstellung bzw. Prüfung **funktionaler Äquivalenz** von Untersuchungsfragen (Niedermayer 1997: 93; Pickel 2003: 156–157). Das heißt, die Funktion, also die Bedeutung der erfragten Tatbestände, muss bei der Operationalisierung der Fragen in den verschiedenen Untersuchungsgebieten übereinstimmen, nicht der genaue Wortlaut.

Es geht also alleine um die **inhaltliche Gleichwertigkeit** der Frageformulierung und der Antwortvorgaben, nicht um ihre lexikalische Gleichheit (Lauth u. a. 2009: 148–151; auch 2015).

> ⚡ Achten Sie in vergleichenden Umfragen auf die Bedeutungsäquivalenz der gestellten Fragen und berücksichtigen Sie ggf. bestehende Differenzen im Verständnis der Fragen und in der Interpretation der Antworten. Denken Sie über Abweichungen im Sinne funktional äquivalenter Fragestellung in anderen kulturellen Kontexten nach.

Funktionale Äquivalenz ist nicht leicht herzustellen, denn es ist zumeist unklar, inwieweit unterschiedliche Frageformulierungen tatsächlich das Gleiche oder zumindest sehr Ähnliches abfragen. Eine verbreitete Möglichkeit der Sicherung funktionaler Äquivalenz liegt in der Verbindung von verschiedenen Phasen der Übersetzung und Rückübersetzung (z. B. Englisch in die jeweilige Landessprache und zurück) des Fragebogens für alle Länder. Zusätzlich können die Bedeutungen der Fragen und ihre konkrete Formulierung (das sog. „Wording") mit Fachkollegen aus den jeweiligen Ländern diskutiert werden. Voraussetzung hierfür ist ein gemeinsam mit den Kollegen erstellter Hauptfragebogen (*master copy*). Seltener wird versucht, in jedem Untersuchungsland für sich ein funktionales Äquivalent mit einer abweichenden Fragestellung zu bestimmen. Bei diesem Verfahren entstehen oftmals Daten, die aufgrund ihrer sprachlichen Inäquivalenz zwischen den Antwortvorgaben und Fragen nicht mehr direkt miteinander vergleichbar sind, bzw. bei denen sich erneute Unklarheiten in der Berechtigung des Vergleichs ergeben. So erhobene Daten bedürfen einer noch stärkeren Interpretation des Datenmaterials durch den Forscher. Gleichzeitig werden aber durch solche bewussten Entscheidungen auch alle Möglichkeiten der methodischen Kritik an den vorgelegten Interpretationen geöffnet – im negativen wie im positiven Fall. Aus pragmatischen Gründen greifen die meisten international vergleichenden Projekte in der Regel doch lieber auf die Herstellung von Äquivalenz über **Wortkonsistenz** zurück. Das heißt, die Fragen werden nicht für einen (kulturspezifischen) Kontext angepasst, sondern es wird eine **kontextsensitive Interpretation** versucht. Bei diesem Vorgehen besteht die Möglichkeit, auf Spezifitäten in den unterschiedlichen kulturellen Gebieten bei der Analyse des speziellen Kontexts und in der Interpretation einzugehen. Gleichwohl liegt keine Sicherheit der funktionalen Äquivalenz vor. Moderne statistische Verfahren versuchen Äquivalenzprüfungen über Items, deren kulturelle Differenzen bekannt sind. Hierfür verwendet man sogenannte *anchoring vignettes*. Allerdings ist dies ein aufwändiges Verfahren, das zudem den Erfolg der Angleichung der verschiedenen Fragen und Items nicht zwingend garantiert. Das Arbeiten mit *anchoring vignettes* sollte eher Experten auf dem methodischen Sektor und auf dem entsprechenden inhaltlichen Gebiet vorbehalten bleiben.

Vergleichende Umfragen und funktionale Äquivalenz
Eines der Hauptprobleme komparativer Umfragen ist die Herstellung funktionaler Äquivalenz – und somit interkultureller Vergleichbarkeit. Funktionale Äquivalenz bedeutet, dass sich das konkrete *wording* der Fragestellung in den Umfragen in unterschiedlichen Ländern leicht unterscheiden darf. Ziel ist die inhaltliche Gleichwertigkeit, Funktion und Bedeutung der erfragten empirischen Tatbestände müssen übereinstimmen. Als hilfreich haben sich Hin- und Rückübersetzungen sowie der Einbezug ausländischer Kooperationspartner erwiesen. Wichtig ist bei Verwendung eines gleichen Wortstamms in allen Untersuchungsgebieten eine kontextsensitive Interpretation des Datenmaterials.

4.5.4 Interviewsituation und Feldphase

Liegt der Fragebogen vor und ist eine Stichprobe ausgewählt, beginnt die **Feldphase** der Untersuchung. In der Feldphase werden die Interviews durchgeführt. Eine wichtige Voraussetzung für die Analyse von Umfragen ist: Der Forscher muss sich auf die Aussagen der Befragten verlassen können. Dies gilt für ihre sozialen Umstände wie für ihre Einstellungen, Meinungen und Werte. Da es oft schwierig ist, die seitens der Befragten getroffenen Aussagen zu überprüfen, gilt folgende Grundannahme: Soweit keine deutlichen Hinweise auf ein nicht korrektes Antwortverhalten vorliegt ist den Aussagen der Probanden (Befragten) **Glauben zu schenken** und sie sind in der gegebenen Form ernst zu nehmen. In der Umfrageforschung geht man also davon aus, dass die Befragten in der Regel **wahrheitsgemäß** antworten. So wenig diese Annahme wirklich verifiziert werden kann, so zentral ist sie für das weitere Vorgehen. Im Gegensatz zu strukturellen Aussagen (Makrodaten), deren Wahrheitsgehalt man durch Quervergleiche mit Basisstatistiken häufig überprüfen kann, ist man bei Aussagen zu Einstellungen und Affekten auf **Vertrauen** in das Antwortverhalten der Probanden angewiesen. In der Regel geht der Umfrageforscher allerdings davon aus, dass die Befragten, wenn sie denn antworten, dies nach bestem Wissen und Gewissen tun. Erst wenn Unregelmäßigkeiten und Unstimmigkeiten im Antwortverhalten ausgemacht werden können (durch interne und/oder externe Validierung), sind die Aussagen zu verwerfen. Dabei unterscheidet sich das Risiko inkorrekter Antworten zwischen sensiblen und weniger sensiblen Fragen. Bei letzteren sind inkorrekte Antworten sehr selten. Zu den sensiblen Fragen zählen Aussagen zur Sexualität, zum Einkommen oder auch zu persönlichen Beziehungen. Neben der (bewussten) Täuschung der Forscher durch die Befragten führt das Phänomen der **sozialen Erwünschtheit** zu Fehlabbildungen der Ergebnisse solcher Fragen. Dies geschieht dann, wenn die befragten Probanden in dem reaktiven Verfahren der Befragung aufgrund von Vermutungen über den Interviewer ‚unrichtige' Antworten geben, von denen sie ausgehen, dass sie ‚politisch korrekt' sind. Eine andere Form sozialer Erwünschtheit ist es, wenn man so antwortet, wie man denkt, dass die Mehrheit der Mitbürger antworten würde. Dieser Prozess kann auch als Verhaltens- oder **Aussagekonformität** bezeichnet werden. Das Risiko der angesprochenen Probleme steht zum

Teil in einem Wechselverhältnis zu den unterschiedlichen möglichen Erhebungsformen. Sind die einen (z. B. Face-to-Face-Interviews) besser geeignet, Falschantworten zu verhindern, unterliegen sie umgekehrt möglicherweise stärkeren Effekten sozialer Erwünschtheit.

Damit ist es bereits angesprochen: Es gibt verschiedene **Erhebungsformen** (siehe Tabelle 4.8). Hier sind Face-to-Face Befragungen (mit einem während des Interviews anwesenden Interviewers, Paper-and-Pencil-Interviews, PAPI), schriftliche Befragungen, Telefonbefragungen (Computer Assisted Telefon Interview, CATI) und Online-Befragungen zu nennen. Jede dieser Vorgehensweisen besitzt ihre Vorzüge, aber auch ihre eigenen Probleme. Lange Zeit galt die Face-to-Face-Befragung als das Standardvorgehen der Umfrageforschung. Sie konnte durch den Interviewer kontrolliert mit der stärksten Absicherung der erwünschten Repräsentativität der Befragung durchgeführt werden. Repräsentativität bedeutet, dass alle Mitglieder einer Grundgesamtheit (z. B. der Deutschen) in die Stichproben gelangen können. Hierzu aber später bei den Stichprobendesigns mehr. In den letzten Jahrzehnten hat sich, nicht zuletzt aus Effektivitäts- und Kostengründen, die telefonische Befragung in der Forschung immer stärker durchgesetzt. Voraussetzung hierfür war der flächendeckende Ausbau der Telefonnetze. So geht man für Deutschland davon aus, dass es keine telefonischen „Enklaven" mehr gibt, die eine die Stichprobe verzerrende Selektivität erzeugen können. Gleiches kann nicht für alle Untersuchungsgebiete in vergleichenden Befragungen angenommen werden.

Bei **Face-to-Face-Befragungen** sitzt der Interviewer dem Interviewten buchstäblich von Angesicht zu Angesicht gegenüber. Die Interviews finden bei den Probanden zuhause oder an einem neutralen Ort statt. Fragen wie auch Antwortvorgaben werden dem Befragten durch den Interviewer vorgelesen. Der Interviewer vermerkt die Antworten. Dies geschah früher schriftlich auf einem ausgedruckten Fragebogen, heute erfolgt dies zumeist direkt in einem Datenerfassungssystem auf einem vom Interviewer mitgebrachten Laptop. Der Interviewer kann bei unklaren Fragen oder Schwierigkeiten bei der Beantwortung direkte Unterstützung leisten. Der Interviewer hat allerdings streng darauf zu achten, keine (von ihm präferierte) Antworttendenz zu suggerieren, er ist nur da, um beim Verständnis des Fragebogens weiterzuhelfen. Das persönliche Gespräch erzeugt die **höchste soziale Verbindlichkeit** und der Interviewer kann Abbrüche der Befragung durch motivierendes Verhalten zu unterbinden versuchen. Gleichzeitig birgt dies natürlich auch die Gefahr von zu großer Einflussnahme auf das Frageverhalten und von Reaktivität (Anpassung des Interviewten an das, was der Interviewer aus Sicht des Befragten hören möchte). Zudem sind Face-to-Face-Befragungen durch den Einbezug von Umfrageinstituten **kostenintensiv**. Aller Probleme zum Trotz, stellt das Face-to-Face-Interview immer noch das Kerninstrument wissenschaftlicher Untersuchungen dar. Es lässt längere und komplexere Befragungen zu, der Interviewer kann für die Befragung hilfreiches Material vorlegen (z. B. Bilder, Karten mit Antwortskalen etc.) und die Befragungssituation ist gut kontrollierbar. So kann zum Beispiel der Interviewer in einem **Interviewer-**

Tab. 4.8: Formen der Befragung (eigene Zusammenstellung).

	Vorteile	Nachteile
Face-to-Face-Befragung	– Fragen können durch den Interviewer gut erklärt werden – gut geeignet für sensible Befragungen – ermöglicht eine längere Befragungsdauer – aufgrund der Anwesenheit des Interviewers besteht eine hohe soziale Verpflichtung für Befragte, zu antworten – gute Ausschöpfungsquoten	– teuer – aufwändig für große Stichproben – möglicherweise größerer Aufwand der Datensammlung und -aufbereitung
Telefonsurvey	– kurze Erhebungszeit – kostengünstig – gut koordinierbar von einem Ort aus – Daten stehen sehr schnell zur Verfügung	– Befragungszeit muss kurz gehalten werden – sensible Fragen sind schwerer zu klären – komplexe Fragestellungen sind schwierig umzusetzen
schriftliche Befragung	– reduzierter Aufwand für Forscher – kann flächendeckend verteilt werden – ist überwiegend sehr preisgünstig zu gestalten – bevorzugtes Verfahren bei fehlenden größeren Finanzmitteln und ohne die Möglichkeit, ein Umfrageinstitut zu beauftragen	– möglichst kurzer Fragebogen – geringe soziale Verpflichtung für Befragten – geringe Ausschöpfungsquoten – hohe Abbruchgefahr und Gefahr selektiven Antwortverhaltens – geringe Kontrollmöglichkeiten des Forschers
Online-Befragung	– sehr günstige Erhebungsform – eigene Umsetzung durch den Forscher möglich	– Risiko selektiver Erreichbarkeit – keine Aussage über Ausschöpfungsquote – möglichst kurzer Fragebogen – extrem geringe soziale Verpflichtung – hohes Risiko selektiver Teilnahme

fragebogen Aussagen über die Belastbarkeit des Interviews vermerken. Gleiches gilt für die Einschätzung von interessanten Merkmalen des sozialen Umfelds (z. B. Wohngegend).

Anders als die personalaufwändige Face-to-Face-Befragung benötigt die **telefonische Befragung** keinen großen Stamm an Interviewern, es entstehen entsprechend keine Kosten für Anfahrtswege und das Befragungsinstitut kann leichter die Zahl der Personen, die man anspricht, erhöhen. Befragungen werden koordiniert, gut kontrollierbar (durch zufällige Einschaltung der Interviewleitung in die Interviews) und häufig in einem kurzen Zeitraum realisiert. Dies geschieht über **Telefonstudios**. Zudem verspricht die Zufallsauswahl aus den Telefonnummern nach Random-Last-Digit-Methode sogar eine höhere Repräsentativität für gut erschlossene Gebiete, wie zum Beispiel moderne Industriegesellschaften. Als ungünstig erweist sich allerdings die relativ hohe Abbruchsbereitschaft in längeren Umfragen. So ist es am Telefon für den Befragten leichter, den Kontakt abzubrechen. Die soziale Verbindlichkeit gegenüber der Face-to-Face-Befragung ist damit geringer. Zudem setzt die Telefonbefragung eine flächendeckende **repräsentative Verteilung von Telefonanschlüssen** voraus. So wenig dies oft für kulturvergleichende Untersuchungen außerhalb der westlichen Welt gegeben ist, so problematisch kann dies auch mit Blick auf westliche und westeuropäische Verhältnisse sein. Dass Menschen kein Festnetztelefon besitzen, ist nicht zufällig der Fall. Es kann infrastrukturelle aber auch systematische Gründe haben. Zum Beispiel kann eine Ursache in Einstellungen der Probanden liegen (z. B. eine antiimperialistische Einstellung, die sich auch gegenüber Telefongesellschaften äußert). In solchen Fällen besteht die Gefahr systematischer Verzerrungen, die ja vermieden werden sollen. Allerdings verfügen Umfrageinstitute mittlerweile über einen großen Erfahrungsschatz und sind in der Lage, an vielen Stellen solche systematischen Ausfälle zu korrigieren.

Eine dritte Form des Interviews ist die **postalische** oder **schriftliche Befragung**. Sie kommt insbesondere dann zum Einsatz, wenn die finanziellen Mittel für die Umfrage knapp sind. Dies gilt speziell, wenn es nicht möglich ist, ein Umfrageinstitut mit der Befragung zu beauftragen. Der Fragebogen wird entweder per Post oder durch persönliche Verteilung an die Zielprobanden in Umlauf gebracht. Es handelt sich um ein probates Verfahren für kleinere und regional begrenzte Forschungsprojekte, wie sie gerade studentische Arbeiten ausmachen. Ihr Vorteil liegt darin, dass sie ohne Hinzuziehung eines Umfrageinstituts mit begrenzten Eigenmitteln durchgeführt werden können. Auch ist es möglich, sehr gezielt Spezialstichproben anzugehen. Allerdings sind sowohl die **Reichweite** wie auch die **Aussagekraft begrenzt**. Postalische Befragungen erzielen oft keine Repräsentativität, Rückschlüsse auf die Grundgesamtheit sind nur in beschränktem Rahmen und nur auf die Erhebungsregion bzw. Zielgruppe bezogen möglich. Sowohl die räumlichen Rahmenbedingungen wie auch die Selektivität der Stichproben müssen daher in entsprechenden Forschungsberichten und Interpretationen unbedingt reflektiert und schriftlich ausgewiesen werden. Allerdings gilt: Auch wenn die Ergebnisse schriftlicher Befragungen nicht vollständig verallgemeinerbar sind und es ihnen in der Regel an Repräsentativität fehlt, können sie zu interessanten Forschungserkenntnissen führen, die es wert sind, in einer Abschlussarbeit behandelt zu werden. Vor allem der Vergleich zwischen in der Befragung erhobenen Gruppen und die Überprüfung klarer Fragestellungen mit Blick auf Zusammenhänge ist hier zu empfehlen und verspricht Erkenntnisgewinn sowie eine gute Arbeit. Folglich setzen schriftliche Befragungen ein starkes theoretisches Design sowie klare Überlegungen hinsichtlich potenzieller Ergebnisse voraus.

Schriftliche oder telefonische Befragung?
Die Entscheidung für eine Befragungsform hängt einerseits von dem Erhebungsziel, andererseits von den Ressourcen, über die ein Forscher verfügt, ab. Für studentische Arbeiten sind schriftliche Befragungen ein adäquates Vorgehen, da eigentlich nie Mittel für die Beauftragung von Umfrageinstituten zur Verfügung stehen. Für explorative Studien sind auch Online-Surveys geeignet.

Aufgrund der neuen digitalen Möglichkeiten haben auch **Online-Befragungen** an Bedeutung gewonnen. Für ihre Konzeption stehen mittlerweile verschiedene Tools zur Verfügung, die eine relativ einfache Umsetzung zulassen (z. B. https://www.soscisurvey.de oder https://de.surveymonkey.com). Ihr großer Vorteil sind die schnelle Umsetzung und die übersichtlichen Kosten. Zudem kann man sie so konzipieren, dass die Daten direkt aus der Erhebung heraus (quasi automatisch) in einen Datensatz übertragen werden. Die für schriftliche Befragungen oder Face-to-Face-Befragungen mit schriftlichem Fragebogen üblichen aufwändigen Codierungs- und Datenübertragungsmaßnahmen entfallen. Gleichzeitig sind die Mängel in ihrer Aussagekraft offensichtlich. Zum einen sind sie hochgradig selektiv: Nur eine bestimmte Gruppe an Leuten antwortet in Online-Befragungen. Sie sind damit oft selbstselektiv. Zum anderen gibt es **selektive Ausfälle** aufgrund nicht gleichmäßiger Verteilungen des Internetzugangs und der Fähigkeit, diesen entsprechend zu nutzen. Selektionen entstehen zum Beispiel in den Altersstrukturen der Befragten oder hinsichtlich des Bildungsniveaus. Für eine belastbare wissenschaftliche Ergebnisproduktion sind Online-Umfragen in der Regel nicht gut geeignet. Sie sind nur über eine klare und bewusste Steuerung des Zugangs zur Umfrage und bei exaktem Wissen über die Stichprobe und ihre Verteilung in der Bevölkerung sinnvoll einzusetzen, da sonst Selektionseffekte in der Beantwortung möglicherweise Fehlinterpretationen hervorrufen. Gleichzeitig können Online-Umfragen ein hilfreiches Testinstrument sein: Es besteht die Möglichkeit, Fragebögen zu testen und explorative Ergebnisse zu bislang unbekannten Populationen und Fragestellungen zu erheben. Dann dienen sie quasi als Pre-Test für spätere, besser abgefederte Erhebungen. Eine weitere Möglichkeit ist, Online-Umfragen in **Kombination** mit anderen Untersuchungsverfahren einzusetzen. Speziell bei schriftlichen Befragungen werden immer häufiger Online-Varianten ergänzend bereitgestellt, um die Zahl der Befragten zu erhöhen. Damit können aber wiederum Probleme aufgrund der Diversität der Daten aus den unterschiedlichen Erhebungsverfahren verbunden sein, die man aufmerksam beobachten sollte. Online-Umfragen können zudem zwei Hilfsfunktionen einnehmen: einerseits als gezielter Test eines Fragebogens auf Einsatztauglichkeit, andererseits als Pflegeinstrument für Wiederholungsbefragungen bzw. Panel-Untersuchungen.

Gehen wir zurück zum Ablauf einer Untersuchung. Nach der Wahl der Erhebungsform kommt es zur konkreten Umsetzung der Befragung – der sogenannte **Feldphase**. In ihr können alle der bislang genannten Erhebungsformen zum Einsatz kommen, auch in unterschiedlichen Kombination zueinander. Neben der Existenz eines

Fragebogens für die standardisierte Befragung oder eines Leitfadens für fokussierte Interviews ist das gewählte **Stichprobendesign** – ob Quotendesign oder Zufallsstichprobe – von entscheidender Bedeutung. Es gibt vor, wie und auf welche Weise die Probanden gewonnen werden. Orientieren sich Face-to-Face-Befragungen an den bereits dargestellten Kriterien des Random-Route-Vorgehens und dem Schwedenschlüssel, so werden die Probanden bei Telefoninterviews zumeist mit Random-Last-Digit-Methoden bestimmt. Für die Interviewer ist ein Leitfaden für die Durchführung des Interviews bereitzustellen. Dieser hat mehrere Funktionen: Der **Interviewerleitfaden** (nicht zu verwechseln mit Interviewleitfaden) dient dazu, die Befragung bei jedem Probanden[12] so ähnlich wie möglich zu gestalten. Nur wenn diese gleichen Rahmenbedingungen so gut wie möglich reproduziert werden, sind die Antworten (standardisiert) miteinander vergleichbar. Rückfragen der Probanden sind durch den Interviewer möglichst einheitlich und sachgerecht zu beantworten. Die Anweisungen im Leitfaden sollen die (sozialen) Effekte durch die Anwesenheit des Interviewers soweit möglich vermeiden. Nur so sind verallgemeinerbare Aussagen möglich. Doch wie kommt eigentlich der Interviewer zu seinen Interviewten?

Schulen Sie, wenn sie eine Befragung nicht selbst durchführen, die Interviewer gut, fixieren Sie die Vergleichbarkeit der Befragung und ihrer Rahmenbedingungen durch einen Interviewerleitfaden und erstellen Sie einen Interviewerfragebogen, um die Befragungssituationen später noch einschätzen zu können.

Zuerst wird nach dem **Random-Route-Verfahren** ein Haushalt ermittelt. Dann muss eine zu befragende Zielperson bestimmt werden. Zentrales Instrument hierfür ist der bereits angesprochene **Schwedenschlüssel**. Er definiert für den Interviewer, welche Personen er in einem Haushalt befragen soll. Ziel des Schwedenschlüssels ist es, eine Zufallsstichprobe zu erzeugen und die Repräsentativität der Untersuchung in der Feldphase abzusichern. Diese Auswahl kann folgendermaßen aussehen: Die Random-Route-Vorgabe bestimmt den Weg von Interview A nach B über die Angabe zwei Straßen nach rechts, eine nach links, dann das zweite Haus, erster Stock, Wohnung rechts. Der Schwedenschlüssel gibt eine Zufallsziffernreihe vor (meist zwischen 1 und 9), die es dem Interviewer ermöglicht, die zu befragende Person in einem Haushalt zufällig auszuwählen.[13] Zuerst werden die im Haushalt lebenden Personen mit Alters- und Geschlechtsangabe erfasst und in einer vorgegebenen Reihenfolge aufgelistet. Die Zufallsziffern geben an, welche Person zu befragen ist: Ist zum Beispiel die erste Ziffer eine 5, wird die fünfte Person der Liste ausgewählt. Wenn weniger als fünf Personen im Haushalt leben, wird die Zufallsziffernreihe so lange durchgegangen, bis eine Zahl

---

[12] Als Proband wird eine Zielperson der Befragung bezeichnet. Es handelt sich um das Subjekt der jeweiligen Untersuchung und den Träger der Information, die man erfahren möchte.
[13] Ausführliche Erläuterungen zum Schwedenschlüssel finden sich unter https://www.agma-mmc.de/service/glossar/eintrag/schwedenschluessel.html.

gewählt werden kann, für die eine entsprechende Person im Haushalt vorhanden ist, zum Beispiel die 2 in einem Zwei-Personen-Haushalt. Dann wir die zweite Person auf der Haushaltsliste befragt. Durch Zusatzangaben wird eine Art Quotierung eingefügt, die verhindert, dass es rein aus Anwesenheitseffekten zu Überrepräsentationen in der Stichprobe kommt. Dies können Altersvorgaben oder Haushaltsvorgaben (ledig, verheiratet usw.) sein. In den der qualitativen Sozialforschung verpflichteten Vorgehen kommt es nicht auf Repräsentativität an. Gleichwohl erfolgt eine Auswahl der Probanden, entweder anhand eines Theoretical Sampling oder anhand bestimmter inhaltlich begründeter Quotierungen.

Ausgangspunkt für eine erfolgreiche Feldphase ist immer die **Kontaktaufnahme** mit den Interviewten. Diese kann je nach verwendeter Erhebungsmethode unterschiedlich ausfallen. Werden zum Beispiel schriftliche Fragebögen an einem Ort flächendeckend verteilt, setzt ein Face-to-Face-Interview eine vorherige Kontaktaufnahme und eine verbindliche Terminabsprache voraus. Da die Face-to-Face-Befragung in der Regel beim Befragten durchgeführt wird, kommt es zu realen Kontaktversuchen. Diese klappen nicht immer. Es gilt die Regel, dass mindestens drei Kontaktversuche mit einem Probanden unternommen werden, bevor ein neuer Proband ausgewählt wird. Dies gilt auch für Telefonumfragen. Bei Telefonumfragen erhält man zumeist einen Anruf mit einer Abfrage, ob man zu einem Interview bereit ist. Häufig wird dieses gleich im Anschluss an die Nachfrage durchgeführt. Bei schriftlichen Befragungen können auch Adressstichproben gezogen werden. Hier ist man darauf angewiesen, den Probanden rechtzeitig an die Abgabe seines Fragebogens zu erinnern. Diese „**Mahnung**" oder „**Erinnerung**" ist essenzieller Bestandteil jeder schriftlichen Befragung und sollte vorher zeitlich sowie finanziell einkalkuliert werden. Gerade dieser Bereich des Feldzugangs ist nicht zu unterschätzen, entscheidet er doch über die Realisierung der Interviews – und damit über den Erfolg der Erhebung in einem kalkulierbaren Zeitraum.

Achten Sie frühzeitig auf einen gesicherten Feldzugang. Gelegentlich benötigt man datenschutzrechtliche Zusagen wie auch Zusagen von öffentlicher Seite, um die Befragung in einem bestimmten Raum und mit entsprechenden Probanden durchführen zu können. Selbst jenseits dessen ist es angebracht, seine Interviewtermine frühzeitig zu vereinbaren.

Eigenerhebungen, das heißt selbst durchgeführte Interviews ohne Beteiligung eines Umfrageinstituts, stellen in der Feldphase besondere Anforderungen an Forscher. Will man zum Beispiel für seine Abschlussarbeit oder im Rahmen einer Dissertation eine Befragung durchführen, birgt der Feldzugang die meisten Schwierigkeiten. Will man zum Beispiel untersuchen, ob und wie soziale Benachteiligung das Wahlverhalten von Migranten bei den Landtagswahlen in Nordrhein-Westfalen beeinflusst, ist es notwendig, in ein Gebiet zu gehen, in dem Migranten leben, und diese davon zu überzeugen, an einer Befragung teilzunehmen. Die Teilnahmebereitschaft lässt sich erhöhen, wenn das Ziel der Befragung für den Probanden transparent gemacht wird. Dies gilt speziell für wissenschaftliche Untersuchungen mit einer begrenzten Dauer. So sind die meisten Bürger geneigt, Studierende und Doktoranden bei wissenschaftlichen Arbeiten, die deren Qualifikation dienen, zu unterstützen. Neben dem spezifischen Eigeninteresse an den Ergebnissen der Untersuchung ist es wichtig, auf die Wichtigkeit des einzelnen Befragten für den Erfolg der Studie sowie auf die Datensicherheit und **Anonymität** der Befragung hinzuweisen. In einer standardisierten Befragung ist es nicht das Ziel, direkte Aussagen über Personen zu erzielen, sondern Aussagen über eine Gesamtheit. Dieses Ziel sollte dem Probanden vermittelt werden. Dadurch verhindert der Forscher eine zu große Sensibilität hinsichtlich der eigenen Datenweitergabe und verschiedener Äußerungen. Gerade bei **selektiven Stichproben** ist es sinnvoll, rechtzeitig Kontakte und Zugänge zu den Befragten herzustellen. Dies gilt für standardisierte Befragungen wie für qualitative Interviews. Will man zum Beispiel Bundestagsabgeordnete befragen, sollte man sich rechtzeitig um Termine kümmern oder seinen Fragebogen avisieren. Dabei ist es wichtig, darauf zu achten, dass **formale Hindernisse** im Vorfeld bedacht und ggf. bereinigt werden. Befragungen über Korruption von Mitarbeitern in der Finanzverwaltung bedürfen im Voraus der Erlaubnis von höherer Ebene. Zudem ist die Zusammenarbeit mit der vorgesetzten Ebene hilfreich, um Ablehnungen zu vermeiden. Doch Vorsicht: Eine zu enge Zusammenarbeit mit einer vorgesetzten Stelle kann bei den Befragten Misstrauen hervorrufen. Hier wirken sich eine gewisse Distanzierung zum Arbeitgeber oder der vorgesetzten Stelle und wiederum der **Hinweis auf die strikt wissenschaftlichen Zwecke der Arbeit** positiv aus.

Auch in der konkreten **Interviewsituation** können Probleme entstehen. Störereignisse verzerren den Inhalt der Befragung durch Auswirkungen auf das Antwortverhalten. Ein Aspekt sind die Rahmenbedingungen der Befragung, die man im Blick behalten sollte: So verändert zum Beispiel ein Terroranschlag zwei Tage vor einer Befragung das Antwortverhalten zu Themen der inneren Sicherheit. Gleichzeitig können Diskussionen über Datenschutz den Zugang zu den Probanden erschweren. Neben diesen schwer vorhersehbaren und steuerbaren Umwelteinflüssen treten alltäglichere Probleme auf: Die **Anwesenheit Dritter** beim Interview kann einen Einfluss auf das Verhalten der Befragten ausüben, da es die bereits angesprochenen Effekte **sozialer Erwünschtheit** hervorruft oder verstärkt. Diese Projektion kann sich auf die Gesamtbevölkerung, eine spezifische soziale Gruppe oder den Interviewer beziehen, dem der Befragte gefallen möchte. So bleibt zum Beispiel die Anwesenheit der Eltern für eine Kinderbefragung nicht ohne Folgen. Damit erfährt man aber ggf. nicht viel über die „wahren Einstellungen" eines Befragten. Soziale Erwünschtheit beeinflusst das Antwortverhalten zum Beispiel besonders dann, wenn es um sensible Fragen, gerade im Bereich der Werte und Normen, geht. Diese variieren kulturell und regional. So dürfte es in Westeuropa in den meisten Ländern eher politisch korrekt sein, beim Thema der Zulassung gleichgeschlechtlicher Ehen positiv oder zumindest neutral zu antworten, während in Osteuropa, der entsprechenden gesellschaftlichen Haltung zu Homosexualität entsprechend, eher eine ablehnende Antwort zu erwarten ist. **Inter-**

viewereffekte treten fast nur beim Face-to-Face-Interview auf. Die Befragten beobachten die Reaktionen des Interviewers, bzw. fragen sogar nach, was die gewünschte Antwort wäre, und antworten dementsprechend. Ein solches Antwortv erhalten ist aus Gründen der Verhinderung von Ergebnisverzerrungen strikt zu vermeiden. Vermeidungsstrategien sollten im Rahmen der bereits angesprochenen **Interviewerschulung** angesprochen und mit den Interviewern abgestimmt werden.[14] Als günstig erweisen sich hier Vermerke in den Interviewerprotokollen oder in Kategorien im Fragebogen, die nur der Interviewer ausfüllt. Im ungünstigsten Fall können Hinweise auf solche Einflüsse zur Aussonderung des entsprechenden Interviews führen.

Soziale Erwünschtheit
Bei sozialer Erwünschtheit handelt es sich um ein zentrales Problem der Umfrageforschung. Der Befragte versucht entsprechend der aus seiner Sicht existierenden Normen des Umfelds oder mit Bezug auf das, zu antworten, von dem er denkt, dass es den Erwartungen des Interviewers oder der gesellschaftlichen Norm entspricht. Gleiches kann durch die Anwesenheit Dritter erzeugt werden, wenn der Befragte denkt, mit Rücksicht auf die anwesende Person antworten zu müssen (z. B. Fragen zur Familienpolitik bei Anwesenheit des Ehepartners). Entsprechende Effekte sind soweit wie möglich zu vermeiden.

Besonders problematisch sind sogenannte **systematische Ausfälle** (siehe Kapitel 3.2.3). Nichtantworten folgen dabei einem bestimmten (nicht zufälligen) Muster. Hierfür typisch ist, wenn sich zum Beispiel in einer Umfrage alle oder viele Mitglieder der katholischen Kirche aufgrund der Wahrnehmung des Umfrageinstituts als Mitglied des Humanistischen Verbands nicht beteiligen. Systematische Ausfälle unterscheiden sich von dem eher zufälligen Verweigerungsverhalten dadurch, dass sie selektiv durch bestimmte Gruppen vorgenommen werden. Systematische Ausfälle werden dann zu einem Problem, wenn diese spezielle Gruppe einen spezifischen Einfluss auf das zu erklärende Phänomen aufweist. Dies ist zum Beispiel für das Wahlverhalten der Fall, wo seit Jahrzehnten (entlang der Cleavage-Theorie; Lipset/Rokkan 1967) zu beobachten ist, dass Katholiken tendenziell eher dazu neigen, für die CDU zu stimmen. Entsprechend führt der Ausfall dieser Gruppe zu einer systematischen Verzerrung der Stichprobe – und damit auch der Ergebnisse. Ist der Anteil der Mitglieder der katholischen Kirche in der Stichprobe unterrepräsentiert und besteht der angenommene Zusammenhang zwischen der Mitgliedschaft und dem Wahlverhalten, dann unterschätzt man aufgrund einer solchen Stichprobe die Stimmanteile der CDU. Ein anderes Beispiel sind Ausfälle einer Gruppe von Befragten, die in den Umfragen (wie auch bei Volkszählungen) eine Verletzung des Datenschutzes zu er-

---

14 Entsprechende Probleme sind nicht auf das standardisierte Interview beschränkt. Im Gegenteil: Je stärker der Kontakt zwischen Interviewten und Interviewer ist, ein desto stärkerer Einfluss sozialer Erwünschtheit ist zu befürchten. In der qualitativen Befragung geht man davon aus, dass sich nach einer gewissen Zeit eine natürliche Gesprächssituation ergibt, die diese Effekte größtenteils überwindet.

kennen glauben. Da diese Gruppe sich mit starker Wahrscheinlichkeit hinsichtlich politischer Positionierung oder auch ihren Werthaltungen vom Durchschnitt der Bevölkerung unterschieden dürfte, besteht auch hier die Gefahr eines systematischen Ausfalls.

Von systematischen Ausfällen zu unterscheiden sind **Zufallsausfälle**. Hier geht man davon aus, dass Nichtbeantwortungen und Interviewverweigerungen keine Wirkung auf das Ergebnis der Stichprobe haben, weil sie eben nicht das Resultat von sozialer Erwünschtheit oder eines systematischen Ausfallgrunds sind (siehe Kapitel 5). Man geht davon aus, dass die Zufälligkeit des Ausfalls die Stichprobe in ihrer Repräsentativität nicht beeinträchtigt. Ebenfalls unproblematisch sind Ausfälle, die zwar systematisch sind, aber auf die Untersuchungsfrage keinen Einfluss haben. So dürfte eine Unterrepräsentation der Anhänger von Borussia Dortmund vermutlich keinen Einfluss auf das Wahlverhalten ausüben. Für ihre Wirkung benötigen systematische Ausfälle nämlich auch einen **Effektcharakter**: Sie müssen in einem Bezug zur erklärenden Variable stehen. Aus Sicht des Forschers ist entscheidend, dass die unvermeidlichen Ausfälle in einer Befragung keine Verzerrung der Abbildung des Antwortverhaltens im Kollektiv in irgendeine Richtung mit sich bringen. Kehren wir noch einmal kurz zum vorangegangenen Beispiel zurück: Erfassen wir die Mitgliedschaft in Fußballvereinen, dann gehen wir davon aus, dass selbst eine systematische Verzerrung in Richtung einer Unterrepräsentation der katholischen Bevölkerung keine Unterschiede in den Ergebnissen hervorruft. Haben wir es aber mit einem Fußballverein zu tun, der aus Tradition stark in einem katholischen Milieu verankert ist, kann selbst solch eine Ausfallselektion (z. B. aufgrund der Durchführung einer Befragung zu den Spielzeiten dieses Vereins und einer daraus resultierenden überdurchschnittlichen Abwesenheit dieser Gruppe) zu einer systematischen Verzerrung und systematischen Ausfällen führen.

Die Feldphase endet mit der Existenz ausgefüllter oder bereits in digitaler Form vorliegender Fragebögen. Hier ist es noch wichtig, frühzeitig abzuklären, wie und bis wann sie an den Ort der Weiterverarbeitung, also der Dateneingabe, übermittelt werden.

4.5.5 Datenaufbereitung, Datentransformation und Datenkontrolle

Nach Abschluss der Datenerhebung werden die Daten aufbereitet, transformiert und hinsichtlich ihrer Validität kontrolliert. Dies ist notwendig, um in der – häufig zeitlich begrenzten – Auswertungsphase nicht zusätzliche Arbeit zu haben, mit zusätzlichen Problemen konfrontiert zu sein oder gar Fehler zu produzieren. Die Aufarbeitung umfasst zumindest eine manuelle Kontrolle der Daten hinsichtlich falscher Eingaben oder Übertragungsfehlern. Daraus ergibt sich als weiterer Schritt die Prüfung der Daten auf Plausibilität und ggf. eine Transformation in besser für statistische Zwecke verwendbare Variablen oder Indizes. Ziel von Dateneingabe und Datentransformation ist die Produktion eines für die Datenanalyse zur Verfügung stehenden Datensatzes. Der **Datensatz** ist die Summe aller Variablen und Daten, die man nun vorliegen hat.

Zuerst einmal werden die Antworten auf den Fragebögen in ein statistisches Programmpaket übertragen. Diese Phase der **Dateneingabe** stellt die Verbindung zwischen Fragebogen und Daten her. Die derzeit gebräuchlichsten **Statistikprogrammpakete** sind SPSS und STATA. Auch das frei verfügbare R (Shareware) gewinnt stetig Anwender hinzu (zu SPSS: Baur/Fromm 2003; Brosius 2013, 2014; Janssen/Laatz 2013; zu Stata: Wenzelburger u. a 2014). Ein nicht ganz so leistungsfähiger, aber kostenfreier Ableger von SPSS[15] ist PSPP (https://www.gnu.org/software/pspp/). Statistikprogrammpakete enthalten verschiedene statistische Prozeduren für die Datenanalyse und sind nicht auf ein statistisches Analyseverfahren beschränkt. Diese Kompaktheit macht sie für sozialwissenschaftliche Analysen und damit auch für Studierende bzw. Doktoranden mit breiten Auswertungsinteressen interessant. Um Statistikprogrammpakete anwenden zu können, ist auf der praktischen Ebene eine Transformation der Antworten in Zahlen notwendig. Die Zuweisung der Datenpunkte (Zahlen) erfolgt mithilfe eines **Codeplans**, in dem den Antworten systematisch und auf immer gleiche Weise Zahlen zugewiesen werden. Diese Zahlen werden in das Programmpaket über eine sogenannte Datenmaske oder über ein integriertes Tabellenkalkulationsfenster (Datenfenster) eingegeben. Als Produkt der Dateneingabe entsteht ein **Datensatz**, der sowohl die Fälle (Probanden) als auch die Variablen (Fragen/Merkmale) mit ihren Merkmalsausprägungen (Antworten) enthält. Die Dateneingabe wird von Codierern vorgenommen. Wenn genügend Ressourcen für die Dateneingabe zur Verfügung stehen, werden ein und dieselben Daten von zwei voneinander unabhängigen Codierern eingegeben. Dieses Vorgehen hilft besonders gut, Fehler bei der Eingabe der Daten zu vermeiden: So wird im Anschluss an die Eingabe die **Intercoderreliabilität** überprüft, das heißt, die Eingaben der Codierer sollten übereinstimmen. Durch das digitale Übereinanderlegen der Datensätze können eventuelle Eingabefehler aufgedeckt und korrigiert werden. Bei Eigenprojekten wird die Dateneingabe aus Kapazitätsgründen zumeist durch den Forscher selbst oder durch Helfer erfolgen. Bereits in der Projektplanung ist zu berücksichtigen, wie die Dateneingabe geregelt wird und das sie einen hohen Zeitaufwand erfordert.

Datentransformationen

Datentransformationen sind notwendig, um die erhobenen Antworten in ein statistisch zu verarbeitendes Format zu bringen. Im ersten Schritt werden den Antwortvorgaben über einen Codeplan eindeutige Zahlenwerte zugewiesen. Die Zahlenwerte gehen in den digitalen Datensatz ein. In einem zweiten Schritt werden – soweit inhaltlich notwendig – Umcodierungen der Ursprungszahlenwerte (Rohda-

---

[15] Für einen ersten Zugang zu SPSS kann Felix Brosius' (2014) „SPSS für Dummies" empfohlen werden. Andy Fields (2013) „Discovering Statistics Using SPSS" ist ein guter englischsprachiger Zugang. Für Fortgeschrittene empfehlenswert ist „Fortgeschrittene Multivariate Analysemethoden: Eine anwendungsorientierte Einführung" von Backhaus u. a. (2003, 2013).

ten) vorgenommen. Sie machen aus den erhobenen Fragen Variablen (Indikatoren). Letztere sind die dann in der Datenanalyse zu untersuchenden Konstrukte. (Schematische Darstellung: Frage aus dem Fragebogen → Variable (Indikator) → Antwortkategorien → Merkmalsausprägungen)

Selbst bei einer zuverlässigen Dateneingabe lassen sich die Daten selten sofort für statistische Analysen verwenden. Häufig ist für die spätere Analyse eine weitere **Datenaufbereitung** notwendig. Aufbereitung bedeutet zum einen **Datenkontrolle**, zum anderen die Codierung der Daten in einer Weise, die eine zielgerichtete Verwendung für Berechnungen mit inhaltlicher Aussage ermöglicht. Die Datenkontrolle erfolgt in drei Schritten: zum Ersten manuell mittels der Sichtinspektion verschiedener Häufigkeiten. Hier werden deutliche Fehleingaben identifiziert. Zum Zweiten durch Schritte interner Validierung: Es werden Beziehungen zwischen theoretisch eng miteinander verbundenen Variablen geprüft. Hier helfen Vorerfahrungen aus früheren Studien weiter. Weichen die überprüften Ergebnisse massiv und nicht erklärbar von den bekannten Befunden ab, sind zusätzliche Kontrollen durchzuführen. Möglicherweise liegen Fehlcodierungen vor. Zum Dritten erfolgt eine externe Validierung anhand von Kenntnissen aus dem Kontext des Forschungsgebiets und existierender wissenschaftlicher Erkenntnisse. Sie setzt eine gute Kenntnis des Forschungsfeldes, aber auch der Umstände der eigenen Erhebung und der Erhebungsbedingungen der Vergleichsstudien voraus.

Will man Häufigkeitsauszählungen und Zusammenhangsanalysen durchführen, sind in der Regel noch einige **Datentransformationen** notwendig: Antwortverweigerungen (keine Antwort; weiß nicht) sollten für Häufigkeitsauszählungen als Ausprägung der Variable beibehalten werden. Sie können eine eigene inhaltliche Aussagekraft hinsichtlich eines Untersuchungsgegenstands besitzen. Dabei kann man durch die Unterscheidung dieser beiden Kategorien bewusste Verweigerungen von einfachen Nichtantworten unterscheiden. Für Zusammenhangsanalysen müssen diese Ausprägungen, also die Nichtantworten, jedoch entfernt werden. Die Antwortkategorien der Variable werden im Datensatz als *missing* codiert. Würde man sie beibehalten, gingen Korrelationen zwischen den Nichtantworten in das Ergebnis ein. Dies ist zwingend zu vermeiden, würde dies doch eine andere Aussage als die inhaltlich angestrebte nach sich ziehen. Allerdings gilt zu bedenken: Umcodierungen sind durchaus fehleranfällig! Selbst kleinste Unachtsamkeiten haben an dieser Stelle schwerwiegende Folgen für die späteren Ergebnisse. Bereits eine Fehlzuweisung kann ein Ergebnis verfälschen. Hiervor schützt einen kein Statistikprogrammpaket, setzt dieses doch einfach Zahlen in Zahlen um. Aus diesem Grund empfiehlt es sich, in jedem Fall die Ursprungs- oder Ausgangsvariable der Transformation im Datensatz beizubehalten. Zur Kontrolle der Richtigkeit von Umcodierungen empfiehlt es sich, nach vollzogener Datentransformation die Ausprägungen der alten und der neuen Variable über eine Kreuztabelle abzugleichen und mögliche Fehler in der Transformation nachträglich aufzuspüren. Folgend ein kurzes Beispiel:

Frage: In wieweit stimmen Sie folgender Aussage zu oder nicht zu: „Man kann meistens darauf vertrauen, dass die Politiker, die an der Regierung sind, das Richtige tun." Aus der Frage wird bei der Datenerfassung die Variable „Vertrauen in Politiker".

Anwortvorgaben: „Stimme voll und ganz zu – Stimme zu – Weder noch – Stimme nicht zu – Stimme überhaupt nicht zu – Kann ich nicht sagen"

Die Antworten werden bei der Datenerfassung zur Ausprägung der Variable „Vertrauen in Politiker" und mit 1, 2, 3, 4, 5, 8 codiert. Beim Umcodieren richtet man sich nach der Analyseabsicht: Die Werte 1 und 2 werden zum Beispiel zu einem Zustimmungswert, die Werte 4 und 5 zu einem Ablehnungswert zusammengefasst. Die Ausprägung 8 erfasst die Residualkategorie „Kann ich nicht sagen" und ist für Zusammenhangsanalysen mit *missing* zu codieren. Auf diese Weise werden alle Probanden (Fälle), die diese Antwort gegeben haben, aus der Analyse entfernt.[16] Personen, die keine Antwort gegeben haben, sind auf andere Weise (in SPSS *system missing*) ausgeschlossen.

Führen Sie Datentransformationen durch, um ihre Daten besser anwendbar und interpretierbar zu machen. Dokumentieren Sie die Datentransformationen (Syntax speichern) und bewahren Sie immer die Ursprungsvariablen im Datensatz zur späteren Absicherung oder Überprüfung der Ergebnisse auf.

Eine andere notwendige Umcodierung ist die Zuweisung von Zahlen zu Antworten auf **offene Fragen.** Diese müssen vor der Analyse in jedem Fall umcodiert werden. Sie liegen nicht in numerischer, sondern in alphanumerischer (Buchstaben) Form vor, und sind in dieser Weise nicht statistisch nutzbar. Auch diesen Antworten müssen für die Verwendung in der statistischen Analyse Zahlenwerte zugewiesen werden, sollen sie nicht nur als ergänzende illustrative Aussagen zu den statistischen Ergebnissen dienen. Der Forscher sichtet zunächst alle Antworten und führt sie dann zu Kategorien (Oberbegriffen) zusammen. Die Kategorien werden überprüft, wenn es möglich ist, weiter zu Oberkategorien verdichtet und diesen werden dann Zahlenwerte zugewiesen. Erst nach dieser Transformation sind die Ausprägungen der offenen Frage statistisch verwertbar. Lautet eine offene Frage beispielsweise „Was stört Sie an Politik?", sind Antworten wie „egoistische Politiker", „korrupte Politiker" und „desinteressierte Politiker" möglich. Diese individuell verschiedenen Aussagen lassen sich theoriegeleitet zu einer Kategorie „unzuverlässige Politiker" zusammenfassen. Das angewandte **Zuordnungsraster** sollte festgehalten und für spätere Rückfragen (auch vom Forscher selbst) wiederauffindbar archiviert werden. Die Informationsverdichtung erfolgt also bei offenen Fragen erst im Nachgang der Erhebung, während sie in den standardisierten Antworten vorher vorgenommen wird. Offene Fragen eignen sich dann, wenn

---

16 Das Beispiel wurde dem Fragebogen der allgemeinen Bevölkerungsumfrage der Sozialwissenschaften (Allbus) 2014 entnommen (https://www.gesis.org/allbus/datenzugang/frageboegen/). Siehe auch https://www.gesis.org/allbus/datenzugang/frageboegen/.

Tab. 4.9: Dummy-Variablen (eigene Zusammenstellung).

	1	0
Wahl_CDU	alle Wähler der CDU	alle anderen Wähler
Wahl_SPD	alle Wähler der SPD	alle anderen Wähler
Wahl_GRÜNE	alle Wähler der Grünen	alle anderen Wähler
Wahl_DieLinke	alle Wähler der Linken	alle anderen Wähler

man das Antwortspektrum noch nicht kennt. Lässt sich bereits vermuten, wie das Antwortspektrum ausfallen wird, ist aufgrund des hohen Codieraufwands dringend eine vorherige Verdichtung zu standardisierten Antwortvorgaben zu empfehlen.

Eine Transformation ist auch die Umsetzung von multinominalen Antworten in **Dummy-Variablen**. Diese werden verwendet, wenn die multinominalen Antworten nicht in einer metrischen Beziehung zueinander stehen. Anders gesagt: Es handelt sich um ordinale oder nominale Variablen. In der Transformation wird aus jeder Ausprägung der multinominalen Ursprungsvariable eine eigene Variable mit den Werten 1 (Antwortverhalten auf diese Kategorie war ja) und 0 (Antwortkategorie wurde nicht gewählt) gebildet (siehe Tabelle 4.9). Fünf Antwortkategorien ergeben in diesem Fall fünf neue, dichotome Variablen. Nach der Transformation können die multinominalen Variablen in statistischen Analyseverfahren als metrische Variable genutzt werden. Typisch ist diese Anwendung von Dummy-Variablen für die Analyse des Wahlverhaltens. In der „Sonntagsfrage" („Welche Partei würden Sie wählen, wenn am nächsten Sonntag Bundestagswahlen wären?") werden die Parteien zunächst in einer (multi-)nominal skalierten Variable erfasst. Aus jeder Nennung ist eine einzelne Variable zu codieren, zum Beispiel Wahl der SPD usw., wobei jede positive Antwort für die SPD mit 1, alle anderen Nennungen mit 0 und „Weiß-nicht-Nennungen" mit *missing* codiert werden. Erklärungen für eine Wahlpräferenz zugunsten der SPD können dann mittels logistischer Regression (multivariates Analyseverfahren für binäre abhängige Variable) analysiert werden (siehe Kapitel 5.1.5). In der multivariaten Analyse dürfen aus statistischen Gründen nicht alle neu gebildeten Dummy-Variablen gleichzeitig als Erklärungsfaktoren aufgenommen werden, eine Dummy-Variable ist als **Referenzkategorie** für die anderen verwendeten Dummy-Variablen aus der Analyse auszuschließen. Im Beispiel wird die Möglichkeit der Nichtwahl, also die Kategorie der Nichtwähler (Antwortkategorie „Werde nicht wählen"), als Referenz herangezogen. Das Wahlverhalten der Wähler hinsichtlich einzelner Parteien wird dann als Unterschied zu den Nichtwählern erklärt. Die Auswahl der Referenzkategorie ist gut zu durchdenken und sollte am besten inhaltlich und/oder theoretisch geleitet sein.

Wie bereits vor der Transformation der Daten ist auch danach eine intensive Datenkontrolle angebracht. Neben dem bereits angesprochenen Abgleich der transformierten Variable mit der Ursprungsvariable empfehlen sich als weitere Möglichkeiten der Datenkontrolle externe und interne Validierungen. Die **interne Validierung** der

Daten versucht über Berechnungen innerhalb des Datensatzes einen Eindruck hinsichtlich der Gültigkeit bestimmter Variablen zu erlangen. Hierzu werden theoretisch und empirisch abgesicherte Annahmen über bestimmte Zusammenhänge verwendet. Wenn zum Beispiel eine Frage zur Selbsteinschätzung des sozialen Status nicht mit der formalen Bildung der Befragten in Beziehung steht, liegt mit Sicherheit ein Fehler im Datensatz vor. Entweder wurden die Daten falsch erfasst oder falsch umcodiert. Auch einfache Häufigkeitsauszählungen und eine Kontrolle der Antwortverweigerungen führen an dieser Stelle weiter. Die **externe Validierung** folgt einer ähnlichen Logik, jedoch werden hier Resultate anderer Studien zur Überprüfung der Ergebnisse des eigenen Datensatzes herangezogen. Diese Ergebnisse müssen nicht vollständig übereinstimmen, so ist ja nicht sicher, dass die herangezogenen Referenzstudien ihre Datenerhebung und ihre Datentransformationen immer sauber und valide durchgeführt hatten. Wenn es Unterschiede gibt, sollten diese in erster Linie über Designdifferenzen oder eine Stichprobenvariation erklärbar sein. Ist dies nicht der Fall, ist es sinnvoll, misstrauisch zu sein.

Dummy-Variablen
Dummy-Variablen sind das Ergebnis einer Transformation zumeist (multi-)nominaler Skalen in mehrere binominale Variablen (Werte 0 und 1). Die Informationen der nominalen Antwort werden in ein (quasi) metrisches Skalenniveau transformiert und für die Verwendung in höherwertigen statistischen Verfahren nutzbar gemacht. Für die Verwendung in diesen Verfahren gilt, dass immer eine Referenzkategorie nicht in die statistische Analyse miteinbezogen werden sollte.

Damit ist man beim letzten Prüfkriterium. Es ist vielleicht das weichste, aber in den Sozialwissenschaften bei Weitem nicht das unwichtigste. Auch für die Prüfung der neuen wie alten Variablen ist das Kriterium der **Plausibilität** von entscheidender Bedeutung. Ist ein Wert in der eigenen Studie bei 40 % und in allen anderen Referenzstudien um 20 % bis 40 % höher, dann sollte man seine Fragestellung oder sein Stichprobendesign noch einmal überdenken.

Plausibilität ist das höchste Gut für die Richtigkeit und den wissenschaftlichen Nutzen der erzielten Ergebnisse in den Sozialwissenschaften. Prüfen Sie bei ihren Ergebnissen immer, ob sie inhaltlich plausibel und logisch sind.

Hat man die verschiedenen Prüfungen und Transformationen der Daten abgeschlossen, steht ein „bereinigter" Datensatz zur Verfügung und man kann zum nächsten Schritt, zur statistischen Datenanalyse, übergehen. Diese werden wir in Kapitel 5 behandeln.

4.6 Das qualitative Interview

4.6.1 Logik und Vielfalt qualitativer Interviews

Sogenannte „qualitative Interviews" folgen einer anderen Logik als Interviews in der standardisierten Sozialforschung. Sie schließen an das wissenschaftstheoretische Denken des Verstehens an und zählen zum Bereich der **interpretativen Sozialforschung** (Kleemann u. a. 2009; Przyborski/Wohlrab-Sahr 2010). Qualitative Interviews sind darauf ausgerichtet, **Theorien zu generieren**. Dies steht im Gegensatz zu quantitativen Interviews, die Daten erheben, um Theorien bzw. Hypothesen zu testen. Systematisch durchgeführte und analysierte qualitative Interviews waren in der Politikwissenschaft lange Zeit von nachrangiger Bedeutung. Zwar wurden in vielen politikwissenschaftlichen Projekten nicht-standardisierte Interviews durchgeführt, doch zumeist fand in der Folge eine eher selektive Verwertung von Versatzstücken aus diesen Interviews statt. Dies geschah zudem oft unsystematisch und rein nach Interessenlage des durchführenden Forschers. Diese nicht selten eher zusammenhanglos aus dem Interviewtext herausgelösten Stücke dienten zumeist zur Illustration eigener Überlegungen. Dieses eher methodenfreie Vorgehen, was seinen deutlichsten Ausdruck in der Analyse des erhobenen Materials findet, war insofern erstaunlich, weil sich im gleichen Zeitraum in der Soziologie ein breiter und differenzierter Korpus an Verfahren und Auswertungsformen der qualitativen Sozialforschung herausbildete. Aufgrund seiner breiten Diversifizierung können nicht alle dort verfügbaren Methoden und Zugänge hier in vollständiger Breite abgehandelt werden. Allerdings existieren einige wichtige Leitlinien für jedwede qualitative Forschung, an denen man sich für Studienabschlussarbeiten orientieren sollte. Zudem bietet es sich an zumindest einige besonders hilfreiche Verfahren etwas näher darzustellen. Sie können dann ebenfalls als exemplarisch für weitere Vorgehen innerhalb der qualitativen Methodik dienen. Gängige methodische Verfahren zur qualitativen Datenauswertung sind u. a. die Objektive Hermeneutik (Oevermann 2001; Przyborski/Wohlrab-Sahr 2010: 240–270), die Deutungsmusteranalyse, die Grounded Theory, die rekonstruktive Sozialforschung (Bohnsack 2014; Przyborski/Wohlrab-Sahr 2010), die dokumentarische Methode (Bohnsack u. a. 2011, 2013), die Narrationsanalyse (Kleemann u. a. 2009) oder die Diskursforschung bzw. Diskursanalyse (Keller 2011). Alle diese Vorgehen zählen mittlerweile zum Standard des soziologischen Ausbildungsprogramms. Innerhalb der politikwissenschaftlichen Ausbildung werden allerdings einige davon oft nur selektiv – wenn überhaupt – vermittelt.

> **!** **Qualitative Sozialforschung und Interviews**
> Qualitativer Forschung kommt es nicht auf die Fallzahlen an. Viel hilft an dieser Stelle also nicht viel. Es gilt, den Fällen, die nach kontrastierenden Gesichtspunkten ausgewählt wurden, zu vertrauen. Allein die sorgfältige Sinnrekonstruktion und die Entschlüsselung der dahinterliegenden (gesellschaft-

lichen) Muster ermöglicht die Ermittlung belastbarer Sinnstrukturen und Aussagen. Diese zielen ebenfalls auf Verallgemeinerung.

Entscheidet man sich für qualitative Interviews, gilt es, bereits zu einem frühen Zeitpunkt die grundsätzliche Vielfalt an Auswertungsverfahren zu bedenken. Man muss abwägen, welches Verfahren am besten zur eigenen Forschungsfrage passt – und sein Vorgehen früh darauf ausrichten. Grund ist: Aufgrund der stärkeren **Verzahnung** zwischen Datenerhebung und Auswertungsmethode (hermeneutischer Zirkel) erfordert die erst später zum Einsatz kommende Analysemethode bereits zu einem frühen Zeitpunkt der Forschungsarbeit Spezifikationen bei der Erhebung des Materials. So ist es zum Beispiel für eine Deutungsmusteranalyse oder die Analysemethode der Objektiven Hermeneutik notwendig, gezielt und ruhig in standardisierter Form verdichtet, sozialstrukturelle Daten des Probanden aufzunehmen. Gleiches gilt für eine Narrationsanalyse oder eine Diskursanalyse. Während in einigen Vorgehen darauf zu achten ist, dass die Interviews die Möglichkeiten zur sequenziellen Analyse öffnen, tritt dies in anderen Analysen etwas zurück.

Die Bezeichnung „qualitative Interviews" verweist dabei auf Interviewformen, die auf eine Standardisierung der Antwortvorgaben verzichten und die Probanden durch stärkere oder schwächere Stimuli zu **freien** und möglichst in sich geschlossenen bzw. miteinander verbundenen **Erzählungen** motivieren. Über eine Anregung des **Erzählflusses** erhält man zusammenhängende Argumentationsstrukturen. So entsteht ein besserer Einblick in den Sinn der Handlungen oder Entscheidungen des Probanden. Erst dieser Einblick ermöglicht das in der qualitativen Forschung angestrebte **Sinnverstehen** und die Rekonstruktion der Sinnstrukturen (Kleemann u. a. 2009: 14–15). Im Prinzip handelt es sich um einen normalen, quasi alltäglichen Vorgang, der für seine Deutung systematisiert wird. Qualitative Interviews werden zumeist **vom Forscher selbst durchgeführt**, was diese Form der Befragung von der standardisierten Befragung unterscheidet. Dies ist auch zu empfehlen, entsteht so doch die für qualitative Forschungsvorgehen sehr hilfreiche Nähe zum Auswertungsmaterial. Damit ist auch ihre Anzahl natürlich begrenzt, schränken doch die Kapazitätsgrenzen des Forschers die Befragtenzahl ein.

Interpretative Sozialforschung
„Bei Verfahren der interpretativen Sozialforschung geht es um das deutende Verstehen von Sinnstrukturen. Es handelt sich um einen vielschichtigen Prozess der Erkenntnisgewinnung. Ziel ist es, nachzuvollziehen, welche (überindividuellen und sozial verankerten) Sinnstrukturen dem Handeln und Denken der Akteure zugrunde liegen" (Kleemann u. a. 2009: 17). Dabei steht nicht das Individuum, sondern die übergreifende Sinnstruktur im Vordergrund des sozialwissenschaftlichen Interesses.

Die wichtigste Unterscheidung innerhalb der Erhebungsformen qualitativer Interviews ist der **Grad der Standardisierung**. Man unterscheidet narrative von semistrukturierten – oder nach anderem Sprachgebrauch problemzentrierten bzw. auch fokussierten – Interviews. **Narrative Interviews** sind hinsichtlich der Antwortvorgaben gänzlich frei geführte Interviews, welche die größtmögliche Nähe zu Alltagsgesprächen herstellen sollen. Hier gilt es, dem Erzählfluss des Interviewten maximalen Raum zu geben. Entsprechend interveniert der Interviewer so wenig wie möglich und beschränkt sich auf wenige Schlüsselreize. Das **biografische Interview** stellt eine Unterform des narrativen Interviews dar, bei dem es auf persönliche Entwicklungen über die Zeit hinweg und im Lebenslauf ankommt. Hier ist das narrative Vorgehen besonders geeignet, schränkt es doch die Antworten nicht ein. Fokussierte Interviews zielen auf ein spezifisches Erkenntnisinteresse. Sie beruhen zumeist auf einem strukturierenden Leitfaden. Im Prinzip ist das fokussierte Interview ein semistrukturiertes Interview. Seine Besonderheit ist der klar zentrierte inhaltliche Fokus. Gelegentlich wird das **fokussierte Interview** auch als an den Überlegungen der erklärenden Forschungstradition ausgerichtet angesehen und in Verbindung mit Hypothesentests genannt (Blatter u. a. 2007: 62). Grund ist seine Zielorientiertheit, also die Fokussierung auf ein Thema. Allerdings wird auch im fokussierten Interview großer Wert auf offene Erzählflüsse sowie Erzählzusammenhänge gelegt. **Problemzentrierte Interviews** nehmen sich aller anderen politikwissenschaftlichen Fragestellungen an. Sie sind in Breite und Tiefe relativ variabel und immer auf ein vorgegebenes Forschungsthema hin ausgerichtet (siehe Tabelle 4.10).

Tab. 4.10: Formen der Befragung in ihrer Differenzierung (eigene Zusammenstellung).

	Merkmale	Kern
standardisierte Befragung	– standardisierte Antwortvorgaben – Quantifizierung – erklärendes Wissenschaftsverständnis	standardisierter Fragebogen und quantitative Daten
problemzentriertes Interview (Leitfadeninterview, semistrukturiertes Interview)	– Zwischenform mit Erklärungsziel – festere Fragenkomplexe – keine standardisierten Antwortvorgaben – qualitative Auswertung	Mix aus strukturierendem Leitfaden und Textprodukt über Transkription
fokussiertes Interview	Variante des problemzentrierten Interviews mit etwas stärkerer Nähe zu einem erklärenden Wissenschaftsverständnis	s. o.
narratives Interview	– offene Befragungsform – Ziel: Generierung des Erzählflusses – Transkription – diverse qualitative Auswertungsverfahren	– Eingangsstimuli und geringe Intervention während der Befragung – größtmögliche Offenheit
biografisches Interview (Unterform des narrativen Interviews)	s. o. – Ziel: Erfassen biografischer Abläufe – Ermittlung von zeitlichen Zusammenhangsstrukturen	s. o.

Wenden wir uns kurz den zwei geläufigsten Formen des qualitativen Interviews gesondert zu. Im **narrativen Interview** wird versucht, durch einen einzelnen Stimulus den Erzählfluss des Interviewten so anzuregen, dass dieser in der Folge „über einen Sachverhalt, Ablauf oder aber über eine bestimmte Lebensphase frei und detailliert zu erzählen" (Blatter u. a. 2007: 61; siehe Schütze 1983, 1987; Witzel 1982) beginnt. Es soll möglichst viel Raum für Assoziationen des Interviewten gegeben werden. Hintergrund ist, dass auf diese Weise die konstruktiven Regeln des Alltags und die darin entstehenden Entscheidungsprozesse rekonstruiert und sichtbar werden.[17] Der Vorteil dieses Vorgehens ist, dass so Sinnstrukturen durch den Befragten zusammengeführt und nicht nachträglich vom Forscher zusammengesetzt werden müssen. Am günstigsten ist es, wenn die Probanden ihre Geschichte (also ihre Narration) zu dem Thema erzählen. Nachfragen seitens des Interviewers sind erlaubt, sie sollten allerdings nicht zu häufig vorkommen und zu lang ausfallen. Der Erzählfluss des Befragten soll nicht unterbrochen werden. Gleichzeitig ist es zur Schaffung einer guten Gesprächsatmosphäre, die für ein erfolgreiches qualitatives Interview von zentraler Bedeutung ist, ungünstig, als „stummer Fisch" im Raum zu sitzen. Das Interview ist im Stile eines zwanglosen Gesprächs zu führen. Dies bedeutet, durch zustimmende und anregende Gesten und Äußerungen ist eine gute Atmosphäre zu erzeugen, welche den Interviewten zum Antworten anregt, natürlich ohne dass der Interviewer dabei durch seine Aussagen Einfluss auf die Ausführungen des Interviewten nimmt. Diese Art der qualitativen Interviewführung setzt ein hohes Maß an Erfahrung des Interviewers voraus. Entsprechend bietet es sich an vor der Durchführung von Interviews, die ausgewertet werden sollen, erst einige Interviews zum Erlernen der Technik und dem Gewinn von Erfahrung auszuführen.

Das narrative Interview
Das narrative Interview ist die offenste Form der Befragung. Es werden keine Standardisierungen in den Antwortvorgaben vorgenommen. Der Interviewer interveniert möglichst wenig und wenn, dann behutsam im Gesprächsverlauf. Ziel ist es, einen Erzählfluss des Befragten anzuregen, der ein möglichst zusammenhängendes Bild von einem interessierenden Sachstand bzw. einer biografischen Entwicklung gibt. Handlungsempfehlung: Die Qualität narrativer Interviews steigt mit der Erfahrung des Interviewers, entsprechend empfiehlt es sich, vor „dem Ernstfall" bereits einige Probeinterviews durchzuführen.

Das **biografische Interview** stellt eine Variante des narrativen Interviews dar, in dem es vor allem um die Biografie und den Lebenslauf eines Probanden geht. Das biografische Interview ist in der Politikwissenschaft eher ungebräuchlich. Seine Stärke besitzt das biografische Interview in der **Verbindung von Ereignissen und persönlichen**

---

[17] Diese Überlegungen lehnen sich an die Gedanken des symbolischen Interaktionismus an, dass Gesellschaft und gesellschaftliches Handeln im Alltag aus der Praxis konstituiert wird. Zentraler Vertreter dieser Forschungsrichtung ist Fritz Schütze (siehe Przyborski/Wohlrab-Sahr 2010: 92–94).

Entscheidungen sowie in der Konstruktion von Abläufen von Entscheidungsprozessen. So ist zum Beispiel der Eintritt in eine Partei eine Entscheidung, die häufig nicht das Ergebnis bewusster Planung ist, sondern aus einer langfristigen (biografischen) Genese oder aber aus Ad-hoc-Entscheidungen in bestimmten persönlichen Kontexten entsteht. Auch die Beteiligung an Protestbewegungen dürfte stark in den Erfahrungen und der Persönlichkeitsentwicklung einzelner Personen begründet sein. Über den Rückgriff auf dabei entwickelte Reaktions- und Entscheidungsmechanismen entstehen Strukturen, die das Handeln leiten. Sie aufzudecken, ist Ziel der mit diesem Interviewtyp arbeitenden Forscher. Narrative, biografische Interviews bieten sich also dafür an, Geschichten in der Gesamtheit ihrer Verflechtungen zu erfassen. So werden auch die Mechanismen, welche das Handeln des Interviewten bestimmt haben, entschlüsselbar. Die Idee ist, dass „die sich im offenen Gespräch entwickelnde **Stegreiferzählung** am ehesten die Orientierungsstrukturen des faktischen Handelns reproduzier[t]" (Przyborski/Wohlrab-Sahr 2010: 93, Hervorh. i. Orig.). Grund hierfür sind sogenannte **Zugzwänge**. Schütze nennt den Detaillierungszwang (selbst verspürte Notwendigkeit, eigenes Handeln zu begründen), den Gestalterschließungszwang (Ziel des Erzählers, etwas inhaltlich Geschlossenes zu berichten) sowie den Relevanzfestlegungszwang und den Kondensierungszwang (Bestimmung dessen, was dem Erzähler in seiner Geschichte wichtig ist – Selektion). Entsprechend sind Interventionen des Interviewers eher hinderlich als hilfreich bei der Entfaltung einer Geschichte. Diese enthält dann vielfältige Kausalbeziehungen und Verknüpfungen. Gerade durch diese von den Interviewten selbst hergestellten Bezüge werden Handlungsprozesse in ihrer Gesamtheit transparent.

Versuchen Sie immer, die Zugzwänge der Erzählung herauszuarbeiten. Diese sind der Kern ihrer Untersuchungsanlage in einem narrativen oder biografischen Zugang, aber auch bedeutsam für andere, stärker qualitativ angelegte Interviewverfahren.

Eine Zwischenform zwischen einer Standardisierung und vollständiger Offenheit stellt das bereits erwähnte **problemzentrierte Interview** oder **Leitfadeninterview** dar. Bringt die erste Bezeichnung die inhaltliche Fokussierung dieser Interviewform zum Ausdruck, verweist die zweite auf die Art der Durchführung dieses Interviews. Bei dieser Form des Interviews geht es weniger darum, aus den rekonstruierten Sinnstrukturen einer Person Auskünfte abzuleiten, sondern darum, inhaltliche Fragestellungen in ihrem Zusammenhang zu ergründen. Damit es im Interview nicht zu Abschweifungen kommt, wird auf einen Interviewerleitfaden zurückgegriffen. Er fokussiert das Interview auf das Forschungsthema. Ein Interviewleitfaden ist die Voraussetzung für die Akkumulation von Text, der in der Folge zumeist über inhaltsanalytische Verfahren ausgewertet wird (z. B. Helfferich 2004; Mayring 2015). Er wird vom Forscher zusammengestellt, enthält in der Regel 6 bis 12 Leitfragen und soll dem Interviewer an die für ihn wichtigen Fragestellungen erinnern (siehe Tabelle 4.11).

Tab. 4.11: Interviewleitfaden (eigene Zusammenstellung).

Fragestellung	In dem Interview geht es darum, was Sie von Politik halten und wie Sie diese bewerten.
Vertraulichkeitszusicherung	Alles, was sie sagen, wird streng vertraulich behandelt und nur für die Abfassung meiner Masterarbeit – Politische Einstellungen in Duisburg – verwendet.
Aufzeichnungsberechtigung	Darf ich das Interview und Ihre Antworten mitschneiden?
Hauptfrage 1	Wie halten Sie es mit Politik?
Unterfragen zu 1	Sind Sie an Politik interessiert? Lesen Sie politische Tageszeitungen? ggf: Kenntnis von Politikern und einzelne Haltungen
Hauptfrage 2	Haben Sie sich in Vergangenheit selbst einmal politisch betätigt? Ich meine dabei auch außerhalb von Parteien und politischen Organisationen.
Unterfragen zu 2	Zum Beispiel bei Amnesty International oder Greenpeace? Wie lange dauerte Ihre Betätigung? ggf.: Was waren die Gründe für Beginn und Ende?

Der **Interviewerleitfaden** ist allerdings nicht als eine Sammlung von Fragen gedacht, die dann nach und nach systematisch gestellt werden. Vielmehr dient der Leitfaden als **Gedächtnisstütze** für den Interviewer. Auch im Leitfadeninterview motiviert der Interviewer den Befragten zu einem eigenständigen Erzählfluss. Am günstigsten ist es, wenn der Befragte ganz von selbst – am besten in einem erzählenden Zusammenhang – die gewünschten Fragestellungen beantwortet. Ob er dabei übergreifend und unbewusst gleich mehrere der Fragen des Interviewers aufnimmt, ist dabei egal, ja, sogar gewünscht. Es gilt: **keine Leitfadenbürokratie**! Dies bedeutet, dass die niedergeschriebenen Fragen neben einer eher freien Formulierung in anderer Reihenfolge als auf dem „Zettel" gestellt werden können. Keinesfalls sollte der Interviewer den Erzählfluss des Befragten unterbrechen und zwanghaft die Reihenfolge der Fragen in seinem Leitfaden einhalten wollen. Neben den **Hauptfragen**, die die Hauptinteressen des Interviewers widerspiegeln, werden Ergänzungs- und Erweiterungsfragen bzw. spezifische Unterfragen notiert. An dieser Stelle zeigt sich der qualitative Zuschnitt des Leitfadeninterviews: So ist es legitim, neue Anregungen und Aspekte, die erst im Laufe eines Interviews angesprochen werden, aufzunehmen und in späteren Interviews nachzufragen. Wie beim narrativen Interview ist beim Leitfadeninterview die Aufnahme des Interviews empfehlenswert. Dies sollte den Interviewer aber nicht davon abhalten, sich zusätzlich **Notizen** über Teilantworten oder spezifische Aussagen zu machen. Sie sind für die Ordnung der späteren inhaltlichen Auswertung hilfreich, halten ggf. Hinweise für weitere Interviews bereit und signalisieren dem Befragten das Interesse des Forschers.

> **Das Leitfadeninterview**
> Das Leitfadeninterview zählt zu den zentralen Erhebungsinstrumenten der politikwissenschaftlichen qualitativen Forschung. Es fokussiert auf eine begrenzte inhaltliche Fragestellung und versucht Informationen von einer Befragungsperson zu erhalten. Der Befragte ist dabei – wie in der standardisierten Befragung – nur Merkmalsträger und nicht Ziel der Untersuchung selbst. Ähnlich wie im narrativen Interview wird auch im Leitfadeninterview versucht, den Befragten zu einem Erzählfluss zu motivieren.

Für alle Interviewformen gilt: Bei der **Interviewdurchführung** ist darauf zu achten, dass das angestrebte Ziel – Aussagen über Biografien, Antworten auf bestimmte Problemfragen – erreicht wird. Wichtig ist die Schaffung einer **Vertrauensatmosphäre zwischen Interviewer und Interviewtem**, die ein offenes Gespräch ermöglicht. Zum Ende des Interviews kann es günstig sein, sich die Möglichkeit für spätere Nachfragen einräumen zu lassen, falls im Verlauf der Auswertung des Interviews Fragen auftauchen. Dabei gilt es, inhaltliche Antworten zu finden, was eine gewisse Flexibilität in der Anwendung der Auswertung mit sich bringt. Gleichzeitig ist eine systematische Analyse unabdingbar. Diese kann allerdings in ihrer Genauigkeit variieren. Jedes Interview ist ein Gespräch, das in seinem Ablauf eine **eigene Dynamik** entfaltet. Der Interviewpartner wird möglicherweise vom Thema abschweifen, andere Themen ins Gespräch einfließen lassen oder bestimmte Fragen des Interviewers umgehen wollen. Hier gilt es für den Befrager, den Probanden zum Thema zurückzuleiten, ohne dabei Unmut beim Befragten hervorzurufen. Bei unklaren Argumentationen sollte der Interviewer nachfragen. Letztendlich gilt es, immer die **Kontrolle über das Interview** zu behalten, ohne dabei den Erzählfluss des Befragten zu unterbrechen. Aus ökonomischen Gründen (und auch zum Selbstschutz) ist es wichtig, eine **zeitliche Limitierung** des Interviews vorzunehmen. Am besten vereinbart man bereits zu Anfang des Gesprächs einen **Zeitkorridor**. 30 bis 45 Minuten sollten das Maximum sein. Häufig sind die Interviewten gerne bereit, länger als die ausgemachte Zeit zu antworten, dies kann aber für die Auswertung problematisch sein. Die Dauer des Interviews wirkt sich vor allem auf die Dauer der Transkription aus. Da die Transkription grundsätzlich vollständig sein sollte, wird sie bei langen Interviews entsprechend umfangreich – und damit für den Interviewer sehr ressourcenintensiv. Eine gewisse Konzentration dient hier dem Schutz des (studentischen) Forschers – gerade bei einer limitierten Zeitplanung, wie sie für studentische Abschlussarbeiten in der Regel vorliegt.

Egal welche Form eines qualitativen Interviews man wählt, das Zentrum der Arbeit ist die Transkription. Der über die **Transkription** des Interviews gewonnene Text stellt die Grundlage aller Formen der qualitativen Analyse dar. Im Prinzip ist der Text bzw. das Transkript das, was die Daten für den quantitativen Forscher sind. Transkription ist dabei „eine Regel geleitete Verschriftlichung von Interviews, Gruppendiskussionen oder Alltagsgesprächen" (Fuß/Karbach 2014: 15; siehe auch Misoch 2015: 249–265). Das Interview generiert die Grundlage für diesen **Text**, den Interviewmitschnitt. Die so gewonnenen Informationen müssen sorgfältig dokumentiert werden. Heute ist es Standard, die Gespräche – nach vorheriger Zustimmung des Probanden – aufzunehmen und dadurch eine wörtliche Wiedergabe zu gewährleisten. „Durch wörtliche Transkription wird eine vollständige Textfassung verbal erhobenen Materials hergestellt, was die Basis für eine ausführliche interpretative Auswertung bietet" (Mayring 1999: 69). Fuß und Karbach (2014: 17) ordnen diese Form der Transkription berechtigt als wissenschaftliche Transkription ein, welche sie von der zusammenfassenden und journalistischen Transkription unterscheiden. Für einige Analysen geht man mittlerweile sogar über die Aufnahme von Sprache hinaus und führt **Videoanalysen** durch. Dies ist speziell der Fall in der Konversationsanalyse. Dabei werden auch die **nonverbalen Äußerungen** des Probanden aufgegriffen und in die spätere Interpretation einbezogen.

Grundlage aller qualitativen Analyse sind nicht die gesprochenen Worte, sondern der transkribierte Text. Dieser sollte vollständig sein und dient als Datenmaterial der späteren Analyse. Achten Sie also auf die Transkription und transkribieren Sie alle Texte sorgfältig.

In der **Transkription** von Interviews wird nicht nur das gesprochene Wort dokumentiert (siehe Tabelle 4.12). Es gilt aufzunehmen, was zwischen den Zeilen gesagt wird: Der Forscher erfasst zum Beispiel die Verhaltensweisen des Interviewten (Lachen, Zögern, Abwenden, längere Pausen). Für die Transkription von zentraler Bedeutung ist die Auswahl eines geeigneten **Codiersystems**.[18] Je detailgenauer dieses Codiersystem ist (also Ausweisung von Längen im Interview, Stocken im Gesprächsfluss und Zwischenlaute), desto mehr Auswertungsmöglichkeiten stehen dem Forscher bei der späteren Analyse zur Verfügung.[19] Bezieht man nonverbale Kommunikation in den Transkriptionsprozess ein, gestalten sich Interpretation und bereits Transkription mitunter sehr aufwändig und zeitintensiv. Das Interview ist später **vollständig zu transkribieren** und zu dokumentieren. Entsprechend ist es wichtig, bereits während des Interviews an die Transkription zu denken. In Abschlussarbeiten sind die transkribierten Interviews entweder in einem Anhang beizufügen oder aber auf einem Datenträger gespeichert beizulegen. Dies dient der Transparenz der vorgestellten Interpretationen.[20] Die Bezüge in der Arbeit zum Transkriptionstext müssen für Leser

---

[18] Das Codiersystem als technische Vorgabe ist vom Codierschema, das inhaltliche Entscheidungen beinhaltet, zu unterscheiden. Zur Bedeutung und inhaltlichen Nutzung von Codierschemata siehe Kapitel 5.4.
[19] Diese Genauigkeit fordert einen erhöhten Zeitaufwand vom Transkriptor. Gelegentlich sind zu diesem Zweck auch rudimentärere Formen der Erhebungsnotation, wie Stichpunkte oder handschriftliche Gesprächsnotizen, vertretbar. Es bietet sich sogar an, zu Tonbandinterviews Gesprächsnotizen hinsichtlich des Ablaufs der Gesprächssituation vorzunehmen, um später die Betonungen im Interview als Indikator für die Bedeutungsfindung bestimmter Aussagen herausarbeiten zu können.
[20] Hier wird bei quantitativen Vorgehen immer stärker angeregt, ebenfalls die Datensätze möglichst direkt zur Reanalyse zur Verfügung zu stellen.

Tab. 4.12: Auszug eines wörtlichen Transkriptionstexts (eigene Zusammenstellung).

1	Interviewer	Ähm, ... <Pause, 3 Sekunden> Guten Tag, mein Name ist Friedrich Schiller ... Ich bin gekommen, um das gestern telefonisch abgesprochene Interview zur Haltung von Parteien zum Umweltschutz durchzuführen
2	Befragter	Guten Tag (Lachen) Stimmt Sie haben recht. Na wenn Sie meinen, dann mal los (schnell). Wie sie sich vorstellen können, habe ich nicht so viel Zeit. Was ist genau noch einmal das Thema? ... Und wie lange benötigen wir ungefähr ... Ich habe so gegen halb vier einen anderen Termin.
3	Interviewer	Es geht, ... es geht um die Position von Parteien zum Umweltschutz (Räuspern) ... genauer gesagt ... zum Umweltschutz in Agrargebieten. Ich denke, wir werden so eine halbe Stunde ... vielleicht 5 bis 10 Minuten mehr ... benötigen.
4	Befragter	Na ja (gedehnt), ob ich da der Richtige bin ... das weiß ich nicht genau (Hüsteln) ... aber dann probieren wir es mal (schnell) und schauen, ob es was für Sie nützt
5	Interviewer	Wie ist ihre Meinung zum Klimawandel?
6	Befragter	Ich denke, da muss ich kurz nachschlagen in unserem Parteiprogramm ... Scherz beiseite (lachen), wie meine Partei auch bin ich dagegen, dass man dieses Thema immer zu stark ideologisch auflädt ... gleichzeitig sagen uns unabhängige Experten natürlich ...

und Gutachter klar nachvollziehbar sein. Im Einzelfall kann mit dem Betreuer, zum Beispiel bei problemzentrierten Interviews, die Verwendung eines eingeschränkten Transkriptionssystems vereinbart werden (z. B. unter Auslassung der nonverbalen Beschreibungen). Wichtig ist es, das gesprochene Wort möglichst authentisch zum Gesagten in einen lautlich angemessenen und verständlichen Ausdruck zu überführen. Dies nennt man phonetische Umschrift (Fuß/Karbach 2014: 23). Wissenschaftliche Transkripte zielen allerdings darauf möglichst viel der ursprünglichen Gesprächssituation beizubehalten und wählen entsprechend zumeist die literarische Umschrift. In ihr werden alle verbalen und auch nonverbale Teile des Gesprächs dokumentiert.

Die angefertigten Transkripte sind das Arbeitsmaterial des Forschers, aus dem er die wichtigen Informationen für sein Erkenntnisinteresse bezieht. Das **Transkript** ist die **Datenbasis** der qualitativen Analyse. So wie bei der quantitativen empirischen Forschung die Aufbereitung des Datensatzes (Codierung, Datenkontrolle usw.) und der Datensatz zu dokumentieren sind, so muss bei der qualitativen empirischen Forschung der Text, das heißt das Transkript, dokumentiert werden. Bei einer späteren Sequenzierung des Textes, das heißt der Zerlegung des Textes in analytische Teilsegmente, sollten einzelne Textstellen eindeutig im **Transkript** verortet werden können. Üblicherweise werden dazu in einem Transkript Zeilenzahl, Sprecher[21] und mit spezifischen inhaltlichen Bedeutungen versehene Sonderzeichen niedergeschrieben. End-

---

[21] In den meisten Fällen wird das Interview anonymisiert. Daher sollte bei der Transkription bereits darauf geachtet werden, dass hier Pseudonyme verwendet werden.

ergebnis dieser Phase ist ein vollständig transkribierter Text, der die Grundlage der Auswertung bildet.

Um den Ablauf des Gespräches zu dokumentieren, ist ein Interviewprotokoll hilfreich. Als **Transkriptionssystem** wurde im vorliegenden Fall auf eine Grundvariante, wie sie bei Mayring (2002: 71) dargestellt ist, zurückgegriffen. Als generelle Orientierung für Transkriptionen kann das Gesprächsanalytische Transkriptionssystem (GAT) dienen. Es stellt einen umfangreichen Korpus von Vorgaben und Hinweisen für Transkriptionen zur Verfügung. Dieses breite Möglichkeitsspektrum der Transkription (Erfassen von Pausen, Umlauten, Stocken, symbolischen Gesten neben gesprochenem Text usw.) kann, je nach Zielsetzung der Interviews, in verschiedenen Varianten angewendet werden. Daneben existieren weitere zweckdienliche Transkriptions- oder Codiersysteme (z. B. Kuckartz 2016; Bohnsack 2010; zusammenfassend Fuß/Karbach 2014: 27–36). Im letzten Jahrzehnt hat die Verwendung immer stärker modularisierter Codiersysteme zugenommen, welche vor allem für die digitalisierte Anwendung von QDA-Computerprogrammen (z. B. Max-QDA; Kuckartz 2016) hilfreich sind. In diesem Fall werden die Transkripte digitalisiert und können mit der entsprechenden Software verwaltet und analysiert werden. Dies kann sich gerade für größere Textkorpi als sehr hilfreich erweisen. Zu bedenken ist allerdings, dass die Eingabe in ein QDA-Programm nicht die inhaltliche Analyse ersetzt. Der Anwender muss sich letztlich für ein Codiersystem entscheiden, dieses in der vorgelegten Arbeit angeben und es dann konsequent und lückenlos verwenden. Die Transkriptionsregeln sind dann genauso wie die Anwendung der Digitalisierung immer in Abhängigkeit zum Auswertungsfokus zu verwenden (Fuß/Karbach 2014: 57). Das erstellte Transkript ist studentischen Arbeiten (Bachelor und Master) immer beizufügen, sei es als Text oder zumindest in digitaler Form.

Transkription

Die Transkription generiert die Analysegrundlage des qualitativen Forschungsprozesses – den zu interpretierenden Text. Zur Übertragung des Interviewmitschnitts in ein Textformat ist ein einheitliches Transkriptionssystem zu verwenden. Eine Möglichkeit ist das gesprächsanalytische Transkriptionssystem (GAT). Dabei sind alle Gesprächsmerkmale (verbal und nonverbal) detailliert und in ihrer Gesamtheit zu erfassen (Vollständigkeit). Hinweis: Die angefertigten Transkripte sollten gut gesichert und ihre Entstehungsbedingungen notiert werden, damit man sie bei späterer Verwendung wieder in den Forschungskontext einordnen kann – und wiederfindet.

Manchmal wollen Befragte nicht zu allen Bereichen, die man aus Forschersicht erfassen will, Informationen geben. Diese Lücken werden entweder bei der Durchführung des Interviews oder später bei der Sichtung des Transkripts erkennbar. Im ersten Fall kann der Interviewer bereinigend und zu einer Antwort motivierend eingreifen. Im zweiten Fall ist das Schließen der Lücke aufwändiger, es ist aber ebenfalls nachholbar. Eventuell sind in den Interviews einige zusätzliche neue Fragen aufgeworfen worden, die für die Behandlung des Forschungsthemas von Interesse sind. Beide Erkenntnisse führen entweder zu 1. Nachfragen mit der Bitte, Folgeinterviews durchführen oder inhaltliche Ergänzungen (Telefonisch, per Email, schriftlich) einholen zu dürfen, und/oder der Notwendigkeit 2. die Datenbasis durch weitere Interviews zu ergänzen. Mit der Transkription auch dieser nachgeholten Teile ist die Phase der Datenerhebung in qualitativen Interviews zwar vorerst abgeschlossen, sie kann aber – ganz im Sinne des hermeneutischen Zirkels – zur Ergebnisverbesserung immer wieder aufgebrochen werden.

4.6.2 Das Experteninterview als spezifisches politikwissenschaftliches Instrument

Das wohl am häufigsten verwendete qualitative Verfahren in der Politikwissenschaft ist das Experteninterview. Das Experteninterview ist eine Methode der Erhebung von Daten, die auf semistrukturierten bzw. problemzentrierten Formen der qualitativen Befragung beruht. Leitfäden dienen zur Strukturierung und Fokussierung der Interviews. Experteninterviews unterscheiden sich nicht fundamental von anderen semistrukturierten Interviews. Auch für die Auswertung von Experteninterviews stehen verschiedene Verfahren der qualitativen Sozialforschung zur Verfügung (Flick 2014; Gläser/Laudel 2010; Mayring 2015). Da das Experteninterview stark am Inhalt und weniger an der Person interessiert ist, werden in der Regel Verfahren der hermeneutischen Text- oder **qualitativen Inhaltsanalyse** zur Analyse herangezogen. Die Besonderheit des Experteninterviews stellt der Datenträger, also der Experte, dar. Nicht Aussagen über sich selbst (biografisch), sondern Beurteilungen von Situationen, Positionen und Geschehnissen sind es, die man von ihm erfahren möchte. Diesen Aussagen wird in der Folge ein gewisses Maß an Intersubjektivität zugestanden. Das heißt, das Ergebnis des Experteninterviews wird nicht als persönliche Äußerung des Experten, sondern als quasi objektive Information behandelt. Der **Experte** ist somit **nicht der Gegenstand** der Forschung, sondern **der Träger der Information** (vgl. Meuser/Nagel 1991: 442; 2009: 442–444; Bogner/Menz 2002; Bogner 2014; Kaiser 2014).[22] Dies unterscheidet das Experteninterview von biografischen Interviews und anderen semistrukturierten Interviews.

Das erste Problem der Experteninterviews ist die **Stichprobenauswahl**: Welche Person ist denn nun ein **Experte**? Handelt es sich um eine x-beliebige Person, die gerade zu einem Thema eine Aussage treffen kann, das den Forscher interessiert, oder hat man es mit einem klar definierten Personenkreis zu tun? „Als Experte wird interviewt, wer in irgendeiner Weise Verantwortung trägt für den Entwurf, die Implementierung oder die Kontrolle einer Problemlösung; wer über privilegierten Zugang zu Informationen über Personengruppen oder Entscheidungsprozesse verfügt" (Schmid 1995: 294).

---

22 Dies gilt in gleichem Umfang für die Umfrageforschung. Auch dort ist der Befragte der Träger von Informationen, die dann – meist auf Aggregatebene – für die Gesamtbevölkerung als soziales Phänomen gedeutet werden.

Diese Definition grenzt zwar das Spektrum des Experten nicht besonders präzise ein, verweist aber auf eine zentrale Eigenschaft von Experten – ihre fachliche **Ausgewiesenheit** für ein spezifisches Thema. Der Experte zeichnet sich durch inhaltliches Wissen zu einem bestimmten, den Forscher interessierenden Themenbereich aus und informiert den Forscher durch Insidererfahrungen über spezifische Organisationen und Interessengruppen. Experten geben mit ihrem Wissen als Akteur Auskunft über ein **funktionsbereichsspezifisches Wissen**.

Die Stellung des Experten ist immer **relational** zu einer Fragestellung **zu verstehen**, es gibt nicht den Experten per se, sondern eine Person wird zum Experten für ein bestimmtes Thema, weil der Forscher ihn als solchen auswählt (Meuser/Nagel 1991: 443) und seine spezifische Befähigung zur Beantwortung eines Themas festlegt. Er ist nicht Experte qua Position in der Gesellschaft, sondern durch Zuweisung. Das Auswahlkriterium für den Experten ist in erster Linie seine **Kompetenz** hinsichtlich des behandelten Themas. Er sollte der angemessene Befragungspartner für die Zielinformation sein. Dieses Kriterium gilt es bereits bei der Kontaktaufnahme für ein mögliches Interview seitens des Forschers zu überprüfen. Nichts ist ungünstiger als die Auswahl einer Person als „Experte", die im Antwortverhalten diesem Anspruch nicht gerecht wird. Häufig handelt es sich bei den ausgewählten Experten um **Funktionseliten**, die von Positionseliten (Menschen mit Zugang zu Machtpositionen qua ihres sozialen Status) zu unterscheiden sind. Ihr Status ergibt sich aus ihrem Vorrangwissen über bestimmte Handlungsabläufe und Organisationsstrukturen. Dieser resultiert nicht aus der Stellung, die eine Person in der Hierarchie eines Unternehmens oder einer Institution besitzt. Es ist immer zu überlegen, auf welcher **Ebene** einer hierarchischen Organisation man seine Informationen erwirbt. Möglichkeiten sind zum Beispiel Referentenebene, Ministerialebene, Staatssekretärsebene. Es kann forschungstechnisch durchaus angebracht sein, gezielt Experten unterschiedlicher Ebenen in die Befragungen einzubeziehen. Auf diese Weise öffnet sich die Chance konkurrierender Interpretation

Bei politischen Themen und der **Auswahl politischer Experten** ist auf die Gewährleistung eines **ideologischen Gleichgewichts** der Informationen zu achten. Dieser Aufgabe kann durch eine parteipolitisch ausgewogene Auswahl der Experten oder aber durch eine klare Transparenz und Begründung der getroffenen Auswahl und eine reflektierte Interpretation abgesichert werden. Am besten ist es, beide Prämissen zu berücksichtigen. Überhaupt ist der Experte dem Leser vorzustellen. Dabei sind auch Annahmen und Kenntnisse des Interviewers über die Position des Experten anzubieten. Wichtig ist eine hinreichende Skepsis und Reflexion des Forschers gegenüber dem, was der Experte sagt. Die Aussagen sind keinesfalls geronnenes objektives Wissen, sondern **interpretationserforderliches Material**. Am Ende eines Experteninterview steht, wie auch bei den bereits vorgestellten Interviewformen, ein Transkript, das es hinsichtlich des bestehenden Erkenntnisinteresses durch den Forscher auszudeuten gilt.

> **Wer ist ein Experte?**
> Ein Experte wird vom Forscher als solcher identifiziert und bestimmt. Er ist nicht Gegenstand der Erforschung, sondern der Träger von Informationen über ein behandeltes Sachgebiet. Seine Informationen werden dabei als quasi-objektiv wahrgenommen. Es gilt allerdings, Person wie Entstehungskontext des Interviews zu berücksichtigen. Der Experte ist dabei speziell für ein Gebiet ausgewählt, für dass er eine – auch transparent zu belegende – Expertise besitzt.

Wie sieht ein exemplarischer Ablaufplan für ein Experteninterview aus? Der Plan in Abbildung 4.1 skizziert einen idealtypischen Verlauf eines Experteninterviews und unterteilt den Ablauf in mehrere Phasen (Meuser/Nagel 1991: 449–451, 2009; Pickel/Pickel 2003; Bogner 2014).[23] Nach der Problemanalyse und einer darauf aufbauenden Konkretisierung einer klaren Fragestellung, die die Untersuchung strukturiert, ist es im Experteninterview notwendig, sich zum Koexperten zu bilden. Das dabei erworbene „Insiderwissen" ermöglicht neben der Identifikation weiterer Experten sowohl die flexible Reaktion im späteren Interview als auch die themengerechte Konstruktion des Leitfadens für die Befragung. Die Konzentration des Experteninterviews auf Leitfadeninterviews beruht auf der angesprochenen Stellung des Experten (Informationsträger und nicht Untersuchungsgegenstand) sowie der thematischen Fokussierung. Leitfadeninterviews sind hier eher geeignet als offene Interviewformen (z. B. narrative Interviews), um thematische Ergebnisse zu isolieren. Dabei sollte sich der Forscher bereits an dieser Stelle Klarheit über das zu verwendende Transkriptionssystem (Art und Technik, wie die Fragen festgehalten werden) und das angestrebte Auswertungsverfahren (qualitative Inhaltsanalyse, Objektive Hermeneutik, Deutungsmusteranalyse, Diskursanalyse etc.) verschaffen. Jede dieser Analysetechniken bedarf eines in spezifischer Form aufbereiteten Materials (Phase 1: Studienplanung).

Nach einer oder mehreren Erprobungen des Leitfadens in der Praxis, die seiner Verbesserung dienen, erfolgt die Auswahl der Gesprächspartner. Der **Aufbau des Kontakts** ist die Grundlage eines erfolgreichen Experteninterviews und erfordert vor allem – was man bereits rechtzeitig einplanen sollte – zeitlichen Aufwand. Meist ist die Zeit des ausgewählten Experten knapp bemessen und der Forscher muss sich in einen engen Terminkorridor einpassen. Zudem ist bei einigen Themen ein gewisses Abwehrverhalten der Experten möglich (z. B. wenn man einen Bürgermeister zum Auftreten nationalistischer Gruppen in einer Stadt befragt). Bei der Kontaktaufnahme müssen Termine vereinbart werden, es muss nachgefragt werden, ob Aufzeichnungsgeräte (Tonband, Videogerät, Kamera) verwendet werden dürfen und ggf. abgesprochen werden, in welchem räumlichen Umfeld das Interview stattfinden soll. So ist es manchmal (z. B. bei hochrangigen Politikern) erwünscht, eine Grobfassung der Fragen vorher einzureichen. Nicht zuletzt dienen diese ersten Kontakte aber dazu,

---

[23] Nicht alle Schritte, die in der Abbildung skizziert sind, sind gleich wichtig. Die Reihenfolge der Schritte ist zudem dem Forschungsinteresse sinnvoll und durchdacht anzupassen.

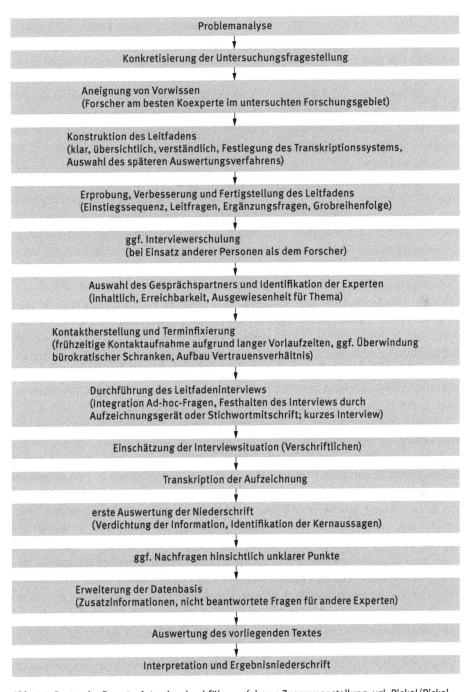

Abb. 4.1: Raster der Experteninterviewdurchführung (eigene Zusammenstellung; vgl. Pickel/Pickel 2003, 2008).

festzustellen, ob man es wirklich mit einem Experten für sein Thema zu tun hat. Damit ist diese **Phase 2 der Kontaktaufnahme** eine arbeitsintensive Phase für den Forscher, die gelegentlich unterschätzt wird. Experten müssen zur Mitarbeit motiviert werden. Verweise auf den institutionellen Status des Interviewers (Universität, Professur oder auch den Förderer wie EU usw.), eigenes Hintergrundwissen, das den Forscher als Koexperten ausweist und eine gute Diskussion ermöglicht, und der Hinweis auf Gegenleistungen (überlassen von eigenen Beiträgen zu diesem Thema, Angebot des Übersendens des späteren Projektberichts, Buches usw.) haben sich als hilfreich erwiesen.

Es folgt als **Phase 3 die Durchführung des Interviews**. Eine vollständige Tonbandaufzeichnung des durchgeführten Interviews ist – wie bereits bei der allgemeinen Besprechung qualitativer Interviews erwähnt – am besten für eine spätere Auswertung geeignet. Es ermöglicht eine detailgenaue Transkription, die eine tragfähige Grundlage diverser Formen der Analyse darstellt. Aus verschiedenen Gründen kann es ggf. ausreichend sein, das geführte Interview nur stichpunktartig zu notieren. Dies ist zwangsläufig notwendig, wenn sich der Experte weigert, einen Mitschnitt des Interviews zuzulassen. Die Länge der Interviews und die Fokussierung der interessierenden Thematik können dazu führen, dass man auf einen Mitschnitt des Interviews verzichtet. In der Regel wird – und sollte – man nach vorheriger Nachfrage auf eine **Aufzeichnung** zurückgreifen. Gerade aufgrund der zeitlichen Restriktionen der Experten sollte das Interview auf ein Ziel hin orientiert und zügig durchgeführt werden, allerdings ohne dass es gehetzt wirkt. Dabei ist auf die Effektivität des Interviews zu achten und die Interviewführung nicht aus der Hand zu geben.

Bereits bei der Planung des Interviews wurde die Vorbereitung der **Transkription (Phase 4)** angesprochen. An dieser Stelle erfolgt die Auswahl eines geeigneten Codiersystems für die Transkription. Beim Experteninterview muss nicht zwingend auf die strengste Form der Transkription zurückgegriffen werden. Aus pragmatischen Gründen ist es gelegentlich möglich, das Transkript auf die inhaltlichen Elemente des Interviews zu reduzieren. Allerdings ist es dann später möglicherweise schwierig, die aus den Experteninterviews gezogenen Schlüsse belegen zu können. Dies ist nur unter Rückgriff auf ein vollständiges Transkript möglich. Wichtig ist aber auch hier, dass für eine spätere Auswertung (z. B. Sequenzierung) Textstellen eindeutig zugewiesen werden können. Endergebnis dieser Phase ist ein vollständiger Text, der die Grundlage der Auswertung darstellt. Für die Anfertigung eines **Interviewprotokolls** und Nachfragen gilt das Gleiche, was bereits bei der allgemeinen Interviewführung angesprochen wurde. Weitere Experten für das Forschungsthema können im Schneeballsystem erschlossen werden. Diese können Experten für die gleiche Thematik sein oder aber die Lücken, die der erste Interviewpartner offengelassen hat, füllen (interne Interview-Triangulation). Oft bekommt man erst bei der Durchführung eines Experteninterviews Hinweise auf alternative Gesprächspartner.

Gerade bei politisch sensiblen Themen ist es wichtig, sich die **Berechtigung der Verwendung** der Daten für wissenschaftliche Zwecke **zusichern** zu lassen. Gerne wollen Interviewpartner noch einmal einen Blick auf die Transkription werfen. So berechtigt dies ist, birgt jedoch die Gefahr, dass der Interviewte (z. B. ein Politiker) nachträglich in die Aussagen eingreift – und vorher klare oder kritische Aussagen im Nachhinein beschönigt. Zieht der Experte seine Verwendungszusage zurück, ist mitunter die ganze Forschungs- oder Abschlussarbeit gefährdet. Ein Allheilmittel gegen besorgte Experten gibt es leider nicht. Am besten lässt man sich die Erlaubnis zur Verwendung des Interviews möglichst früh im Forschungsprozess und vor der tieferen Auswertung des Materials zusichern (siehe auch Kaiser 2014: 143).

Diese **Phase 5 der Themensicherung**, das heißt es liegen Experteninterviews für alle Teilaspekte der Forschungsfrage vor, führt nun in die letztendliche Auswertungsphase, wobei eine **Zirkularität** zwischen beiden Phasen bestehen bleibt. So wird man, wie bereits geschildert, bei Erfahrungen aus Ergebnissen ggf. in diese Phase zurückgehen. Dies entspricht der eher zirkulären Anlage qualitativer Forschung gegenüber einer stärker linear ausgerichteten quantitativen Forschung. Entsprechend steht **Phase 6 der Auswertung** in einem Wechselverhältnis zu der Ergänzung des Untersuchungsmaterials, bis es letztendlich zur Niederschrift der Ergebnisse und einer Interpretation kommt. Diese kann Typenbildungen (Kelle/Kluge 2010) oder erweiterbare Annahmen für quantitative Analysen mit sich bringen. Die Auswertungsphase ist abhängig von den vorher festgelegten Zielen der Erhebung, die sich im (Theoretical) Sampling niedergeschlagen haben, und vom ausgewählten Codiersystem, das die nun durchzuführende Analyse steuert.[24]

Das Interview ist in seiner Rohfassung noch keineswegs die gegebene Information und auch der Vorgang des Experteninterviews ist nicht abgeschlossen, wenn ein Texttranskript des Interviews vorliegt. Auch ist es völlig unzureichend, die vom Experten geäußerte Meinung bereits als endgültiges und objektives Datenmaterial zu verstehen. Die erhaltenen Interviews müssen einem reflektierten **interpretativen Prozess durch den Forscher** ausgesetzt werden (interner Kontext), der sich sowohl aus der Konfrontation der Interviewergebnisse als auch der Konfrontation der Interviewaussagen mit der Literatur ergibt. Die erhobenen Interviewtexte sind geregelten Verfahren der Auswertung zu unterziehen, bevor sie in eine Untersuchung integriert werden können. Unter geregelten Verfahren sind **hermeneutische Interpretationsmethoden** gemeint, wobei aufgrund der Fokussierung des Interviews auf ein inhaltliches Problem zumeist einfache hermeneutische Analysen eingesetzt werden. Dabei gibt es im Grunde keine Abweichungen von Vorgehensweisen und Techniken nicht standardisierter Interviews (vgl. Bohnsack u. a. 2011; Flick 2014; Garz/Kraimer 1991; Kleemann u. a. 2009; Mayring 2015; Pickel 2009; Przyborski/Wohlrab-Sahr 2013; Strü-

---

24 Zum Theoretical Sampling und seinen Grundprämissen siehe Kapitel 5.4.1 und 5.4.4.

bing 2013), die in Kapitel 5 dargestellt werden. Drei zentrale Probleme sind für das Experteninterview konstitutiv:

1. Das **Problem der Stichprobenauswahl:** Während es in einigen Fällen klar ist, wer der entsprechende Experte ist, so kann es durchaus auch der Fall sein, dass der Expertenstatus nicht eindeutig zugewiesen werden kann (z. B. aufgrund fehlenden Hintergrundwissens) oder dass man fälschlicherweise jemanden als Experten klassifiziert, der sich dann im Interview nicht als Experte erweist.
2. Das nicht standardisierte Interview eines Experten ist von **Gefahren sozialer Erwünschtheit** bedroht. So unterliegen viele Experten spezifischen Argumentationszwängen, die sie nur schwer überwinden können (z. B. der Botschafter eines osteuropäischen Landes hinsichtlich Fragen zum Stand der Verhandlungen oder Anpassungen seines Landes an den *aquis communautaire* im Zuge des Beitritts seines Landes zur Europäischen Union – diese Aussage wird aus der Erfahrung heraus meist positiv ausfallen). Dadurch werden die Ergebnisse jedoch verfälscht oder zumindest schwer interpretierbar (Meuser/Nagel 1991: 466, auch 2009).
3. Alle Experteninterviews sind **erst nach einer angemessenen Auswertung** als Datenmaterial **zu gebrauchen.** Der Rekurs auf das „Gesagte" allein ist nur zu Illustrationszwecken geeignet. Das Experteninterview produziert Daten, die sorgfältig ausgewertet und dokumentiert werden müssen.

Folglich muss der Interviewer den Aussagen des Experten gegenüber kritisch bleiben und versuchen, das Interview in die von ihm gewünschte Richtung zu lenken. Die Aussagen sind in den Kontext des Befragungsgegenstands, des interviewten Experten und der Befragungssituation (z. B. Krisenlage) zu stellen. Dabei sind Position (in der Hierarchie der zu erforschenden Organisation) und Ausrichtung (z. B. parteipolitischer Art) des Experten genauso zu berücksichtigen wie seine Einbindung in bestimmte soziale und politische Netzwerke (externer Kontext). Zudem ist davon auszugehen, dass der Experte aufgrund seines sozialen Umfelds eine **persönliche Meinung** entwickelt hat. Sie kann für sich interessant sein, wirkt aber für die intersubjektive Beschreibung eines Gegenstands möglicherweise verzerrend. Insgesamt gilt das Erkenntnisinteresse ja auch nicht der persönlichen Meinung des Experten als subjektiver Beurteilung, sondern seiner (intersubjektiven) Kenntnis über einen Sachbestand. Aus einer individuellen, möglicherweise von der von ihm vertretenen Institution abweichenden Meinung (z. B. ein einzelner katholischer Pfarrer, der sich in der Haltung zum ökumenischen Abendmahl von der Position der römischen Kirche abgrenzt), ergibt sich das **Subjektivitätsproblem des Experteninterviews.**[25] Fasst man die bisherigen Aussagen zusammen, so ist die Auswahl eines Experten als der größte Stolperstein eines

---

25 Die untrennbare Verbundenheit zwischen Person und Expertenposition ist nicht zu beseitigen. So „darf der (u. a. auch zugeschriebene) Expertenstatus nicht darüber hinwegtäuschen, dass auch bei einem Expertengespräch die jeweiligen Perspektiven, Sinngebungen und Relevanzstrukturen eines Gesellschaftsmitgliedes existieren. Eine künstliche Trennung zwischen Person und Experte ist […]

Experteninterviews anzusehen, beherbergt sie doch eine wesentliche Richtungsentscheidung für das Ergebnis. Dieses Subjektivitätsproblem lässt sich auch für eine Variante des Experteninterviews, das auf die Zuordnung von Zahlen zu Positionen zielt, feststellen – die *expert judgements* (z. B. Benoit/Wiesehomeier 2009)

Experteninterviews unterscheiden sich von anderen Interviews nahezu ausschließlich durch die Auswahl eines Experten. Bestimmen Sie den Expertenstatus belastbar. Dokumentieren Sie, warum die gewählte Person für die untersuchte Fragestellung ein Experte ist und was Sie sich von ihm erwarten.

Wie kann man diesen Problemen begegnen, sodass ein tragfähiges Forschungsergebnis extrahiert werden kann? Da auch bei diesem Verfahren die intersubjektive Vergleichbarkeit und Phänomenbeschreibung das Ziel sind, ist eine kritische Distanz zu Thema und Experten zu halten. Der Interviewer sollte in der Lage sein, ein eigenes, ungeschminktes Bild vom Experten zu zeichnen, um eine große Zahl der Antworten hinsichtlich ihrer Validität und Unparteilichkeit beurteilen zu können. Diese Distanz ist der beste Schutz vor einer einfachen Übernahme von zu stark subjektiv gefärbten Äußerungen des Experten, die nicht der Realitätsbeschreibung entsprechen. Von essenzieller Wichtigkeit sind in diesem Zusammenhang die Informationen über den Kontext des Experten, über sein Handlungsfeld und seine durch die organisatorischen Rahmenbedingungen vorgegebenen Grundpositionen (z. B. für einen Minister die Handlungszwänge, die sich aus seiner Kabinettsdisziplin ergeben).

Das Experteninterview – kein reines Wissen
Das Experteninterview produziert, wie andere Verfahren der qualitativen Sozialforschung auch, Textwissen, das in der Folge einer reflektierten Auswertung zu unterziehen ist. Selbst wenn der Schwerpunkt auf dem Inhalt liegt, bedeutet dies auf keinen Fall, dass das, was der Experte sagt, Wissen an und für sich darstellt. Es ist unter Einbezug der Person (interner Kontext) und ihrer Position (externer Kontext) nach den Regeln der qualitativen Sozialforschung zu interpretieren.

4.7 Gruppendiskussion und Fokusgruppeninterview

Auch die **Gruppendiskussion** und ihre stärker zugespitzte (und kommerziell ausgerichtete) Variante, das sogenannte Fokusgruppeninterview, gehören zu den qualitativen Interviews. Durch die Bündelung der Interviewten schonen sie Ressourcen und können oft zügig und mit hohem Informationsgewinn umgesetzt werden. In der Gruppendiskussion werden dabei speziell auch die Kommunikationsprozesse zwischen Personen erhoben. Man geht davon aus, dass eine gemeinsame Diskussion über die zwischen den Teilnehmern wirksamen Prozesse der wechselseitigen

---

problematisch, weil auch ein exklusives Wissen grundsätzlich stets nur über die Person und deren Erfahrungshintergrund zugänglich ist" (https://www.qualitative-research.de, letzter Abruf: 23.10.2007).

Motivation zu **kollektiver Kommunikation** Ergebnisse erbringen können, die über die Erkenntnisse in Individualinterviews hinausreichen. Die grundlegende Idee ist, dass relativ schnell eine offene Gesprächsatmosphäre erreicht wird und durch die zusätzlichen Stimuli seitens der Beteiligten die Spontaneität der Antworten ansteigt. Dieser Gruppeneffekt wird durch die Analyse des Argumentflusses – wer reagiert wie auf wen – noch verfeinert. Lange Zeit hatte man die Gruppendiskussion allein als Möglichkeit verstanden, eher unbekannte Themen **explorativ** zu erfassen und Meinungen aufzunehmen. Die Gruppendiskussion dient dazu, aus pragmatischen und finanziellen Gründen Informationen über Personen konzentriert zu sammeln, die in der Folge für die Ausarbeitung repräsentativer Erhebungsinstrumente verwendet werden können. Dieses Vorgehen entspricht der Anwendung von Gruppendiskussionen in der Marktforschung, wo es bereits recht lange und durchaus weit verbreitet ist. Für die Marktforschung stellt die Gruppendiskussion ein geeignetes und kostengünstiges Instrument zur Erfassung – meist Ersterfassung – von Meinungen und Haltungen in der Bevölkerung oder spezifischer Gruppen innerhalb der Bevölkerung dar. Frühe Verwendungen in der Wissenschaft lassen sich bis in die 1950er-Jahren zurückverfolgen als **Gruppendiskussionen** am Frankfurter Institut für Sozialforschung durchgeführt wurden (siehe Przyborski/Wohlrab-Sahr 2010: 103).

In den letzten Jahren hat sich die Gruppendiskussion auch in der Politikwissenschaft als **eigenständiges Erhebungsinstrument** durchgesetzt. Speziell unter der Bezeichnung „Fokusgruppeninterview" erfreuen sich Gruppendiskussionen inzwischen in der Politikwissenschaft zunehmender Beliebtheit, können sie auf externe Institute delegiert oder eigenständig in entsprechenden Räumen an Universitäten durchgeführt werden. Ein weiterer Grund für das zunehmende Interesse an diesem Erhebungsinstrument ist die Hoffnung auf einen spezifischen Beitrag zur Beantwortung einer Forschungsfrage. Vor allem im Rahmen von Ergebnistriangulationen wird Fokusgruppeninterviews eine zusätzliche Bedeutung zugestanden. Wie bei qualitativen Einzelinterviews gilt es auch in Gruppendiskussionen, den Kommunikationsfluss nicht zu unterbrechen. Damit werden gezielt Gruppendynamiken und daraus entstehende **Kommunikationsprozesse** beobachtet und protokolliert. Ausgangspunkt ist die Annahme, dass sich in der Diskussionssituation Positionen und Argumentationen ausdifferenzieren und zuspitzen (siehe auch Behnke u. a. 2010: 249), um dann im Idealfall ein Bild eines (öffentlichen) **Diskurses** wiederzugeben. Zudem nimmt man an, dass gerade der – vielleicht kontroverse – Diskussionsverlauf ein eigenes Potenzial in der Anregung zu Spontanantworten und im Aufbrechen geschlossener Argumentationsstrukturen besitzt.

Für die **Durchführung** der Gruppendiskussion ist es wichtig, dass Impulse an die ganze Gruppe – und nicht nur an einzelne Personen in der Gruppe – gerichtet werden. So wird das Risiko der Dominanz bestimmter Sprecher wie auch der selektiven Auswahl von weiteren Sprechern eingedämmt. Alle Teilnehmer sollten in irgendeiner Weise, wenn auch nicht unbedingt paritätisch in Zeit und Gehalt, in der Gruppendiskussion zu Wort kommen. Die zu behandelnden Themen sind allgemein und für alle verständlich anzusprechen, sie dürfen nicht zu früh auf eine bestimmte Sichtweise verengt werden. Die Vermeidung einer solchen Konzentration sollen allen Teilnehmern die Möglichkeit offenhalten, in den Diskurs einzusteigen. Nur wenn diese Beteiligung erreicht wird, kann die gewünschte Selbstläufigkeit des anvisierten offenen **Gruppengesprächs** erreicht werden. Der Diskussionsleiter ist gehalten, sich selbst in seinen Äußerungen und Anweisungen stark **zurückzunehmen** und ein offenes Interesse an den Meinungen der Diskussionsteilnehmer zu signalisieren. Das Interesse zeigen zum Beispiel vage oder sehr **offene** Fragen und Nachfragen seitens des Diskussionsleiters. Mit der reduzierten Haltung des Diskussionsleiters versucht man, der Gefahr sozialer Erwünschtheit zu begegnen, und vermeidet, dass die Teilnehmer „dem Leiter nach dem Mund reden". Von Teilnehmern in den Raum gestellte Fragen und Statements können aufgenommen und zum Zentrum weiterer Diskurse gemacht werden. Zentrale Vorteile der Gruppendiskussion sind ihre große Themenoffenheit, die Möglichkeit des Verstehens eines Diskurses, ihre Alltagsorientierung und der Einbezug von einer Reflexion der Interviewten über den Inhalt im Verlauf des Wechselgesprächs (Kühn/Koschel 2011: 50–51).

Gruppendiskussionen
Gruppendiskussionen zielen auf die Beobachtung einer Kommunikation zwischen verschiedenen Teilnehmern. Sie sollen möglichst spontane Diskussionen und Äußerungen zu Themen anregen. In Gruppendiskussionen können sowohl inhaltliche Aussagenkomplexe in ihrer Breite als auch gruppenspezifische Effekte der Antwortfindung identifiziert werden. Gruppendiskussionen können als Sammlung neuer Aussagen und als Grundlage für die Rekonstruktion gesellschaftlicher Diskurse genutzt werden. In ihrer optimalen Form geben sie als repräsentative Diskursforen Auskunft über öffentliche Debatten. Hierfür benötigen sie einen zurückhaltenden Diskussionsleiter sowie das Entstehen einer Selbstläufigkeit des Diskurses.

Der Erfolg einer Gruppendiskussion steht und fällt mit der **Zusammensetzung der Gruppe**. In der Praxis hat sich eine Beteiligtenzahl um die sechs Personen bewährt. Weniger als drei und mehr als zehn Teilnehmer sind für eine vernünftige Diskussionsführung ungünstig. Wichtiger noch als die Teilnehmerzahl ist die Zusammensetzung der Gruppe. Ist die Gruppe zu homogen, kommt möglicherweise kein Kommunikationsfluss zustande: Differenzierte Meinungen kommen nicht zur Sprache und das Thema wird nicht in angemessener Breite entfaltet. Ist die Gruppe zu heterogen, kann es während der Diskussion zu Streit oder Auseinandersetzungen kommen. Solche Auseinandersetzungen untergraben den inhaltlichen Nutzen der Diskussion und erschweren deren Leitung. Gut ist entweder eine Zusammensetzung der Gruppe, die unterschiedliche Ansichten mit einem klaren Themenbezug berücksichtigt und diese inhaltliche Diversität und Pluralität absichert, oder aber eine nicht zu große Diversität, um überhaupt eine Diskussion mit einem Schwerpunkt zu ermöglichen. So oder so: Die Teilnehmer einer Gruppendiskussion sind gemäß eines kontrollierten Designs gezielt zusammenzusetzen. Bei einer eher auf Unterschiedlichkeit zielenden

Gruppendiskussion und Thematik ist zum Beispiel eine Bestückung mit jeweils zwei Beteiligten einer Position hilfreich, um diese sicher zu Wort zu bringen. Auch können verschiedene Gruppen konstruiert und deren Ergebnisse und Diskussionsverläufe ggf. im Anschluss an die Gruppendiskussionen miteinander verglichen werden. Hier ist eher eine homogene Gruppenzusammensetzung näherliegend, als stark variantenreiche Gruppenzusammensetzungen. Das Auswahlverfahren, das sogenannte *sampling*, ist entlang theoretischer Annahmen oder im Schneeballverfahren möglich (hierbei lässt sich ein eher unbekanntes Feld erschließen). Die Auswahl kann entlang vorab festgelegter Kriterien, z. B. sozialstruktureller Merkmale der Grundgesamtheit, erfolgen. Flexible Zugänge sind möglich. Zum Beispiel ist das Sampling im Verlauf der Untersuchung als Wechsel von Erhebung, Theoriebildung und Erhebung möglich (Theoretical Sampling). Gruppendiskussionen können mit anderen Verfahren gekoppelt werden oder im Anschluss an eine standardisierte Befragung stattfinden (Przyborski/Wohlrab-Sahr 2010: 177–181).[26]

Es ist zudem möglich, die Gruppendiskussion durch **Beobachtungselemente** zu ergänzen. Zum Beispiel ist die Reaktion der Teilnehmer auf Stimuli des Leiters wie auch auf Einwürfe der anderen teilnehmenden Personen beobachtbar. Neben den Äußerungen können auch nonverbale Signale erkannt und für die spätere Auswertung vermerkt werden. Speziell in sensiblen Diskursen (z. B. Haltung zu Zuwanderung, Haltung zur Gleichstellung homosexueller Partnerschaften) sind solche Beobachtungen interessante Zusatzinformationen zu den verbalen Elementen der Gruppendiskussion. Eine Aufzeichnung der Gruppendiskussion durch **Videokameras** ist dabei nicht nur im Falle dieser breiter angelegten Auswertungsinteressen hilfreich. Aufgrund der räumlichen Konzentration der Gruppendiskussion und der deutlichen Verbesserung technischer Möglichkeiten in den letzten Jahren (Digitalisierung) stellt eine visuelle Aufzeichnung mittlerweile keine Herausforderung mehr dar und wird in der kommerziellen Umsetzung fast schon standardmäßig durchgeführt. An universitären Einrichtungen ist hierzu ein Videolabor mit entsprechender Aufnahmekapazität notwendig.

> Gruppendiskussionen sind ein probates Verfahren zur Aufdeckung von gesellschaftlichen Diskursstrukturen. Sie erfordern allerdings ein hohes Maß an Fingerspitzengefühl, viel Erfahrung und eine gute Vorbereitung. Planen Sie ihre Gruppendiskussion gut und mit klarer Ausrichtung auf ihre Fragestellung. Achten Sie auf die Gruppenzusammensetzung.

Zu den **Problemen** der Gruppendiskussion zählt, dass in der Auswertung oft kaum zwischen Effekten der Gruppendynamik und belastbaren Einzelmeinungen unterschieden werden kann. So ist das Ergebnis einer Gruppendiskussion eben nicht zwingend eine einfache Funktion der gesammelten Einzelmeinungen, sondern hochgradig vom **Gesprächsverlauf** abhängig. Im Prinzip ist das Einfangen der kommunikativen

---

26 Auf das Theoretical Sampling wird in Kapitel 5.4 gesondert eingegangen.

Effekte ja auch erklärtes Ziel und zentraler Gewinn der Gruppendiskussion, gleichwohl haben speziell kommerzielle Gruppendiskussionen und Fokusgruppen diesen Aspekt der Gruppendiskussionen weniger im Blick als die konzentrierte Datensammlung. Die Umsetzung der Gruppendiskussion, also im Prinzip der Feldphase, birgt einige Schwierigkeiten. So kann die Zusammensetzung der Gruppe mit Blick auf die Stellung der einzelnen Personen innerhalb der Untersuchungsgruppe und hinsichtlich sogenannter (dominanter) Meinungsführer zu Schwierigkeiten führen, liegt das Hauptziel der Diskussion auf der Ermittlung eines möglichst objektiven Ergebnisses. Nicht nur gelegentlich kommt es zu **Homogenisierungseffekten.** Zum einen erfolgen diese in Form von Unterordnungen der Meinungen mancher Teilnehmer unter die vorgetragenen Überzeugungen der **Meinungsführer**, zum anderen durch eine Einpassung in die als **Mehrheitsmeinung** wahrgenommene Antwortstimmung. Es kommt also zu massiven Effekten sozialer Erwünschtheit, die im Einzelinterview ja gerade vermieden werden sollen. Auf diese Weise entstehen eine Selektivität im Antwortverhalten und häufig eine thematische Verengung der Gruppendiskussion. Sehr dominante Meinungsführer sind auch der Grund, warum gelegentlich die Steuerbarkeit einer Gruppendiskussion nicht mehr gegeben sein kann. So können dominante Persönlichkeiten der Diskussion unerwartete Wendungen geben und ihr ihren Stempel aufdrücken. Dies bricht die Selbstläufigkeit der Diskussion dahingehend, dass nicht alle Teilnehmer ihre Position adäquat einbringen können. Daneben ist die **Stichprobenselektivität** der Methode der Gruppendiskussion zu berücksichtigen. Selbst bei reflektierter Auswahl durch den Forscher, spiegelt die Zusammensetzung einer Gruppe eigentlich nie die Bevölkerung im Sinne von Repräsentativität wider. Folglich bedarf die Verwendung von Gruppendiskussionen zwingend eine **klare Einordnung** der Beteiligten, ihres Auswahlgrunds und die Einordnung in das behandelte Feld der öffentlichen Diskussion.[27]

Eine aktuell in der Markt- und Meinungsforschung beliebte Variante der Gruppendiskussion ist das **Fokusgruppeninterview.** Im Prinzip handelt es sich bei Fokusgruppeninterviews um nichts anderes als um Gruppendiskussionen mit überwiegend homogenen Untersuchungsgruppen. Aber auch eine Diversifizierung der Gruppenzusammensetzung wird gelegentlich ausprobiert, selbst wenn sie dem Leitbild von Fokusgruppen nur begrenzt entspricht. Will man Differenzen zur Gruppendiskussion im Allgemeinen ausmachen, so sind Fokusgruppeninterviews stärker auf einen spezifischen Inhalt der Untersuchung und insbesondere auf einen Stimulus ausgerichtet, der zu Beginn der Diskussion gegeben wird. Faktisch handelt es sich, wie bei der Gruppendiskussion, um ein moderiertes Diskursverfahren (Schulz 2012: 9). In der Regel werden sorgfältig ausgewählte Fokusgruppen hinsichtlich eines spezifischen Themas befragt, bzw. in die Diskussion miteinander gebracht. Im Vergleich zu

---

[27] Konkrete Durchführungshinweise für Gruppendiskussionen finden sich bei Przyborski/Wohlrab-Sahr 2010: 113–114 und Kühn/Koschel 2011.

Gruppendiskussionen generell kommt es zu einer **stärkeren Strukturierung** des Gesprächsverlaufs durch den Interviewleiter. Den Strukturiertheitsgrad von Fokusgruppeninterviews kann man mit der des Leitfadeninterviews oder des fokussierten Interviews auf der Ebene der Einzelinterviews vergleichen. Ziel ist es, den inhaltlichen Erschließungsprozess von fokussierten bzw. problemzentrierten Interviews mit Gruppenprozessen zusammenzubringen. Die Diskussion über einen klar gesetzten inhaltlichen Fokus und eine dazu passende „Expertengruppe" soll es ermöglichen, verschiedene Positionen und die **Vielfalt von Meinungen** zu einer spezifischen Thematik aufzunehmen. Häufig wird auf einen relativ detaillierten Leitfaden zurückgegriffen, um die Diskussion deutlich zu strukturieren und zielführend zu gestalten. Fokusgruppeninterviews eignen sich eher nicht zu einer stärker biografisch ausgerichteten Erfassung von Phänomenen, welche in Gruppendiskussionen durchaus auch möglich sind – vergleichbar mit biografischen Einzelinterviews.

Interviews von Fokusgruppen
Eine mittlerweile beliebte Variante in der Markt- und Meinungsforschung sind Fokusgruppeninterviews. Sie unterscheiden sich von Gruppendiskussionen in der stärkeren inhaltlichen Ausrichtung und einer Steuerung seitens der Diskussionsleitung. Sie dienen eher zu einer – auch kostengünstigen – Bündelung von Meinungen und Meinungsträgern als dass sie den wissenschaftstheoretischen Kriterien der Gruppendiskussion neuerer Prägung oder auch qualitativen Einzelinterviews entsprechen.

Fokusgruppeninterviews liefern über die Sammlung der Meinungen zumeist Hinweise auf die **Akzeptanz** bestimmter Personen oder Programme, die als Stimulus in eine Fokusgruppe gegeben werden, bei den Probanden. So geht es in der Politikwissenschaft gerade im Umfeld von Wahlkämpfen darum ein schnelles Meinungsbild hinsichtlich bestimmter Entscheidungen oder eigener Repräsentationsformen zu erhalten (Dürrenberger/Behringer 1999). Ziel sind Relevanzstrukturen und Entscheidungsfindungsprozesse der Bürger (Schulz 2012: 11). Gleichzeitig profitiert eine Fokusgruppe von Möglichkeiten der Gruppendiskussion im Gesamten: Hinweise auf kollektive Wissensstrukturen, Reduktion des Einflusses des Moderators, teilweise Selbstläufigkeit des Gesprächs. Die **Leistungskraft** von Fokusgruppen ist in erheblichem Ausmaß von den Fähigkeiten des Moderators, der Gruppenauswahl und der Passförmigkeit des Themas für diesen Zugang abhängig. Gelingt es dem Moderator, die Leitfragen so zu platzieren, dass er sich anschließend weitgehend aus der Diskussion heraushalten kann, dann können die Vorteile der Gruppendiskussion genutzt werden. Will man eine Entscheidungshilfe bei zwei Haltungen zu einer politischen Frage, dann kann eine Fokusgruppe für den Erkenntnisgewinn hilfreich sein. In der Analyse tiefer liegender Einstellungsstrukturen oder komplexer Überzeugungsmuster wie bei kausalen Entscheidungsprozessen dürften in der Regel alternative Verfahren der empirischen Politikforschung effektiver sein.

Hierzu trägt auch ein zusätzlicher **Problembereich** der Fokusgruppenanalyse bei. Er liegt im Bereich der **Auswertung**. Anders als die Gruppendiskussionen, die neben allgemeinen Interpretationsverfahren mit der speziell angepassten Analyseform der dokumentarischen Methode (siehe Kapitel 5) über relativ klar definierte Verfahren der Auswertung verfügt, ist noch nicht geklärt, mithilfe welcher Analyseverfahren das Ergebnis einer Fokusgruppenanalyse am besten erschlossen werden kann. Oft werden inhaltsanalytische Verfahren angewandt, um eine gewisse Korrespondenz zu standardisierten Befragungen herzustellen. Es ist aber fraglich, ob dieses Vorgehen die kollektiven Wissensbestände der beteiligten Personen – und noch weiterreichend der Kommunikationsdiskurse – adäquat herausfiltern kann und nicht stärker auf interpretative Verfahren zurückgegriffen werden muss (siehe Kapitel 5.4). Speziell kommerziell durchgeführte Fokusgruppen unterliegen der Schwierigkeit, dass sie über ihre Externalisierung auf ein durchführendes Institut dem Forscher nur einen beschränkten Einblick in die Ergebnisse der Gruppendiskussion ermöglicht. Für die vertiefende – und aufwändige – Auswertung der Diskussionen ist es aber zumeist notwendig, selbst an der Diskussion teilgenommen – und oft auch diese geleitet – zu haben. Letztlich wird in der qualitativen Sozialforschung gerade über die **Verbindung von Datenerhebung und Datenauswertung** ein wirklicher Erkenntnisgewinn erreicht (Lamneck 2005; Kleemann u. a. 2009; Przyborski/Wohlrab-Sahr 2013; Strübing 2013).

Fokusgruppen sind eine zugespitzte Form von Gruppendiskussionen. Sie ersetzen aber weder eine eigene qualitative Analyse noch repräsentative Befragungen. Erwarten Sie nicht zu viel von Fokusgruppen, speziell, wenn Sie deren Erhebung nicht selbst durchgeführt haben.

Die Fokusgruppenanalyse hat in der **Marktforschung** große Nachfrage gefunden, da es die Möglichkeit eröffnet, auch qualitative Untersuchungsteile im eigenen Portfolio anbieten zu können.[28] Gleichzeitig wird das Fokusgruppeninterview dort überwiegend als exploratives Element – und eher beschränkt auf Ergebnisdeskription – eingesetzt (auch Misoch 2015: 169). Fokusgruppeninterviews ersetzen also weder repräsentative Verfahren der quantitativen Sozialforschung, noch dringen sie so tief in das Sinnverstehen ein, wie es auf Einzelpersonen gerichtete qualitative Forschungszugänge eigentlich vorsehen. Ihr Nutzen liegt auf der **explorativen** Ebene oder auf der Diskursebene, welche sie sichtbar macht. Entsprechend wird nicht selten Kritik an diesem Verfahren oder gerade der Variante der Anwendung von Fokusgruppendiskussionen laut: Weder kommt es zu einem Aufschließen kollektiver Wissensstrukturen, wie es die Gruppendiskussion in ihrer neueren wissenschaftlichen Verwendung versucht, noch wird für die qualitative Individualanalyse hinreichendes Material erarbeitet (auch Przyborski/Wohlrab-Sahr 2010: 145). Für wissenschaftliche Zwecke sind gut geplante, auch kontrastierend aufgebaute, Gruppendiskussionen durchaus hilf-

---

[28] Dies war bislang aufgrund der engen Verbindung zwischen Forscher und qualitativem Interview sowie dessen erheblicher Aufwand in der Umsetzung kaum der Fall.

reich, wenn man ihr Potential in der Analyse des Kommunikationsprozesses sieht. Für Kenntnisorientierte Vorgehen dürfte eine gut zusammengestellte Zahl an Einzelinterviews vermutlich der bessere Zugang sein. Vor allem wenn diese fachgerecht mir bewährten Auswertungsverfahren der qualitativen Sozialforschung analysiert werden (siehe ausführlich Kapitel 5).

4.8 Beobachtungsverfahren

Das Verfahren der **Beobachtung** findet in der Politikwissenschaft eher wenig Verwendung. Es wird vorrangig in der Ethnografie oder bei ethnologischen Studien angewandt. In Beobachtungsverfahren geht es darum, das Verhalten von Personen oder auch Gruppen in einer möglichst natürlichen Umgebung wahrzunehmen und hinsichtlich einer Fragestellung zu interpretieren. Beobachtungsverfahren können teilnehmend, nicht-teilnehmend, verdeckt oder offen sein. Das Ziel von Beobachtungen ist es, Auskunft über individuelle Handlungen unter bestimmten Rahmenbedingungen zu erhalten (siehe auch Diekmann 2007: 548–570). Damit will man sich der Lebenswelt der Individuen stärker annähern und subjektiv **verzerrte Wiedergaben** durch die Interviewten in den Befragungsverfahren **überwinden**. Anders als in Umfragen, in denen – teilweise geschönte – Aussagen über die Realität durch den Filter der selektiven Deutung des Interviewten laufen, sind Beobachtungen (zumindest solange die Beobachteten es nicht merken) unmittelbar und unverstellt. So ergeben Umfragen über die Beteiligung an Unterschriftenaktionen vermutlich für die Befragten günstigere Aussagen, als dies wirklich der Fall ist. Grund ist das Gefühl einer sozialen Verpflichtung dies zu tun, gepaart mit der einfachen Möglichkeit dies angeben zu können. Antworten über Verhaltensaussagen in Umfragen oder auch in qualitativen Interviews sind somit immer nur **vermittelte Aussagen**. Zudem nähert man sich gerade bei verdeckten Beobachtungen sehr stark dem **Alltagshandeln** und damit natürlichen Verhaltensprozessen in ihrer „normalen" Umgebung an.

Bei Beobachtungen ist zwischen **Feldbeobachtung** und **Laborbeobachtung** zu unterscheiden. Eigentlich spricht man nur im ersten Fall von einer sozialwissenschaftlichen Beobachtung. Im zweiten Fall wird häufig ein experimentelles Design verwendet. Laborbeobachtungen werden in der Psychologie eingesetzt, wenn klassische experimentelle Designs nicht gut anzuwenden sind. In der Politikwissenschaft spielen Laborbeobachtungen bislang nur eine untergeordnete Rolle.

Weitere zentrale Unterscheidungsmerkmale von Beobachtungen sind die zwischen offener und verdeckter Beobachtung oder die zwischen teilnehmender und nichtteilnehmender Beobachtung. Diese Varianten können auch kombiniert werden. Daraus entstehen diverse Formen der Beobachtung:
1. Teilnehmende verdeckte Beobachtung (z. B. als unerkanntes Mitglied einer Parteiversammlung)

2. Nichtteilnehmende verdeckte Beobachtung (als Außenstehender, der einen Parteitag protokolliert mit dem Ziel den Erfolg einer bestimmten Position zu bestimmen)
3. Teilnehmende offene Beobachtung (in der man sich als Wissenschaftler zu erkennen gibt, der gerne die Regelungsabläufe in einer Verwaltung erfahren möchte) und nichtteilnehmende offene Beobachtung (der Wissenschaftler begleitet einen Politiker in seinem Alltag und greift nicht in dessen Handlungen ein).

Beobachtungen sind kein einfach umzusetzendes Verfahren. Sie müssen eine klare Zielstellung besitzen und wie alle anderen Verfahren verwertbare Daten produzieren. Beobachtungsverfahren der Sozialwissenschaften sind **systematische** Verfahren. Ihr Verlauf wird geplant und eine Beobachtungsgruppe oder Beobachtungssituation aufgrund einer Forschungsfrage oder Hypothese ausgewählt. Die Beobachtung mündet in ein sorgfältig, mit Blick auf das Forschungsziel ausgerichtetes, **Beobachtungsprotokoll**. Dieses kann stärker oder schwächer vorstrukturiert sein.[29] Ähnlich wie bei der Strukturierung von Interviews werden Kategorien vorgegeben oder es ein freies Beobachtungsprotokoll erstellt. Stark strukturierte Beobachtungsschemata entsprechen quasi standardisierten Fragebögen (als Beispiel Schnell u. a. 2013: 385). Eher ethnografische Vorgehen verlassen sich dagegen auf freiere **Feldnotizen** (Przyborski/Wohlrab-Sahr 2010: 63). Das Beobachtungsprotokoll hat neben einer Beschreibung der Rahmenbedingungen eine klare und nachvollziehbare Dokumentation der Beobachtung zum Inhalt. Beobachtungen und Beobachtungsprotokolle sind vom beobachteten Handlungssystem abhängig. Es ist zu bedenken, dass die Handlungen der Beobachteten sowie ihr Kontext nicht an das Interesse des Beobachters angepasst sind. Erfolgt zum Beispiel in Befragungen ein sequenzielles Vorgehen, das im Takt zwischen Befrager und Befragten verläuft – und dabei im Wesentlichen dem **Tempo** des Befragers folgt, verhalten sich beobachtete Personen dynamisch. Die so entstehende Komplexität zu verarbeiten, ist eine der größten Aufgaben für den beobachtenden Forscher. Gleichzeitig liegt gerade an dieser Stelle der große Vorzug der Befragung, wird doch **keine künstliche Situation** geschaffen, sondern das Forschungssubjekt in seiner **natürlichen Umgebung** beobachtet. Von zentraler Bedeutung ist da dann der Transfer des Beobachteten in ein Beobachtungsprotokoll.

Inhalte eines Beobachtungsprotokolls: Ein Beobachtungsprotokoll sollte neben Ort und Zeit der Beobachtung, die ggf. in einzelne Einheiten zergliedert wird (z. B. Fünf-Minuten-Einheiten), um die Handlungsabläufe zu fassen, das Feld genau beschreiben, was die Akteure tun, ihre Beziehungen und Verhältnisse zueinander sowie die Interaktionen dokumentieren. Auch Informationen über bereits erkennbare Routinen oder (möglicherweise den Probanden unbewusste) Abläufe sind festzuhalten. Um gültige Aussagen treffen zu können, ist es notwendig die Kontextbedingungen

---

[29] Zu stark strukturierten Beobachtungen siehe Diekmann (2007: 569–575).

zu vermerken. Diese Inhalte des Beobachtungsprotokolls sollten dann noch mit einer kurzen Reflexion der eigenen Stellung des Beobachters im Feld ergänzt werden. Um die Selektivität der Wahrnehmung des einzelnen Beobachters korrigieren zu können, ist es anzuraten, dass ein weiterer, unabhängiger, Beobachter gleiches vornimmt und ein unabhängiges Protokoll verfasst. Der Abgleich der inhaltlichen Ergebnisse beider Beobachtungsprotokolle ist ausgesprochen hilfreich für die Herstellung einer zumindest begrenzten Intersubjektivität. Es kommt zu einer Kontrolle der subjektiven Wahrnehmung einzelner Beobachter und damit einer gewissen Objektivierung der später auszuwertenden Daten, welche in Form des Protokolls vorliegen.

Beobachtungen als Verfahren sind auf das **Handeln von Menschen** ausgerichtet, das üblicherweise sowohl verbal als auch nonverbal verläuft. Gerade die Erfassung der Nonverbalität und die konkrete Beobachtung einer Entscheidung sind von Interesse (auch Behnke u. a. 2010: 258). Anders als in der Einstellungsforschung, wo Entscheidungen geäußert werden, aber nicht immer sicher ist, dass sie auch vollzogen wurden, sind diese über Beobachtungen manifest abzuprüfen. Handlungen sind stark durch die sozialen Rahmenbedingungen und Konstellationen sowie Gelegenheitsstrukturen bestimmt. In handlungstheoretischen Ansätzen wird ein Zusammenspiel zwischen Situation und Präferenzen als entscheidend für die konkreten Handlungen angesehen. Somit sind die Beschreibungen von Handlungen in den jeweiligen Kontext einzubetten, der ebenfalls kleinteilig zu dokumentieren ist.

Kernpunkte der Beobachtung

Beobachtungsverfahren kann man in offene und verdeckte Beobachtungen unterscheiden. Nur im zweiten Fall handelt es sich um ein nonreaktives Verfahren. Die Stärke der Beobachtung liegt in ihrer expliziten Berücksichtigung von realem Verhalten und Handeln, das nicht in abgeleiteter Form aus Befragungen übernommen, sondern direkt beobachtet wird. Eine andere Differenzierung besteht zwischen teilnehmender und nichtteilnehmender bzw. zwischen Feldbeobachtung und Laborbeobachtung. Jedes Verfahren wissenschaftlicher Beobachtung ist systematisch organisiert und strukturiert und mündet in Protokolle oder zumindest strukturierte Feldnotizen.

Probleme ergeben sich aus der Komplexität von Handlungen sowie der Schwierigkeit, die Motivation der Handlungen zu bestimmen. So kann man die Handlungen der Individuen zwar vor ihrem Kontext bewerten, indes kann diese **Bewertung** falsch sein, schließt man doch auf Intentionen anderer Personen. Oft protokollieren unterschiedliche Beobachter das gleiche Verhalten vollständig unterschiedlich. Dies ist eine Folge der selektiven Wahrnehmung, legt doch jeder Mensch in der Beobachtung den Schwerpunkt auf andere Aspekte. Während zum Beispiel ein Interviewer auf das funktionale Verhalten der Teilnehmer einer Vorlesung und deren Protokollierung Wert legt, betrachtet ein anderer Beobachter soziales Verhalten während der Vorlesung. Hier können Differenzen im Hintergrundwissen (was hat derjenige davor getan) oder im sozialen Verständnis Schwierigkeiten bei der Wahrnehmung der zu beobachten-

den Handlungen aufwerfen. Diekmann (2007: 562) nennt drei Problembereiche der Beobachtung:
1. **Zugang zum sozialen Feld**: Der Beobachter muss an Situationen teilnehmen können, die seinem Forschungsinteresse entsprechen. Bei der Frage nach dem Umgang mit Sinti und Roma wäre dies ein Aufeinandertreffen von verschiedenen Personengruppen mit Sinti und Roma in unterschiedlichen Kontexten, z. B. in entsprechenden Wohngebieten. Ein Feldzugang ist aber nicht immer gegeben; je sensibler die Thematik ist, desto schwieriger ist auch der „Feldzugang". In Fällen verdeckter Beobachtung sind zudem Regeln des Datenschutzes und der Persönlichkeitsrechte zu beachten.
2. **Beeinflussung des sozialen Geschehens**: Der Beobachter beeinflusst das beobachtete Geschehen. Dies gilt für die meisten Fälle von Beobachtung, üblicherweise der offenen Beobachtung. In verdeckten Beobachtungen sollte dieses Problem überwunden werden. Gleichzeitig ist es schwierig verdeckt zu bleiben. Ein Beispiel für eine entsprechende erfolgreiche Studie ist übrigens die Marienthal-Studie (Jahoda u. a. 1975), die sowohl aus der Distanz und als auch aus den Nähe, durch das Einmieten in eine Gemeinde mit plötzlicher hoher Arbeitslosigkeit, Informationen erhielt, um die Forschungsfrage nach dem Zusammenhang zwischen Arbeitslosigkeit und Anomie schlüssig beantworten zu können.
3. **Protokollierung der Beobachtungen**: Die Niederschrift einer Beobachtung ist subjektiv und entsprechend selektiv. So ist kein Beobachter in der Lage, die Komplexität einer sozialen Situation in ihrer Gänze aufzunehmen und erst recht nicht niederzuschreiben und zu protokollieren. Neben der fehlenden Vollständigkeit ist aber auch die Selektivität subjektiv gesteuert. Sieht der eine dieses und konzentriert sich auf die Personen A und B, sieht der andere Beobachter anderes und vergleich die Personen A und C. Schnell (u. a. 2013: 390–391) bezeichnet hier entstehende Fehler als **Beobachtungsfehler**.

Beobachtungsverfahren sind gut geeignet unmittelbare Abbildungen des Verhaltens von Personen zu erfassen. Gleichzeitig sind sie stark interpretationsbedürftig hinsichtlich der Motive dieses Verhaltens bzw. Handelns, welches sich nicht immer direkt aus dem Kontext erschließen lässt. Behalten Sie dies bei Beobachtungen immer im Blick.

Ein wissenschaftstheoretisch nicht zu lösendes Problem für Beobachtungsverfahren ist, dass **Beobachtungen nicht reproduzierbar sind**. Dies beeinträchtigt ihre wissenschaftliche Stabilität und Reliabilität. Zudem ist es nicht sicher, dass die in eine Situation hinein interpretierten Handlungsgründe auch für andere oder sogar ähnliche Situationen in gleicher Weise zutreffen. So kann die Entscheidung einer Person an einer Demonstration teilzunehmen, völlig unterschiedliche Gründe besitzen, die dann doch alleine durch eine gezielte Befragung der Personen ermittelt werden können. Entsprechend besteht eine relativ starke **Interpretationsunsicherheit** hinsichtlich der Kausalitäten von Handlungen, sind doch die Motivationsstrukturen allein aus dem Handeln zugewiesen. Hier kann sich eine Kombination von Umfragetechniken und Beobachtungsverfahren als eine nützliche Verbindung erweisen, geben doch die Beobachtungen Hinweise auf die Umsetzung der geäußerten Motive unter bestimmten Rahmenbedingungen.

4.9 Fazit

Im vorliegenden Kapitel wurden die Erhebungsverfahren der empirischen Sozial- und Politikforschung dargestellt. Ihre regelgerechte Umsetzung ist für die spätere Auswertung von Datenmaterial unterschiedlicher Ausrichtung von großer Wichtigkeit. Zentral für ihre Auswahl ist ihre jeweilige **Angemessenheit für den Forschungsgegenstand**. Dabei sind es insbesondere drei Scheidelinien, welche als Markierungen für eine Klassifikation und Einordnung unterschiedlicher Erhebungsrichtungen verwendet werden können. Zum einen sind qualitative von quantitativen Erhebungsverfahren zu unterscheiden. Münden quantitative Verfahren, wie die weit verbreitete standardisierte Befragung, in Zahlen, ergeben sich bei qualitativen Vorgehen **Transkripte** oder **Protokolle** als Endprodukt der Erhebungsphase. Neben bereits vorliegenden Dokumenten sind alle diese Produkte des Forschungsprozesses als **Daten** zu verstehen, welche um zu einem wissenschaftlichen Ergebnis zu kommen zwingend einen weiterem Schritt – der Datenauswertung – unterzogen werden müssen. Eine zusätzliche Unterscheidungslinie der vorgestellten Vorgehen bietet die Differenzierung zwischen (reaktiven) Befragungsverfahren und **nichtreaktiven Vorgehen**. Reaktive Verfahren benötigen die Mitarbeit des Probanden und nehmend dafür das Risiko von subjektiven Verzerrungen und sozialer Erwünschtheit in Kauf. Nichtreaktive Verfahren greifen entweder auf vorliegendes Material (Texte und Daten) zurück oder sind für den Untersuchten nicht sichtbar – oder verdeckt. Anders als beim reaktiven Material fehlen bei nichtreaktiven Vorgehen Möglichkeiten zur Nachfrage und zu einer genauen Motivbestimmung. Gleichzeitig entziehen sie sich dem Problem sozialer Erwünschtheit. Eine dritte größere Unterscheidung kann zwischen **Befragungsverfahren** und **Beobachtungsverfahren** vorgenommen werden. Sind ersteres auf verbale Äußerungen über Handlungen angewiesen, können diese bei Beobachtungen direkt betrachtet werden. Umgekehrt geben Befragungen Auskunft über die Motivation des Handelns, welche in Beobachtungsverfahren unter großen Schwierigkeiten interpretativ zugewiesen werden muss. Antworten auf Befragungen sind immer darauf angewiesen, dass sie inhaltlich belastbar sind. So muss der Forscher darauf vertrauen können, dass die Angaben, die er erhält auch die Realität beschreiben – und ehrlich gemeint sind. Insgesamt findet sich eine große Bandbreite an Erhebungsverfahren, die zudem in unterschiedlicher Weise kombiniert (oder trianguliert) werden kann. Bei der Entscheidung für ein Erhebungsverfahren ist es immer sinnvoll einen Schritt weiterzudenken und sich zu überlegen, mit welchen Auswertungsmethoden man später arbeiten möchte. Gerade bei qualitativen Vorgehen besteht hier oft eine gewisse Einheit zwischen Erhebung und Auswertung. Doch auch bei quantitativen Analysen ist eine solche Vorausschau weiterführend.

4.10 Weiterführende Literatur

J. Behnke; N. Baur; N. Behnke (2010): Empirische Methoden der Politikwissenschaft. Paderborn. (2. Aufl.)
Breite Darstellung verschiedener Erhebungsmethoden mit spezifischer Ausrichtung auf politikwissenschaftliche Zugänge.

A. Diekmann (2007): Empirische Sozialforschung. Grundlage. Methoden. Anwendungen. Reinbek bei Hamburg (11. Aufl.) (speziell S. 434–657).
Standardlehrbuch der empirischen Sozialforschung mit ausführlichen Ausführungen zu den Formen der Datenerhebung.

U. Engel; S. Bartsch; C. Schnabel; H. Vehre (2012): Wissenschaftliche Umfragen. Frankfurt/Main.
Detaillierte Planungsübersicht und Problemdiskussion wissenschaftlicher Umfragen.

U. Flick; E. von Kardorff; I. Steinke (Hrsg.) (2010): Qualitative Forschung. Ein Handbuch. Reinbek bei Hamburg (8. Aufl.).
Handbuch, das verschiedene Aspekte und Zugänge der qualitativen Forschung vorstellt.

U. Froschauer; M. Lueger (2003): Das qualitative Interview. Wien.
Stark praxisorientiertes Lehrbuch zur Durchführung qualitativer Interviews; hinsichtlich der Auswertungsverfahren Konzentration auf Feinstruktur- und Systemanalyse.

S. Fuß; U. Karbach (2014): Grundlagen der Transkription. Opladen.
Knappes Einführungsbuch mit Leitlinien für die Transkription von Interviews.

M. Häder (2010): Empirische Sozialforschung. Eine Einführung. Wiesbaden (2. Aufl.).
Einführungsbuch in die quantitative Sozialforschung mit vielen Beispielen und Darstellung komplexer Auswertungsverfahren.

R. Jacob; A. Heinz; J. P. Decieux (2013): Umfrage. Einführung in die Methoden der Umfrageforschung. München (3. Aufl.).
Einführung in die Umfrageforschung mit konkreten Beispielen und Darstellung des Ablaufs einer Umfrage.

M. Jahoda; P. F. Lazarsfeld; H. Zeisel (1975): Die arbeitslosen von Marienthal. Ein soziographischer Versuch über die Wirkungen langandauernder Arbeitslosigkeit. Frankfurt/Main.
Klassiker der Sozialforschung, der am Beispiel Nutzen und Probleme speziell von Beobachtungsverfahren demonstriert; heute wie früher ist die 1933 durchgeführte Studie allen Studierenden als Lektüre zu empfehlen.

R. Kaiser (2014): Qualitative Experteninterviews. Konzeptionelle Grundlagen und praktische Durchführung. Wiesbaden.
Kompaktes Einführungsbuch für Politikwissenschaftler in das Vorgehen bei Experteninterviews.

F. Kleemann; U. Krähnke; I. Matuschek (2009): Interpretative Sozialforschung. Eine praxisorientierte Einführung. Wiesbaden.
Praxisorientiertes Lehrbuch zur Einführung in vier Vorgehensweisen der interpretativen Sozialforschung; hervorragend geeignet, um interpretative Verfahren zu erlernen und nachvollziehen zu können.

T. Kühn; K.-V. Koschel (2011): Gruppendiskussionen. Ein Praxis-Handbuch. Wiesbaden.
Breite und detailgenaue Einführung in die Durchführung von Gruppendiskussionen als eigenständiges Erhebungselement.

H. O. Mayer (2008): Interview und schriftliche Befragung. Entwicklung, Durchführung, Auswertung. München (4. Aufl.).
Buch, das sich auf die Umfrageforschung konzentriert und die Durchführung von Interviews ausführlich behandelt.

S. Misoch (2015): Qualitative Interviews. Berlin.
Auf die Durchführung von verschiedenen Formen qualitativer Interviews ausgerichtetes Lehrbuch; enthält klare Handlungsvorgaben und Anweisungen; für noch nicht sehr erfahrene Forscher und Studierende auf dem Gebiet der qualitativen Forschung gut geeignet.

A. Przyborski; M. Wohlrab-Sahr (2010/2013): Qualitative Sozialforschung. München (3. Aufl./ 4. Aufl.).
Standardwerk der qualitativen Sozialforschung; klare und übersichtliche Darstellung und Erläuterung der wichtigsten qualitativen Erhebungs- und Auswertungsverfahren.

R. Schnell; P. B. Hill; E. Esser (2013): Methoden der empirischen Sozialforschung. München (9. Aufl.) (speziell S. 311–412).
Standardwerk zur Einführung in die empirische Sozialforschung; ausführliche Darstellung von Datenerhebungs- sowie von Auswahlverfahren.

M. Schulz; B. Mack; O. Renn (2012): Fokusgruppen in der empirischen Sozialwissenschaft. Von der Konzeption bis zur Auswertung. Wiesbaden.
Darstellung und Diskussion von Fokusgruppeninterviews; konzipiert als Sammelband mit einem einleitenden und erläuterndem Teil sowie verschiedenen Aufsätzen aus der Anwendungspraxis.

5 Datenanalyse

5.1 Statistische Datenanalyse

Im Bereich der Methoden der empirischen Politikwissenschaften werden am häufigsten **quantitativ-statistische Verfahren** verwendet.[1] Ziel dieser Verfahren ist die Produktion verallgemeinerbarer Aussagen über soziale Tatbestände. Dies geschieht mittels deskriptiver Darstellungen mit einer hinreichenden Zahl an Fällen und anhand des Aufzeigens systematischer Beziehungen zwischen verschiedenen Variablen. Die statistischen Ergebnisse sind nicht Selbstzweck und interpretieren sich nicht von alleine, sondern müssen durch Forscher (am besten im Kontext von Theorien) gedeutet werden. Gleichwohl werden die inhaltlichen Schlüsse, die für die Sozialwissenschaften von eigentlichem Interesse sind, mithilfe statistischer Verfahren ermittelt und durch daraus resultierende Darstellungen zu belegen versucht.[2] Entsprechend häufig wird auch in der politikwissenschaftlichen Analyse auf Statistik und statistische Methoden zurückgegriffen. Angesichts dessen, das diese Verbindung von Sozialwissenschaften und Statistik bereits seit Langem existiert, erstaunt es immer wieder, wie überrascht viele Studierenden der Sozialwissenschaften darüber sind, dass die Ausbildung in den Bereichen „Methoden der Sozialwissenschaften" und „Statistik" Teil ihrer universitären Ausbildung sind. Es gehört zur Basis sozialwissenschaftlicher Studien, sich mit entsprechenden statistischen Grundkenntnissen bekannt zu machen – vor allem, da in nahezu allen Lehrplänen der Soziologie und mittlerweile auch den meisten Studienplänen und Studienführern in der Politikwissenschaft Ausbildungselemente empirischer Sozialforschung und statistischer Methoden verankert sind.

Wissenschaftstheoretisch wird in der statistischen Datenanalyse an das **Denken der Naturwissenschaften** angeschlossen. Der Blick wird auf gesicherte „Überzufälligkeiten" von Zusammenhängen oder auf die repräsentative Abbildung der Untersuchungsgegenstände gerichtet. Man kann statistische Verfahren in gewisser Hinsicht als „Quasi-Experimente" mit geringerer Überprüfbarkeit und Kontrolle intervenierender Faktoren bezeichnen (Achen 1986). Ziel statistischer Analysen ist es, **Aussagen über Kollektive** zu treffen. Damit sind sie primär sozialwissenschaftlich und nicht psychologisch ausgerichtet. Allerdings können die verschiedenen statistischen Verfahren gleichermaßen für Aggregat- wie für Individualdatenanalysen genutzt werden.

---

[1] Die jeweiligen Berechnungsformeln werden in verschiedenen Lehrbüchern, speziell in solchen mit Ausrichtung auf die statistische Analyse, ausführlich vorgestellt. Aufgrund der Begrenzungen des vorliegenden Einführungsbuchs sowie der Tatsache, dass in der Regel ein Statistikprogramm zur Berechnung der Werte verwendet wird, wird im Folgenden weitgehend auf die Präsentation von Berechnungsformeln verzichtet.

[2] Für vertiefende und komplexere statistische Verfahren siehe Gujarati (2015) und Kennedy (2008).

Einzelne Mitglieder der Gesellschaft, die Bürger, werden mithilfe von Individualdaten untersucht. Auch Individualdatenanalysen, dies wird noch zu zeigen sein, dienen in der Politikwissenschaft letztendlich dazu, Aussagen über Kollektive bereitzustellen. Grundsätzlich sind statistische Methoden in den Sozialwissenschaften, und damit auch in der Politikwissenschaft, darauf ausgelegt, anhand einer Stichprobe **Aussagen über eine Grundgesamtheit** treffen zu können

Voraussetzung für alle statistischen Verfahren ist das Vorliegen gemessener, also in **Zahlen** transformierter Daten. Wie diese zustande kommen, haben wir in Kapitel 4 behandelt. Ausgangspunkt für die Transformation von Tatbeständen in Zahlen ist die Standardisierung und Kategorisierung von Information. Selbst wenn die erzeugten Datenstrukturen je nach Erhebungsmethode variieren (Individual- bzw. Umfragedaten, Aggregat- bzw. Strukturdaten), befassen wir uns in Kapitel 5 nur mit der Auswertung von Datenmaterial im Sinne der Ergebnisprojektion, da sich der statistische Grundzugang zum Material in der Regel gleicht.

> Statistische Analyse ist weder Selbstzweck, noch erklären sich Ergebnisse „von selbst". Nutzen Sie sie vor allem dazu, Ihre Annahmen und Überlegungen zu bestätigen, zu widerlegen und zu differenzieren.

Die Umsetzung statistischer Analysen in der Politikwissenschaft ist allerdings weder einfache Zahlenhuberei noch spielerischer Selbstzweck. Sie sollte immer auf **politikwissenschaftliche Erkenntnisse** ausgerichtet sein. Entsprechend geht es darum, zu wissen, wie man eine korrekte statistische Analyse durchführt, ohne zwangsläufig das gesamte statistische Formelwerk im Kopf haben zu müssen. Die Kenntnis der Auswertungsmethoden schützt vor Fehlern, ist aber noch keine politikwissenschaftliche Leistung. Sie ist höchstens als Vorleistung, wenn auch als nicht unbedeutende, zu beurteilen. Zur Auswertung statistischer Daten wird in der Regel auf **Statistikprogrammpakete** zurückgegriffen, die eine Vielzahl statistischer Routinen mittels einfacher Menüsteuerungen bereitstellen (siehe auch bei Datentransformation Kapitel 4.5.5). Das eigene „quasihändische" Aufstellen von Formeln und deren Berechnung gehört der Vergangenheit an. Auch die für einfache Datensammlungen ausreichenden Excel-Berechnungen stellen in der heutigen Politikwissenschaft eher eine Randerscheinung dar. Neben dem am häufigsten genutzten Statistikprogramm **SPSS** haben in den letzten Jahren **STATA** oder das frei verfügbare, aber mit etwas mehr Programmieraufwand einhergehende **R**, zunehmende Verbreitung gefunden (siehe Kapitel 4.5.5).

Statistikprogrammpakete
In der Politikwissenschaft werden statistische Analysen heute nicht mehr auf dem Papier und mittels Taschenrechner ausgewertet. Stattdessen verwendet man hierfür Statistikprogrammpakete wie STATA, R und SPSS. Letzteres ist das derzeit an Universitäten gebräuchlichste Programmpaket.

Statistikprogramme helfen bei der Analyse, sie ersetzen jedoch nicht das wissenschaftliche Denken. Das Errechnen „einer Zahl" ist noch keine wissenschaftliche Leistung. Um eine wissenschaftliche Leistung handelt es sich erst dann, wenn „die Zahl" interpretiert und ihre politikwissenschaftliche Bedeutung verstanden wird. Gleichzeitig geben die ermittelten Zahlen die Chance, eigenständig verschiedene kursierende Annahmen über einen Tatbestand (objektiv) überprüfen zu können. Sie helfen so – quasi ideologiekritisch (Diekmann 2007: 662) – die eigene Position gegen bereits bestehende (scheinbar sichere) Erkenntnisse, vorgefasste Meinungen und Literaturgläubigkeit zu schützen und zu untermauern. Man kann über die Nutzung des Datenmaterials und dessen Auswertung selbstständig Thesen und Annahmen überprüfen und muss sich nicht auf vermittelte Aussagen anderer „Experten" verlassen. Einfach gesagt: Man gewinnt **wissenschaftliche Eigenständigkeit.** Hierfür bedarf es alleine einiger methodischer und statistischer Kenntnisse, die man sich aneignen muss. Dabei ist es unproblematisch, wenn man als Studierender vielleicht nicht alle analytischen Möglichkeiten ausschöpfen kann und nicht alle Feinheiten kennt, Basiskenntnisse sollten jedoch vorhanden sein. Wichtig sind ein angemessener Zugang zu den Daten und eine Sensitivität für das, wie man gerade analytisch vorgeht. In den Sozialwissenschaften geht es immer um die Inhalte und die inhaltliche Bedeutung der statistischen Berechnungen. Dieser Fokus auf inhaltliche Aussagen ist mittlerweile weitaus einfacher als noch vor Jahrzehnten zu erreichen, ist es doch kaum mehr notwendig, eigenständige Programmierungsroutinen vorzunehmen. Durch die häufig über **Benutzermenüs** gesteuerte Programmoberfläche hat sich der Umgang mit Statistikprogrammpaketen stark vereinfacht. Entsprechend werden sie von Studierenden im Lehrbetrieb meist schnell erlernt. Diese Vereinfachung der Anwendung von Statistik birgt jedoch auch die Gefahr, nicht mehr zu verstehen, welcher Berechnungsvorgang hinter den technisch produzierten Zahlen steht. Das kann zum einen in einen unerschütterlichen Glauben in die abstrusesten Ergebnisse münden oder aber in Unverständnis und Hilflosigkeit bei bizarren statistischen Ergebnissen. Dementsprechend sind Kenntnisse im Bereich der statistischen Methoden ausgesprochen hilfreich und empfehlenswert.

Es empfiehlt sich, den Umgang mit einem Statistikprogrammpaket zu beherrschen. Sollten im Rahmen des Studiums keine Einführungen angeboten werden, finden sich sicherlich entsprechende Kursangebote an Ihrer Fakultät oder an Nachbarfakultäten. Schulen Sie sich vor der Anwendung und Planung eines empirischen Forschungsprojekts.

Diesen Standardprogrammen steht eine unüberschaubare Anzahl an **Spezialprogrammen** zur Seite. Nimmt die Verbreitung einer bestimmten statistischen Prozedur zu, wird diese in der Regel in die Standardprogramm(paket)e integriert. Beispielhaft sei hier auf die Adaption von linearen Strukturgleichungsmodellen (LISREL) in das Programmpaket SPSS (über die Prozedur AMOS) verwiesen. Einfache Datenmengen bzw. einfache deskriptive Analysen werden von Studierenden auch weiterhin häufig

Tab. 5.1: Ordnung der Verfahren (eigene Zusammenstellung).

Verfahrenskategorie	Merkmale
univariate Verfahren	Analyse von einzelnen Variablen
	Häufigkeiten und Maße der Verteilung
bivariate Verfahren	Analyse von zwei Variablen
	Kreuztabellen, Korrelationskoeffizienten
multivariate Verfahren	Analyse von mehreren Variablen
	Regressionsanalyse, Faktorenanalyse etc.
deskriptive Statistik	Aussagen über die Stichprobe
schließende Statistik	Aussagen über eine Grundgesamtheit

mit Excel durchgeführt. Aufgrund der eingeschränkten statistischen Funktionen von Excel ist die Nutzung der genannten statistischen Programmpakete nachdrücklich zu empfehlen. Reichen die Funktionen der Programmpakete nicht aus, was oftmals bei komplexeren kombinatorischen Vorgehen der Fall ist (z. B. bei komplexen linguistisch ausgerichteten Korpusanalysen), muss gelegentlich auf individuell **programmierte Routinen** zurückgegriffen werden. Offen konzipierte und flexiblere Programmpakete wie *R* lassen sich leichter für eigene Zwecke anpassen.

Kommen wir nun zur **Analyse.** Die wenigsten Grundgesamtheiten (also z. B. alle Deutschen) können vollständig in einer Erhebung berücksichtigt werden. Dies würde man übrigens **Vollerhebung** nennen. Entsprechend benötigt man Stichproben, die die Grundgesamtheiten repräsentieren. Daraus ergibt sich eine weitere konzeptionelle Unterscheidung in der Statistik: Trifft man Aussagen über eine Stichprobe, bewegt man sich im Bereich der beschreibenden oder **deskriptiven Statistik** (siehe Tabelle 5.1). Ihr Ziel ist es, Daten über eine bestimmte Stichprobe oder Grundgesamtheit zu ordnen und übersichtlich darzustellen. Ihr Bezugspunkt ist immer allein die Stichprobe. Trifft man dagegen ausgehend von (dann notwendigerweise für die Gesamtheit repräsentativen) Stichproben Aussagen über eine Grundgesamtheit (z. B. die Wahlbevölkerung der Bundesrepublik Deutschland), wechselt man in den Bereich der **schließenden Statistik** oder **Inferenzstatistik.** In der schließenden Statistik geht es darum, die Sicherheit zu ermitteln, mit der man aus der Analyse der Stichprobe richtige Schlüsse über Zusammenhänge und Wechselwirkungen in der Grundgesamtheit wie aber auch deren Verteilung ziehen kann. Basis für diese Schlüsse ist die sogenannte Wahrscheinlichkeitstheorie. Hier kommt dem Begriff der Signifikanz eine wichtige Bedeutung zu. Sie stellt den Grad dar mit dem zu Recht von der Stichprobe auf die Grundgesamtheit geschlossen werden kann. Statistische Signifikanz darf dabei aber nicht fälschlicherweise als inhaltliche Relevanz gedeutet werden, wie dies gelegentlich der Fall ist. **Inhaltliche Relevanz** bekommt ein Ergebnis erst, wenn es etwas für die Wirklichkeit aussagt oder einen Beitrag zur Prüfung und Kontrolle von Theorien leistet. Verfügt man über eine Vollerhebung einer zu untersuchenden Grundgesamtheit, sind entsprechende Wahrscheinlichkeitsbestimmungen nicht notwendig.

Tab. 5.2: Vom Merkmal zur Grundgesamtheit – statistische Grundeinheiten (eigene Zusammenstellung).

Kategorie	Bedeutung	Beispiel
Merkmal	zu untersuchende Einheit	Wahlverhalten
Merkmalsausprägung	Ausprägungen der Untersuchungseinheit	Wahl der CDU oder SPD durch einen Probanden
Proband/Untersuchungseinheit	Merkmalsträger	einzelner Wähler
Stichprobe	nach Stichprobenkriterien ausgewählte Gruppe von Merkmalsträgern	größere Anzahl an Wählern
Grundgesamtheit	alle Merkmalsträger in einem bestimmten Raum	Wähler in der Bundesrepublik Deutschland

Da in der Politikwissenschaft Aussagen über Gesamtheiten angestrebt werden, ist es ein zentrales Ziel politikwissenschaftlicher Analyse, statistische Verfahren auf der Ebene der schließenden Statistik anzuwenden. Wie kommt man nun dazu, Aussagen über Grundgesamtheiten treffen zu können? Hier ist es wichtig, sich die verschiedenen Einheiten, die man einer statistischen Analyse unterzieht, etwas näher anzusehen. Sie stehen in einer bestimmten Beziehung zueinander und legen so die Schritte fest, die man zur Abbildung der Grundgesamtheit benötigt. Tabelle 5.2 zeigt die verschiedenen Grundeinheiten, die in einem Datensatz in Beziehung zueinander stehen (siehe auch Atteslander 2006: 242–243).

Es wird deutlich, dass zwischen der Stichprobe und der Grundgesamtheit eine Brücke geschlagen werden muss, deren Konstruktion in Kapitel 5.1.3 näher erläutert wird. Merkmale, Merkmalsausprägungen und Merkmalsträger sind die Einheiten, die direkt zur Verfügung stehen. Hier ist erkennbar, dass für den statistisch arbeitenden Politikwissenschaftler nicht die Person in ihrer Gänze von Interesse ist, sondern die **Sammlung ihrer Merkmalsausprägungen.** Es sind diese separierten Ausprägungen, die in der Folge statistisch be- und verarbeitet werden. Die befragten oder beobachteten Personen sind „nur" die Träger der verschiedenen einzelnen Merkmale. Die Auswertung der Merkmalsausprägungen gibt wiederum Hinweise, ob verschiedene dieser Merkmalsausprägungen vorliegen, ob sie miteinander in Beziehung stehen und welche Bedeutung sie in Kombination für die in eine Gesellschaft eingebundenen Individuen besitzen.

Statistische Kenntnisse
Die Kenntnis statistischer Methoden hilft, Analysefehler zu vermeiden und Zugänge zum Datenmaterial zu finden. Sie ersetzt aber nicht die inhaltliche politikwissenschaftliche Arbeit. Interpretationen ohne Daten sind spekulativ, Daten ohne Interpretationen inhaltsleer. Entsprechend gilt es, ein Abgleiten der eigenen Analyse in eine Nutzung von statistischen Verfahren als „Spielzeug" zur minimalen Ergebnisveränderung zu vermeiden. Nur wenn die Ergebnisse plausibel interpretiert werden,

inhaltliche Relevanz besitzen und in die Forschungslandschaft eingepasst werden können, haben sie politikwissenschaftlichen Wert.

Kommen wir zu den Auswertungsverfahren in der Praxis und verschaffen wir uns einen Überblick über entsprechende Möglichkeiten. Was die Vorgehensweise der Datenanalyse anbelangt, unterscheidet man zwischen **univariaten, bivariaten und multivariaten Analysen** (siehe Tabelle 5.1). Diese Bezeichnungen beruhen auf der Anzahl der Variablen, die gleichzeitig untersucht werden. Diese können in Kombination (bivariat, multivariat) oder einzeln (univariat) Auskunft über eine Stichprobe und/oder Grundgesamtheit geben, die den Forscher interessiert. Allen weiterführenden Analysen sollte immer eine univariate Analyse des verwendeten Datenmaterials vorangehen. Auf diese Weise verschafft sich der Forscher einen Überblick über das Untersuchungsobjekt und das Forschungsfeld und bekommt „ein Gespür" für das vorliegende Datenmaterial. Die Daten auf ihre inhaltliche und statistische **Plausibilität** zu prüfen, ist eine gute Methode der Absicherung valider und reliabler Ergebnisse. Bivariate und multivariate Verfahren zielen auf Beziehungen zwischen Variablen. Diese **systematischen (kausalen) Beziehungen** zwischen Sachverhalten zu bestimmen, gehört zum Zentrum politikwissenschaftlicher Analyse, handelt es sich doch in der Regel bei politikwissenschaftlichen Fragen um Fragen nach dem Warum und den Folgen bestimmter Ereignisse und Entscheidungen. Gleichwohl sind nicht alle Zusammenhangsanalysen auf kausale Erklärungen ausgerichtet. Multidimensionale Zusammenhangsanalysen können zur Typologisierung von Gruppen oder zur Identifikation latenter Zusammenhangsstrukturen von Einstellungsdimensionen (z. B. Ausländerfeindlichkeit, Ethnozentrismus, Solidarität) herangezogen werden. Letztere erfreuen sich in der Nachbardisziplin Psychologie einer starken Nachfrage. Auch weniger übliche statistische Vorgehen (spezielle Verfahren der Clusteranalyse, Korrespondenzanalysen, loglineare Modelle etc.) besitzen an dieser Stelle ihren Platz in den Überlegungen der Forscher. Sie alle sind zu den multivariaten Verfahren zu zählen und werden später in diesem Buch angesprochen.

5.1.1 Univariate Analysen – der Einstieg in die statistische Analyse

Univariate Analysen dienen zur Beschreibung von Verteilungen. Sie geben eine erste Auskunft über die Struktur der erhobenen Daten. Oft ermöglichen sie bereits relativ weitreichende Aussagen zur Forschungsfrage. Gelegentlich enden Analysen sogar bereits nach der univariaten Analyse. Die Präsentation der Ergebnisse des Politbarometers im ZDF stützt sich ausschließlich auf univariate, deskriptive Analysen. Diese Untersuchungen werden der **deskriptiven Statistik** zugeschrieben. Die einfachste Form univariater Analysen ist die **Häufigkeitsauszählung**. Sie enthält absolute und relationale Angaben über Merkmalsausprägungen in der Stichprobe. Relationale Angaben beziehen sich jeweils auf die Gesamtstichprobe und werden in Prozent angegeben.

Antworten zum Beispiel 40 Personen auf eine Frage nach dem politischen Interesse mit „Ja, sehr großes Interesse", beträgt die absolute Häufigkeit 40. Bei einer Gesamtstichprobe von 200 Befragten liegt eine relationale Häufigkeit von 20 % vor. Es geht also bereits an dieser Stelle der Analyse nicht mehr um das einzelne Objekt bzw. den einzelnen Befragten, die einzelne Beobachtung oder den einzelnen „Fall", sondern um die Sammlung von Merkmalsausprägungen (auch Rasch 2010: 5). Dabei werden für Interpretationen der Daten weitgehend die relationalen Angaben (Anteile), oder einfach gesagt, die **Prozentwerte** verwendet. Absolute Häufigkeiten ermöglichen nur dann eine tiefer gehende Interpretation, wenn sie mit Bezugsdaten in Relation gesetzt werden können. Dies ist nur unter Rückgriff auf Verteilungen in der Gesamtstichprobe möglich, hängen die Anteile (Prozentwerte) doch von der Größe der Stichprobe ab. 40 gleichlautende Antworten sind bei 200 Befragten viel, bei 20.000 Befragten jedoch recht wenig. Auch die Stabilität der Aussagen und die interpretatorische Belastbarkeit der relationalen Häufigkeiten sind von der Zahl der Befragten abhängig. So steigen Stabilität und Belastbarkeit – und, wie wir später noch sehen werden, auch ihre Fehlertoleranz – mit wachsender Fallzahl an. Die **relationalen Häufigkeiten** beziehen sich auf die Gesamtverteilung, diese besteht aber nicht nur aus gültigen Antworten. Gültige oder substanzielle Antworten sind Antworten, die eine konkrete inhaltliche Aussage nach sich ziehen. Neben substanziellen Antworten enthält der Datensatz in der Regel auch Nichtantworten, Antwortverweigerungen und die Kategorie „Weiß nicht". Die verwendeten Relationszahlen können sich entweder allein auf „substanzielle" Antworten konzentrieren und deren Anteil abbilden, oder aber den Anteil direkt auf die Gesamtstichprobe beziehen (unter Einschluss der nicht substanziellen Antworten). Welchen Relationswert man verwendet, ist Entscheidung des Forschers. Da zumeist die **substanziellen Aussagen** interessieren, werden in den meisten Analysen die „nicht inhaltlichen" Antworten „herauscodiert" oder *„missing gesetzt"*. Dies erfolgt in der in Kapitel 4.5.5 beschriebenen Phase der Datentransformation und durch entsprechende Umcodierungen. Weiß man nichts über die Beweggründe für dieses Antwort- oder Nichtantwortverhalten, geht man davon aus, dass dieses Verhalten zufällig ist. Entsprechend können die Nichtantworten für die Bezugsgrößen (und damit auch die substanzielle Interpretation, die sich auf diese bezieht) ignoriert werden, es sei denn, die Nichtantworten selbst besitzen einen substanziellen Inhalt. Bei Wissensfragen zum Beispiel kann natürlich ein Nichtwissen vorliegen. Dann bedeutet die Antwort „Weiß nicht", dass der Befragte wohl tatsächlich die richtige Antwort nicht kennt. Solche Merkmalsausprägungen sind dann auch von analytischem Interesse.

Absolute Häufigkeiten dienen der Kenntnis über die Fallzahlen und deren Verteilung; für die Interpretation sind vor allem die relationalen Werte von Relevanz. Also: Interpretieren Sie rational und relational.

Die Wahl der Weiß-nicht-Kategorie kann als bewusste **Antwortverweigerung** auch eine inhaltliche Aussage beinhalten. Erst einmal gibt ein hoher Anteil an Verweigerungen Auskunft über die Sensibilität einer Frage. Viele Befragte scheuen davor zurück, diese Frage zu beantworten. Dafür liegt in der Regel ein Grund vor: Soziale Erwünschtheit, Scham, Angst oder Unverständnis der Fragestellung können solche Gründe sein. Die Verweigerungen können ebenfalls eine Information darüber liefern, dass der abgefragte Tatbestand weitgehend unbekannt ist. So sind zum Beispiel Bewertungen bestimmter Politiker nur dann sinnvoll, wenn dieser Politiker dem Befragten namentlich bekannt ist. Die gleichen Nichtantworten können einem Forscher, der eher am Wissen über Politik interessiert ist, Hinweise auf die Verteilung politischen Wissens in der Bevölkerung geben. Solche Befunde können vor allem bei der vergleichenden Betrachtung von Häufigkeitsanteilen interessant sein. Für das Ziel der Auswertungen kommt es somit immer auf die gewählte Fragestellung und die zurate gezogene Theorie an.[3] Wie sieht nun eine Häufigkeitsverteilung aus?

Eine der bekanntesten Darstellungen von Häufigkeiten ist die Angabe des Wahlverhaltens bei der letzten Bundestagswahl. Diese zählt zum Standard der empirischen Wahlforschung (siehe Tabelle 5.3). Neben den absoluten **Häufigkeiten** (Häufigkeit) werden die **relativen Häufigkeiten** (Prozent) dargestellt. Diese Prozentwerte beziehen sich auf alle Antworten. Die Spalte „gültige Prozent" repräsentiert die relativen Häufigkeiten mit Bezug auf die inhaltlich relevanten Antworten. Diese unterschiedlichen Bezugsgrößen werden durch die angesprochene Zuweisung von *missings* zu Antwortvorgaben erzeugt. In Tabelle 5.3 sind diese unter „fehlend" ausgewiesen. In „fehlend" enthalten sind die Kategorien „Keine Angabe", „Trifft nicht zu" oder auch „Weiß nicht". Die *missings* gilt es immer **inhaltssensitiv** zu interpretieren und die Ergebnisse in ihrer inhaltlichen Bedeutung zu ordnen. Die ebenfalls angegebenen kumulierten Prozentzahlen ergeben inhaltlich nur bei ordinalen oder metrischen Variablen Sinn, da sie gesammelte Veränderungen über die Merkmalsausprägungen kennzeichnen (z. B. 70 % der Befragen „sind dafür", 30 % „dagegen" bei möglichen Merkmalsausprägungen zwischen „voll und ganz dagegen", „etwas dagegen", „etwas dafür" und „voll und ganz dafür"). Bei der hier verwendeten nominalskalierten Variable „Wahlentscheidung" sind sie überflüssig und ohne Aussagekraft.

In den meisten statistischen Programmpaketen können Häufigkeiten **grafisch** dargestellt werden (zur Übersicht siehe Diekmann 2007: 673–679). Sowohl Balken- oder Säulen- als auch Kreisdiagramme geben dann Auskunft über die Verteilungen. Die Darstellung in Diagrammen kann übersichtlicher sein als in Tabellen, speziell bei **Präsentationen**. Es ist zu empfehlen, die grafischen Darstellungsformen (siehe Rasch u. a. 2010: 6–8) nur dann anzuwenden, wenn sie auf einer hinreichenden Zahl

---

3 Dies schließt auch die Möglichkeit ein, die Nichtantworten als eigenständiges Merkmal zu kodieren und in der Folge als abhängige Variable eigenständig und gezielt zu analysieren. Dies ist zum Beispiel bei Nichtkenntnis oder Nichtantworten zu Politikern oder politischen Entscheidungen ein probates eigenständiges Analysevorgehen.

Tab. 5.3: Häufigkeitsverteilung aus SPSS zum Thema Wahlverhalten, beabsichtige Stimmabgabe, BTW 2013 (Erststimme, Version A) (eigene Zusammenstellung auf Basis der Daten der GLES-Studie 2013).

		Häufigkeit	Prozent	gültige Prozent	kumulative Prozente
gültig	CDU/CSU	290	28,1	40,1	40,1
	SPD	231	22,4	31,9	71,9
	FDP	10	0,9	1,3	73,3
	GRUENE	83	8,1	11,5	84,8
	DIE LINKE	41	4,0	5,7	90,5
	PIRATEN	29	2,8	4,0	94,5
	AfD	27	2,6	3,7	98,2
	Sonstige	1	0,1	0,2	98,4
	andere Partei	11	1,1	1,6	100,0
	Gesamtsumme	724	70,2	100,0	
fehlend	keine Angabe	11	1,1		
	weiß nicht	82	7,9		
	trifft nicht zu	215	20,8		
	Gesamtsumme	308	29,8		
Gesamtsumme		**1032**	**100,0**		

an Ereignissen oder Fällen beruhen. Ein Balkendiagramm mit sieben Fällen ist sinnlos und besitzt geringe Aussagekraft. Ein Balkendiagramm, das auf ausreichender Datengrundlage einer repräsentativen Umfrage mit zum Beispiel 1000 Fällen beruht, kann dagegen das Verständnis der Leser für die Verteilung der Befragten über die Merkmalsausprägungen wesentlich erhöhen. Die inhaltliche Aussage darf sich durch die Darstellung in Grafiken jedoch keinesfalls verändern.

Die Interpretation von Prozentzahlen als Anteile bestimmter Merkmalsausprägungen einer Variable wird häufig erst dann interessant und inhaltlich bedeutsam, wenn man **inhaltlich gehaltvolle Interpretationen** und **Relationen** zu anderen Variablen herstellen kann. Diese Relationen werden entweder zu inhaltlich anderen, aber ähnlichen Variablen bzw. Sachverhalten (Vertrauen in die Parteien im Vergleich zu Vertrauen in die Kirche), zu anderen Zeitpunkten (Vertrauen in die Parteien 1950 und 2015) oder zu anderen Regionen (Vertrauen in die Parteien in Sachsen und in Bayern) hergestellt. Ohne entsprechende Relationen ist es schwierig zu sagen, was das Ergebnis bedeutet. Das in Tabelle 5.3 präsentierte Ergebnis für die SPD ist schwächer als das der CDU. Also könnte man es als ungünstig beurteilen. Es wäre aber ein recht gutes Ergebnis, wenn in der vorangegangenen Wahl das Ergebnis der SPD bei 24 % gelegen hätte. Schlecht wäre es dagegen, wenn die SPD von einem früheren Ergebnis von 40 % auf das ausgewiesene Ergebnis abgerutscht wäre. Die Inspektion der Häufigkeitstabellen bildet quasi das Rückgrat empirischer Analysen und legt die Grundlage für eine Vielzahl inhaltlicher Aussagen.

Tab. 5.4: Maße der zentralen Tendenz (eigene Zusammenstellung).

	günstiges Skalenniveau	Erklärung und Bezugswert
Modus oder Modalwert	nominal für jedes Skalenniveau geeignet	häufigster Wert in der Verteilung
Median	ordinal	Wert, an dem sich 50 % der Verteilung schneiden
Quartile	metrisch	Werte, an denen sich je 25 % der Verteilung schneiden
Mittelwert	metrisch nur für metrische Verteilungen geeignet	rechnerische bzw. statistische Mitte einer Verteilung

> Achten Sie immer auf die relationalen Häufigkeiten und ziehen Sie Vergleichsmaterial heran, um belastbare und gehaltvolle inhaltliche Aussagen treffen zu können. (Uninterpretierte) Zahlenwüsten von Häufigkeiten sind nicht das Ziel politikwissenschaftlicher Untersuchungen.

Neben der Häufigkeitsverteilung existieren weitere Formen der Beschreibung von Verteilungen, wie zum Beispiel **Maße der zentralen Tendenz** (siehe Tabelle 5.4). Sie heißen auch Lagemaße und geben Auskunft über die Verteilung der Merkmalsausprägungen. In der Regel werden sie mit **Maßen der Streuung (Dispersionsmaßen)** kombiniert, welche die Verteilung der Antworten zwischen einem maximalen und einem minimalen oder einen mittleren Wert berücksichtigen. Maße der zentralen Tendenz komprimieren die in den Häufigkeiten ausgeführten einzelnen Merkmalsausprägungen in jeweils einer Zahl. Damit wird die **Beschreibung von Verteilungen** übersichtlicher und der Einbezug von mehr Variablen in die interpretative Analyse eher ermöglicht, als dies auf Basis von Häufigkeitsdarstellungen der Fall ist. Maße der zentralen Tendenz werden mit Streuungsmaßen kombiniert, um umfassende Aussagen über Verteilungen zu treffen. In Tabelle 5.4 sind verschiedene Maße der zentralen Tendenz zusammen mit den jeweiligen Bezugswerten aufgeführt.

Welche Maße genutzt werden könne, hängt von der **Skalierung** der verwendeten Daten ab (siehe Kapitel 3.2.2). Das wohl bekannteste Maß der zentralen Tendenz ist der Mittelwert – oder das **arithmetische Mittel**. Die Division der Summe der Messergebnisse durch die Fallzahl ergibt den Durchschnitt oder Mittelwert aller Messergebnisse. Allerdings setzt das arithmetische Mittel zwingend voraus, dass die Variable metrisch skaliert ist und am besten die Merkmalsausprägungen über die Skala gleich verteilt sind. Nur unter dieser Bedingung ist die Bestimmung und Interpretation eines Mittelwerts sinnvoll möglich. Dies ist für den **Modus** (oder Modalwert), den häufigsten Wert einer Verteilung, und den Median, den Wert, der 50 % der Antworten von den anderen 50 % teilt, nicht der Fall. Der Modus ist für jede Verteilung, auch nominalskalierte, bestimmbar. Allerdings ist seine Aussagekraft hinsichtlich der Verteilung und sein Informationsgehalt eingeschränkt, fehlen dem Forscher doch weitergehende Informationen über die Verteilung der übrigen Merkmalsausprägungen. Zudem ist der Modus von der Anzahl der vorhandenen Antwortkategorien beeinflusst. So benötigt eine Merkmalsausprägung bei einer höheren Zahl an Antwortkategorien nur eine geringere Anzahl an Fällen, um Modus zu werden, da er ja nur der in Relation zu den anderen Werten häufigste Wert ist. Dies ist zum Beispiel der Fall, wenn die Antwortangaben 1 (stark ablehnend), 2 (ablehnend), 3 (unentschieden) und 4 (zustimmend) jeweils einmal besetzt sind und die fünfte Antwortvorgabe (stark zustimmend) zweimal durch die Befragten gewählt wird. Dann wäre der Modus stark zustimmend. Um den **Median** bestimmen zu können, müssen die Variablen mindesten ordinalskaliert sein. Er beschreibt diejenige Merkmalsausprägung, bei der die relative kumulative Häufigkeit über die 50 %-Schwelle steigt. Der Median ist hinsichtlich sogenannter Ausreißerwerte unempfindlicher als der Mittelwert, besitzt aber auch nicht dessen Informationspotenzial über die Verteilung. **Quartile** beschreiben ein ähnliches Verteilungsmuster, allerdings in 25 %-Abständen. Die Quartile beinhalten jeweils 25 % der Befragten, das heißt das erste Quartil endet mit der 25 %-, das zweite mit der 50 %-, das dritte mit der 75 %- und das vierte mit der 100 %-Schwelle der kumulierten Anteile.

Maße der zentralen Tendenz

Maße der zentralen Tendenz geben Auskunft über die Zentrierung einer Verteilung. Die wichtigsten sind Modus, Median, Quartilsabstände und arithmetisches Mittel. Welches Maß verwendet werden kann, hängt vom Skalenniveau der zugrunde liegenden Variablen ab. Der erzielbare Erkenntnisgewinn unterscheidet sich ebenfalls je nach Skalenniveau.

Maße der zentralen Tendenz geben allerdings nur eine Seite der Aussage über Verteilungen wieder. Andreas Diekmann (2007: 578) nimmt hierfür einen bekannten Vergleich auf: „Mit der linken Hand auf der heißen Herdplatte, mit der rechten Hand im Eisfach, und der Statistiker kommentiert: im Mittel eine angenehme Temperatur!". Solche Informationen sind unbefriedigend. Man kann sie vermeiden, indem man eine weitere Maßzahl hinzuzieht. Die zweite Maßzahl zur Beschreibung von Verteilungen sind **Streuungs- oder Dispersionsmaße**. Auch bei ihrer Anwendung ist das Skalenniveau der zugrunde liegenden Daten zu beachten. Das einfachste Maß ist die **Spannweite** *(range)*. Sie beschreibt die Differenz zwischen dem niedrigsten und dem höchsten Wert. Bei einer Skala von 1 (starke Zustimmung) bis 5 (starke Ablehnung) ist die Spannweite 4. Sie kann in als Streuungs- oder Dispersionsmaß komplementär zum Modus als Maßzahl der zentralen Tendenz gesehen werden. Die **Quartilsabstände** beschreiben die Differenz zwischen dem Grenzwert für die ersten 25 % der Verteilung versus den Grenzwert für die nächsten 50 % der Verteilung (Quartilsabstand = Q75 − Q25). Umfasst der Skalenwert 1 diejenige Ausprägung, die 25 % der Verteilung enthält, so ist Q25 = 1; umfasst der Skalenwert 4 diejenige Ausprägung, die 75 % der Verteilung abbildet, so ist Q75 = 4. Der Quartilsabstand beträgt 3. Dadurch fasst der Quartilsabstand die Zentrierung und Streuung einer Verteilung zusammen. Sowohl Spannbreite als

Tab. 5.5: Streuungsmaße (eigene Zusammenstellung).

	Skalenniveau	Erklärung
Spannweite	nominale Skalen	Differenz zwischen minimalem und maximalen Wert der Verteilung
Quartilsabstand	ordinale Skalen	beschreibt die Differenz zwischen dem Grenzwert für die ersten 25 % der Verteilung und dem für 75 % der Verteilung
Standardabweichung	metrische Skalen	Wurzel der durchschnittlichen quadratischen Abweichung vom Mittelwert
Varianz	metrische Skalen	Quadrat der Standardabweichung

auch Quartilsabstände besitzen nur einen begrenzten empirischen Informationsgehalt. Die **Standardabweichung** hingegen enthält mehr Informationen über die Verteilung. Sie aus der Wurzel der durchschnittlichen quadratischen Abweichung vom Mittelwert berechnet. Anders als bei der Spannweite werden bei der Standardabweichung alle verfügbaren Werte einer Verteilung der Merkmalsausprägungen berücksichtigt. Die Standardabweichung kann nur für intervall- oder ratioskalierte (metrische) Daten gebildet werden (siehe Tabelle 5.5). Ihr Informationsgehalt ist höher als der der übrigen Dispersionsmaße.

> **Dispersionsmaße**
> Dispersionsmaße geben Auskunft über die Form einer Verteilung. Ihre Anwendung ist abhängig vom Skalenniveau der verwendeten Variablen. Die wichtigsten Dispersions- oder Streuungsmaße sind Spannweite, Quartilsabstand, Standardabweichung und Varianz. Kombiniert man sie mit den Maßen der zentralen Tendenz, erhält man eine genaue Verteilungsbeschreibung.

Das gebräuchlichste und wohl wichtigste Maß der Streuung ist die **Varianz**. Sie stellt die Grundlage für verschiedene multivariate Verfahren dar. Die Varianz ist das Quadrat der Standardabweichung. Berechnet wird sie „aus der Summe der quadrierten Abweichungen aller Messwerte vom arithmetischen Mittel, dividiert durch die Anzahl aller Messwerte" (Rasch u. a. 2010: 20). Sie nimmt hohe Werte an, wenn die Abweichungen von einem mittleren Wert besonders auffällig oder häufig sind. Größere Abweichungen werden durch die Funktion der **Quadrierung** stärker berücksichtigt als kleine Abweichungen. Die Quadrierung garantiert auch eine Normierung der Zahlenwerte sowie eine stärkere statistische Robustheit des Wertes gegenüber der Standardabweichung.[4] Durch diese Normierung können Varianzen unterschiedlicher Indikatoren vergleichend beurteilt werden.

---

[4] Weitergehende Betrachtungen zu den verschiedenen Maßzahlen finden sich bei Diekmann (2007: 678–687).

Die **Kombination** aus Lage- und Streuungsmaßen gibt dem Forscher einen Einblick in die Verteilung und eröffnet ihm die Möglichkeit, Aussagen hinsichtlich der Eigenschaften der vorliegenden Variablen zu treffen. Zusammen beschreiben Maße der Tendenz und Maße der Dispersion eine Verteilung in ihren zwei zentralen Merkmalen und helfen, sie so zu identifizieren und (v. a. auch im Vergleich zueinander) zu beschreiben (Behnke/Behnke 2006: 123–143).

Univariate Datenanalyse
Die univariate Datenanalyse legt ihren Schwerpunkt auf die Beschreibung einer Verteilung mittels statistischer Merkmale. Sie zählt zu den deskriptiven Verfahren der Datenanalyse. Deskriptive Verfahren umfassen Aussagen über die Häufigkeiten von Merkmalsausprägungen, über die zentrale Tendenz (Lage) der Verteilung und über ihre Streuung. Häufigkeiten ermöglichen durch ihre Detailabbildung differenzierte Aussagen über bestimmte Merkmale der Verteilung. Lage- und Streuungsmaße komprimieren die Informationen über die Verteilungen in einer Maßangabe und ermöglichen zusätzliche Vergleiche zwischen verschiedenen Verteilungen und Variablen.

5.1.2 Bivariate Analysen – der einfache Königsweg?

Bivariate Analysen überwinden den deskriptiven Charakter der univariaten Verfahren und gehen auf **Beziehungen zwischen zwei Sachverhalten** ein. Diese Beziehungen bilden zunächst noch keine Ursache-Wirkungsbeziehung (kausale Annahme) ab. Die Interpretation von **Zusammenhängen** zielt lediglich darauf, dass zwei Variablen miteinander variieren, das heißt Veränderungen sind parallel bei beiden Variablen zu beobachten. Eine Veränderung einer Variablen, die eine Veränderungen der anderen hervorruft (kausaler Zusammenhang), wird zunächst nicht angenommen. Allerdings sind erste Hinweise auf kausale Beziehungen oft schon in einfachen Zusammenhangsanalysen erkennbar und können entlang einer „starken Theorie" durch den Forscher interpretiert werden. Neben leitenden theoretischen Annahmen können auch Plausibilitätsstrukturen eine kausale Interpretation vorliegender Zusammenhänge zulassen: So ist die Wahrscheinlichkeit, dass das politische Interesse vom Alter der Befragten abhängt, zweifelsohne inhaltlich plausibler als die umgekehrte Annahme, das Alter hänge vom politischen Interesse ab. Solche Schlussfolgerungen sind bei zwei Merkmalen, bei denen keine logischen zeitlichen Abfolgen bestehen, interpretatorisch schwieriger. Dort entscheidet alleine die plausibel begründete inhaltliche Vorannahme bzw. die der Interpretation zugrunde liegende Theorie. Man kann auf Kausalität bezogene Annahmen dann überprüfen, wenn man der Analyse mit einer gewissen Überzeugungskraft eine Kausalhypothese voranstellen konnte. Ob die Interpretation stimmt, ist eine andere Frage. So ist es nicht verwunderlich, dass mit Blick auf Kreuztabellen oder andere Formen bivariater Analysen von ersten Zugängen zum Hypothesentest gesprochen wird (Hirschle 2015: 148).

Kreuztabellen (oder Kontingenztabellen) und Mittelwertvergleiche stellen die einfachste Form bivariater Analysen dar. In Kreuztabellen werden die Werte zweier

Variablen gegeneinander „geplottet" (siehe Tabelle 5.6). Dies entspricht auf einer einfachen tabellarischen Ebene der grafischen Darstellung in einem Koordinatensystem aus x- und y-Achse. Dadurch kann die Verteilung einer Variablen im Verhältnis zu einer anderen Variablen differenziert werden. Interpretieren kann man die Werte am besten durch einen Vergleich der Zellenwerte mit den **Randverteilungen**. Die Abweichungen zwischen den Zeilenwerten und der Randverteilungen geben Auskunft über überdurchschnittliche oder unterdurchschnittliche Präferenzen einer bestimmten Untersuchungsgruppe hinsichtlich einer bestimmten Antwort. Insgesamt summieren sich die Randverteilungen immer auf 100 %. Die Untergruppen ergeben sich aus der Klassifikation der zweiten verwendeten Variable. Die Randverteilungen reproduzieren die Häufigkeiten der jeweils einzelnen Variablen (Schnell u. a. 2013: 431–434), bieten dadurch aber eine gute Orientierungsgröße für die Deutung der in den Spalten oder Zeilen befindlichen Anteile der Untergruppen. In Tabelle 5.6 sind u. a. folgende Ergebnisse zu erkennen: a. Insgesamt sind 8,3 % der Befragten sehr zufrieden mit der Demokratie (Randverteilung rechte Spalte). Diese Zustimmung ist allerdings unter den Personen über 66 Jahre mit 11 % sichtbar größer als im Durchschnitt (Angabe in Zeile „% in Alter gruppiert, vier Kategorien", Spalte „66+"). Dieses Ergebnis entsteht aus dem Vergleich eines Untergruppenanteils mit der Randverteilung. b. Nimmt man die etwas höhere Zustimmungsbereitschaft zur Antwortvorgabe „zufrieden" hinzu, kann man sagen, dass ältere Bürger in der Regel etwas zufriedener mit der aktuellen Demokratie sind als jüngere Bundesbürger. Diese Aussage entsteht aus dem Vergleich zweier Untergruppenanteile.

Eine Kreuztabelle enthält mehrere Informationen. Zum einen die **absolute Fallzahl** der gewählten Kombination: Wie viele Personen sind zum Beispiel mit der Demokratie zufrieden und befinden sich gleichzeitig in der Altersgruppe von 30 bis 45 Jahren (siehe Tabelle 5.6)? Diese Information kann relational betrachtet werden. Hierfür wird sie zum einen als Anteil bezogen auf alle Fälle ermittelt (% des Gesamtergebnisses). Zum anderen wird ihr Anteil in Bezug auf die Randverteilungen der Zeilen oder der Spalten angegeben. Letztere Informationen sind die gebräuchlichsten und (wie schon oben angesprochen) die am besten zu interpretierenden. So kann man Aussagen darüber treffen, ob die Demokratiezufriedenheit in den jüngeren Alterskohorten gegenüber älteren Alterskohorten absinkt. Wenn zum Beispiel in der Gruppe der unter 29-Jährigen die Demokratiezufriedenheit um 10 % niedriger liegt als im Bevölkerungsdurchschnitt, den ja die Randverteilung in einer repräsentativen Stichprobe abbildet, dann können wir (zumindest vorsichtig zu interpretierende) Hinweise auf die theoretisch abgeleitete Aussage einer möglicherweise steigenden Demokratieverdrossenheit erhalten. Bei dieser Aussage setzen wir voraus, dass es sich bei der Demokratiezufriedenheit um ein Phänomen handelt, das vom Kohortenwandel betroffen ist, und nicht um eine Einstellung, die sich im Lebensverlauf entwickelt. Zusammenhänge lassen sich über die Betrachtung der **Diagonalen** identifizieren. Ist diese mit hohen Anteilswerten besetzt, liegt eine deutliche Beziehung zwischen den beiden Variablen vor, sind die hohen Anteilswerte über alle Zellen gestreut, ist dies nicht der Fall.

Tab. 5.6: Kreuztabelle zwischen Demokratiezufriedenheit und Alter gruppiert, vier Kategorien (eigene Zusammenstellung auf Basis der Daten der GLES-Studie 2013).

Demokratiezufriedenheit		Alter gruppiert, vier Kategorien				Gesamtsumme
		18–29	30–45	46–65	66+	
sehr zufrieden	Anzahl	7	17	23	38	85
	% in Demokratiezufriedenheit	8,2 %	20,0 %	27,1 %	44,7 %	100,0 %
	% in Alter gruppiert, vier Kategorien	4,7 %	6,9 %	8,0 %	11,0 %	8,3 %
	% des Gesamtergebnisses	0,7 %	1,7 %	2,2 %	3,7 %	8,3 %
zufrieden	Anzahl	54	77	90	121	342
	% in Demokratiezufriedenheit	15,8 %	22,5 %	26,3 %	35,4 %	100,0 %
	% in Alter gruppiert, vier Kategorien	36,2 %	31,3 %	31,4 %	35,1 %	33,3 %
	% des Gesamtergebnisses	5,3 %	7,5 %	8,8 %	11,8 %	33,3 %
teils zufrieden, teils unzufrieden	Anzahl	65	121	133	141	460
	% in Demokratiezufriedenheit	14,1 %	26,3 %	28,9 %	30,7 %	100,0 %
	% in Alter gruppiert, vier Kategorien	43,6 %	49,2 %	46,3 %	40,9 %	44,8 %
	% des Gesamtergebnisses	6,3 %	11,8 %	13,0 %	13,7 %	44,8 %
unzufrieden	Anzahl	19	24	34	38	115
	% in Demokratiezufriedenheit	16,5 %	20,9 %	29,6 %	33,0 %	100,0 %
	% in Alter gruppiert, vier Kategorien	12,8 %	9,8 %	11,8 %	11,0 %	11,2 %
	% des Gesamtergebnisses	1,9 %	2,3 %	3,3 %	3,7 %	11,2 %
sehr unzufrieden	Anzahl	4	7	7	7	25
	% in Demokratiezufriedenheit	16,0 %	28,0 %	28,0 %	28,0 %	100,0 %
	% in Alter gruppiert, vier Kategorien	2,7 %	2,8 %	2,4 %	2,0 %	2,4 %
	% des Gesamtergebnisses	0,4 %	0,7 %	0,7 %	0,7 %	2,4 %
Gesamtsumme	Anzahl	149	246	287	345	1027
	% in Demokratiezufriedenheit	14,5 %	24,0 %	27,9 %	33,6 %	100,0 %
	% in Alter gruppiert, vier Kategorien	100,0 %	100,0 %	100,0 %	100,0 %	100,0 %
	% des Gesamtergebnisses	14,5 %	24,0 %	27,9 %	33,6 %	100,0 %

In Tabelle 5.6 sind die **Kennzeichen** für einen Zusammenhang moderat. Sowohl zur Referenzkategorie der Randverteilung Demokratiezufriedenheit (rechts) als auch zu der ältesten Kohorte fällt die Demokratiezufriedenheit der 18- bis 29-Jährigen nur begrenzt ab. Zwar sind nur 4,7 % der jungen Erwachsenen sehr mit der Demokratie zufrieden (gegenüber 8,3 % in der Gesamtbevölkerung), nimmt man aber die 36,2 % der Zufriedenen hinzu, ist der Rückstand der jungen Deutschen in der Demokratiezufriedenheit gegenüber den älteren Kohorten marginal. Auch die Anteilswerte auf der Diagonalen sind nur unwesentlich höher als die der übrigen Zellen. Demokratiezufriedenheit wie Demokratieunzufriedenheit scheint also nicht zwingend ein Kennzeichen der Jugend zu sein. An Tabelle 5.6 wird deutlich, dass sowohl die absoluten Häufigkeiten als auch die Relationsangaben zum Gesamtergebnis kaum einen großen Nutzen für die Interpretation aufweisen. Allein die Abbildung der Höhe der Fallzahlen ist der Beachtung wert, will man die Belastbarkeit der Ergebnisse bemessen. Selbst wenn diejenigen, die eine Antwortmöglichkeit wählen, nur wenige sind, so kann man doch von einem belastbaren Ergebnis ausgehen, wenn die Fallzahl innerhalb in einer Kategorie hinreichend groß für belastbare Aussagen ist. Zwar antworten nur sieben Personen in der Alterskategorie 18 bis 29 Jahre mit „sehr zufrieden", aber insgesamt gehören 149 Menschen zu dieser Alterskategorie. Entsprechend ist die Aussage sehr wohl als belastbar anzusehen, auch wenn diese Zelle schwach besetzt ist.

Der **Vorteil** der Kreuztabelle liegt in ihrer umfangreichen und detaillierten Darstellung, die nicht an lineare Zusammenhänge gebunden ist. So sind kurvenlineare Beziehungen wie auch sich um einen hohen oder niedrigen mittleren Wert bewegende Kurven für den Analysten durch eine **einfache Tabelleninspektion** zu erkennen. In vielerlei Hinsicht stellen Kreuztabellen für das Gros studentischer Arbeiten den Königsweg der Analyse dar. Ihr Informationsgehalt ist für einfache Fragestellungen oft ausreichend. Das Problem an Kreuztabellen ist, dass hier **keine Informationsreduktion** stattfindet. Gerade bei Variablen mit vielen Antwortkategorien werden Kreuztabellen schnell unübersichtlich und sind gar nicht mehr interpretierbar. Um dieses Problem zu lösen, kommen in der Regel Beziehungsmaße zum Einsatz.

❗ Kreuztabellen
Die Kreuztabelle ist der erste und einfachste bivariate Zugang in der statistischen Analyse. Ihr Vorteil ist eine detaillierte Darstellung der Beziehungen zwischen zwei Merkmalen. Auch nicht lineare Beziehungen sind zu erkennen. Von Nachteil ist die umfangreiche Information, die schnell zur Unübersichtlichkeit der Anteile von Merkmalsausprägungen in Kreuztabellen führen kann. Die Kreuztabelle ist ein Kernelement der statistischen Analyse und besonders für studentische Arbeiten geeignet.

Bevor man zu diesen Beziehungsmaßen kommt, empfiehlt sich ein Blick auf eine andere einfache Form der bivariaten Analyse – den **Mittelwertvergleich**. Der Mittelwertvergleich geht ähnlich vor wie der Vergleich der Verteilungen innerhalb von Untergruppen mit der Randverteilung in der Kreuztabelle, verwendet aber die bereits verdichtete Information der zentralen Tendenz. Er vermittelt Informationen über Differenzen in den durchschnittlichen Ausprägungen der Untersuchungsvariablen zwischen unterschiedlichen Gruppen. Auf den Mittelwertvergleich kann man allerdings nur dann zurückgreifen, wenn die Variablen ein **metrisches** Skalenniveau besitzen.

Der **T-Test** prüft, ob die gefundenen Unterschiede zwischen den Mittelwerten zweier Merkmale oder Gruppen zufällig oder überzufällig sind (Behnke/Behnke 2006: 326–340). Dabei wird davon ausgegangen, dass der Forscher eine – wie auch immer inhaltlich abgeleitete – Hypothese verfolgt, die diese Unterschiede thematisiert. Zum Beispiel kann ein Forscher aufgrund von Theorien und vorliegenden Erkenntnissen aus dem Bereich der Geschlechterforschung annehmen, dass Frauen über ein geringeres mittleres Einkommen verfügen als Männer. In der untersuchten Stichprobe zeigen sich nun Differenzen zwischen den Mittelwerten der Einkommen von Frauen und Männern. Anhand des T-Tests wird überprüft, inwieweit diese ermittelte Differenz zufällig ist oder einen signifikanten Unterschied darstellt. Kann die Zufallsvermutung aufgrund der statistischen Ergebnisse verworfen werden, ist die aufgestellte Hypothese bestätigt: Frauen verdienen durchschnittlich weniger als Männer. Im Prinzip handelt es sich um einen einfachen **Test auf Mittelwertdifferenzen**, der in seiner Logik einen Ausgangspunkt für weitere Vorgehen darstellt.[5] Er kann sowohl in unabhängigen als auch in abhängigen Stichproben durchgeführt werden, wobei Ersteres häufiger der Fall ist.

Eine Konzentration der in der Kreuztabelle in breiter Form vorgestellten Ergebnisse geschieht über **Zusammenhangsmaße** (siehe Tabelle 5.7). Welches Maß verwendet werden kann, hängt wiederum vom Skalenniveau ab. Die Abweichung der Verteilung zweier Merkmale von einer völligen Gleichverteilung wird mit einer Kennzahl bestimmt – dem **Korrelationskoeffizienten**.[6] Bei einer Gleichverteilung besteht zwischen zwei Variablen keinerlei (systematischer) Zusammenhang. Der Korrelationsko-

Tab. 5.7: Zusammenhangsmaße und ihr Anwendungsbereich (eigene Zusammenstellung).

Zusammenhangsmaß	Skalenniveau	Beispiel
CHI-Quadrat	alle	Klassenzugehörigkeit und Herkunftsort
Cramers V	alle	s. o.
Gamma	ordinal	Bildungsniveau der Eltern in Kategorien und Schulnoten der Kinder
Kendalls Tau	ordinal	s. o.
Spearman's R	ordinal	s. o.
Eta-Quadrat	unabhängige Variable nominal + abhängige Variable metrisch	Berufsgruppe und Einkommen
Pearson's r	metrisch	Alter und Einkommen

---

5 Der T-Test in all seinen Ausführungen wird ausführlich in Rasch u. a. 2010: 43–117 behandelt.
6 Im Sprachgebrauch wird der Begriff des Korrelationskoeffizienten manchmal nur für die Pearson's-r-Korrelationen verwendet, er gilt allerdings mit Bezug auf verschiedene Zusammenhangsmaße.

effizient ist gleich 0. Bei Abweichungen von der Gleichverteilung kann der Korrelationskoeffizient maximal den Wert 1 erreichen. Dann liegt ein perfekter positiver Zusammenhang vor. Ein perfekter negativer Zusammenhang erzeugt in der Regel einen Korrelationskoeffizienten von – 1. In SPSS, aber auch anderen Statistikprogrammen, können Korrelationskoeffizienten gleich bei der Erstellung einer Kreuztabelle mit ausgegeben werden.

Das Gros der vorliegenden Zusammenhangsmaße basiert auf dem **Chi-Quadrat-Prinzip**, Chi-Quadrat-Test oder Chi-Quadrat-Koeffizient. Hierbei handelt es sich um eine Berechnung der Abweichungen einer realen Verteilung von einer imaginären Gleichverteilung der zugrunde liegenden Kontingenztabellen. „Der Test beruht auf einem Vergleich der erwarteten Verteilung der Beobachtungen unter den Bedingungen, dass kein Zusammenhang besteht, mit der tatsächlichen Verteilung" (Hirschle 2015: 150). Basis ist eine einfache **Indifferenztabelle**. Sie repräsentiert das Ergebnis einer rein zufälligen Verteilung, die sich anhand der Korrespondenzen zwischen den Randverteilungen der Kreuztabelle ermitteln lässt. Je stärker die realen Zellenbesetzungen von dieser hypothetischen Indifferenztabelle abweichen, desto eher (und stärker) besteht eine Nichtzufälligkeit oder anders gesagt: ein Zusammenhang zwischen den beiden untersuchten Merkmalen (Behnke/Behnke 2006: 363–366). Durch die Quadrierung der Abweichungen der realen Verteilung von der hypothetischen Gleichverteilung wird die Abweichung standardisiert. In seiner Basisform gibt der Test Auskunft über die generelle Abweichung der realen Verteilung von einer Gleichverteilung, die sich ab einer bestimmten Zahl an Beobachtungen nach dem Zufallsprinzip (statistisch) herstellen müsste (Diekmann 2007: 694–702). Man vergleicht die Realität mit einer Zufallsannahme und geht ab einer bestimmten Höhe des Chi-Quadrat-Koeffizienten davon aus, dass die Abweichung nicht mehr zufällig ist. Ist sie nicht mehr zufällig, dann ist sie systematisch und Sozialwissenschaftler gehen von einem Zusammenhang oder einer Wirkung durch ein anderes Phänomen aus.

Man kann diese Denkweise an einer einfachen Vierfeldermatrix (siehe Tabelle 5.8) verdeutlichen. Die Berechnung des Chi-Quadrat-Koeffizienten aus dem Vergleich der realen mit der Zufallsverteilung in Tabelle 5.8 ergibt einen Wert von 72. Im vorliegenden Fall kann man diesen Wert als eindeutigen Zusammenhang zwischen den beiden Untersuchungsvariablen interpretieren. Die Höhe des Chi-Quadrat-Koeffizienten ist jedoch in erheblichem Ausmaß von den absoluten Fallzahlen abhängig. Entspre-

Tab. 5.8: Vierfeldermatrizen als Ausgangspunkt des Chi-Quadrat-Tests (eigene Zusammenstellung).

Zufallsverteilung				reale Verteilung mit Zusammenhang			
	A1	A2			A1	A2	
B1	50	50	100	B1	80	20	100
B2	50	50	100	B2	20	80	100
	100	100			100	100	

chend sind auf Basis der Stärke des einfachen Zusammenhangs noch keine weitreichenden Schlüsse zu ziehen. Hierzu muss auch das sogenannte Signifikanzniveau, siehe 5.1.2, herangezogen werden (Schnell u. a. 2013: 438–439).

Standardisieren kann man die Information, wenn man eine andere Größe, die Zahl der **Freiheitsgrade**, hinzunimmt. Freiheitsgrade bezeichnen das Ausmaß, in dem die Verteilung der Beobachtungen über die Zellen einer Tabelle bei gegebener Randverteilung frei variieren kann. Eine Kreuztabelle mit fünf Spalten und vier Zeilen hat demnach $(5-1) \cdot (4-1) = 12$ Freiheitsgrade. Bei der vorliegenden Vierfeldermatrix ist der Freiheitsgrad $(2-1) \cdot (2-1) = 1$. Die Kenntnisse der Freiheitsgrade und der Häufigkeiten ermöglichen eine stabilere Abschätzung, ob die einmal aufgestellte Hypothese eines Zusammenhangs haltbar ist. Gleichzeitig bleibt der Informationsgehalt der vorgestellten Chi-Quadrat-Ermittlung immer noch recht niedrig, denn wir besitzen noch keinerlei Informationen über die Richtung und die Stärke des Zusammenhangs. Hier helfen die bereits angesprochenen Korrelationskoeffizienten weiter. Sie sind der Kern dessen, was man gemeinhin unter Zusammenhangsmaßen versteht.

Die verschiedenen **Korrelationskoeffizienten** stehen in Bezug zum Skalenniveau der verwendeten Variablen. Es ist anzustreben, stets dasjenige Maß zu verwenden, das die meiste Information über den Zusammenhang zwischen zwei Variablen liefert (siehe Tabelle 5.8). So ermöglicht das Zusammenhangsmaß **Cramers V** nur eine Aussage darüber, ob ein Zusammenhang vorliegt, aber nicht über die Richtung dieses Zusammenhangs. Hier geben **Kendalls Tau** oder **Gamma** mehr Informationen über die Beziehungen preis (siehe detailliert Janssen/Laatz 2013). Etwas spezieller ist das Maß **Eta-Quadrat**, das die Stärken von Beziehungen zwischen nominal skalierten unabhängigen Variablen und metrisch skalierten abhängigen Variablen angibt. Erwähnt seien als weitere Maße **Spearman's R** für ordinal skalierte Variablen und das am häufigsten verwendete Zusammenhangsmaß **Pearson's r**. Letzteres setzt eine Metrik beider verwendeter Variablen voraus und ist damit das anspruchsvollste Maß unter den vorgestellten Korrelationskoeffizienten. Seine Verwendung ist deshalb erstrebenswert, weil es den höchsten Informationsgehalt aller Korrelationskoeffizienten besitzt. So gibt es Auskunft über das generelle Bestehen eines signifikanten Zusammenhangs, dessen Richtung sowie dessen Stärke. Liegen Variablen mit metrischer Skalierung vor, dann sollte also immer das Zusammenhangsmaß Person's r verwendet werden, bei ordinal skalierten Variablen Sperman's R bzw. Tau usw.

Die Auswahl des geeigneten Korrelationskoeffizienten begründet sich aus dem Skalenniveau der einbezogenen Variablen. Wählen Sie aus Informationsgründen immer den Koeffizienten mit dem höchsten Skalenniveau (z. B. metrisch gegenüber ordinal), wenn die entsprechende Skalierung der Variablen vorliegt.

Insgesamt verfolgen alle Korrelationsmaße den gleichen Zweck, und zwar die **Zusammenhänge** zwischen Variablen oder überzufällige Abweichungen von einer (zufälligen) Gleichverteilung zu identifizieren. Sie reduzieren das in Kreuztabellen sichtbare, aber sehr detailliert abgebildete Muster der Verteilungen auf eine Korrespondenzzahl. Diese Reduktionsleistung eröffnet die Chance, mehr inhaltliche Informationen in einer statistischen Analyse zu verarbeiten und einander gegenüberzustellen. In den noch zu betrachtenden multivariaten Verfahren erfolgt eine weitere **Verdichtung** dieser bereits vorgenommenen Informationskompression, um noch mehr miteinander in Beziehung stehende Informationen gemeinsam verwerten zu können.

> **Bivariate Datenanalyse**
> Die bivariate Datenanalyse dient dazu, systematische Beziehungen zwischen zwei Merkmalen zu ermitteln. Neben der einfachen Form der Kreuztabellenanalyse finden hier Korrelationsanalysen Verwendung. Die Auswahl der jeweiligen Maßzahl erfolgt je nach Skalenniveau der zur Verfügung stehenden Variablen. Zusammenhangsmaße verdichten die Information auf einen Kennwert. Es wird immer der höchste Informationsgehalt angestrebt. Dieser wird in der Regel durch die Anwendung des Zusammenhangsmaßes mit den strengsten Skalenanforderungen erreicht (Pearson's r).

Abschließend ist eine weiterführende Variante der Zusammenhangsanalyse, die bereits den Übergang zu multivariaten Verfahren darstellt, zu erwähnen – die Analyse mit **Partialkorrelationen**. Dieses ebenfalls in SPSS verfügbare statistische Tool bestimmt die Zusammenhänge zwischen zwei Variablen unter Berücksichtigung (und statistischer Kontrolle) anderer Variablen. So kann man den „wahren" Zusammenhang zwischen Gottesdienstbesuch und CDU-Wahl unter Berücksichtigung der Kirchenmitgliedschaft bestimmen. Damit wird dem Problem der intervenierenden (d. h. ebenfalls Einfluss nehmenden) **Drittvariablen** (Moderatorvariable) Rechnung getragen und es besteht die Möglichkeit, Scheinkorrelationen zu identifizieren (Näheres siehe Rasch u. a. 2010: 136–139).[7] Einflüsse dritter Variablen können „herauspartialisiert" (d. h. herausgerechnet und kontrolliert) werden, um reale bivariate Beziehungen zu erkennen. Die Partialkorrelation basiert auf der Verwendung von einer unabhängigen Variable, einer abhängigen Variable und einer bzw. mehrerer Kontrollvariablen. Am günstigsten ist ein Vergleich zwischen der einfachen Pearson's-Korrelation zwischen den Variablen A und B mit dem Resultat der Partialkorrelation, also dem (z. B. hinsichtlich der Variablen C und D) **kontrollierten Zusammenhang**. Die einfache Korrelationsanalyse ergibt zum Beispiel einen Wert von r = .26. Entsprechend nehmen wir einen signifikanten Zusammenhang zwischen A und B an. Allerdings haben wir nach Kenntnis der entsprechenden Theorien des Forschungsgebiets die Vermutung, dass andere Faktoren in diese Beziehung intervenieren können. Unser Interesse

---

[7] Scheinkorrelationen liegen vor, wenn zwei Variablen in einer bivariaten Korrelationsanalyse korrelieren, diese Korrelation nach Einführung einer dritten Variable jedoch nicht mehr besteht (Atteslander 2006: 297, s. auch Friedrichs 2006: 390). Dies wäre zum Beispiel dann der Fall, wenn zwischen dem Einkommen und dem politischen Wissen eine Korrelation aufzufinden wäre, die bei Kontrolle durch den Faktor „Bildung" in einer Partialkorrelation verschwinden würde. Dann hätte man es – bei entsprechender inhaltlicher Deutung – mit einer Scheinkorrelation zu tun.

liegt darin, die „wahren Zusammenhänge" ohne zusätzliche Effekte von Drittvariablen oder intervenierenden Variablen zu messen. Dies überprüfen wir nun mithilfe der **Partialkorrelation**. Verschiedene Ergebnisse sind möglich:

1. Der Zusammenhang verschwindet völlig.
   Bedeutung: Die beobachtete Beziehung zwischen A und B ist eine Scheinkorrelation und entsteht allein über die Moderation von C oder D (oder beiden zusammen).
2. Der Zusammenhang bleibt nahezu gleich.
   Bedeutung: Die kontrollierten Variablen beeinflussen den Zusammenhang zwischen A und B nicht, wir haben es mit einem ausgesprochen stabilen Zusammenhang zu tun.
3. Der Zusammenhang steigt.
   Bedeutung: Bei C oder D handelt es sich um Moderatorvariablen (intervenierende Variablen), die die Beziehungen befördern. Dies ist dann der Fall, wenn C zum Beispiel eine kulturelle oder räumliche Variable darstellt, in der die Beziehungen aus bestimmten Gründen dichter sind.
4. Der Zusammenhang sinkt ab, bleibt aber signifikant.
   Bedeutung: Wieder handelt es sich bei C oder D um Moderatorvariablen. Nur dieses Mal wirkt sich ihr Einfluss reduzierend auf den Zusammenhang zwischen A und B aus, da die Kontrollvariablen einen Teil der bestehenden Beziehung begründen.

Partialkorrelationen und Scheinkorrelationen
Scheinkorrelationen sind Korrelationen zwischen zwei Variablen, die bei der Auspartialisierung eines dritten Faktors nicht mehr bestehen. Ein geeignetes Instrument zu ihrer Prüfung ist das Verfahren der Partialkorrelationen, ein anderes sind multivariate Regressionsanalysen.

Bei Partialkorrelationen handelt es sich um ein ausgesprochen flexibles und interessantes Vorgehen, das hilft, dem Problem der Drittvariablen kontrolliert zu begegnen. Es ist daher etwas überraschend, dass dieses Verfahren in der gegenwärtigen Forschungslandschaft nur selten Anwendung findet.

5.1.3 Schätz- und Testverfahren – Signifikanz und schließende Statistik

Ein Begriff, der in den verschiedenen Korrelationsverfahren und in den multivariaten Analyseverfahren immer wieder im Kontext der Koeffizienten aufgeführt wird, ist der der **Signifikanz**. Die Signifikanz markiert die Trennlinie zwischen Ergebnissen der beschreibenden deskriptiven Statistik und der schließenden Statistik oder **Inferenzstatistik**. Liefert die deskriptive Statistik Aussagen über die Stichproben, so hat letztere zum Ziel, Aussagen über eine Grundgesamtheit – oder deren Parameter – zu treffen.

Der Forscher legt die Grundgesamtheit und die Stichprobe fest, analysiert die Fälle in der hinsichtlich der Beschreibung der Grundgesamtheit bewusst ausgewählten Stichprobe (idealerweise Zufallsstichprobe) und zieht auf Basis dieser Ergebnisse Rückschlüsse auf die Grundgesamtheit. Die Signifikanz, auch Irrtumswahrscheinlichkeit genannt, gibt an, mit welcher Wahrscheinlichkeit die Nullhypothese fälschlicherweise verworfen wird. Eine Irrtumswahrscheinlichkeit von 5 % (Signifkanzniveau 0,05) gibt an, dass mit einer Wahrscheinlichkeit von 5 % die Nullhypothese verworfen wird, obwohl sie eigentlich zutrifft. Zusammenhangsmaße mit einem Signifikanzniveau von 5 % geben also eine Beziehung zwischen (zwei) Variablen an, die mit einer Sicherheit von 95 % nicht zufällig ist. Dies setzt voraus, dass man Analysen mit Stichproben durchführt (siehe auch Diekmann 2007: 704), ein Vorgehen, dass am häufigsten in der Umfrageforschung angewandt wird. Die Basis der meisten Schätz- und Testverfahren sind die bereits vorgestellten **Chi-Quadrat-Tests**. Sie prüfen Verteilungen.

Analysiert man hingegen alle Elemente einer Grundgesamtheit (Vollerhebung), so ist es nicht notwendig, Schätzverfahren – und damit Signifikanztests – anzuwenden. Liegt die vollständige Information über eine Grundgesamtheit vor, können über diese Grundgesamtheit statistische Zusammenhangsaussagen getroffen werden, egal ob diese Beziehungen signifikant sind oder nicht. Die Ermittlung einer Schlusssicherheit auf eine Gesamtheit ist also bei Verwendung eben dieser Gesamtheit nicht notwendig. Wenn zum Beispiel alle Länder der Erde hinsichtlich des Zusammenhangs von Humanentwicklung (Bildung, Einkommen, Lebenserwartung) und Stabilität des politischen Systems untersucht werden, dann kann man diesen Zusammenhang mittels Pearson's r bestimmen und am Koeffizienten ablesen, wie stark dieser ist. Eine Angabe über die Sicherheit, mit der man diesen Zusammenhang schätzt, wird nicht benötigt, denn es wird ja nicht von einer Stichprobe (Auswahl an Ländern) auf die Grundgesamtheit aller Länder geschlossen.

! **Schätzen oder nicht?**
Test- und Schätzverfahren werden nur benötigt, wenn Stichproben untersucht werden und ein Schluss auf eine Gesamtheit vorgesehen ist. Sind die Aussagen auf die Grundgesamtheit beschränkt, benötigt man keine entsprechenden Verfahren und Kennzahlen.

Schätz- und Testverfahren setzen an einer bestimmten sozialwissenschaftlichen Denkweise an – dem **Test von Hypothesen**. Mit den Hypothesen werden Vermutungen über entsprechende Bezüge zwischen Merkmalen aufgestellt, die in der Folge anhand geeigneten Datenmaterials empirisch getestet, also überprüft werden. Damit folgt man der Logik erklärender Forschung (siehe Kapitel 2). Entsprechende Kennwerte bieten Informationen über die Qualität der ermittelten Aussage mit Blick auf die Gesamtheit und geben an, mit welcher Sicherheit man bei einem ermittelten Zusammenhang (z. B. Pearson's r) richtig von der Stichprobe auf die Grundgesamtheit schließt. Das heißt es wird angegeben, mit welcher Sicherheit man den in der Stichprobe gefundenen Zusammenhang auf die Grundgesamtheit übertragen darf. Genau genommen werden sogar die Fehlerintervalle für potenzielle „falsche" Schlüsse ermittelt. Dies geschieht über Wahrscheinlichkeits- oder **Konfidenzintervalle**. Mit ihnen wird der Korridor bestimmt, innerhalb dessen, statistisch abgesichert, von einem Zusammenhang in einer Stichprobe auf eine Grundgesamtheit geschlossen werden kann. Konfidenzintervalle sind sowohl von der Zahl der Einheiten in der Stichprobe als auch von dem repräsentativen Charakter der Stichprobe abhängig. Dies setzt zwingend voraus, dass die entsprechende Stichprobe alleine nach dem **Zufallsverfahren** ausgewählt wurde – und somit für die Grundgesamtheit repräsentativ ist. Ist dies nicht der Fall, kann man nicht auf die Annahme einer Normalverteilung der Werte in der Stichprobe zurückgreifen. Diese ist aber für entsprechende Schätzverfahren essenziell.

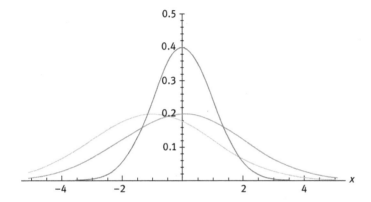

Abb. 5.1: Standardnormalverteilung (nach http://wikipedia.org//wiki/Datei:Normalverteilung.png).

Was ist eine Normalverteilung? Die **Normalverteilung** unterliegt der statistischen Prämisse, dass bei großen Fallzahlen und zufälliger Auswahl der unabhängigen Untersuchungseinheiten eine Glockenkurve der richtigen Wahrscheinlichkeitsvoraussage für ein Ereignis entsteht. Jenseits aller Streckungen und Stauchungen wird dabei immer eine ähnliche Fläche in einem Diagramm erzeugt (Behnke/Behnke 2006: 248–251; siehe Abbildung 5.1). Die Normalverteilung basiert auf der Weiterführung von Binominalverteilungen, welche sich der Normalverteilung annähern (Diekmann 2007: 402). Dies trifft vor allem für die **Standardnormalverteilung** zu, die die Grundlage für die Ermittlung von Konfidenzintervallen in Stichproben darstellt. Konzeptionell dient die Normalverteilung der besseren statistischen Abschätzung von Zufallsfehlern. Dazu integriert sie die Informationen des Erwartungswerts (Mittelwert = 0) und des Standardfehlers (= 1) sowie die Annahme der Normalverteilung. Höhere Fallzahlen ermöglichen eine größere Voraussagewahrscheinlichkeit. Allerdings gilt, wie bereits bei dem Bezug zwischen Fallzahl und Repräsentativität, dass es einen **abnehmenden Grenznutzen höherer Fallzahlen** gibt. In der Umfrageforschung ermöglicht eine

Stichprobe von 1.000 zufällig ausgewählten Befragten zuverlässige Aussagen über eine Grundgesamtheit bis hin zur Bevölkerung eines ganzen Landes. Eine Steigerung der Fallzahl ist hilfreich, wenn man Subgruppen untersuchen möchte. Gleichzeitig reduziert sich der Zugewinn der Schätzgenauigkeit rapide. Stellt man in Rechnung, dass gerade in der Umfrageforschung die Produktion hoher Fallzahlen ein massives Ressourcenproblem (Geld) beinhaltet, dann lohnt der geringe Zugewinn an Voraussagesicherheit eine Steigerung von 1000 auf 2000 Fälle nicht.

Was wird mit **Konfidenzintervallen** ausgesagt? Ausgesagt wird die Sicherheit, mit der man eine richtige Annahme trifft, bzw. die Wahrscheinlichkeit, mit der man eine falsche Annahme trifft. Man testet also eine Nullhypothese, die behauptet, dass es zu einer **Überzufälligkeit** in der Verteilung der Merkmalsausprägungen kommt, die auch für die Grundgesamtheit zutrifft. Anders gesagt: Die Stichprobe zeigt Zusammenhänge an, die auch in der Grundgesamtheit mit einer gewissen Wahrscheinlichkeit bestehen. Gehen wir auf Tabelle 5.6 zurück und betrachten die Zusammenhänge der beiden Variablen: Wir können mit Sicherheit sagen, dass die 18- bis 29-Jährigen in der Stichprobe etwas weniger mit der Demokratie zufrieden sind als die Mitglieder der anderen Altersgruppen. Ob diese geringen Unterschiede allerdings für eine Übertragung auf die Grundgesamtheit ausreichen, ist fraglich. Es kann also angezweifelt werden, ob die Aussage über die Stichprobe auch auf die Grundgesamtheit übertragen werden darf (Schließen auf die Grundgesamtheit; Inferenz) Ein entsprechender **Signifikanztest** fällt mit $p = .51$ eher ernüchternd aus. Dieser Wert sagt aus, dass man mit einer Wahrscheinlichkeit von 51 % zu Unrecht einen signifikanten Zusammenhang zwischen Alter und Demokratiezufriedenheit (oder den Unterschied zwischen den Altersklassen in der Demokratiezufriedenheit) annimmt. Dies ist eine schlechte Ausgangssituation für den Schluss von unserer Stichprobe auf die Grundgesamtheit. In der Regel wird der Forscher also auf diese Annahme verzichten und davon ausgehen, dass in der Grundgesamtheit keine Beziehung zwischen Alter und Demokratiezufriedenheit besteht.

Vielleicht ist aber auch diese gerade getroffene Entscheidung eine Fehlannahme und es besteht doch ein Zusammenhang in der Grundgesamtheit. Im Prinzip erfolgt die Entscheidung erst einmal entlang einer einseitig getesteten Hypothese. Die **Nullhypothese** im vorliegenden Fall wäre, dass ein Bezug zwischen Alter und Demokratiezufriedenheit vorliegt. Diese Annahme wird nach den obigen Ergebnissen verworfen. Damit tritt die **Alternativhypothese** – es besteht kein Zusammenhang oder Effekt – in Kraft. Nun ist es bei der ermittelten hohen Irrtumswahrscheinlichkeit nicht riskant, die Hypothese abzulehnen. Ein gewisser Rest an Irrtumswahrscheinlichkeit hinsichtlich der getroffenen Entscheidung bleibt aber auch bei eindeutig wirkenden Ergebnissen. Letztendlich handelt es sich immer nur um statistische Richtwerte und Hilfskonstruktionen für inhaltliche Entscheidungen. Eine 100 %ige Sicherheit der Übertragung von Ergebnissen der Stichprobe auf die Grundgesamtheit existiert nicht. Gleichwohl kann man sich, mangels Alternativen, für seine Interpretationen an diesen Richtwerten orientieren. Als Faustregel für die Annahme der Basishypothese

Tab. 5.9: Fehlermöglichkeiten bei Signifikanztests (Diekmann 2007: 713).

Entscheidung für:	Tatsächlich gilt:	
	H_0 trifft zu	H_0 trifft nicht zu
Annahme von H_0	Entscheidung richtig	Beta-Fehler
Ablehnung von H_0	Alpha-Fehler	Entscheidung richtig

hat sich etabliert, dass man bereit ist, eine Irrtumswahrscheinlichkeit bis p = .05 als signifikant und damit tragfähig zu akzeptieren. Bei einem Signifikanzwert von p < .01 spricht man landläufig oft sogar von **hoch signifikant**.

Praktisch bedeutet dies: Ein Forscher akzeptiert eine Nullhypothese erst dann, wenn nur noch eine geringe Wahrscheinlichkeit besteht, dass er einen falschen Schluss von der Stichprobe auf die Grundgesamtheit ziehen könnte. Die Wahrscheinlichkeit, einen Effekt in der Stichprobe zu entdecken, der in der Grundgesamtheit nicht existiert, wird als Fehler 1. Art oder **Alpha-Fehler** bezeichnet. Die Wahrscheinlichkeit, einen in der Grundgesamtheit existierenden Zusammenhang nicht in der Stichprobe zu finden, wird als Fehler 2. Art oder **Beta-Fehler** bezeichnet (siehe Tabelle 5.9; Diekmann 2007: 708–713). Alpha- und Beta-Fehler markieren das Konfidenzintervall.

Ein prominenter Test ist der **Mittelwertdifferenztest**. Er zielt auf Unterschiede zwischen den Mittelwerten einer Experimental- und einer Kontrollgruppe aus derselben Grundgesamtheit (= unabhängige Stichproben). Die Mittelwerte beider Stichproben streuen um den Mittelwert der Grundgesamtheit. Die Verteilung der Differenzen von Stichprobenmittelwerten unabhängiger Stichproben aus derselben Grundgesamtheit entspricht einer mathematischen Funktion, der T-Verteilung, die über den bereits in Kapitel 5.1.1 vorgestellten T-Test geprüft werden kann. **Signifikanztests** helfen, den Bezug zwischen Stichprobe und Gesamtheit herzustellen. Sie geben mit einer nachvollziehbaren Wahrscheinlichkeit an, ob Hypothesen über Mittelwertunterschiede zutreffen.

Allgemein hat sich der Wert p < .05 (Fehlerwahrscheinlichkeit = 5 %) für die Einschätzung eines Zusammenhangs oder einer Mittelwertdifferenz als signifikant durchgesetzt. Nutzen Sie diese Faustregel, begründen Sie aber immer ihre Entscheidung.

Für die Verwendung von Signifikanztests ist es wichtig, **Signifikanz nicht mit Relevanz oder Stärke zu verwechseln**. Signifikanzkoeffizienten sind zunächst nur rein statistische Aussagen über Wahrscheinlichkeiten, dass man richtige Übertragungen von der Stichprobe auf die Grundgesamtheit vornimmt. Signifikante Zusammenhänge können auch bei geringen Effekten bzw. Zusammenhängen oder Mittelwertunterschieden entstehen. Die bei solchen geringen Effekten ermittelte **Signifikanz** sagt nur aus, dass man bei einer Übertragung auf die Grundgesamtheit nicht zwingend falsch liegt.

Entscheidungen für oder gegen eine Hypothese sind immer unter Berücksichtigung der Fallzahlen zu treffen: Verfügt man über Stichproben mit 10.000 oder gar 100.000 Befragten, verbessern sich die Möglichkeiten, auch kleine bis kleinste Abweichungen auf die Grundgesamtheit zu übertragen zu können, ohne dass die Zusammenhangseffekte dabei wirklich stark sind. Bei solch hohen Fallzahlen werden auch niedrige Koeffizienten als hoch signifikant ausgegeben. Besitzt der Forscher nur kleine Stichproben von weniger als 100 Probanden, kann es sein, dass in der Stichprobe deutliche – schon bei einfacher Inspektion klar sichtbare – Abweichungen zwischen Variablen und Beziehungen bestehen, aber die Übertragung der Ergebnisse der kleinen Stichprobe auf die Grundgesamtheit vom Statistikprogramm als zu unsicher eingeschätzt wird. Die Übertragungssicherheit nimmt mit steigender Fallzahl zu (die Signifikanzkoeffizienten bewegen sich gegen $p < .01$). Umgekehrt nimmt die Stärke der Korrelationskoeffizienten in der Regel mit steigender Fallzahl ab. Das heißt bei hohen Fallzahlen kann auch ein Pearson's r von 0.05 einen hoch signifikanten Zusammenhang markieren ($p = 0.000$); bei niedrigen Fallzahlen wäre zu erwarten, dass ein solcher Zusammenhangswert nicht signifikant ist. Signifikanz und Korrelation variieren also mit der Fallzahl der Stichprobe oder Grundgesamtheit.

⚡ Verwechseln Sie nie Signifikanz mit Relevanz oder Stärke. Signifikanzwerte sind immer abhängig von den Fallzahlen der Stichprobe.

Damit wird erkennbar, dass die Signifikanz weder geeignet ist, die kritiklos Relevanz eines Effekts zu beurteilen, noch kann sie auf simplem Wege und frei von eigener inhaltlicher Reflexion zur Bestätigung einer Theorie oder Hypothese herangezogen werden. Gleichwohl zielt sie auf einen wichtigen Aspekt sozialwissenschaftlicher Forschung – sie ermitteln die Sicherheit von **Inferenz** (Mahoney 2000). „Das Schließen" von der Stichprobe auf die Grundgesamtheit gehört zum Standardprogramm statistischer Anwendungen in der Politikwissenschaft. „Inference, whether descriptive or causal, quantitative or qualitative, is the ultimate goal of all good social science" (King u. a. 1994: 34). Ziel der Anwendung von statistischen Analysen in der Politikwissenschaft sind Aussagen, am besten kausale Aussagen, die auf eine größere Gesamtheit übertragen werden können. Wahlumfragen sind ein solcher Anwendungsbereich: Anhand einer repräsentativen Stichprobe kann ermittelt werden, dass besonders Menschen, die in unsicheren Arbeitsverhältnissen leben, beabsichtigen, bei der Bundestagswahl für die AfD zu stimmen. In der Stichprobe wird also ein Zusammenhang zwischen der Art der Beschäftigungsverhältnisse und der Absicht, die AfD zu wählen, ermittelt. Für den Korrelationskoeffizienten wird ein Wert von 0.25, für die Signifikanz ein Wert von 0.05 angegeben. Mit einer Irrtumswahrscheinlichkeit von 5 % kann die Aussage über einen Zusammenhang zwischen der Art des Beschäftigungsverhältnisses und der Wahlabsicht der AfD von der Stichprobe auf die Grundgesamtheit aller Wahlberechtigten in Deutschland übertragen werden.

Test- und Schätzverfahren
Test- und Schätzverfahren dienen dazu, die Sicherheit anzugeben, mit der von einer Stichprobe auf eine Grundgesamtheit geschlossen werden kann. Sie geben Auskunft über die Wahrscheinlichkeit, eine falsche Annahme über die Übertragung eines gefundenen Zusammenhangs von der Grundgesamtheit auf die Gesamtheit zu treffen. Damit zählen Test- und Schätzverfahren zum Bereich der schließenden Statistik. Kernelemente der schließenden Statistik sind Konfidenzintervalle und Signifikanzwerte.

5.1.4 Multivariate Analysen

Multivariate Analysen stellen eine Weiterführung bivariater Vorgehen dar und dienen dazu, ein umfassenderes Erkenntnisinteresse des Forschers zu befriedigen. Sie berücksichtigen die Tatsache, dass reale Sachverhalte komplexer sind als es bivariate Beziehungen darstellen können. Bestimmte Ergebnisse, speziell in der Politikwissenschaft, sind zumeist nur als Resultat einer Vielzahl von Erklärungsfaktoren zu verstehen. Gerade die Abwägung der Erklärungskraft der verschiedenen Einzelfaktoren gegen- und zueinander oder deren Verknüpfung bzw. Verdichtung ist für eine tragfähige inhaltliche Aussage bedeutsam. So ist es ebenfalls das Ziel multivariater Verfahren, die Drittvariablenproblematik zu bearbeiten, die für bivariate Verfahren beschrieben wurde. Multivariate Verfahren können unterschieden werden in **kausalanalytische, typenbildende bzw. Typen aufdeckende und dimensionsanalytische Verfahren**. Kausalanalytische Verfahren werden in der Politikwissenschaft häufig angewendet, da die meisten Fragestellungen kausal formuliert sind oder durch Hypothesen mit kausalem Bezugscharakter abgebildet werden.

Darüber hinaus kann man die multivariaten Analyseverfahren in explorative und konfirmatorische Verfahren unterteilen (Kockläuner 2000). **Explorative** Analyseverfahren, zu denen die Clusteranalyse, die Hauptkomponentenanalyse, die Korrespondenzanalyse, in Teilen die Faktorenanalyse sowie die Multidimensionale Skalierung (MDS) zu zählen sind, sind geeignet, um Strukturen innerhalb von Variablensets aufzudecken. Sie sind dafür da, bislang noch unbekanntes Terrain freizulegen und neue, noch nicht bekannte Ergebnisse sichtbar zu machen. **Konfirmatorische** Verfahren, zu denen die (konfirmatorische) Faktorenanalyse, die Diskriminanzanalyse sowie die multiple Regressionsanalyse zu zählen sind, verfolgen den Zweck, bereits bestehende theoretische Modelle hinsichtlich ihrer Gültigkeit zu testen. Backhaus u. a. (2003: 7) nennen sie „Strukturen prüfende Verfahren". Der Datenanalyse gehen explizite Vorannahmen (Theorien oder Hypothesen) voraus, während bei explorativen Verfahren – oder nach Backhaus u. a. (2003: 7) „Strukturen-entdeckende Verfahren" – ein für neue Ergebnisse und Konstellationen offener Zugang erfolgt. Ziel ist es hierbei, neue Erkenntnisse aus den Daten zu gewinnen, die in Theorien oder Hypothesen noch nicht beschrieben wurden. Viele Analyseverfahren können sowohl konfirmatorisch als auch explorativ eingesetzt werden.

Tab. 5.10: Zentrale multivariate Analyseformen (eigene Zusammenstellung).

Verfahren	Ziel	Zielrichtung
Regressionsanalyse	kausale Effekte mehrerer unabhängiger auf eine abhängige Variable	kausale Zusammenhangsaussagen
Clusteranalyse	Identifikation von Gruppen über eine Auswahl an Variablen meist nach dem Prinzip „Homogenität in der Gruppe – Heterogenität zwischen den Gruppen"	Aussagen über Gruppenzugehörigkeiten (Lebensstile) und typologisch
Faktorenanalyse	Identifikation von latenten Dimensionen hinter Einzelvariablen	dimensionsanalytische Aussagen und Informationsreduktion
Diskriminanzanalyse	Zuordnung von neuen Fällen zu Gruppen	typologisch ergänzend
multidimensionale Skalierung	Aufspüren von Beziehungen zwischen (auch nicht metrischen) Merkmalen	grafische Abbildung von Beziehungen zwischen Variablen

Die in der Anwendungspraxis **wichtigsten multivariaten Analyseverfahren** sind die Regressionsanalyse, die Clusteranalyse und die Faktorenanalyse (siehe Tabelle 5.10). Sie decken in der Regel die meisten Interessen von (studentischen) Nutzern ab. Daneben existiert eine große Bandbreite weiterer multivariater Verfahren (Backhaus u. a. 2003). Zu nennen sind nur exemplarisch: die Korrespondenzanalyse, die Multidimensionale Skalierung (MDS), die Conjoint-Analyse oder auch eigenständige Logit-Modelle. Daneben sind noch Strukturgleichungsmodelle oder verschiedene Formen der Zeitreihenanalyse zu erwähnen. Die beiden zuletzt genannten Gruppen an Analysezugängen sind mit der Regressionsanalyse verwandt, bzw. dieser zuordenbar.

> Der Einsatz multivariater Analyseformen setzt umfangreichere statistische Kenntnisse voraus. Wählen Sie das Verfahren, das dem jeweiligen Gegenstand angemessen ist, und nehmen Sie im Vorfeld immer Inspektionen der Variablen mittels univariater und bivariater Analyseverfahren vor.

Im Folgenden erfolgt eine Konzentration der Kurzdarstellungen auf die gebräuchlichsten Analyseverfahren. Dies sind die in der Politikwissenschaft verbreitete multivariate Regressionsanalyse für kausale Fragestellungen, die Clusteranalyse für typologische Verfahren und die Faktorenanalyse für dimensionsaufdeckende Verfahren. Die verschiedenen multivariaten Analyseverfahren können dabei kombiniert werden. Eine gerne verwendete Kombination ist die Durchführung einer viele Variablen auf wenige Dimensionen reduzierenden Faktorenanalyse, deren Ergebnisse dann in einer Clusteranalyse verarbeitet werden. Aufgrund der notwendigen Konzentration im vorliegenden Buch können die Analyseverfahren nur kurz eingeführt werden. Für eine vertiefte

Beschäftigung sei auf einschlägige Literatur zu jeweiligen Einzelvorgehen verwiesen (Backhaus u. a. 2003).

Multivariate Datenanalyse
Die multivariate Datenanalyse legt ihren Schwerpunkt auf die komplexe Auswertung von großen Datenmengen. Sie ermöglicht die Komprimierung von Information und bezieht mehr als zwei Variablen in die Analyse ein. Zentrale multivariate Analyseverfahren sind die Regressionsanalyse, die Faktorenanalyse, die Diskriminanzanalyse, die Korrespondenzanalyse, die Multidimensionale Skalierung (MDS) und die Clusteranalyse. Als Grobunterscheidung kann man explorative – Strukturen aufdeckende – und konfirmatorische – Strukturen testende und bestätigende – Vorgehen unterscheiden. Die Stärke multivariater Verfahren liegt in der gemeinsamen Verarbeitung von Beziehungsstrukturen zwischen mehreren Variablen.

5.1.5 Kausalanalytische Verfahren – die (multiple) Regressionsanalyse

Das in der Politikwissenschaft am stärksten präferierte Vorgehen ist die Erklärung kausaler Zusammenhänge. Manchmal geht die Orientierung an Kausalität im Fachgebiet sogar so weit, dass nur **kausale Fragestellungen** als wissenschaftliche Fragestellungen anerkannt werden. Auch wenn man sich diesem Wissenschaftsverständnis nicht anschließen mag, entsprechen die meisten politikwissenschaftlichen Fragestellungen einer kausalen Struktur, die Zusammenhänge in Wenn-dann-Erklärungen einbindet. Zwar ist es möglich, bereits auf der Grundlage von bivariaten Analysen und inhaltlichen Festlegungen kausale Aussagen zu treffen. Auf dieser Basis lässt sich aber nicht feststellen, ob außer der einen getesteten, unabhängigen Variable weitere Faktoren die abhängige Variable beeinflussen. Beispielsweise kann ein Zusammenhang zwischen Konfessionszugehörigkeit und politischem Interesse möglicherweise ja nichts anderes abbilden als einen „wahren Zusammenhang" zwischen Religiosität und politischem Interesse. Die Konfessionszugehörigkeit kommt durch eine hohe Religiosität zustande und beides hat einen (positiven) Effekt auf das politische Interesse. Diese bivariate Analyse unterliegt dem **Drittvariablenproblem**, das schon bei der Vorstellung der Partialkorrelationen diskutiert wurde.

Für kausale Fragestellungen, die in der Politikwissenschaft donimieren, verwenden Sie am besten eine Form der Regressionsanalyse – auch um Probleme intervenierender Drittvariablen in den Griff zu bekommen.

Um das Drittvariablenproblem oder die Gefahr von Scheinkorrelationen zu bearbeiten, ist es notwendig, mehrere Erklärungsvariablen in ihrer Wirkung auf ein abhängiges Phänomen miteinander in Beziehung zu setzen. Eine Möglichkeit des Umgangs – die partielle Korrelationsanalyse – wurde in Kapitel 5.1.2 bereits beschrieben. Dort werden bivariate Zusammenhänge auf Hintergrundfaktoren geprüft. Eine andere Möglichkeit bietet das Verfahren der (multiplen) Regressionsanalyse. Bei diesem

Analyseverfahren werden die Effekte mehrerer unabhängigen Variablen auf eine abhängige Variable geprüft. Zur Bearbeitung des Drittvariablenproblems gilt es unterschiedliche **Effektstrukturen dritter Variablen** zu berücksichtigen (Diekmann 2007: 67, 723). 1. kann eine dritte Variable einer anderen vorgelagert sein. Die interpretierte Kausalbeziehung ist also eine Scheinbeziehung. 2. Gleichzeitig kann – und dies ist zumeist so – eine abhängige Variable durch unterschiedliche unabhängige Variablen beeinflusst sein. Dies ist eine realistische Vorstellung in einer komplexen Welt. So dürfte die Zufriedenheit mit der Demokratie nicht alleine auf deren grundsätzlicher Legitimitätsanerkennung beruhen, sondern auch der wirtschaftliche Erfolg der Demokratie sowie ein geringes Maß an Korruption (zumindest in den Augen der Bürger) besitzen einen Einfluss. Diesen Zustand des Einflusses mehrerer, zunächst voneinander unabhängiger Prädiktoren nennt man **Multikausalität**. Sie ist der Hauptgegenstand multivariater kausaler Analytik. 3. kann es sogenannte **Interaktionseffekte** geben. Sie treten dann auf, wenn zwei Variablen als Erklärungsprädiktoren eine gemeinsame Wirkung entfalten. Dies bedeutet auch, dass die gerade noch betonte Annahme voneinander unabhängiger Einflussvariablen nicht mehr zutrifft. So manifestiert sich zum Beispiel ein realer Effekt der Beteiligung an politischen Protesten auf politische Entscheidungen erst dann, wenn diese Proteste im Umfeld eines Systems mit freien Wahlen – also Demokratien – stattfinden. In Autokratien dagegen kann es sein, dass diese Proteste ohne Wirkung verpuffen. Erst im Zusammenspiel politischer Proteste mit einem demokratischen politischen System entsteht ein Effekt auf die politischen Entscheidungen.

Die **Regressionsanalyse** ist nicht das einzige Verfahren, das mit multikausalen Annahmen arbeitet. Ebenfalls zu nennen ist die **Varianzanalyse**. Die Varianzanalyse stellt die grundsätzlichste Vorgehensweise einer kausalen Analyse dar. Die Varianzanalyse ist vor allem auf die Messung von signifikanten Unterschieden in experimentellen Designs ausgerichtet. Sie war in frühen Zeiten der empirischen Sozialforschung eines der beliebtesten Verfahren in der Sozialwissenschaft. Vor allem der höhere Erkenntnisgewinn der Regressionsanalyse hat allerdings dazu geführt, dass die Varianzanalyse in den letzten Jahrzehnten ein wenig in Vergessenheit geraten ist – und die Regressionsanalyse einen massiven Bedeutungsgewinn erfuhr.[8] Es zeigt sich an dieser Stelle: Man kann mit stärker ausgefeilten multivariaten Methoden ein höheres Erklärungspotenzial erreichen, und ihre digitale Verarbeitung wie auch statistische Ausarbeitung ist in den letzten Jahrzehnten sprunghaft vorangeschritten.

> Entscheiden Sie sich vor der Durchführung einer Regressionsanalyse für ein klares kausales Forschungsdesign und begründen Sie dies aus einer der Forschungsfrage angemessenen Theorie heraus oder stellen Sie zumindest Vorannahmen auf. Eine Regressionsanalyse ohne zugrunde liegenden Vorannahmen oder Theorie ist zu vermeiden.

---

[8] Ausführliche Informationen zur Varianzanalyse finden sich in Backhaus u. a. (2003: 117–154).

In ihrer einfachsten Form ist die **bivariate Regressionsanalyse** nichts anderes als eine Korrelationsanalyse, bei der der Forscher (meist basierend auf einer Theorie oder Vorerfahrungen) die Richtung des Zusammenhangs vorgibt. Er möchte etwas über die Wirkung der unabhängigen Variable auf die abhängige Variabe wissen und nicht nur die Stärke des Zusammenhangs zwischen zwei Variablen bestimmen. Damit wird bereits deutlich: Regressionen ohne theoretische und konzeptionelle Vorarbeit sind zu vermeiden. Ebenfalls deutlich wird, dass der Erkenntnisgewinn einer bivariaten Regression gegenüber Korrelationsanalysen noch relativ gering ist. Wie in der Korrelationsanalyse ist es ja allein eine Entscheidung des Forschers, die die Kausalitätsrichtung bestimmt. Zudem wird das Drittvariablenproblem auf diese Weise noch gar nicht angegangen. In der Regel liegt das Interesse eines Forschers darauf, den relational stärksten Effekt unter mehreren möglichen Effekten auszumachen, beziehungsweise die **Effektstärken** der erklärenden, das heißt der unabhängigen Variablen untereinander vergleichen zu können. Für diese Erkenntnis ist eine **multiple Regression** anzuwenden, ein Analyseverfahren, das die Effekte mehrerer unabhängiger Variablen auf eine abhängige Variable bestimmt (siehe Backhaus u. a. 2003: 45–116). Die Regressionsanalyse kann neben der Differenzierung nach der einbezogenen Variablenzahl (bivariat bzw. multivariat) in eine **lineare** und eine **logistische** Form unterschieden werden. Die lineare Regression geht von einer kontinuierlichen, linearen Beziehung der unabhängigen und abhängigen Variablen aus, die sich in einer grafischen Darstellung in Form einer Regressionsgeraden auch visuell nachvollziehbar bestimmen lässt (deshalb lineare Regression). Die logistische Regression analysiert kurvenlineare Formen von Beziehungen (Behnke 2015).

Grundprinzip der Regressionsanalyse
In der Regressionsanalyse werden unter der (aus der Theorie begründeten) Annahme einer bestimmten Kausalitätsrichtung die Effekte von mehreren unabhängigen Variablen auf eine abhängige Variable berechnet. Ziel ist es, die Wirkungen unterschiedlicher Einflussfaktoren gegeneinander und in Bezug zueinander zu bestimmen. Die Regressionsanalyse unterliegt einer klaren kausalen Logik. Formal gesprochen wird in der Regressionsanalyse die Ausprägung eines Merkmals (abhängige Variable) auf die Ausprägung eines oder mehrerer anderer Merkmale (unabhängige Variablen) zurückgeführt („regrediert"). Es ergeben sich dabei sowohl Aussagen über die Qualität des gesamten statistischen Modells als auch über die relationalen Stärken der Einzeleffekte mit Bezug auf die abhängige Variable.

Das Kernstück vieler empirischer Analysen ist somit die klassische **lineare multiple Regressionsanalyse**. Sie führt die die Ausprägung eines Merkmals (abhängige Variable) auf die Ausprägung eines oder mehrerer anderer Merkmale (unabhängige Variablen) zurück („regrediert"). Wenn wir nun im Folgenden von Regressionsanalyse sprechen, dann ist diese lineare multiple Regressionsanalyse gemeint. Die lineare Regression verwendet die **Geradengleichung $Y = a + b \cdot X$**.

Y ist die abhängige Variable; X ist die unabhängige Variable; b ist Steigung der Geraden und a ist der Schnittpunkt der Y-Achse, wenn X Null ist (Achsenabschnitt; Konstante). Die Abweichungen der Beobachtungswerte von der Ausgleichsgraden, oder „die Differenz zwischen den vorhergesagten und den beobachteten Werten der abhängigen Variablen" (Schnell u. a. 2013: 445) bezeichnet man als **Residuen** e_i (= Abweichungsquadrate). Die **Schätzgleichung** von Y_i lautet: $\hat{Y}_i = \hat{a} + \hat{b}_1 \cdot X_i + e$. $\hat{Y}_i$ ist der Prognosewert von Y_i, e bildet den Vorhersagefehler, das Residuum oder Prognosefehler ab. Die Differenz $Y_i - \hat{Y}_i$, das heißt die Residuen, sollen dabei minimiert werden. Die Regressionsgerade ist diejenige Gerade, die die Summe der quadrierten Vorhersagefehler minimiert ($\hat{a}$). Die Ausgleichsgerade verläuft also durch den Schnittpunkt der Mittelwerte und einen Wert, der durch die Minimierung der Abweichungsquadrate ermittelt wird. (a) ist der Achsenabschnitt, der durch den Steigerungsgrad (b) als Schnittpunkt der Regressionsgeraden mit der Y-Achse ermittelt wird. Die T-Statistik zeigt, ob die Ergebnisse der Variable signifikant (sig.) sind. Nicht signifikante Variablen werden aus dem Modell ausgeschlossen. Dazu existieren verschiedene weitere Testverfahren, auf die aber an dieser Stelle aus Platzgründen nicht weiter eingegangen wird (siehe hierzu weiterführend Kockläuner 2000: 114–117).

Die wichtigsten Werte zur Deutung des Regressionsmodells sind die Regressionskoeffizienten und der Determinationskoeffizient R^2. Der **Determinationskoeffizient R^2** ist die Maßzahl, mit der die Güte der Schätzung des Gesamtmodells beurteilt werden kann. Er stellt ein Maß für die Erklärungskraft des Gesamtmodells dar. Liegen alle Punkte auf der Regressionsgeraden, ergibt sich der Wert 1. Ist der Wert 0, liegt kein linearer Zusammenhang zwischen X und Y vor. Da R^2 von der Anzahl der im Modell aufgenommenen Variablen abhängt, wird ein *adjusted* R^2 (angepasstes R^2) berechnet, das R^2 über die Anzahl der unabhängigen Variablen korrigiert. Multipliziert man das Ergebnis des Koeffizienten R^2 mit 100, so erhält man den Prozentsatz der durch das Gesamtmodell erklärten Varianz der abhängigen Variablen. Der Determinationskoeffizient ist im Prinzip die erste – und wichtigste – Entscheidungsgrundlage für die Interpretation der Ergebnisse. Ist die Gesamterklärungskraft R^2 gering oder zeigen die Residuen systematische Tendenzen in der Abweichung (Schnell u. a. 2013: 446), dann sollte man auf die Nutzung des Modells verzichten.

Im Folgenden haben wir ein Regressionsmodell berechnet, das zur Interpretation der Koeffizienten und inhaltlichen Bewertung der Zusammenhänge dient. Alle Angaben zu Variablen setzen sich über die Tabellen fort.

In Tabelle 5.11 ist eine entsprechende Übersicht der Modellparameter in SPSS am Beispiel der Erklärung von Demokratiezufriedenheit abgebildet. Mit einem Wert von adj. $R^2 = .27$ erzielen wir für eine Fallzahl von mehr als 2000 Befragten (Allbus 2008) einen sehr guten Erklärungswert. Zusätzliche Informationen sind der Standardfehler der Schätzung sowie das nichtquadrierte R. Das R^2 ist auch von der **Fallzahl** der Untersuchung abhängig. So beeinträchtigt eine höhere Zahl an in die Analyse einbezogenen Fällen den R^2-Wert, während eine geringe Zahl an Fällen ihn steigern kann. Letzteres ist häufig in Aggregatdatenanalysen zu beobachten, weil die Fallzahlen gering sind. Der R^2-Wert fällt dann oft sehr hoch aus. Dieser Effekt hängt mit dem Umstand zusammen, dass erst mit steigender Fallzahl die Möglichkeiten ansteigen, dass

Tab. 5.11: Lineare Regressionsanalyse – Modellübersicht in SPSS (eigene Zusammenstellung).

Modell	R	R-Quadrat	angepasstes R-Quadrat	Standardfehler der Schätzung
1	,523[a]	,273	,270	1,36803

[a] Prädiktoren: (Konstante), KOERPERGROESSE IN CM, BEFRAGTE <R>, VERTRAUEN: POLITISCHE PARTEIEN, Demokratieidee, HAEUFIGKEIT VON FERNSEHEN PRO WOCHE, WIRTSCHAFTSLAGE, BEFR. HEUTE, POLITIKER KUEMMERN S. NICHT UM M. GEDANKEN, GERECHTER ANTEIL A. LEBENSSTANDARD, BEFR.?

die Ausprägungen von Variablen variieren. Gleichzeitig bietet die zunehmende Zahl an Fällen mehr Raum für Abweichungen von einer linearen Beziehung. Damit wird aber auch deutlich, dass ein hohes R^2 alleine noch keine für sich ausreichende Aussage über die Stabilität des Ergebnisses, speziell in Bezug auf die zugrunde liegende Grundgesamtheit, zulässt. So muss die Zahl der einbezogenen Fälle in der Interpretation mit bedacht werden.

Der *Standardfehler des Schätzers* bemisst die Güte der Schätzung anhand eines (standardisierten) Vergleichs zwischen den beobachteten Werten y und den durch die Regressionsgleichung geschätzten Werten y*. Ein niedriger Wert des Standardfehlers steht für eine geringe Streuung und eine gute Vorhersagekraft des Modells.

Zum Verständnis der SPSS-Abbildung: Unterhalb der Modellgüte erfolgt eine Auflistung der einbezogenen erklärenden Variablen. Die Variablen werden immer in der Form angegeben, wie sie im Datensatz *gelabelt* wurden. Das heißt Variablennamen aus dem Datensatz finden sich in gleicher Nennung unter der Modellübersicht einer Regressionsanalyse. Die Stabilität der Ergebnisse wird aus weiteren statistischen **Tests** erkennbar (siehe Tabelle 5.12). Die an die Varianzanalyse angelehnte Statistik ANOVA enthält die Quadratsumme der Residuen, die Freiheitsgrade, den F-Testwert und eine Aussage über die **Signifikanz des Gesamtmodells**. In der Regel wird man die Inspektion dieser Tabelle allerdings nicht zu stark vertiefen und seinen Blick vorrangig auf das angepasste R^2 richten.

Tab. 5.12: Lineare Regressionsanalyse – Teststatistik in SPSS (eigene Zusammenstellung).

ANOVA[a]

Modell		Quadratsumme	df	Mittel der Quadrate	F	Sig.
1	Regression	1139,299	7	162,757	86,966	,000[b]
	Residuum	3028,078	1618	1,871		
	Gesamtsumme	4167,377	1625			

[a] Abhängige Variable: Demokratiezufriedenheit
[b] Prädiktoren: (Konstante), KOERPERGROESSE IN CM, BEFRAGTE <R>, VERTRAUEN: POLITISCHE PARTEIEN, Demokratieidee, HAEUFIGKEIT VON FERNSEHEN PRO WOCHE, WIRTSCHAFTSLAGE, BEFR. HEUTE, POLITIKER KUEMMERN S. NICHT UM M. GEDANKEN, GERECHTER ANTEIL A. LEBENSSTANDARD, BEFR.?

Zurück zum **Beispiel**: Das vorgestellte Modell ist in seiner Abbildung der Grundgesamtheit signifikant („Sig.") und die Modelgüte weist es als insgesamt erklärungskräftiges Modell aus. Die übrigen Informationen wiederholen sich teilweise. „Quadratsumme" gibt die Varianz der abhängigen Variablen wieder, die durch die Regression erklärt werden kann. Das Verhältnis von „Regressionssumme" zur „Gesamtsumme" ergibt R^2. Das „Residuum" gibt den Anteil der Varianz an (Summe der quadrierten Abstände von der Regressionsgeraden), der durch das Regressionsmodell nicht erklärt werden kann: 3028,078/4167,377 = 0,727. Dies ist gleich 1 − R^2. Die Varianz der abhängigen Variable kann als Summe der durch das Modell erklärten Varianz (Regressionssumme) und der unerklärten Varianz (Residuum) berechnet werden. Die „Freiheitsgrade" (df) errechnen sich aus der Anzahl (n) der unabhängigen Beobachtungswerte n minus der Anzahl (u) der schätzbaren Parameter; die „Freiheitsgrade der Residuen" aus den Gesamtfreiheitsgraden minus den „Freiheitsgraden der Regression". Die Quotienten aus Quadratsumme und Freiheitsgraden ergeben die „Mittel der Quadrate". Der „F-Wert" kann wie die Signifikanz zur Überprüfung der Gesamtsignifikanz des Modells benutzt werden. Er gibt den Anteil der erklärten Varianz an der unerklärten Varianz wieder.

Aufgrund der hohen Redundanzen der ANOVA, lohnt es sich nicht, alle Werte zu interpretieren. Zur weiteren Interpretation der Regression sind die einzelnen **Regressionskoeffizienten** heranzuziehen. Sie sind wesentlich für die Auflösung der Forschungsfrage, welche Variable die unabhängige Variable am stärksten beeinflusst. Die Regressionskoeffizienten geben Auskunft über den *relativen* Einfluss einer spezifischen unabhängigen Variable auf die abhängige Variable. Dies geschieht im ersten Schritt über die Berechnung ihres Effekts auf die Steigung der Regressionsgeraden: Es wird angegeben, um wie viele Einheiten die abhängige Variable ansteigt, wenn die jeweilige unabhängige Variable um eine Einheit zunimmt (Schnell u. a. 2013: 446). Dies drückt der Regressionskoeffizient **B** aus (siehe Tabelle 5.13). Man spricht deshalb von einem „relativen" Einfluss, weil in der multiplen Regression die Effekte aller anderen Variablen für die Berechnung des Koeffizienen B einer unabhängigen Variablen konstant gehalten werden. Da aufgrund der Berechnung über die Skaleneinheiten beträchtliche Unterschiede in den Koeffizienten zwischen Variablen mit unterschiedlicher Spannweite auftreten können[9], wird für den modellinternen Vergleich der Effektstärken ein standardisiertes Maß, der **standardisierte Regressionskoeffizient Beta**, benutzt.[10] Entsprechend erfolgt die Einschätzung des Einflusses der einzelnen Variablen in einer linearen Regressionsanalyse weitgehend über die sogenannten

---

9 Es wirkt sich auf den Koeffizienten B aus, ob eine Variable zum Beispiel 2, 4 oder mehr Skalenwerte der Merkmalsausprägung hat; beispielsweise produziert eine Skala von 1 bis 4 (lehne völlig ab bis stimmte völlig zu) andere B-Werte als eine Skala von 1 bis 10.

10 Zu erweiterten Regressionsdiagnostiken siehe Bollen/Jackmann (1990). Beta entspricht dem Regressionskoeffizienten einer Variable mit Mittelwert 0 und Standardabweichung 1. Die Skalenausprägungen werden normiert und sind vergleichbar.

Tab. 5.13: Lineare Regressionsanalyse – Regressionskoeffizienten in SPSS (eigene Zusammenstellung).

Koeffizienten[a]

Modell	nicht standardisierte Koeffizienten		standardisierte Koeffizienten	t	Sig.
	B	Standardfehler	Beta		
(Konstante)	−1,666	,716		−2,327	,020
Demokratieidee	,321	,033	,208	9,593	,000
WIRTSCHAFTSLAGE, BEFR. HEUTE	−,138	,044	−,076	−3,156	,002
HAEUFIGKEIT VON FERNSEHEN PRO WOCHE	,036	,018	,042	1,953	,051
VERTRAUEN: POLITISCHE PARTEIEN	,293	,027	,242	10,778	,000
POLITIKER KUEMMERN S. NICHT UM M. GEDANKEN	,261	,043	,138	6,052	,000
GERECHTER ANTEIL A. LEBENSSTANDARD, BEFR.?	,435	,052	,205	8,437	,000
KOERPERGROESSE IN CM, BEFRAGTE <R>	−,003	,004	−,018	−,849	,396

[a] abhängige Variable: Demokratiezufriedenheit

Beta-Koeffizienten. Die **Beta-Koeffizienten** geben die normierte Einflussstärke der einzelnen Variablen in der Regressionsgleichung an. Dabei gilt: Je höher der Beta-Koeffizient, desto wichtiger ist die unabhängige Variable in Relation zu den anderen unabhängigen Variablen für die Erklärung der abhängigen (zu erklärenden) Variable. Hier ist es wichtig, im Kopf zu behalten, dass die Betas **nur innerhalb einer Regressionsgleichung vergleichbar** sind.[11] Will man Regressionskoeffizienten zwischen unterschiedlichen Regressionsanalysen vergleichen, dann empfiehlt es sich, wenn überhaupt, auf die unstandardisierten Koeffizienten B zurückzugreifen. Dies sollte aber immer mit höchster Vorsicht getan werden. Was man vergleichen kann, sind allerdings – und dies immer reflexiv und vorsichtig – die Reihenfolgen der Bedeutung unterschiedlicher Einflussfaktoren im Verhältnis zueinander. Erweist sich zum Beispiel die Einschätzung der allgemeinen Wirtschaftslage für die Erklärung der Demokratiezufriedenheit als der relational stärkste Prädiktor, aber für die Einschätzung der Demokratie als beste Regierungsform nur als viertstärkstes Möglichkeit, so ist dies durchaus eine inhaltliche Aussage wert.

Die Regressionskoeffizienten werden auf der Basis einer Zufallsstichprobe geschätzt und können deshalb nicht exakt geschätzt werden. Die Standardabweichung oder Standardfehler der Schätzung gibt diese Ungenauigkeit wieder. Man kann sie auch zur Berechnung von Konfidenzintervallen benutzen. Der T-Wert gibt die Si-

---

[11] Vergleiche sind dann möglich, wenn die Stichproben exakt gleich sind oder wenn man wiederholt eine Grundgesamtheit in Gänze analysiert.

gnifikanz einer jeden unabhängigen Variable im Modell an, ebenso wie die **Signifikanz** (sig.).

In unserem **Beispiel** sehen wir unterschiedliche Effektstärken der einbezogenen Variablen. Alle stammen aus dem Bereich der politischen Kulturforschung und wurden aus der entsprechenden Theorie abgeleitet. Die einzige nicht theoretisch abgeleitete Variable ist die Körpergröße in cm. Sie dient als Demonstrationsvariable für einen nicht bestehenden Einfluss. Ob ein Effekt besteht oder nicht, wird durch Blick auf die in der letzten Spalte stehenden Signifikanzen erkennbar. Dies trifft, nehmen wir die gerne verwendete Größe einer Irrtumswahrscheinlichkeit von 5 % (Signifikanzwert von .05) an, für die Körpergröße und ganz knapp für den Fernsehkonsum zu. Alle anderen Indikatoren haben signifikanten Einfluss auf die Demokratiezufriedenheit. Dieser Einfluss ist allerdings unterschiedlich stark, und der Effekt der unabhängigen Variablen wirkt nicht immer in die gleiche Richtung. Steigert ein hohes Vertrauen in politische Parteien die Demokratiezufriedenheit massiv, so ist dies bei der *political efficacy* (Politiker kümmern sich nicht um meine Gedanken) umgekehrt. Hat man diesen Eindruck, dann sinkt auch die Zufriedenheit mit der Demokratie. Warum ist hier der Beta-Wert aber nun positiv?

Je höher der Beta-Koeffizient, desto wichtiger ist die unabhängige Variable in Relation zu den anderen unabhängigen Variablen für die Erklärung der abhängigen (zu erklärenden) Variable. Vergleichen Sie den statistischen Einfluss der Variablen innerhalb des Modells.

An dieser Stelle ist auf eine wichtige Vorarbeit für die Regressionsanalyse (und eigentlich die statistische Analyse insgesamt) hinzuweisen – die **einheitliche Codierung der Variablen** oder einfach die Kenntnis, in welche Richtung die Variablen im Datensatz codiert sind (z. B. von 1 stimme voll und ganz zu bis 4 lehne voll und ganz ab oder umgekehrt?). Anders als die meisten Variablen im vorliegenden Datensatz sind die *political efficacy* und die Einschätzung der aktuellen Wirtschaftslage in ihrer Antwortrichtung entgegengesetzt zur Demokratiezufriedenheit codiert. Zeigen steigende Skalenwerte eine Zunahme der Demokratiezufriedenheit an, repräsentieren steigende Skalenwerte der Einschätzung der Wirtschaftslage deren Verschlechterung. Dies ist nun aber kein inhaltlicher Effekt, sondern allein eine Auswirkung des verwendeten Designs im Fragebogen. Entsprechend sind die ausgewiesenen Wirkungsrichtungen der Koeffizienten entgegengesetzt zur unterstellten Logik zu interpretieren. So reduziert die Vorstellung, dass Politiker sich nicht um meine Gedanken kümmern, die Demokratiezufriedenheit, während die Einschätzung der eigenen Wirtschaftslage als positiv sich günstig auf die Demokratiezufriedenheit auswirkt. Man merke sich also: Die **Kontrolle und Kenntnis** der in multivariaten Verfahren verwendeten Variablen ist zwingend notwendig, um richtige Interpretationen vorzulegen. Dies unterstreicht noch einmal das Plädoyer für eine aufmerksame vorgeschaltete univariate Betrachtung.

> Prüfen Sie vor der Interpretation einer Regressionsanalyse und von Regressionskoeffizienten, wie und in welche Richtung die verwendeten Variablen codiert sind. Überprüfen Sie gerade Richtungsentscheidungen anhand ihrer Plausibilität und ihrer Codierung.

Wie sieht es nun mit der **Effektstärke** aus? Den stärksten Effekt besitzt in Tabelle 5.14 das Vertrauen in die politischen Parteien. Dies ist nicht vollständig überraschend, wenn man die Ansätze der politischen Kulturforschung kennt, zählt doch diese Variable zum Bereich der politischen Effektivität. Damit kann ihre hohe Relevanz für die Demokratiezufriedenheit, die als Variable im Zwischenbereich zwischen Effektivität und Legitimität angesiedelt wird (Pickel/Pickel 2006), als plausibel erachtet werden. In ihrer Effektstärke nicht wesentlich geringer, und damit in der Interpretation fast gleichwertig zu behandeln, sind die Wirkungen der positiven Haltung zur Demokratieidee (Kennzeichen der Legitimität im Konzept der politischen Kulturforschung) und des Gefühls, den gerechten Anteil am Lebensstandard im Land zu erhalten (Ausdruck des Gefühls relativer Deprivation). Die anderen Variablen besitzen jeweils einen geringeren, eigenständigen Einfluss. Hätten wir eine entsprechende Hypothese formuliert, so würde man sagen, dass politische Effektivität und das Gefühl der Benachteiligung den direkten Effekt eingeschätzter wirtschaftlicher Prosperität deutlich ausstechen. Mit diesen Ergebnissen können wir nun eine relationale Interpretation vornehmen.

Tab. 5.14: Logistische Regressionsanalyse (eigene Zusammenstellung auf Basis von Daten des Allbus 2008).

Modellübersicht

Schritt	− 2 Log-Likelihood	R-Quadrat nach Cox & Snell	R-Quadrat nach Nagelkerke
1	2898,992[a]	,075	,102

Variablen in der Gleichung

		B	Standardfehler	Wald	df	Sig.	Exp(B)
Schritt 1[b]	ostwest	,277	,125	4,924	1	,026	1,319
	wilapers	−,092	,059	2,430	1	,119	,912
	geranteil	−,020	,071	,079	1	,779	,980
	x_klos	−,883	,125	49,900	1	,000	,414
	kigang	,024	,003	60,715	1	,000	1,025
	Konstante	−,432	,343	1,578	1	,209	,650

[a] Die Schätzung wurde bei Iteration Nummer 4 beendet, da Parameterschätzungen sich um weniger als ,001 geändert haben.
[b] In Schritt 1 eingegebene Variable(n): ostwest, wilapers, geranteil, x_klos, kigang

> **Merkzahlen der multiplen linearen Regressionsanalyse**
> Die Kernkoeffizienten der Regressionsanalyse sind das R^2, das Auskunft über die Güte des Gesamtmodells gibt sowie die Beta-Koeffizienten, die über die standardisierten (relativen) Wirkungen der unabhängigen Variablen auf die abhängigen Variablen informieren. B-Koeffizienten bilden die unstandardisierten Steigungseffekte aufgrund der unabhängigen Variablen ab, Beta-Koeffizienten geben die normierte Bedeutung der einzelnen Variablen in der Regressionsgleichung an.

Für die Interpretation der Beziehungsergebnisse ist an dieser Stelle noch ein weiterer Punkt interessant: Die festgestellten Beziehungen zwischen Variablen stellen mit Blick auf das Gesamtergebnis der statistischen Analyse nur einen Teil der Wahrheit dar. So können auf der Ebene der Zusammenhänge starke Effekte feststellbar sein, wenn aber die Variablen nur in geringer Häufigkeit in der Stichprobe auftreten oder die Stichprobe generell wenig Fälle aufweist, dann sind die Aussagen über einen inhaltlichen Gesamteffekt mit Vorsicht zu tätigen. Neben dem Zusammenhang ist also für die inhaltliche Interpretation immer auch auf die **Häufigkeitsverteilungen sowohl der Stichprobe als auch der Variablen** zu achten. Dies trifft zum Beispiel für das Vertrauen in politische Parteien zu, welche in Deutschland im Schnitt nur zwischen 7 und 14 % der Befragten in den letzten Jahren äußerten. Selbst bei einem starken Zusammenhang mit der Variable „Demokratiezufriedenheit", kommen aus diesem Vertrauen nur geringfügige positive Effekte für die Verbreitung von Demokratiezufriedenheit im Land. Eher schon sind es dann negative Effekte, diese streuen sich aber breit und damit verliert der Effekt auch inhaltlich an Aussagekraft. Ähnlich sieht dies für das Gefühl von relativer Deprivation bei Bürgern aus: In Ostdeutschland verneint ca. die Hälfte der Befragten die Frage, ob sie einen gerechten Anteil am Lebensstandard in Deutschland erhalten. Als Ergebnis der Beziehung wirken sich beide Variablen trotz oder gerade wegen eines positiven Zusammenhangs ungünstig für die Verbreitung von Demokratiezufriedenheit aus, weil nur eine Minderheit die jeweiligen Fragen positiv beantwortet. Sehr förderlich für die Demokratiezufriedenheit ist dagegen der Effekt der Zustimmung zur Idee der Demokratie (Legitimität), die von über 80 % der Befragten positiv bewertet wird.

> Auswirkungen auf eine abhängige Variable setzen sich immer aus der Beziehung zu den unabhängigen Variablen, aber auch deren Häufigkeitsverteilung zusammen. Berücksichtigen Sie beide Komponenten für eine inhaltliche Interpretation.

Ein wesentliches, bei der linearen Regressionsanalyse zu beachtendes Problem ist die **Multikollinearität**. Multikollinearität bedeutet: Die verschiedenen unabhängigen Variablen korrelieren sehr stark untereinander. Dies wirkt sich auf die Regressionskoeffizienten aus. Die verschiedenen untereinander korrelierten unabhängigen Variablen nehmen sich wechselseitig Erklärungskraft für die Varianz der abhängigen Variablen. Dadurch kann es dazu kommen, dass man den Effekt einer unabhängigen Variablen unterschätzt. Gleichzeitig wird das statistische Messmodell durch zu viel

Multikollinearität beeinträchtigt. Um Multikollinearität zu erkennen, stehen in SPSS Testmöglichkeiten zur Verfügung. Man kann eine Korrelationsmatrix der unabhängigen Variablen erstellen und prüfen sowie sich den VIF-Wert (*variance inflation factor*) und Tolerance-Wert ausgeben lassen. Multikollinearität ist dabei nicht gänzlich zu vermeiden, denn sie spiegelt in gewisser Hinsicht die Verflochtenheit von Ursachen und Wirkung in der Realität wider. Ein weiteres Problem ist die **Heteroskedastizität**. Sie liegt vor, wenn die Varianz der Residuen nicht konstant ist, was die statistischen Kennzahlen ebenfalls verfälscht. Hier bieten sich Tests wie der Residualplot sowie der *White-Test* an.

Ein letztes Problem bei dem auf Strukturzusammenhänge ausgerichteten Verfahren der Regression sind Ausreißer und **Extremwerte**, die weit von der Regressionsgeraden entfernt liegen. Sie haben besonders dann verzerrende Effekte auf die Regression, wenn sie mit wenigen Fällen durchgeführt wird (z. B. in Aggregatdatenanalysen, siehe Kapitel 5.2). Zum einen führen Fälle mit extrem starker Abweichung zu einer Überschätzung der Zusammenhänge. Ausreißer bzw. Extremwerte zerstören aber gelegentlich auch vorhandene systematische Beziehungen, wenn sie sich entgegen der linearen Zusammenhangsstruktur platzieren. Hier hilft eine Inspektion der Verteilung, speziell über *Boxplots*, eine *Scatterplotmatrix*, *Leverage Values* (Hebelwerte) und die Betrachtung des *Cook-Abstands*. Am einfachsten ist es, die Verteilung der Fälle in *Scatterplots* darzustellen und zu prüfen, denn sie lassen die Abweichung von Fällen von einem Zusammenhangsmuster erkennen. *Scatterplots* ermöglichen jedoch nur eine bivariate Darstellung. Sie entsprechen einer Korrelation, die auf ein Koordinatensystem aus x-und y-Achse abgetragen wird. Die genannten Probleme sind nicht vollständig auflösbar. Man sollte sie bei den Regressionsanalysen aber im Blick behalten und für solche Probleme sensitiv sein. Gleichzeitig ist allerdings auch von einer „Testomanie" abzuraten, die vielleicht am Ende verhindert, dass man sich überhaupt noch an inhaltliche Schlüsse heranwagt.

Vermeiden Sie eine Testomanie im Sinne von massiver Überprüfung und einem Versinken in Teststatistiken. Bleiben Sie dennoch sensitiv für mögliche Abweichungen, die die Gültigkeit des Ergebnisses einschränken.

Nun liegen für die Regressionsanalyse als abhängige Variable nicht immer metrische Merkmale vor. Vielmehr können auch nominale (Wähler oder Nichtwähler) oder polynominale (Ausprägung des Regierungssystems in präsidentiell, semipräsidentiell, parlamentarisch) Merkmale Ziel der Erklärung sein. Hier kommen mittlerweile verstärkt **logistische Regressionsmodelle** zum Einsatz. Sie heben die Linearitätsannahme auf und lassen auch nicht lineare Erklärungszusammenhänge für die Eintrittswahrscheinlichkeit eines Wertes einer dichotomen, abhängigen Variablen zu. Ihre Verbreitung hat mit der Aufnahme in verschiedene Statistikprogrammpakete erheblich zugenommen. Die logistische Regression gilt als Standard für Berechnung von

Erklärungszusammenhängen für binominale abhängige Variablen. Ausführliche Darstellungen der logistischen Regression finden sich bei Backhaus u. a. (2003: 417–478) und Rudolf/Müller (2004: 237–266). Was unterscheidet die **logistische Regression** von der linearen Regression? 1. Sie kommt zum Einsatz, wenn die abhängige Variable **dichotom** konstruiert ist. 2. Sie eröffnet eine bessere Möglichkeit, mit **Interaktionseffekten** der unabhängigen Variablen auf die abhängige Variable umzugehen. Entscheidend ist aber die Annahme, dass nicht mehr als eine Differenzmöglichkeit im Antwortverhalten in der abhängigen Variablen vorliegt, das heißt entweder ja oder nein, 0 oder 1, also binär codierte Variablen. Die logistische Regression ergibt vor allem dann Sinn, wenn die abhängige Variable über keine gesicherte metrische Skalierung verfügt. Das Wahlverhalten ist zum Beispiel eine (multi-)nominale Variable, für deren Analyse nur logistische Regressionen durchgeführt werden sollten (Backhaus u. a. 2003: 419–420). Diese ermöglichen eine wesentlich bessere nichtlineare Abbildung statistischer Zusammenhänge. Statistisch gesehen bestimmt die logistische Regression nichts anderes als die **Wahrscheinlichkeit** für das Eintreten eines Ereignisses in Abhängigkeit von verschiedenen unabhängigen Variablen.

Tabelle 5.14 zeigt verkürzt ein entsprechendes Ergebnis für die Voraussage der Wahl der CDU. Das **Nagelkerke R^2** ist eine Annäherung an das R^2, wie es in der linearen Regressionsanalyse verwendet wird. Beide Kennziffern sind zwar nicht direkt miteinander gleichzusetzen, gleichzeitig kann Nagelkerke R^2 aber als Hilfe bei der Einschätzung der Gesamtgüte des Modells dienen, sogenanntes Psydo-R^2. Es liegt im Beispiel im Bereich mittlerer Güte von Varianzaufklärungswerten bei Individualdaten (mit entsprechend hoher Fallzahl). Die Signifikanzen geben wie in der linearen Regression an, mit welcher Irrtumswahrscheinlichkeit eine Variable auf die abhängige Variable wirkt. Der Exponent B ermöglicht Aussagen über Richtung und Stärke des Effektes. Der Wert über oder unter 1.0 gibt an, in welche Richtung, positiv oder negativ, der Zusammenhang besteht, die Differenz zu 1.0 die Stärke. Diese Information kann auch aus den anderen Werten der Abbildung (B, Standardfehler) abgeleitet werden.

Im vorliegenden Fall wird die Wahl der CDU am besten durch a. die Nichtzugehörigkeit zur Kirche (x_klos) mit einem negativen Zusammenhang erklärt, also wählen eher Kirchenangehörige die CDU, und b. wird eine höhere Kirchgangshäufigkeit (kigang) mit einem positiven Zusammenhang erklärt. Die Einschätzung der eigenen Wirtschaftslage (wilapers) oder die relative Deprivation (geranteil) entfalten keine signifikanten Einflüsse auf die Wahlentscheidung für die CDU. Die Differenzierungsvariable ostwest, die die räumliche Zuordnung der Befragten hinsichtlich ihres Wohnorts auf dem Gebiet der alten oder der neuen Bundesländer abbildet, besitzt ebenfalls einen signifikanten Einfluss auf das Ergebnis. Die CDU wird eher in Westdeutschland als in Ostdeutschland gewählt.

! Logistische Regressionsanalyse
Logistische Regressionen werden vor allem bei Regressionsmodellen mit dichotomen abhängigen Variablen durchgeführt, können aber auch bei multinominalen abhängigen Variablen angewendet wer-

den. Sie ermittelt die Wahrscheinlichkeit für das Eintreten von Ereignissen und berücksichtigt nicht lineare Zusammenhangsstrukturen. Ihre Stärken liegen im kontrollierten Einbezug von Interaktionseffekten und bei kurvenlinearen Erklärungsmodellen.

Fassen wir zusammen: Regressionsanalysen geben vor allem Auskunft über Wenn-dann- oder Je-desto-Hypothesen. **Probleme** bereiten Binnenkorrelationen der unabhängigen Variablen. Diese können auf **Multikollinearität**, das heißt Effekte der unabhängigen Variablen auf die abhängige Variable überschneiden sich, sodass man Gefahr läuft, falsche inhaltliche Schlüsse zu ziehen, geprüft werden. Zudem gilt es für Regressionsanalysen **Drittvariablen** zu berücksichtigen, die im Hintergrund der verwendeten Variablen stehen und den wahren Grund für bestimmte Effekte ausmachen können. Auch Extremwerte sind für die Interpretation zu beachten. Gleichzeitig sollte man sich nicht nur auf die statistischen Testmöglichkeiten verlassen, denn diese sind nicht inhaltlich begründet und ausgerichtet. Eine Plausibilitätsprüfung hinsichtlich des inhaltlich Untersuchten ist durch statistische Testung einfach nicht zu ersetzen. Plausibilitätsprüfungen schließen eine vorherige Inspektion der Häufigkeiten ein. Sie gibt Einblick in die Codierungsrichtung der Variablen und auch darüber, wie häufig ein Merkmal überhaupt vorkommt. Letzteres kann für die inhaltliche Interpretation ermittelter Zusammenhänge wichtig sein.

Weiterführende Vorgehen in der Regressionsanalyse sind die **Analyse von Paneldaten** und zeitreihensensitive Schätzungen. Sogenannte Cox-Regressionen können beim Einschätzen von Ereignisdaten weiterhelfen (Box-Steffensmeier/Jones 2004). Gerade für diese Analysen, die der Gefahr der Pfadabhängigkeit von Ausprägungen ausgesetzt sind, wurden in den letzten Jahren Lösungen, wie zum Beispiel **Fixed-Effects-Modelle** (siehe Hirschle 2015: 194–200) entwickelt. Sie versuchen auf statistischem Wege zeitkonstante Effekte zu identifizieren. Diese können dann gegenüber zeitinkonstanten Effekten abgegrenzt werden. Verknappt gesagt, werden mittlere Differenzen zwischen den Untersuchungseinheiten berechnet, bevor die Regression umgesetzt wird. Solche Vorgehen stehen allerdings erst bei komplexeren Forschungsprojekten an. Eine Erweiterung auf Modelle, die zugleich Daten der Mikro- als auch der Makroebene aufnehmen, bieten **Mehrebenenanalysen** an. Doch dazu später mehr in einem eigenen Abschnitt (siehe Kapitel 5.5.5). Insgesamt gibt es vermutlich kein multivariates Verfahren, das mittlerweile so viel an Erweiterungen und Spezialisierungen erfahren hat, wie die Regressionsanalyse. Sie ist ein Kernelement quantitativ-statistischer, politikwissenschaftlicher Forschung und wird mehr und mehr für spezifische Fragen der kausalen Interpretatorik weiterentwickelt.

Regressionsanalyse – Zusammenfassung
Die Regressionsanalyse ist ein kausal ausgerichtetes statistisches Verfahren, das die relativen Effekte von mehreren unabhängigen Variablen auf eine abhängige Variable bestimmt. Sie zählt zu den multivariaten statistischen Verfahren und kann sowohl linear als auch logistisch durchgeführt werden. Die Regressionsanalyse setzt metrische Variablen voraus und erbringt neben der Identifikation von signi-

fikanten Zusammenhängen auch den relativen Vergleich zwischen Bestimmungsgründen. Die Regressionsanalyse dürfte derzeit das wichtigste und am meisten verwendete multivariate Verfahren in der Politikwissenschaft sein.

5.1.6 Dimensionsanalytische Verfahren – die Faktorenanalyse

In eine andere Richtung als die auf kausale Erklärungen ausgerichtete Regressionsanalyse zielen Vorgehen der Dimensionsanalyse. Hier geht es darum, Informationen zu verdichten und über die Beziehungen zwischen den Indikatoren **latente Dimensionen** herauszuarbeiten, die im Hintergrund der Indikatorenbündel stehen. „Die Faktoren werden als unbeobachtete Hintergrundgrößen aufgefasst, die die Zusammenhänge zwischen den beobachteten Variablen hervorrufen" (Schnell u. a. 2013: 151). So erfasst eine Frage dazu, wie die persönliche Haltung zu Muslimen ist, möglicherweise die gleiche Dimension der Islamophobie, wie eine andere Frage danach, ob man sich vom Islam bedroht fühlt oder ob der Befragte einen „Kampf der Kulturen" zwischen Christentum und Islam als wahrscheinliches Zukunftsszenario erachtet. Entscheidend ist, dass verschiedene Variablen Auskunft über eine nur indirekt sichtbare, aber real bestehende Einstellungsdimension „Islamophobie" geben. Diese zeichnet dann für ein überschneidendes Antwortverhalten der Probanden auf verschiedene Fragen, die mit Islamophobie verbunden sind, verantwortlich. Die Dimensionsanalyse kann generell für jedes metrisch skalierte statistische Material angewandt werden, ihre zentrale Bedeutung liegt aber in der Messung und Verdichtung von Einstellungsstrukturen und Werten. Entsprechend dieser Ausrichtung sind dimensionsanalytische Vorgehen speziell in der **Einstellungsforschung** und der Psychologie nachgefragt.[12] Grundlage für Dimensionsanalysen sind zumeist Skalen, die ein Bündel an Statements in Form von Items beinhalten. Diese Items stellen die manifeste Form der latenten Dimension dar. Die Dimension selbst ist so etwas wie der Oberbegriff über die anhand der manifesten Variablen gemessenen Einstellungen.

Items
Items sind singuläre Aussagen, die als Reize für ein bestimmtes Antwortverhalten verwendet werden. Sie eignen sich besonders gut für die (auch ressourcenschonende) Prüfung von Dimensionen anhand von Skalen, die mehrere solcher Aussagen vereinen. Durch die Verwendung mehrerer Items zu einer Dimension kann diese „eingekreist" werden.

Das Verfahren der **Reliabilitätsanalyse** legt den Fokus auf die Überprüfung von Einzeldimensionen. Sie zielt darauf ab, eine zumeist bereits bekannte Skala hinsichtlich

---

12 Ausführliche Darstellungen zur Durchführung der Faktorenanalyse in SPSS finden sich bei Backhaus u. a. (2003: 259–332) und Schendera (2010: 179–298).

ihrer Zuverlässigkeit für die Abbildung einer Dimension (oder Skala) zu überprüfen. Die Reliabilitätsanalyse stellt Informationen über die Qualität der Gesamtskalen bereit **(Cronbachs Alpha)** und ermittelt, inwieweit sich diese durch den Ausschluss bestimmter Skalenitems verbessern lässt. Die Messung basiert auf der Zahl der einbezogenen Items und dem Mittelwert aus allen Interkorrelationen dieser Items (Diekmann 2007: 254–456). Die Reliabilitätsanalyse setzt zusätzlich zur generellen Vorgabe der Metrik eine Likertskalierung voraus, also die Annahme, dass sich die Items einer festgestellten Dimension **additiv** miteinander zur Abbildung der Dimension verbinden lassen. Sie informiert zudem über den Beitrag, den einzelne Items zur Zuverlässigkeit der Skala leisten. Unter Nutzung dieser Informationen kann eine Skala durch den gezielten Ausschluss von Items effizienter und effektiver bzw. sparsamer angelegt werden. Neben dem Ziel der möglichst guten Beschreibung eines Hintergrundphänomens wird somit einem wesentlichen Ziel der empirischen Sozialforschung – Sparsamkeit – Rechnung getragen.

Das Beispiel in Tabelle 5.15 basiert auf der Annahme, dass das Vertrauen in verschiedene politische Institutionen auf einen gemeinsamen Hintergrundfaktor

Tab. 5.15: Reliabilitätsanalyse (eigene Zusammenstellung auf Basis Allbus 2012).

Reliabilitätsstatistik

Cronbach-Alpha	Anzahl der Items
,862	13

Item-Skala-Statistik

	Mittelwert skalieren, wenn Item gelöscht	Varianz skalieren, wenn Item gelöscht	korrigierte Item-Skala-Korrelation	Cronbach-Alpha, wenn Item gelöscht
VERTRAUEN ZU MITMENSCHEN	47,78	127,933	–,085	,874
VERTRAUEN: GESUNDHEITSWESEN	45,44	111,616	,454	,857
VERTRAUEN: BUNDESVERFASSUNGSGERICHT	45,00	107,647	,548	,851
VERTRAUEN: BUNDESTAG	46,07	104,261	,695	,842
VERTRAUEN: KATHOLISCHE KIRCHE	47,07	106,114	,512	,854
VERTRAUEN: EVANGELISCHE KIRCHE	46,56	105,100	,525	,854
VERTRAUEN: JUSTIZ	45,53	106,314	,619	,846
VERTRAUEN: FERNSEHEN	46,95	111,847	,451	,857
VERTRAUEN: ZEITUNGSWESEN	46,39	110,976	,500	,854
VERTRAUEN: HOCHSCHULEN, UNIVERSITAETEN	44,95	113,488	,493	,854
VERTRAUEN: BUNDESREGIERUNG	46,11	102,839	,736	,839
VERTRAUEN: POLIZEI	45,04	109,209	,578	,849
VERTRAUEN: POLITISCHE PARTEIEN	46,82	106,201	,683	,843

„generalisiertes politisches Institutionenvertrauen" hinweist. In der Tat drückt das Cronbachs Alpha von .862 einen starken internen Zusammenhang der 13 in die Reliabilitätsanalyse einbezogenen Items aus. Allerdings ist es den Messwerten zufolge durchaus möglich, diesen *Modellfit* zu verbessern. Dies wäre zum Beispiel der Fall, wenn man das Item „Vertrauen zu Mitmenschen" aus der Skala ausschließt. Die korrigierten Item-Skala-Korrelationen für dieses Item fallen schlecht aus und Cronbachs Alpha steigt nach dem Ausschluss dieses Items auf .874. Entfernt man dieses Item, dann liegt eine reliable (und dann optimierte und sparsame) Messskala für Institutionenvertrauen vor.

Die Stabilität einer Skala ist neben den Interkorrelationen der Einzelitems von der Anzahl der einbezogenen Variablen abhängig. Finden wir in der Reliabilitätsanalyse viele miteinander hoch korrelierende Variablen, so kann eher eine belastbarere Skala erstellt werden, als wenn man sich auf nur drei oder vier Items verlassen muss. Durch eine höhere Zahl an einbezogenen Items besteht eine **höhere Stabilität der Abbildung** der latenten Dimension – natürlich unter der Voraussetzung ihrer inneren Homogenität. Es existiert kein fester statistischer Schwellenwert für den Punkt, ab dem eine Skala als **reliabel** gelten kann. Als **Faustregel** hat sich allerdings für die Interpretation der Skalenwerte folgende Einschätzung etabliert: Werte von Conbachs Alpha > .90 gelten als hochreliabel, Werte ca. ab > .70 werden als recht zuverlässig und Werte > .60 gerade noch als vertretbar für die Annahme einer zuverlässigen einheitlichen Skala (Dimension) angenommen. Wieder kommt es auf die Plausibilität der Interpretation und das Ziel der Analyse an. Ein Cronbach Alpha < .60 gilt in der Regel als zu schwach für die Annahme einer eindimensionalen Skala, gleichzeitig kann es aber inhaltlich sinnvoll sein, trotzdem entsprechende Verdichtungen von Items zu einer Skala vorzunehmen. Denn auch bei einem Cronbachs Alpha von ungefähr .50 hängen die Items immer noch stark miteinander zusammen und sind alles andere als voneinander unabhängig.

> Es gibt keine fixen Beurteilungswerte für die Zuverlässigkeit von Skalen über die Ergebnisse einer Reliabilitätsanalyse. Als Faustregel hat sich etabliert, dass nur Skalen mit Cronbachs Alpha > .60 als halbwegs zuverlässig interpretiert werden können.

Mit der Reliabilitätsanalyse wird getestet, ob mehrere Items eine gemeinsame Skala und **eine latente Dimension** abbilden. Doch ist dies für die Untersuchung von Einstellungsdimensionen realistisch? In der Regel sind die Vorinformationen über die Skalenfähigkeit der Variablen begrenzt und/oder eine Mehrdimensionalität eines größeren Itempools ist zu vermuten. Die Reliabilitätsanalyse kommt dann zum Einsatz, wenn man bereits einige Vorkenntnisse über eine potenzielle latente Dimension besitzt oder ein insgesamt bereits bewährtes Messinstrument unter anderen Rahmenbedingungen (anderen Stichproben) zum Einsatz bringt.

Reliabilitätsanalyse zur Testung von Einzelskalen
Die Reliabilitätsanalyse dient der Testung von Skalen auf eine Einfachstruktur oder deren Eindimensionalität. Sie ist ein skalenprüfendes Verfahren, das hilft, die beste Zusammensetzung für die Abbildung einer latenten Hintergrunddimension zu ermitteln. Dabei stellt sie Informationen bereit, die es ermöglichen Items zu identifizieren, die die Dimension besser oder schlechter abbilden.

Ist man sich hinsichtlich der Zahl der latenten Dimensionen nicht sicher, oder weiß man bereits, dass es **mehr als eine Dimension** gibt, die durch die Variablen erfasst wird, dann empfiehlt sich die **Faktorenanalyse**. Statistisch kann man sich die Faktorenanalyse als eine Art Regressionsanalyse vorstellen, in der mehrere Items einen latenten (unbekannten) Faktor (oder eine Dimension) bestimmen. Faktorenanalysen können sowohl explorativ als auch konfirmatorisch durchgeführt werden. Im **explorativen** Fall ist es das Interesse des Forschers, die noch unbekannten Dimensionen in Zahl und Zusammensetzung zu bestimmen. Es handelt sich also um das Interesse der Entdeckung von bislang unbekannten Strukturen. Dieses Vorgehen ist – wissenschaftstheoretisch gesprochen – **induktiv**. Im Fall **konfirmatorischer** Faktorenanalysen besteht eine Vorerfahrung oder es liegt gar eine zu testende Theorie vor. Bindet man auch diese Analyse zurück an die Prämissen der Wissenschaftstheorie (siehe Kapitel 2), dann ist die konfirmatorische Faktorenanalyse ein **deduktives** Vorgehen, selbst bei gleicher oder fast gleicher statistischer Anwendung. In konfirmatorischen Faktorenanalysen wird allerdings nicht komplett offen an die Analyse herangegangen, sondern die Zahl der Faktoren vorgegeben und deren Zusammensetzung hinsichtlich der an sie gestellten (theoretischen) Erwartungen interpretiert.[13]

Auch – oder gerade – interessant ist es, diese festgestellte Struktur im Vergleich zwischen mehreren **Subsamples** (oder Untergruppen der Hauptgruppe) zu untersuchen. Dies dient dazu, die Robustheit der Faktoren- und Dimensionsstruktur gegenüber Veränderungen und bei Variation der Rahmenbedingungen zu überprüfen. Solche **Split-half-Designs** ermöglichen die Aufdeckung von Strukturdifferenzen zwischen unterschiedlichen Gruppen (Bevölkerungsgruppen). Man kann zum Beispiel untersuchen, wie stabil die Strukturen bestimmter Dimensionen bei Westdeutschen und bei Ostdeutschen im Vergleich zueinander sind. Kommt man in beiden Subsamples zu gleichen Strukturergebnissen (Dimensionszusammensetzungen), dann besteht eine stabile Dimension, die verschiedene Rahmenbedingungen übergreift. Ein Beispiel sind drei Dimensionen des Demokratieverständnisses (freiheitliche Demokratie, soziale Demokratie, institutionelle Demokratie), die über Items erfasst werden, die das Konstrukt „Demokratie" charakterisieren. Die Zustimmung zu den Dimensionen kann unterschiedlich sein, aber die latenten Dimensionen sind zwi-

---

[13] Konfirmatorische Faktorenanalysen können in den meisten Statistikprogrammpaketen geprüft werden. Häufig spricht man aber erst dann von konfirmatorischen Faktorenanalysen, wenn Strukturgleichungsmodelle, wie LISREL oder AMOS in SPSS, eingesetzt werden.

schen beiden Gebieten vergleichbar. Das Ergebnis dieser Strukturermittlung ist eine wichtige inhaltliche Aussage, denn das Ergebnis könnte auch anders ausfallen: Die Dimensionszusammensetzungen in Gebieten oder Gruppen könnte sich unterscheiden. Haben wir es zum Beispiel im Fall der Demokratie mit einer Verständnisdifferenz in West- und Ostdeutschland zu tun, dann werden einfache Häufigkeitsvergleiche schwierig. Möglicherweise gibt es ja in Ostdeutschland ein spezielles, an strikter Gleichheit orientiertes Demokratieverständnis, das wir in Westdeutschland nicht vorfinden. Ein solches Ergebnis von Strukturdifferenzen ist nicht nur hochinteressant, sondern erfordert eine eigenständige – theoretisch begründete – Interpretation.[14]

Beim explorativen Vorgehen identifizieren die statistischen Analysen, da ja keine Vorentscheidung über mögliche Dimensionen wie in der konfirmatorischen Faktorenanalyse vorliegt, die Faktorzahl anhand eines Eigenwerts über 1. Erst bei einem **Eigenwert** über 1 erklärt ein Faktor mehr als sich selbst. Dieser Anspruch ist das entscheidende statistische Kriterium der Verdichtung, das in SPSS auch die Voreinstellung des Analysealgorithmus ausmacht. „Der Eigenwert eines Faktors ist nichts anderes als die Summe seiner quadrierten Faktorladungen über alle Variablen" (Maier/Rattinger 2000: 121) und gibt an, was die entsprechende Variable zu allen aufgedeckten Faktoren an Erklärungskraft beiträgt. Dieses Vorgehen ist eine **rein statistische** Entscheidungsfindung – und (noch) nicht inhaltlich begründet. Für die inhaltliche Begründung benötigt man mehr Informationen und Kenntnisse über den konzeptionellen und theoretischen Hintergrund. Entsprechend ist die Zusammenstellung der verschiedenen Indikatoren zu einem Faktor wichtiger als diese „mechanische" Feststellung der Anzahl der Faktoren. Die Kombination der Items gibt erst über eine interpretatorische Zusammenführung Auskunft über den Inhalt der Faktoren. Verschiedene Items „laden" auf einen Faktor. Sie bündeln sich über die Korrelationsstrukturen zu unterschiedlichen Dimensionen. Die Höhe der **Faktorladungen** zeigt die Stärke der Bezüge zwischen den einzelnen Variablen bzw. Items und dem Faktor. Das anvisierte Ziel ist eine sogenannte **Einfachstruktur**. In ihr sollen einzelne Variablen möglichst hoch auf einen Faktor/eine Dimension laden, auf die anderen Faktoren am besten gar nicht. Dies ermöglicht am sichersten eine verlässliche Interpretation der jeweiligen Dimension, die jetzt über Betrachtung der sich bündelnden Einzelitems erfolgt. Es wird erkennbar, dass die Entscheidung über die Zahl der gewählten Faktoren von ihrer **Interpretierbarkeit** abhängig ist. Auch die inhaltliche Bezeichnung der Faktoren obliegt allein dem Forscher. Sie sollte allerdings den verschiedenen Items in einer Dimension Rechnung tragen. Aufgrund dieser doch recht starken Interpretationsabhängigkeit handelt es sich bei der Faktorenanalyse um ein Verfahren, das, obwohl statistisch durchgeführt, in gewisser Hinsicht „weich" ist, da vor allem der Forscher und seine inhaltlichen Entscheidungen das Ergebnis strukturieren.

---

[14] Genau diese Fragestellung beschäftigt derzeit die Bestimmung von Demokratieverständnissen vor dem Hintergrund unterschiedlicher Kulturen.

Tab. 5.16: Faktorenanalyse in SPSS – Kommunalitäten (eigene Zusammenstellung auf Basis von Berechnungen mit dem Allbus 2012).

	Anfänglich	Extraktion
VERTRAUEN: GESUNDHEITSWESEN	1,000	,306
VERTRAUEN: BUNDESVERFASSUNGSGERICHT	1,000	,629
VERTRAUEN: BUNDESTAG	1,000	,669
VERTRAUEN: KATHOLISCHE KIRCHE	1,000	,863
VERTRAUEN: EVANGELISCHE KIRCHE	1,000	,850
VERTRAUEN: JUSTIZ	1,000	,590
VERTRAUEN: FERNSEHEN	1,000	,771
VERTRAUEN: ZEITUNGSWESEN	1,000	,770
VERTRAUEN: HOCHSCHULEN, UNIVERSITAETEN	1,000	,461
VERTRAUEN: BUNDESREGIERUNG	1,000	,683
VERTRAUEN: POLIZEI	1,000	,487
VERTRAUEN: POLITISCHE PARTEIEN	1,000	,594

Extraktionsmethode: Analyse der Hauptkomponente

Wenden wir uns zur Demonstration einem Beispiel zu. Ausgehend von unserer Erkenntnis in der Reliabilitätsanalyse haben wir die Annahme entwickelt, dass das Institutionenvertrauen eine einzige latente Dimension abbildet (siehe Tabelle 5.16). Verschiedene Ergebnisse aus der politischen Kulturforschung der letzten Jahre schlagen auch zwei- oder gar dreidimensionale Lösungen für das Institutionenvertrauen vor. Wie ist dies vor dem Hintergrund der bislang gesehenen Ergebnisse möglich? Nehmen wir die bereits genutzten Daten zum Institutionenvertrauen und führen wir eine explorative Faktorenanalyse durch. Die Betrachtung der **Kommunalitäten** gibt uns Einblick, welche Items überhaupt zu den latenten Dimensionen in diesem Modell beitragen: Einige sehr gut, andere Items (Vertrauen in das Gesundheitswesen, Vertrauen in die Universitäten, Vertrauen in die Polizei) nur begrenzt (Tabelle 5.16). Dieser erste Einblick lässt uns vermuten, dass es möglicherweise doch kein so eindeutiges Ergebnis einer übergreifenden Vertrauensdimension gibt, wie uns die Reliabilitätsanalyse Glauben machen wollte.

Diese Zweifel werden mit Blick auf die erklärte Varianz des Gesamtmodells und die Bemessung am Eigenwert in Tabelle 5.17 gestützt. So finden sich gleich drei Komponenten, die einen Eigenwert höher als 1 ausweisen. Dies bedeutet, drei Faktoren sind in der Lage, mehr als sich selbst zu erklären. Diese auf explorativem Weg ermittelte Lösung mit drei Faktoren erklärt immerhin knapp 64 % der Varianz des Gesamtmodells. Nun ist es die Entscheidung des Forschers von der „Empfehlung" über das Eigenwertkriterium abzuweichen und eine andere Lösung, zum Beispiel mit vier oder zwei Dimensionen, zu wählen. Man könnte sagen, jetzt beginnt ein wenig das Probieren mit unterschiedlichen Lösungsmöglichkeiten. Gegen die Lösung mit vier Faktoren spricht im vorliegenden Fall die **geringe zusätzliche Varianzerklärung**, die der vierte Faktor liefern kann. Dieser fügt nur noch 6,5 % zusätzliche Varianzaufklärung zum

Modell hinzu und liegt mit seinem Eigenwert von .78 deutlich unter dem Eigenwertkriterium von 1. Diese Entwicklung der absinkenden Gesamterklärungskraft weiterer Faktoren kann man sich übrigens auch grafisch über den *Screeplot* darstellen lassen.

Tab. 5.17: Faktorenanalyse in SPSS – erklärte Gesamtvarianz (eigene Zusammenstellung auf Basis Allbus 2012).

Komponente	anfängliche Eigenwerte			extrahierte Summen von quadrierten Ladungen			rotierte Summen von quadrierten Ladungen[a]
	Gesamtsumme	% der Varianz	kumulativ %	Gesamtsumme	% der Varianz	kumulativ %	Gesamtsumme
1	5,107	42,561	42,561	5,107	42,561	42,561	4,610
2	1,313	10,942	53,503	1,313	10,942	53,503	2,555
3	1,253	10,445	63,948	1,253	10,445	63,948	2,621
4	,784	6,533	70,481				
5	,763	6,359	76,839				
6	,615	5,122	81,961				
7	,599	4,990	86,951				
8	,428	3,567	90,518				
9	,345	2,873	93,390				
10	,300	2,499	95,889				
11	,250	2,080	97,969				
12	,244	2,031	100,000				

[a] Extraktionsmethode: Analyse der Hauptkomponente

Auf zwei Sachverhalte ist noch hinzuweisen: Zum ersten darf man nicht den **Fehler** machen, die in Tabelle 5.17 in der linken Spalte abgebildeten Komponentenzahlen in irgendeiner Weise mit den 13 in Tabelle 5.16 aufgeführten Einzelitems zu verwechseln. Sie geben allein Auskunft über die Zahl der ermittelten Faktoren und dienen als Bezug für die Erklärungskraft, die diese auf sich ziehen können. Zum zweiten hängt die Zusammenrechnung der erklärten Gesamtvarianz von der vom Forscher gewählten **Extraktionsmethode** ab. Für das vorliegende Beispiel wurde die Voreinstellung der **Hauptkomponentenanalyse** verwendet, die zuerst die Erklärungskraft auf die erste Hauptkomponente akkumuliert, dann auf die zweite usw. Die Hauptkomponentenanalyse war lange das gängigste Verfahren in der Faktorenanalyse. Diese Zuordnungshierarchie bedeutet aber auch, dass keine gleichmäßige Verteilung der Varianzaufklärung auf die extrahierten Faktoren besteht. Eine stärker ausgeglichene Verteilung erreicht man über andere Optionen der Faktorenanalyse, wie die Hauptachsenmethode, die Maximum-Likelihood-Methode oder die Methode der kleinsten Quadrate. Diese Verfahren ziehen allerdings wieder andere statistische Probleme nach sich, sodass sich die Hauptkomponentenanalyse lange als Standardverfahren der Faktorenanalyse gehalten hat (auch Kockläuner 2000: 73–78; Backhaus u. a. 2003).

Das Kernstück der Faktorenanalyse ist die Inspektion der **Faktorladungen**. Sie geben Aufschluss über die inhaltliche Zusammensetzung der Dimensionen oder Faktoren. Üblicherweise wird diese Zusammensetzung in einer Komponentenmatrix dargestellt. Die dort präsentierten Zahlen kann man sich bildlich als eine Analyse der Entfernungen der Indikatoren zu den drei Faktoren vorstellen. Sie eröffnen bei drei Dimensionen somit einen dreidimensionalen Raum. Gleichzeitig ist dieses Ergebnis noch verbesserungsfähig. Diese Verbesserung wird durch **Rotationen** der bestimmten Achsen erreicht. Sie verändern nichts an der Ergebnisstruktur, aber drehen die vorhandene Struktur in dem angesprochenen mehrdimensionalen Raum in einen möglichst günstigen Winkel zu den Erklärungsachsen. Auch für das Vorgehen bei der Rotation gibt es mehrere statistische Möglichkeiten. In SPSS kann man zwischen *Varimax*, *Quartimax*, *Equamax*, *Promax* und *oblimin* wählen. Die ersten nehmen immer eine rechtwinklige Dimensionsstruktur an, das heißt, es wird davon ausgegangen, dass alle ermittelten Dimensionen strikt voneinander unabhängig sind. Dies bedeutet auch, dass zwischen den ermittelten Dimensionen keine Korrelationen bestehen. Diese Struktur wird für eine Weiterarbeit, die auf Differenz zwischen den latenten Hintergrundfaktoren setzt, sehr geschätzt. Im Falle der Rotationsmethode *oblimin* wird diese Annahme einer rechtwinkligen Anordnung aufgehoben und eine schiefwinklige Anpassung zugelassen. Diese Variante lässt Interkorrelationen zwischen den Dimensionen zu. Sie ist, gerade im vorliegenden Fall, realitätsnäher. So ist davon auszugehen, dass in der sozialen Wirklichkeit kaum Konstrukte existieren, die vollständig von anderen Konstrukten unabhängig sind. Entsprechend wählen wir für unser Beispiel die Rotationsmethode *oblimin*.

Aus Platzgründen verzichten wir hier auf die zum Einstieg der statistischen Berechnung in SPSS verfügbare, noch unrotierte **Komponentenmatrix** und wenden uns gleich den rotierten Matrizen zu. Sie weisen eine höhere Erklärungskraft auf als die unrotierten Lösungen und stellen die Basis der Interpretation dar. Für die schiefwinklige Rotation gibt es zwei Matrizen. Die Mustermatrix gibt die standardisierten Regressionsgewichte der Faktoren auf die Items unter Berücksichtigung der Interkorrelationen mit den anderen Items an. Die **Strukturmatrix** dagegen gibt die Korrelationen zwischen Items und Faktoren wider. Für die Darstellung der Dimensionsstrukturen ist die **Mustermatrix** damit interessanter (siehe Tabelle 5.18). Sie zeigt uns eine gut erkennbare Einfachstruktur der Faktorladungen: Die einzelnen Items laden fast nur auf einen und kaum auf einen weiteren Faktor. Allein das Vertrauen in die Universitäten lädt in ähnlicher Stärke auf zwei Faktoren. Blickt man zurück auf die Kommunalitäten, so war dieses Item auch eines derjenigen mit einem schwachen Beitrag zum Gesamtmodell. Warum, wird nun erkennbar: Dieses Item ist nicht gut als Komponente einer latenten Dimensionsstruktur erklärbar. Der Schluss auf die hinter den statistisch ermittelten Faktoren liegenden inhaltlichen Dimensionen erfolgt interpretatorisch aus der Zusammensetzung der Dimensionen. Relativ einfach kann man den Faktor 2 als

Tab. 5.18: Faktorenanalyse in SPSS – Mustermatrix und Faktorenladungen (eigene Berechnungen Basis Allbus 2012).

Mustermatrix[a]

	Komponente		
	1	2	3
VERTRAUEN: BUNDESVERFASSUNGSGERICHT	,859		
VERTRAUEN: JUSTIZ	,785		
VERTRAUEN: BUNDESTAG	,757		
VERTRAUEN: BUNDESREGIERUNG	,703		
VERTRAUEN: POLIZEI	,673		
VERTRAUEN: POLITISCHE PARTEIEN	,564		
VERTRAUEN: GESUNDHEITSWESEN	,517		
VERTRAUEN: HOCHSCHULEN, UNIVERSITAETEN	,504		,360
VERTRAUEN: KATHOLISCHE KIRCHE		−,912	
VERTRAUEN: EVANGELISCHE KIRCHE		−,893	
VERTRAUEN: FERNSEHEN			,876
VERTRAUEN: ZEITUNGSWESEN			,843

Extraktionsmethode: Analyse der Hauptkomponente
Rotationsmethode: Oblimin mit Kaiser-Normalisierung
[a] Rotation konvergierte in 11 Iterationen

Vertrauen in die Kirche interpretieren. Faktor 3 beschreibt das Vertrauen in die Medien. Faktor 1 dürfte das Vertrauen in die politischen Institutionen abbilden. Dort dominieren die legislativen Institutionen und kennzeichnen diese Dimension mit den stärksten Faktorladungen.

Da wir hier über die Wahl der schiefwinkligen Rotationsmethode *oblimin* **Interkorrelationen** zwischen den Dimensionen zugelassen haben, werden diese noch zusätzlich von SPSS präsentiert. Ohne sie hier anzuführen, zeigen die Ergebnisse der Interkorrelationsmatrix, dass zwischen Faktor 1 und Faktor 2 eine beachtliche Binnenkorrelation in Höhe von r = .35 vorliegt. Nahezu dieselbe Korrelationsstärke besteht zwischen Faktor 1 und Faktor 3. Nur zwischen Faktor 2 und Faktor 3 existiert mit .19 ein niedrigerer Zusammenhang. Wir können dies nun so interpretieren, dass vor dem Hintergrund einer übergreifenden diffusen Vertrauensdimension es doch auf einer zweiten Ebene zu Unterdimensionen mit einem bestimmten Fokus der Vertrauenszuwendung kommt. Wir sind mit dieser Aufteilung inhaltlich nicht zufrieden und variieren die Zahl der zu erzeugenden Dimensionen, um zu sehen, ob sich vielleicht plausiblere Strukturen finden lassen. Im Beispiel erbringt eine Ausweitung auf vier Dimensionen eine zusätzliche Dimension „Vertrauen in das Gesundheitswesen". Ihr Einbezug in das Modell steigert die Gesamterklärungsvarianz auf über 70 %. Mit dieser Lösung kann man inhaltlich begründet ebenfalls weiterarbeiten. Fazit: Letztendlich wird die Entscheidung über das passende Ergebnis von Faktorenanalysen durch den

Forscher getroffen und es ist **nicht ausreichend, Faktoren alleine aus fixen Kennzahlen abzuleiten.**

Faktorenanalysen sind ein hochgradig durch den Forscher zu interpretierendes Verfahren. Führen Sie immer mehrere Faktorenanalysen durch und vergleichen Sie deren Ergebnisse mit dem Ziel, die inhaltlich plausibelste Faktorenlösung auszuwählen.

Es ist möglich, die Ergebnisse von Faktorenanalysen zur weiteren Nutzung abzuspeichern und die **Faktorwerte** in eigene, neue Variablen abzulegen. Diese weisen in der Regel einen Mittelwert von 0 und eine Varianz von 1 auf. Auf diese Weise transformieren wir die latente Dimension in eine reale Variable. Dabei ist zu beachten, dass sie aufgrund der relationalen Normierung keine Auskunft mehr über Häufigkeitsverteilungen geben. Allerdings sind die Faktorwerte für alle Formen weiterer multivariater Analysen gut verwendbar, speziell, weil sie metrisch skaliert sind. Eine Alternative zur Verwendung der Faktorwerte stellt die Verwendung einer **Kennzeichnungsvariable** der jeweils ermittelten Dimension dar. Als Kennzeichnungsvariable kann man die Variable verwenden, die den Faktor inhaltlich am besten repräsentiert oder aber das Item mit der höchsten Faktorladung. Der Vorteil dieses Vorgehens ist, dass man die Häufigkeitsverteilung der Dimension angeben kann. Auch die Bildung eines Index mit zwei aus dem Faktor ausgewählten Variablen ist möglich. Diese Vorgehen sind deswegen gerechtfertigt, weil vor dem Hintergrund der Kernannahme, dass es sich bei einem ermittelten Faktor um eine inhaltliche Dimension handelt, eigentlich jedes Item, das auf den Faktor lädt, diesen auch repräsentieren kann.

Innerhalb der Politikwissenschaft sind Faktorenanalysen speziell in der politischen Soziologie und **politischen Psychologie** relevant. Ihre zentrale Leistung liegt in der Konzentration von Items zu (latenten) Einstellungsdimensionen (variablenreduzierendes Verfahren). Vor allem wenn man Dimensionen des Demokratieverständnisses oder von Rechtsextremismus bestimmt, sind sie wichtig. Häufig dienen Faktorenanalysen der **Informationsverdichtung** im Vorfeld von Cluster- oder Regressionsanalysen. Entsprechend kommt es zu einer Kombination verschiedener multivariater Analyseverfahren.

Faktorenanalyse – die Reduktion der Variablenvielfalt
Die Faktorenanalyse fasst bestehende Indikatoren – zumeist Itembatterien – zu latenten Hintergrunddimensionen zusammen. Sie ist ein datenreduzierendes Verfahren und findet ihre zentrale Anwendung insbesondere in der politischen Einstellungsforschung. Faktorenanalysen können explorativ und konfirmatorisch sein. Sie bestimmen eine Gesamtgüte des Modells und Faktorladungen, die die Beziehungen zwischen den verwendeten Items und den Hintergrunddimensionen statistisch verdeutlichen. Dabei ist die Grundentscheidung zwischen schiefwinkliger und rechtwinkliger Rotation der Dimensionsachsen zu treffen.

5.1.7 Gruppenbildende Verfahren – die Clusteranalyse

Ein multivariates Verfahren, das in der Politikwissenschaft eher selten zum Einsatz kommt, ist die Clusteranalyse. Auch sie dient, wie die Faktorenanalyse, der Informationsreduktion. Allerdings geht es bei ihr nicht um die Zusammenfassung latenter Dimensionen aus Variablen, sondern um die Gruppierung von Fällen (fallreduzierendes Verfahren), das heißt Länder, Beobachtungen oder Individuen. Es wird versucht, **Gruppen von Fällen voneinander abzugrenzen**, die in sich möglichst homogene Eigenschaften aufweisen, sich aber in diesen Eigenschaften gegenüber den anderen Gruppen möglichst klar unterscheiden. Die Clusteranalyse ermittelt folglich anhand statistischer Algorithmen Ähnlichkeiten und Distanzen zwischen Gruppen von Merkmalsträgern anhand vom Forscher ausgewählter Merkmale. Die Clusteranalyse wird aufgrund dieser statistischen Entscheidungsroutinen als „objektiv klassifizierendes Verfahren" (Schendera 2010: 7) angesehen. Clusteranalysen sind vor allem für Lebensstilforschung und Marktforschung wichtig geworden, da sie unterschiedliche Interessengruppen isolieren, die dann weiteren Analysen unterzogen werden können. Sie ist aber auch für politikwissenschaftliche Zwecke gut geeignet. Zum Beispiel, wenn man unterschiedliche Protestgruppen identifizieren möchte, deren Ausrichtung und Zusammensetzung anschließend weiter untersucht werden sollen. Clusteranalysen sind nicht auf Individualdaten begrenzt, sondern können auch helfen, mit Aggregatdaten divergierende Ländergruppen herauszuarbeiten. So ist es möglich, wirtschaftlich prosperierende von weniger prosperierenden Staaten zu unterscheiden oder anhand verschiedener Einzelmerkmale Typen von Wohlfahrtsstaaten zu identifizieren.

Für die Clusteranalyse entscheidend ist der **Fusionierungsalgorithmus** für die aufgenommenen Einzelfälle. Basis für die meisten Berechnungen sind die sogenannten Euklidischen Distanzen (Maier/Rattinger 2000: 140). In Standardstatistikprogrammen besteht in der Regel die Möglichkeit von **hierarchisch-agglomerativen und partitionierenden** Analysen (Backhaus u. a. 2003: 499–501). Gehen die ersten von einem Fall (also der feinsten Partitionierung) aus und kombinieren dann über immer wieder getestete Nähe und Distanz anderer Items die jeweils nächsten Fälle hinzu, optimiert die partitionierende Vorgehensweise von einer (zufälligen oder vorgegebenen) Ausgangsgruppierung aus das Ergebnis. Auch im zweiten Fall ist die Analyse von Nähe und Distanz ausschlaggebend, wobei die am weitesten entfernten Items in eigene Cluster ausgesondert werden. Auch hierarchische Verfahren können *divisiv* durchgeführt werden, dann ist der Ausgangspunkt ein einziges Cluster, das in der Folge immer weiter in einzelne Cluster aufgeteilt wird, bis jedes Objekt ein Cluster darstellt. Bei der Agglomeration werden Objekte immer erst zu Paaren und die daraus entstehenden Cluster erneut zu Paaren zusammengeschlossen bis sie letztendlich einem gemeinsamen Cluster zugeordnet werden.

Die Entscheidung über die angemessene Clusterzahl trifft der Forscher anhand der Inspektion von **grafischen Darstellungen** (Dendogram, Eiszapfendiagramm). Über **Eiszapfendiagramme** und eine Zuordnungsübersicht ist es möglich, Einblick in die Bildung von Clustern zu erhalten. Als Kerninstrument der Entscheidung für die richtige Clusterzusammensetzung hat sich das **Dendogram** erwiesen. Es zeigt, zu welchem Zeitpunkt Vereinigungsschritte zwischen größeren Clustern vollzogen werden, und gibt Hinweise, wann die Zusammenführung der Objekte am besten zu unterbrechen ist. Entscheidungskriterium ist, an welcher Stelle eine Art Übergang zwischen einer noch einfachen Zusammenführung und einer bereits aufwändigen Zusammenführung von Clustern entsteht. Gruppieren sich an einer Stelle gut sichtbar mehrere Cluster, während es danach eher zu wenig deutlichen Zusammenführungen unterschiedlicher Paare kommt, dann ist dies ein Kriterium für eine gute Clusterlösung. Ein zweites, pragmatisches Entscheidungskriterium ist die Zahl der Cluster. So, wie es wenig informativ ist, mit nur zwei Gruppen zu arbeiten, ist eine Zahl von mehr als sechs Clustern wiederum oft zu detailliert und möglicherweise nicht mehr trennscharf. Häufig trifft sich das inhaltliche Interesse mit den statistischen Vereinigungsstrategien bei fünf oder sechs Clustern.

Hierarchisch-agglomerative Verfahren sind zwar detailgenauer und im Ergebnis belastbarer, doch auch rechentechnisch aufwändiger. Teilweise können bestimmte Statistikpakete die zu diesem Verfahren notwendigen Schritte sogar nur mit Teilstichproben berechnen, weil der Berechnungsaufwand so hoch ist, dass die Programme in den Kalkulationen an ihre Kapazitätsgrenze stoßen. Partitionierende Verfahren sind wiederum aufgrund des programmierten Algorithmus nicht so leistungsfähig wie hierarchisch-agglomerative Verfahren. Die für sie verwendeten vereinfachenden Vorannahmen setzen bereits ein Vorwissen des Forschers über die Gruppenbildung voraus. Da das Ergebnis in der Regel stark von den auf diesem Weg vorgegebenen Eingangskonstellationen abhängig ist, besteht hier ein Einfallpunkt für Beschränkungen der Analysen hinsichtlich möglicher Ergebnisse. Einfach gesagt: Bei falsch gesetzten Einstiegszuordnungen kann es sein, dass diese nur eine zweit- oder drittbeste Lösung aufgrund der rechentechnischen Restriktionen bevorzugen. Gleichzeitig wird der Berechnungsaufwand gegenüber der hierarchisch-agglomerativen Clusteranalyse deutlich reduziert. Dadurch wird es dem Forscher ermöglicht, mehrere verschiedene Clusteranalysen durchzuführen und die Ergebnisse unter Plausibilitätsgesichtspunkten miteinander zu vergleichen. In SPSS berechnet das Verfahren **K-Means-Cluster** partitionierende Vorgehen, während die hierarchische Analyse als **Cluster** bezeichnet wird.[15] Unter den Anwendern von Clusteranalysen besteht eine hohe Uneinigkeit darin, welches das geeignete Verfahren und der geeignete Algorithmus ist (auch Schnell u. a. 2013: 453–454). Für einfache studentische Arbeiten bieten aber die verfügbaren Zugänge in den Statistikprogrammpaketen eine hinreichende technische Voraussetzung. Größere Probleme sind die Entscheidungsfindung zwischen den verschiedenen

---

[15] Mittlerweile gibt es als Alternative in SPSS noch die *Two-Step-Clusteranalyse*. Zur ausführlichen Beschreibung der Verfahren und auch zur Demonstration ihres Vorgehens in SPSS siehe Schendera (2010).

möglichen Clusterlösungen, die Bezeichnung der Cluster und ihre sinnvolle Interpretation. Speziell die Entscheidungsfindung ist hochgradig vom Kenntnisstand des Forschers abhängig, denn das Statistikprogramm bietet nur Hilfskriterien und keine klaren Entscheidungsrichtlinien an.

> Teilweise ist es aus Übersichtsgründen sinnvoll, nur Stichproben der untersuchten Kernstichprobe zu verwenden. Bedenken Sie, dass Ihnen nur eine interpretierbare Clusterlösung inhaltlich für den Erkenntnisfortschritt wirklich weiterhilft.

Betrachten wir kurz ein **Beispiel** aus dem Bereich der Wahlforschung. Die Frage ist, inwieweit es unterschiedliche Gruppen von Wählern gibt, die in einer Beziehung zur Kirche stehen. Hierfür führen wir mit SPSS das partitionierende Verfahren der sogenannten *k-means-Clusteranalyse* durch. Die am meisten verwendete Methode innerhalb der Clusteranalyse, die den bereits angesprochenen Kriterien entspricht, ist die *Ward-Methode*. Sie stellt eine hohe Homogenität innerhalb der Gruppen und eine hohe Heterogenität zwischen den Gruppen her. Wie bei der hierarchischen Clusteranalyse muss sich der Forscher bereits im Vorfeld für die Zahl der (erwarteten) Cluster entscheiden. In der Regel wird man bis zum befriedigenden Ergebnis mehrere **Lösungen durchprobieren** und dann die plausibelste Lösung weiterverwenden. Diese Entscheidung kann aufgrund der Anzahl der Cluster, der Homogenität ihrer Zusammensetzung und der Anzahl der Einheiten (Fälle) im Cluster getroffen werden. Nach verschiedenen solchen Versuchen wirkt die Lösung mit vier Gruppen als am überzeugendsten (siehe Tabelle 5.19). Die erste Gruppe zeichnet sich durch einen sehr geringen durchschnittlichen Kirchgang bei einem gleichzeitig relativ hohen mittleren Lebensalter aus. CDU- und SPD-Wähler halten sich hier die Waage. Eine ähnlich unreligiöse Gruppe mit ähnlicher Alterskontur aber erheblich mehr Wahlanteil bei den Grünen-Wählern stellt Gruppe 4 dar. Interessant sind die Cluster 2 und 3. Beide sind durch einen extrem hohen durchschnittlichen Gottesdienstbesuch gekennzeichnet (Mittelwert in Deutschland ist achtmal pro Jahr). Gleichzeitig ist der Wähleranteil der CDU weit überdurchschnittlich hoch, in Gruppe 2 noch deutlich höher als in Gruppe 3. Daneben finden sich aber zwei zentrale Differenzen: Zum einen der Anteil der Wähler der Grünen nur in Cluster 3 hoch, in Cluster 2 deutlich niedriger. Zum anderen zeichnet sich Cluster 3 durch ein wesentlich niedrigeres Durchschnittsalter aus. Will man eine Interpretation vornehmen, so könnte man Gruppe 2 als „traditionelle CDU-Christen" bezeichnen und Gruppe 3 als kirchlich Engagierte, wie sie zum Beispiel auf den verschiedenen Kirchentagen immer wieder zu sehen sind.

> **Formen von Clusteranalysen**
> Clusteranalysen können partitionierend oder hierarchisch-agglomerativ durchgeführt werden. Kenntnis über die Ergebnisse geben Eiszapfendiagramme oder Dendogramme.

Tab. 5.19: Kerninformationen der Clusteranalyse (nach SPSS) (eigene Berechnungen auf Basis Allbus 2008).

Clusterzentren der endgültigen Lösung

	Cluster 1	2	3	4
durchschnittlicher Kirchgang	1,50	36,45	54,00	3,39
ALTER: BEFRAGTE <R>	66	70	45	36
Wahlabsicht CDU	,33	,66	,50	,29
Wahlabsicht SPD	,30	,17	,18	,28
Wahlabsicht FDP	,11	,13	,08	,12
Wahlabsicht Grüne	,08	,05	,17	,17

Anzahl der Fälle in jedem Cluster

Cluster	1	1312,000
Cluster	2	295,000
Cluster	3	146,000
Cluster	4	1715,000
gültig		3468,000
fehlend		1,000

Die Inspektion der Fallzahlen zeigt, dass beide Gruppen (2 und 3) nicht sehr stark besetzt sind. Die Masse der klassifizierten Personen befindet sich in den Gruppen 1 und 4. Dies entspricht wahrscheinlich der Realität, was die kirchlichen Bindungen heute angeht. Insgesamt ist die Lösung für den Forscher nur mittelmäßig befriedigend, da doch eine recht starke Klumpung der Merkmalsträger stattfindet. In der Clusteranalyse wird angestrebt, dass sich die Untersuchungsfälle gleichmäßig über die ermittelten Gruppen verteilen. Gleichwohl entspricht dies nicht immer der Realität. Schwierig ist es, wenn man mehrere Gruppen ermittelt, die kaum nennenswerte Fallzahlen aufweisen. Dann die Clusterlösung oft nur schwer **interpretiert** werden – und wird auch zumeist durch die Forscher verworfen. Diese Entwicklung einer Abspaltung kleiner Gruppen oder einer Aufspaltung in neue Cluster, die nur aufgrund geringfügiger inhaltlicher Differenzen entsteht, bildet die Entscheidungsgrundlage für eine Clusterlösung mit weniger Clustern. Auch im Rahmen der Clusteranalyse besteht die Möglichkeit, die Gruppenzugehörigkeiten und deren Distanzen zum jeweiligen Clustermittelpunkt als eigenständige Variable **abzuspeichern**. Die Eigenschaften der ermittelten Gruppen können dann mit anderen statistischen Methoden weiter untersucht werden. Dies kann für das Verständnis der Cluster genauso weiterhelfen, wie zusätzliches Erklärungspotenzial für andere Analysen bieten. In der Praxis werden die einzelnen Clusterzuordnungen in weiteren statistischen Analysen als Dummy-Variablen verwendet.

> ⚡ Treffen Sie die Entscheidung für die Zahl der Cluster anhand der Interpretierbarkeit der inhaltlichen (über die Einzelvariablen sichtbaren) Abgrenzungen zwischen den Clustern. Vermeiden Sie eine Lösung mit zu vielen Clustern. Als Empfehlung gilt: Eine Orientierung an fünf, maximal sechs Clustern ist sinnvoll.

Am Beispiel werden auch einige Probleme der Clusteranalyse erkennbar: So sind die Klassifikationen der Clusterzugehörigkeiten eher weich. Sie sind in ihrer Aussage oft schwierig zu interpretieren, da die **Trennschärfe** zwischen den Gruppen **gering** ist. Zudem besteht bei dem gewählten Verfahren die Tendenz zur Bildung von Großgruppen, die recht diffus-gleichmäßige Muster über alle Variablen aufweisen. Diese Unschärfe mag der sozialen Realität entsprechen, analysetechnisch ist sie für den Forscher anspruchsvoll und herausfordernd. Clusteranalysen sind, vielleicht noch stärker als Faktorenanalysen, Verfahren, die die **Interpretation des Forschers** benötigen. Um eine optimale Clusterstruktur zu erreichen, sind oft mehrere Versuche nötig. Außer dem sogenannten Ellbow-Kriterium gibt es keine objektiven Maßzahlen, an denen man die Gültigkeit einer Clusterlösung rein analytisch bestimmen kann. Das Ellbow-Kriterium ist aber in vielen Statistikprogrammpaketen nicht enthalten und muss per Hand berechnet werden (Backhaus u. a. 2003: 522–524). Häufig finden Clusteranalysen in einem Trial-and-Error-Verfahren statt. Dies führt auch zu einer gewissen Zurückhaltung, was den Einsatz von Clusteranalysen angeht. Gleichwohl erfüllen sie einen Zweck im Sinne der Gruppierung von Fällen und der Fallreduktion. Als **Alternative** kann die Möglichkeit harter Gruppenzuweisungen durch **typologische Gruppierungen über Variablen** genannt werden. Beim Typologisieren werden Gruppen anhand der eindeutigen Zugehörigkeit zu bestimmten Kombinationen von Variablenausprägungen klassifiziert. Dieses Vorgehen weist eine höhere Trennschärfe als die Clusteranalyse auf, hat aber das Problem, dass man starke Vorentscheidungen treffen muss, welche Typen und Gruppen man aus der schnell steigenden Zahl der Kombinationsmöglichkeiten bildet.

> ❗ **Clusteranalysen – die Reduktion der Fallvielfalt**
> Die Clusteranalyse nimmt eine Reduktion der vorhandenen Information mit Blick auf die Gruppierung und Typisierung von Fällen vor. Sie grenzt Gruppen voneinander ab, bestimmt Gruppenzugehörigkeiten und schafft so Typen von Untersuchungsgegenständen und sozialen Gruppen. Die Clusteranalyse gibt Informationen über die zugeordneten Fälle und ihre Fallzahlen sowie deren inhaltliche Kombination. Ihr Ziel ist es, in sich möglichst homogene Gruppen anhand von Distanzmassen möglichst klar von anderen Gruppen zu unterscheiden.

Exkurs: Ein der Clusteranalyse verwandtes Verfahren ist die **Diskriminanzanalyse**. Ihr Ziel ist es, einzelne Fälle oder Objekte Gruppen zuzuordnen – oder aber Gruppenunterschiede zwischen bestehenden Gruppen zu bestimmen. Dies geschieht über eine Diskriminanzfunktion, die die Wahrscheinlichkeit der Zuordnung zu einer bestehenden Gruppe abschätzt (Schnell u. a. 2013: 455) und die Distanz zu anderen Gruppen bestimmt. Besonders hilfreich ist dies bei bereits bestehenden „natürlichen" Gruppen. Die Faktoren, aufgrund derer die Zuordnungen „diskriminiert werden" legt der Forscher fest. Auch in der Diskriminanzanalyse greift man auf die **Euklidischen Distanzen** als Berechnungsgrundlage zurück. Die Güte der Zuordnungsgenauigkeit zu einer Gruppe wird in diesem Strukturen prüfenden Verfahren anhand einer Klassifikationstabelle bewertet. Interessant ist, dass durch die Diskriminanzanalyse die „Abhängigkeit einer (nur) nominal skalierten Variable (der Gruppierungsvariable) von metrisch skalierten Variablen (den Merkmalsvariablen der Elemente) untersucht" werden kann (Backhaus u. a. 2003: 156). Oft wird eine Diskriminanzanalyse im Anschluss an eine Clusteranalyse durchgeführt, speziell, wenn weitere Daten zur Analyse hinzugezogen werden.

Die Diskriminanzanalyse läuft wie folgt ab: Zuerst werden verschiedene Gruppen festgelegt, die sich voneinander unterschieden, oder von denen man annimmt, dass sie sich voneinander unterscheiden. Diese Gruppenunterscheidung und -bestimmung kann sowohl anhand theoretischer Festlegungen als auch auf der Basis empirisch bestimmter oder existierender Gruppen geschehen. Dann werden die Variablen ausgewählt, nach denen sich die Gruppen unterscheiden (sollen). Für diese Entscheidung spielen theoretische Annahmen und das vorhandene Forschungsinteresse eine Rolle. Über die Differenz zwischen den **Gruppenzentroiden** oder Gruppenmittelpunkten wird dann eine Diskriminanzfunktion berechnet, die auf der Basis der diskriminierenden Variablen die Zuweisung neuer Fälle ermöglicht. Die Diskriminanzanalyse kann somit Unterschiede absichern oder auch bei der Erweiterung von Datensätzen eingesetzt werden. Allerdings ist sie in der aktuellen politikwissenschaftlichen Forschung eher weniger gebräuchlich.[16]

Diskriminanzanalysen – Prüfung der Zuordnung
Diskriminanzanalysen ordnen bestehenden Gruppen über die Berechnung einer sogenannten Diskriminanzfunktion neue Fälle zu. Außerdem kann die Diskriminanzanalyse die Unterschiede bestehender Gruppen hinsichtlich bestimmter Merkmale ermitteln.

5.2 Aggregatdatenanalyse und Sekundärdatenanalyse

5.2.1 Aggregatdatenanalyse – Makrophänomenen auf der Spur

Bereits in den Kapiteln 3.2.1 und 3.3 zur Datenerhebung wurde auf Aggregatdaten als zentrale Komponente von Strukturdaten verwiesen. Die Besonderheit von Aggregatdaten ist, dass sie auf Aussagen auf der Makroebene von Kollektiven ausgelegt sind und die Daten individuelle Eigenschaften zusammenfassen oder aggregieren. Daten

---

[16] Eine ausführliche Einführung in die Diskriminanzanalyse und die Schritte ihrer Durchführung findet sich in Backhaus u. a. 2003: 155–228.

auf einer hierarchisch tiefer liegenden Ebene werden zu Daten auf einer höheren hierarchischen Kollektivebene zusammengefasst. Dies setzt ein inklusives Verhältnis der Daten zueinander voraus. Speziell sind diese Daten für die Analyse von Makroprozessen geeignet, was sie gerade für Fachbereiche wie die Vergleichende Politikwissenschaft so interessant macht, liegt doch deren Interesse hauptsächlich auf der Erklärung von **Makroprozessen.** Beispielhaft sind hier die vergleichende Policy-Forschung oder die vergleichende Demokratieforschung (Pickel/Pickel 2006) zu nennen. Anders als aus Untereinheiten aggregierten Daten besitzen strukturelle sowie globale Merkmale den Nachteil, dass Informationen über untergeordnete Einheiten verloren gehen. Für den Umgang mit Aggregatdaten sind diese Informationen insoweit interessant, als dass durch den Rückgriff auf Individualdaten verhindert werden kann, dass man von Zusammenhängen auf der Aggregatdatenebene auf Zusammenhänge auf der Individualdatenebene schließt, also einen ökologischen Fehlschluss begeht (siehe Kapitel 4.5.2). Analysen auf der Aggregatebene lassen sich in typologische und statistische Vorgehensweisen unterscheiden. Nur im Fall einer statistischen Vorgehensweise wird im engeren Sinne von einer Aggregatdatenanalyse gesprochen. Sie wird am häufigsten im Bereich der Vielländeranalysen aber auch bei mittleren Fallzahlen angewendet.

Neben einer Beschreibung der Eigenschaften von Kollektiven (Arbeitslosenzahl, Wahlergebnis, Korruptionsfälle, usw.) können auch Zusammenhänge zwischen Variablen auf der Makroebene ermittelt werden. Ihre Aussagen beziehen sich auf **systematische Beziehungen**, die zwischen verschiedenen **Struktureinheiten** bzw. Kollektivmerkmalen bestehen (z. B. Regierungsform und ökonomische Wohlfahrt, Zahl der Parlamentsparteien und Wahlsystem). Häufig betreffen diese Analysen Aussagen über Zusammenhänge zwischen politischen und ökonomischen Rahmenbedingungen und Gesellschaftsstrukturen. Für Aggregatdatenanalysen wäre folgende Aussage typisch: „Je höher die ökonomische Wohlfahrt in einem Land, desto niedriger die Zahl der Arbeitslosen." Das erzielte Ergebnis wird – weil es auf der Makroebene von einer Stichprobe an Kollektiven auf die Grundgesamtheit der entsprechenden Kollektive schließt – als **ökologische Inferenz** bezeichnet (Achen/Shively 1995: 4–6; Gschwend 2006).

In der Aggregatdatenanalyse ist die Bildung von **Indizes** besonders beliebt (siehe Kapitel 3.2.3). Dabei werden durch die Verrechnung von Aggregatdaten neue Aggregatdaten konstruiert, die die Informationen ihrer Komponenten zusammenfassen. Ein Beispiel hierfür ist der Human Development Index der Vereinten Nationen, der verschiedene Einzelindikatoren wie Kindersterblichkeit, Bruttosozialprodukt pro Kopf, Alphabetisierungsrate usw. zu einem Gesamtindex mit Aussagekraft über den Stand der Humanentwicklung verbindet. Der Vorteil der Zusammenführung von Einzelvariablen zu Indizes liegt in der höheren Stabilität der erzielten Ergebnisse, die vor allem bei Zeitreihenanalysen und globalen Vergleichen hilfreich sind. Indizes unterliegen Problemen aufgrund fehlender Variablenwerte bei der Indexberechnung. Entweder werden diese Fälle ganz aus der Analyse ausgeschlossen oder es wird, um zu starke Informationsverluste zu vermeiden und die Fallzahl nicht reduzieren zu müssen, das Verfahren der **Imputation** verwendet. Imputation heißt, fehlende Werte werden (in der Regel durch regressionsanalytische Verfahren) aus anderen, bekannten Werten geschätzt. Wird die Bildung von Indizes theoretisch und/oder empirisch unzureichend begründet, tragen sie eher zu einer Verwässerung als zu einer Verbesserung der wissenschaftlichen Erkenntnis bei. Durch die Zusammenführung der Einzelvariablen ist dann nicht mehr klar zu entscheiden, was sich bei einer Variation des Index verändert. Zwingende Voraussetzung einer selbst durchgeführten Indexbildung ist eine vorangehende Skalenanalyse (Reliabilitätsanalyse) auf Eindimensionalität eines Index und eine theoretische Begründung für die Zusammenführung von Einzelvariablen.[17]

Aggregatdatenanalysen können sowohl im **Querschnitt** (zu einem Zeitpunkt: *Cross Section Analysis*) als auch im **Längsschnitt** (also über mehrere Zeitpunkte hinweg *Time Series Analysis*) durchgeführt werden (Maier/Rattinger 2000: 10; Jahn 2006: 356–411). Eine in der jüngeren Zeit immer häufiger genutzte Variante stellt die gepoolte Zeitreihenanalyse **(Time-Series-Cross-Section-Analyse)** dar, die versucht, das Problem der geringen Fallzahlen bei Aggregatdatenanalysen durch die Erhöhung der Zahl der Beobachtungen zu überwinden (Jahn 2006: 395–398; Beck/Katz 1995; Franzese/Hays 2009; Plümper/Tröger 2009; Tiemann 2009). Diese werden dann als Untersuchungsfälle genutzt. Die TSCS unterliegt aber mindestens einem Problem: Die Untersuchungsländer werden mehrfach in die Analyse einbezogen. Dadurch entstehen möglicherweise selektive Verzerrungen, weil kulturspezifische Zusammenhänge übergewichtet werden. Möchte man zum Beispiel 20 Länder über einen Zeitraum von 20 Jahren untersuchen, beträgt die Zahl der Beobachtungen 400. Die Anzahl der (voneinander unabhängigen) Fälle beträgt immer noch 20. Bestimmte Eigenschaften dieser Fälle gehen somit 20 Mal in die Analyse ein und werden entsprechend übergewichtet. Somit steigt auch das statistische Risiko von Autokorrelationen (Wagschal/Jäckle 2011: 9). Teilweise wird deshalb wieder auf die Methode der Implementation von **Dummies** für einen Zeitraum, ein Ereignis bzw. eine Aggregateinheit zurückgegriffen (siehe Kapitel 3.2.2). Ebenfalls möglich und teilweise anzuraten ist es, Ereignisse bzw. Merkmale (z. B. Arbeitslosigkeit, Wahlverhalten, Sozialleistungen) innerhalb eines Falles (z. B. Deutschland oder Frankreich bzw. Polen) durch Analysen über Regionen hinweg oder gezielt zu unterschiedlichen Zeitpunkten zu untersuchen. Die aufgedeckten Strukturen kann man dann – mit aller Vorsicht – untereinander vergleichen.

---

[17] Gelegentlich kann die theoretische Begründung ausreichen, wenn sie stark genug ist. Die Bildung eines Index ist voraussetzungsvoll und muss sorgfältig unter Berücksichtigung vieler theoretischer und methodologischer Anforderungen erfolgen (Müller/Pickel 2007; Pickel/Stark/Breustedt 2015). Eine Alternative zu Indizes stellt die Wahl eines Kennzeichnungsitems von Dimensionen dar, das repräsentativ für das zu erfassende latente Konstrukt steht. Hier ist eine Faktoren- oder Reliabilitätsanalyse Voraussetzung.

Wenn man Aggregatdaten analysiert, ist es wichtig, den **Kontext** der Untersuchungsfälle zu kennen. Nur auf der Basis dieses Wissen und einer starken theoretischen Einbindung ist eine sinnvolle Aggregatdatenanalyse möglich. Diese hohe Relevanz der Rahmenbedingungen in der Aggregatdatenanalyse ist auf das **Problem der kleinen Fallzahlen** (*small-n*) zurückzuführen. Dies gilt insbesondere für das am häufigsten verbreitete Vorgehen der Aggregatdatenanalyse, in der Länder bzw. Nationen als Analyseeinheiten verwendet werden. Aufgrund der niedrigen Fallzahlen unterliegen Aggregatdatenanalysen in besonderer Weise dem Problem des *selection bias*. Es besteht die Gefahr, dass durch eine nicht-repräsentative Auswahl der untersuchten Fälle Verzerrungen in den Ergebnissen entstehen, die zu Fehlinterpretationen führen können. Dieser *bias* kann sowohl Produkt einer selektiven Auswahl durch den Forscher als auch Folge fehlender Daten über Untersuchungseinheiten sein (siehe zum Überblick Lauth u. a. 2015). Letzteres gilt besonders dann, wenn Aggregatdaten durch Aggregation von Umfragedaten gewonnen werden, in die aber (zumeist aus Kostengründen) nicht alle Länder einbezogen wurden. Doch auch statistische Grunddaten weisen immer wieder Lücken auf. Da die Aggregatdatenanalyse aufgrund geringer Fallzahlen zudem ausgesprochen sensitiv auf Ausreißer reagiert, ist ein systematisches und hinsichtlich der Untersuchungsfälle reflektiertes Vorgehen bei der Auswahl der Untersuchungsfälle der zentrale Reliabilitätstest für eine gute Aggregatdatenanalyse. Eine gute und nachvollziehbare **Länderauswahl** ist wesentlich wichtiger als die Produktion eines ganzen Spektrums an statistischen Kennzahlen. Zudem ist die Gefahr von **ökologischen Fehlschlüssen** zu bedenken. Dies gilt allerdings eher auf der interpretativen als auf der statistisch-analytischen Ebene.

Entscheidendes Kriterium einer guten Aggregatdatenanalyse ist eine gute und transparente Auswahl der Untersuchungsfälle. Begründen Sie diese eigenständig und gehen Sie auf Ausreißer sowie mögliche Effekte durch fehlende Fälle ein.

Selbst wenn in den letzten Jahren verstärkt makroqualitative Verfahren wie QCA oder *comparative area studies* an Bedeutung gewannen, bleiben quantitative Aggregatdatenanalysen doch ein zentraler Bestandteil der vergleichenden Politikwissenschaft, der Internationalen Beziehungen und der Politischen Ökonomie. Ein zentraler Grund ist die erhebliche Ausweitung der statistischen Möglichkeiten in der multivariaten Analyse als auch die beträchtliche Ausweitung des verfügbaren Datenmaterials. Beispielsweise bieten quantitative und computerlinguistische **Korpusdatenanalysen** neue Möglichkeiten der Aggregatdatenanalyse. In der Folge neuer digitaler Kommunikationstechniken entstehen weitere, umfangreiche Datenbanken. Die Anzahl der international vergleichbaren Umfragedaten (siehe Kapitel 5.2.2) hat ebenfalls stetig zugenommen.

> **Die Aggregatdatenanalyse**
> Die Aggregatdatenanalyse bezieht sich auf kollektive Merkmale und konzentriert sich auf statistisch ermittelte verallgemeinerbare Aussagen über die Gesellschaft (Gesetzesaussagen). Dabei werden in der Aggregatdatenanalyse häufig Indizes wie auch statistische Grunddaten verwendet. Sie kann als ein zentrales Verfahren der Vergleichenden Politikwissenschaft, der Internationalen Beziehungen und der politischen Ökonomie abgesehen werden.

Auch die **Probleme** der quantitativen Makroanalyse sind in den letzten Jahrzehnten verstärkt **angegangen** worden (Pickel u. a. 2009, 2015; Welzel 2003). So begegnet man dem *selection bias* durch eine verstärkte Reflexion bei der Auswahl und Konstruktion des Forschungsdesigns, die geringen Fallzahlen werden durch das Vorgehen bei Time-Series-Cross-Section-Analysen erhöht, Probleme der funktionalen Äquivalenz (siehe Kapitel 3.3) werden durch *anchoring vignettes*, internationale Fragebogenkonstruktionsgruppen oder mehrdimensionale Erhebungsdesigns bearbeitet. Die Gefahren des ökologischen Fehlschlusses versucht man durch zusätzliche Analysen mit disaggregierten Datensätzen oder Individualdaten oder Mehrebenenanalysen bzw. Mixed-Methods-Designs zu vermeiden. Diese Analyse muss dann keineswegs auf die OECD-Länder oder Europa beschränkt bleiben, sondern kann auf der Basis umfangreichen Datenmaterials auf sinnvoll ausgewählte Vergleichsgebiete oder gar Analysen von Vollerhebungen (etwa aller Länder der Welt) erweitert werden.

5.2.2 Eine Chance für finanziell Klamme – die Sekundärdatenanalyse

Die meisten in Fachzeitschriften zu findenden Verwendungen von Umfragedaten beruhen mittlerweile auf der Analyse von **Sekundärdaten**. Sekundärdaten sind Daten, die von einem Forscher A (Primärerheber[18]) erhoben wurden und von anderen Forschern B und C, meist mit zeitlicher Verzögerung, ausgewertet werden. Genau genommen handelt es sich um eine **sekundäre Auswertung**, da die Daten ja ihre Struktur nicht verändern. Üblicherweise werden die Daten vom Primärerheber bzw. einem nationalen oder internationalen Datenarchiv zur Verfügung gestellt. Gelegentlich werden die Daten mittlerweile auch direkt über Homepages der Primärerheber für die *scientific community* zugänglich gemacht (PEW, Afrobarometer, Eurobarometer usw.). In Deutschland ist die GESIS das zentrale Datenarchiv (in den Niederlanden zum Beispiel das Steinmetz-Archiv), das gegen jeweils der beruflichen Situation des Forschers angemessene finanzielle Beträge (z. B. für Studierende zwischen 20 € und 50 €) Sekundärdaten für Re-Analysen zur Verfügung stellt (https://www.gesis.org/ZA/index.htm). Vergleichbare Institutionen sind in vielen Ländern der Welt zu finden und stehen untereinander in Kooperation. Diese Institutionen dienen der Unterstützung des wissen-

---

18 Die Erheber eigener Daten werden als Primärforscher bezeichnet, ihre Daten als Primärdaten.

schaftlichen Arbeitens, verwalten die Daten und geben sie an andere Forscher weiter. Sekundärdatenforscher (B und C) können dadurch verschiedene Datensätze für ein inhaltliches Ziel kombinieren und hinsichtlich ihrer Fragestellungen untersuchen. Sekundärdaten weisen einige Vorteile und positive Aspekte auf, allerdings auch einige Nachteile:

- **Vorteile:** Ein wesentlicher Vorteil der Sekundärdatenanalyse ist offensichtlich: Die zeit- und geldaufwendige Phase der Datenerhebung wird umgangen, man kann direkt mit der Auswertungsphase beginnen **(Sparsamkeit)**. Zudem ist es möglich, durch die Nutzung diverser Datenquellen eine **externe Validierung**[19] von Ergebnissen durchzuführen. Aus finanziellen Gründen bietet gerade die Sekundärdatenanalyse Studierenden und Jungforschern die Möglichkeit, ohne hohe Kosten und großen Aufwand eine valide Datengrundlage für ihre empirischen Analysen zu erhalten. Jenseits dieser Pragmatik hat die Anwendung von Sekundärdatensätzen auch wissenschaftstheoretische Vorteile: 1. Systematische Beziehungen und Ergebnisse können anhand mehrerer Datensätzen geprüft werden. Dadurch wird man dem Anspruch von Test-Retest-Verfahren stärker gerecht als dies bei der Konzentration auf einen eigenen Datensatz der Fall ist. 2. Es kommt zu einer Kontrolle von Ergebnissen der Primärforscher. Auch hier wird eine größere Transparenz erzeugt. 3. Mehrere Forscher können parallel und unabhängig voneinander mit dem Datenmaterial arbeiten.
- **Nachteile:** Bei Sekundärdatenanalysen ist man auf die Qualität des Datenmaterials und der erhobenen Informationen angewiesen. Gelegentlich sind nicht alle vom Sekundärforscher benötigten Fragen in einem ausgewählten Datensatz verfügbar. Man muss sich die zur Beantwortung der eigenen Fragestellung nötigen Fragen zusammensuchen – und hat manchmal das Pech, dass Teile der verwendeten Konzepte fehlen **(Lückenhaftigkeit)**. Auch ist die ursprüngliche Zielrichtung von Frageformulierungen, des Datenerhebungsprozesses oder spezifischer Filterführungen für Sekundärdatenforscher mitunter schwer zu durchdringen, weil sie an ihrem Entstehungsprozess sowie an der Konzeption der Studie nicht beteiligt waren **(Datendistanz)**. Insgesamt ist der Sekundärforscher auf die Qualität und Zuverlässigkeit des verfügbaren Materials angewiesen. Er muss **Vertrauen** aufbringen, dass die Daten verlässlich sind und er sie in wissenschaftlich valider Weise für seine Zwecke adaptieren kann. Fallen Konzeptteile aus, dann sind ggf. Fragestellung und Hypothesen anzupassen oder einzuschränken. Diese Veränderungen sollten in einem Text deutlich gemacht werden, der die Auswertungen beschreibt.

---

[19] Unter externer Validierung versteht man die Überprüfung eines Forschungsergebnisses durch Forschungsergebnisse, die mit abweichendem Datenmaterial gewonnen wurden.

> Prüfen Sie vor Durchführung einer eigenen kostspieligen Erhebung, ob sich die Forschungsfrage nicht auch durch die Nutzung von Sekundärdaten beantworten lässt.

Eigene Umfragen zu finanzieren, wird angesichts hoher Antragszahlen bei den Forschungsförderern zunehmend schwierig. Man kann deshalb davon ausgehen, dass zukünftig noch häufiger Surveydatenanalysen mit Sekundärdaten durchgeführt werden und nur wenige Forscher eigenes Datenmaterial erheben können. Internationale Umfragedaten sind leichter zugänglich als noch vor etwa zehn Jahren. Größere Forschungsprogramme (Afrobarometer, European Social Survey, Asian Barometer etc.) stellen ihre Daten mittlerweile auf eigenen Homepages nahezu vollständig zur Verfügung. Mit einer längeren Wartezeit sind auch die vollständigen Datensätze der World Values Surveys erhältlich. Häufig finden sich auf diesen Internetseiten sogar Tools für direkte Analysen der jeweiligen Daten (Häufigkeitsauszählungen, Tabellen, Kreuztabellen, Korrelationsanalysen). Man benötigt dann nicht einmal mehr Statistikprogrammpakete zur Auswertung der Datensätze, um eigene Fragestellungen beantworten zu können.[20] Neben Grundlagenstudien der Sozialforschung, die relativ zügig verfügbar gemacht werden (Allgemeine Bevölkerungsumfrage der Sozialwissenschaften, European Social Surveys, International Social Survey Programme, German Longitudinal Election Studies, Eurobarometer) können auch Einzelstudien für Analysezwecke eingesetzt werden, wenn sie den Interessen des Sekundärforschers gut entsprechen. Ebenfalls nicht unüblich ist die Partizipation von Studierenden und Doktoranden an Daten, die durch ihre Betreuer oder Hochschullehrer aus laufenden Forschungsprojekten für **Re-Analysen** bereitgestellt werden. Hier besteht ein wechselseitiges Interesse, sind doch die meisten Datensätze eher unterausgewertet, aber es fehlt den Primärforscher zumeist die Zeit für die Auswertung weiterer Forschungsfragen mithilfe dieser Daten. Auf der Gegenseite verfügen die Verfasser von Qualifikationsarbeiten nicht über die Mittel und Kapazitäten, eigene Studien durchzuführen. Gelegentlich ist es sogar angeraten, Studierende von eigenen, aufwändigen Studien mit geringer Fallzahl abzuhalten und auf die Möglichkeit von Sekundärdatenanalysen hinzuweisen.

---

[20] Im Prinzip hat sich durch diese Ausweitung der Verfügbarkeit internationaler Daten das Feld international vergleichender Studien oder übergreifender Studien überhaupt erst erschlossen. Dominierten noch vor wenigen Jahrzehnten Zwei- oder Drei-Länder-Vergleiche, kann nun der Interessenkreis weiter gezogen werden. Auch sind Vergleiche nach ganz anderen Kriterien möglich (z. B. Monarchien im Weltvergleich), die einen zusätzlichen Erkenntnisgewinn versprechen. Dies ist nun auch für Studierende ohne größeren Aufwand möglich.

> **Sekundärdaten und ihre Analyse**
> Sekundärdaten sind Daten, die in einem anderen (Forschungs-)Zusammenhang erhoben wurden und zu Re-Analysen zur Verfügung stehen. Sie sind preisgünstig und ersparen dem Forscher den aufwändigen Erhebungsprozess. Gleichzeitig besteht die Gefahr, dass der Sekundärforscher nicht über alle Informationen der Erhebung verfügt und Abweichungen wie Datenprobleme nur mühevoll aufdecken kann. Sekundärdatenanalysen sind dennoch gerade für Dissertationen und Abschlussarbeiten ein empfehlenswertes Vorgehen.

Für die wissenschaftliche Wertigkeit der jeweiligen Datenanalyse ist eine transparente **Verwendung** von Sekundärdaten wichtig. Dies erfordert zwingend eine gute Dokumentation, mit welchem Datensatz gearbeitet wurde und welche Aussagen aufgrund der fehlenden Kenntnisse über die Erhebung nicht sicher zu treffen sind. Dabei kann und sollte man auf die bereits verfügbaren Informationen über das Sekundärdatenmaterial verweisen. Dies eröffnet auch anderen Forschern eine gute Prüfmöglichkeit der erzielten Ergebnisse und gewährleistet damit das Einhalten eines zentralen wissenschaftlichen Qualitätskriteriums – der Überprüfung und Reproduzierbarkeit von wissenschaftlichen Ergebnissen.

5.3 Makroqualitative Verfahren

5.3.1 Konzeptionelles Denken in makroqualitativen Verfahren

In den letzten Jahren hat sich neben den quantitativen Verfahren auf der Aggregatebene in der Politikwissenschaft eine weitere Vorgehensweise etabliert – die **Qualitative Comparative Analysis (QCA)**. Ihr Aufschwung beruht auf ihrer günstigen Anwendbarkeit für Stichproben mit geringer Fallzahl, aber vor allem auf einer spezifischen Ausrichtung auf diese Stichproben. Die QCA begründet ihren Nutzen in einem konzeptionellen Umdenken gegenüber der weitgehend kausalanalytisch-probabilistisch ausgerichteten statistischen Analyse mit einer stärkeren Berücksichtigung der Eigenschaften der einbezogenen Fälle. Wegweisend für die QCA und ihre Erweiterungen sind die Überlegungen des amerikanischen Politikwissenschaftlers Charles Ragin (1987, 2000). Ragin nutzte die kombinatorischen Möglichkeiten der Booleschen Algebra, um mit der QCA eine „qualitative Methode der vergleichenden Sozialwissenschaft" zu etablieren. Auf der Grundlage dieser Formulierung eines Forschungsansatzes und der dort geäußerten methodischen Grundgedanken haben seit Ende der 1980er-Jahre verschiedene Varianten von QCA Eingang in die Sozialwissenschaften gefunden. Die Einordnung QCA ist dabei als Oberbegriff für verschiedene Varianten zu verstehen, die auf den gleichen Grundprinzipien beruhen, jedoch für unterschiedliche analytische Zwecke verwendet werden können. Man kann quasi von einer „Methodenfamilie" sprechen. Unter diese fallen u. a. die Varianten der fsQCA, csQCA und mvQCA (Schneider/Wagemann 2012: 13; Rihoux 2009).[21]

Ausgangspunkt für die Entwicklung der QCA als eigenständigem Analysetool war die Identifikation zweier Defizite quantitativer Forschungspraxis: Zum einen deren Hang zu einer zu starken **Homogenitätsannahme**. Das heißt, dass in kausalanalytischen quantitativen Modellen nur eine spezifische Erklärungsstruktur Gültigkeit für ein empirisches Phänomen besitzen kann. Ein weiteres Defizit quantitativer Forschung sieht Ragin in der unterkomplexen Verwendung von Theorie, welche in den schlimmsten Fällen bis hin zur Theorielosigkeit reicht. Immer stärker werden selektive Themen mit begrenzten Variablensets behandelt und dann situative Erklärungen zu Phänomenen abgegeben. Das Problem der Homogenitätsannahme ist aus Ragins Sicht, dass es bei quantitativen Erklärungen nur um die Gewichtung der Erklärungsfaktoren untereinander in einem in sich homogenen Modell geht, welches alternative Erklärungswege faktisch ausschließt bzw. überdeckt. So können für ein zu erklärendes Faktum, das er in Anlehnung an die Policy-Forschung als *outcome* bezeichnet, unterschiedliche Kombinationen verschiedener Bedingungen gleichzeitig ausschlaggebend sein. Anders gesagt: **Es besteht in der Regel nicht nur eine sondern mehrere kausale Erklärungsmöglichkeiten**. Ziel der QCA ist es, diese verschiedenen Erklärungskombinationen herauszufinden. Dies hält er für ein mindestens genauso legitimes Ziel der vergleichenden sozialwissenschaftlichen Analyse wie eine über Wahrscheinlichkeiten geordnete Erklärungsstrategie. Ragin liegt nicht daran, wie in den kausalanalytischen quantitativen Verfahren allgemein üblich, Wertigkeiten im Einfluss unterschiedlicher Einzelvariablen und Bedingungen gegeneinander abzuwägen. Nicht eine relationale Abwägung im Sinne von Variable A besitzt so viel Einfluss und Variable B so viel auf eine abhänge Variable C, sondern die Identifikation unterschiedlicher unabhängiger Erklärungswege ist sein Ziel. Ragin (1987) versucht die unterschiedlichen Erklärungsmöglichkeiten über **Kombinatoriken** zu identifizieren. Der Weg, um dieses Ziel zu erreichen, ist es, die Entwicklung einer allgemein anwendbaren Systematik und eines Programm- und Kalkulationsmoduls voranzubringen.

Die QCA ist – trotz ihrer Namensgebung als qualitativ – nicht mit der klassischen qualitativen Sozialforschung zu verwechseln. Die Bezeichnung „qualitativ" weist Ragin der QCA aufgrund ihrer Fallorientierung und dem Gegensatz zu quantitativ-statistischen Verfahren zu. Diese Bezeichnung kann gelegentlich irreführend sein, setzt doch auch die QCA im Grunde zur Bestimmung ihrer Ergebnisse auf Quantifizierungen von Aussagen. Sie werden nur dann nicht in statistische Zusammenhänge, sondern

---

[21] Der vorliegende Abschnitt zu QCA und Fuzzy-Set-Analyse beruht in seinem Kern auf einem gemeinsam verfassten Text von Wiebke Breustedt und Gert Pickel (2015) der Bestandteil der Neuauflage des Lehrbuchs „Einführung in die Methoden der Vergleichenden Politikwissenschaft (Lauth u. a. 2015) ist. Mittlerweile stehen mehrere ausführliche Einführungen in das Vorgehen der QCA zur Verfügung, auf die zur weiteren Beschäftigung verwiesen ist. Hervorzuheben sind vor allem die Einführungsbücher von Schneider und Wagemann (2007) oder von Blatter u. a. (2007).

in die bereits angesprochenen Kombinatoriken überführt. Zentrales Ziel von Charles Ragin ist es, über die Beschränktheit von Einzelfallstudien hinausgehen, ohne aber deren Stärken aufzugeben. Er selbst bezeichnet seinen Ansatz als einen, der die besten Eigenschaften der **fallorientierten und variablenorientierten** Ansätze integriert (im Gegensatz zu den variablenorientierten Ansätzen bzw. klassifizierten Vorgehen der statistischen Forschung) (Ragin 1987: 84; Berg-Schlosser 2005; Ragin u. a. 1996). Da die Analyse im Einsatz – nicht in der Anlage – vorwiegend auf die Makroebene zum Einsatz kommt, wird entsprechend in der Politikwissenschaft zumeist von einer **makro-qualitativen Methode** gesprochen.

5.3.2 QCA – die Feststellung von Erklärungsheterogenität

Der Kernansatz der QCA ist in der Politikwissenschaft als **Crisp-Set QCA** bekannt (Ragin 1987). Sie steht im Fokus der folgenden Ausführungen. Die QCA betrachtet kausale Beziehungen nicht über systematische Beziehungen oder Korrelationen, sondern **mengentheoretisch**. Entsprechend weist die QCA auch die Ausrichtung statistischer Verfahren auf die Isolation einzelner Effekte einzelner Variablen als unzureichend für manche Erklärungen zurück und fokussiert auf den gemeinsamen Effekt der Kombinationen kausaler Bedingungen (Konfigurationen) und die **Äquifinalität** dieser Konfigurationen. Äquifinalität bedeutet, dass ein und dasselbe Ergebnis die Folge unterschiedlicher Kombinationen von Bedingungen sein kann. Die QCA geht, anders als statistische Verfahren, nicht von einer Linearität sondern von einer **Asymmetrie** kausaler Zusammenhänge aus. Asymmetrie bedeutet, dass zwar die Anwesenheit einer Bedingung zum *outcome* führen kann, dass aber die Abwesenheit dieser Bedingung nicht zwingend zur Abwesenheit des *outcome* führt. Kern der QCA ist demnach die Zulassung von **Erklärungsheterogenität**. Die QCA ist gut anwendbar für die Arbeit mit kleinen und mittleren Fallzahlen (Ragin 2000: 24) und hat ihre Stärke in ihrer expliziten Fallorientierung, der theoretischen Bindung und der ganzheitlichen Ausrichtung des Ansatzes. Ragin versteht sie nicht als Ersatz, sondern als Ergänzung bislang existierender quantitativer makroanalytischer Ansätze, speziell für Analysen mit mittlerer Fallzahl, wo sie in den letzten Jahren verstärkt Anwendung findet (Wagemann/Schneider 2003: 108–109; Schneider/Wagemann 2012: 393; 2009). Gelegentlich wird die QCA auch als „Mittelweg zwischen qualitativer und quantitativer Analyse" (Blatter u. a. 2007: 189) bezeichnet.

! **Was ist QCA?**
QCA ist ein makroqualitatives Vorgehen, das speziell in der Vergleichenden Politikwissenschaft und in den Internationalen Beziehungen Anwendung findet. Es ist darauf angelegt, über bestimmte Kombinationen hinreichende und notwendige Bedingungen für ein Ereignis zu bestimmen und auf diese Weise mehrere alternative Wege für dieses Ergebnis zuzulassen.

Aufgrund ihrer **starken Theoriebindung** ist auch die QCA auf den Test von Hypothesen ausgerichtet (Schneider 2007: 273). Hier besteht eine klare Abgrenzung zum Wissenschaftsverständnis qualitativer Methoden im Sinne der Sozialwissenschaften und eine Anlehnung an das zumeist in der quantitativen Sozialforschung verwendete Denken. Dies gründet in einem begriffslogisch auch kausalem Denken. Allerdings steht nicht das Testen der Erklärungskraft einzelner Bedingungen und ihrer Wahrscheinlichkeiten in Relation zueinander im Vordergrund. Vielmehr testet der Forscher, welche (Konfigurationen) theoriegeleitet ausgewählte(r) Bedingungen hinreichend bzw. notwendig für den *outcome* in den Untersuchungsfällen sind. Dabei wird zwischen notwendigen und hinreichenden Bedingungen für ein *outcome* unterschieden. Die **hinreichenden Konfigurationen** müssen nicht zwingend über alle Fälle gleich sein; mittels der QCA werden sie aber soweit wie möglich logisch vereinfacht, um die sparsamste Lösung zu erhalten, die die Konfigurationen aller Fälle logisch wiedergibt. Im nächsten Schritt kann der Forscher überprüfen, inwieweit diese Lösungsterme mit seinen theoretischen Annahmen übereinstimmen (Schneider/Wagemann 2012: 295–305).

Grundkonzeption und Einsatzgebiete der QCA

Die QCA dient zur Analyse von Fällen im Hinblick auf die einen *outcome* hervorbringenden Rahmenbedingungen. Ziel ist es, in kurzer und logisch widerspruchsfreier Weise über theoretisch abgeleitete Annahmen zu Ergebnissen zu kommen. Den Fällen wird eine große Bedeutung für das Forschungsdesigns zuerkannt und es werden Elemente einer fallorientierten und variablenorientierten Denkweise integriert. Die QCA richtet im Gegensatz zu variablenorientierten Verfahren mit großer Fallzahl, das Augenmerk auf die Zulassung von Erklärungsheterogenität durch unterschiedliche Kombinationen von Bedingungen und öffnet ihren Blick für die Möglichkeit unterschiedlicher Erklärungspfade (äquifinale und konfigurationale Kausalität).

Die Crisp-Set- als auch die Fuzzy-Set-QCA-Kausalität untersucht als mengentheoretische Beziehung von Bedingungen zur Erklärung eines bestimmten *outcome*. Entscheidendes Ziel dieser Vorgehensweise ist die Bestimmung notwendiger und hinreichender Bedingungen für diesen *outcome*. Wenn das zu erklärende *outcome* und eine bestimmte Bedingung immer gleichzeitig und in allen Konstellationen vorliegt, handelt es sich um eine **notwendige Bedingung:** Das Auftreten dieser unabhängigen Rahmenbedingungen ist für ein bestimmtes Ergebnis unabdingbar (Ragin 1987: 100; Blatter u. a. 2007: 193–194). **Hinreichende Bedingungen** bestehen dann, wenn die Bedingung vorliegt, auch das *outcome* vorliegt. Mengentheoretisch ist die Bedingung in diesem Fall eine *Unter*menge des *outcome*. Das bedeutet, dass auch andere Bedingungen Untermengen des *outcome* sein können.[22] Bedingungen können also entweder alternativ (äquifinal) und/oder gemeinsam (konfigurational) zum gleichen

---

22 Schneider und Wagemann (2007: 32) sprechen von hinreichenden Bedingungen, „wenn sie für jeden untersuchten Fall in (einer) Vergleichsstudie zu dem zu untersuchenden Outcome führen".

outcome führen. Notwendige und hinreichende Bedingungen zu erschließen stellt das zentrale Ziel der QCA dar.

Die Crisp-Set QCA setzt auf der Anwendung der **Booleschen Algebra.** Dieses sich auf die Mengenlehre stützende Denken beruht auf der Unterscheidung zwischen zugehörig und nicht zugehörig, oder in der Terminologie der Booleschen Sprache: wahr (*true* = 1) und falsch (*false* = 0). Jede Bedingung ist als Menge zu verstehen. Ein Untersuchungsfall erfüllt entweder die Charakteristika einer Bedingung (ist zugehörig zur Menge = 1) oder er erfüllt sie nicht (ist nicht zugehörig zur Menge = 0) – zum Beispiel ist ein Staat entweder eine Autokratie oder keine Autokratie. Diese **binäre Struktur der Bedingungen** erzwingt eine Dichotomisierung der Untersuchungsfälle. Der mit dieser Ergebnisreduktion verbundene Informationsverlust führt dann später zur Entwicklung der Fuzzy-Set QCA. Die Zugehörigkeit oder Nichtzugehörigkeit des Untersuchungsfalls zu einer Bedingung beschreibt man über drei theoretisch bestimmte Schwellenwerte: einen **qualitativen Anker**, der bestimmt, wann ein Untersuchungsfall zur Menge gehört (1), einen qualitativen Anker, der festlegt, wann ein Untersuchungsfall nicht zur Menge gehört (0) und einen Indifferenzpunkt, der zeigt, ab wann die Schwelle der Nichtzugehörigkeit zur Zugehörigkeit überschritten wird (0.5). So müsste für die Mitgliedschaft in der Menge „Demokratie" festgelegt werden, ab welchem Demokratisierungsniveau ein Staat als Demokratie gilt (1), bei welchem Demokratisierungsniveau es sich weder um eine Demokratie noch um eine Nichtdemokratie handelt (0.5) und ab welchem Demokratisierungsniveau ein Staat eine Nichtdemokratie ist (0).

Der Forscher muss zuerst ermitteln, welche Bedingungen für ein *outcome* in den in die Analyse einbezogenen Untersuchungsfällen vorhanden sind. Gehen wir einmal davon aus, dass es in Europa drei potenzielle Bedingungen für die Unterstützung demokratischer Systeme (P) gibt (zu erklärendes *outcome*) – ein hohes ökonomisches Niveau (Ö), das Bestehen einer institutionellen Demokratie (D) und die Existenz sozialer Ungleichheit (U). Die beigefügten Buchstaben bezeichnen jeweils den Zustand des verwendeten Phänomens (GROSS = Eigenschaft vorhanden; klein = Eigenschaft nicht vorhanden). Die Kleinbuchstaben stellen die **Komplemente** der einbezogenen Bedingungen (Großbuchstaben) dar.[23] In der Analyse werden dann 1 oder 0 (nicht 1) durch die Größe der jeweiligen Buchstaben repräsentiert: Ö steht für die Existenz eines hohen ökonomischen Niveaus, ö für die Nichtexistenz eines hohen ökonomischen Niveaus. Die Einordnung der Fälle zur Menge der drei Bedingungen erfolgt anhand theoretisch gesetzter Schwellenwerte. 1 ist die Einordnung wahr bzw. vorhanden (= zugehörig zur Menge).[24]

---

[23] Eine alternative Darstellungsweise ist die Nutzung des Symbols „~", um die Abwesenheit einer Bedingung darzustellen. So wird die Abwesenheit eines hohen ökonomischen Niveaus auch mit ~Ö dargestellt.

[24] Das vorgestellte Beispiel wurde bereits an anderer Stelle verwendet. Siehe Lauth u. a. 2014; Lauth u. a. 2015.

Tab. 5.20: Wahrheitstafel in der QCA (eigene Zusammenstellung ohne realen Erklärungsanspruch zu Erklärungszwecken).

Zeile	Bedingungen			Outcome	in der Realität zuordenbare Fälle	Anzahl der Fälle
	Ö	U	D	P		
1	1	1	1	1	Slowenien	1
2	1	1	0	0	Türkei	1
3	1	0	1	1	Polen	1
4	0	0	1	1	Ungarn	1
5	0	1	1	0	Bulgarien + Rumänien	2
6	0	1	0	0	Russland	1
7	1	0	0	0	Weißrussland	1
8	0	0	0	0	Armenien	1

Ö = hohes ökonomisches Niveau, U = Existenz sozialer Ungleichheit, D = Bestehen institutioneller Demokratie, P = politische Unterstützung der Demokratie (outcome); 1 = vorhanden, 0 = nicht vorhanden

Im Beispiel treten die drei Bedingungen in verschiedenen Kombinationen auf – in den einzelnen Ländern sind manche Bedingungen vorhanden, andere nicht. Da jede Bedingung entweder vorhanden oder nicht vorhanden sein kann, ergeben sich $2^{\text{Anzahl der Bedingungen}}$ hypothetische Kombinationsmöglichkeiten (in unserem Fall $2^3 = 8$ Konfigurationen). Diese Konfigurationen werden in der **Wahrheitstafel** dargestellt (siehe Tabelle 5.20). Sie ist wesentlicher Bestandteil jeder QCA – ob Crisp-Set oder Fuzzy-Set QCA. Die Zeilen der Wahrheitstafel zeigen die Zuordnung der einzelnen Fälle zu den verschiedenen Bedingungskombinationen. Sie ist nicht mit einer Datenmatrix zu verwechseln, bei der jede Zeile einen Fall repräsentiert. In der Wahrheitstafel ist zwar jeder Fall genau einer Zeile zuordenbar, aber auf jede der formal möglichen Zeilen können eine, mehrere oder gar keine Fälle entfallen. Hier wird eines der zentralen Probleme der QCA ersichtlich: Je größer die Zahl der einbezogenen Bedingungen zur Erklärung des *outcome*, desto mehr potenzielle Kombinationen. Dies kann im schlimmsten Fall die Analyse unmöglich machen. Entsprechend muss der Forscher bei der Auswahl der Bedingungen sorgfältig vorgehen (Schneider/Wagemann 2007: 44–48). Die Wahrheitstafel wird auf notwendige und dann auf hinreichende Bedingungen analysiert (Schneider/Wagemann 2007: 73).[25] Hierzu wird sie logisch so gut wie möglich **minimiert**. Um die notwendigen Bedingungen für die politische Unterstützung der Demokratie (P) zu bestimmen, müssen demnach nur die Fälle betrachtet werden, in denen politische Unterstützung vorhanden ist (P = 1), und es muss untersucht werden, ob die Bedingungen in all diesen Fällen ebenfalls vorhanden sind. Da

---

[25] Die gleichzeitige Analyse notwendiger und hinreichender Bedingungen kann unter Umständen zu Fehlern führen (Schneider/Wagemann 2007: 73). Eine getrennte Analyse ist daher zu empfehlen.

immer dann, wenn P = 1, auch D = 1, ist das Bestehen institutioneller Demokratie eine notwendige Bedingung für die politische Unterstützung der Demokratie.

Die Analyse hinreichender Bedingungen betrachtet die Frage, ob immer dann, wenn die Bedingungen (Ö, U, D) vorhanden sind, auch das *outcome* (P) vorhanden ist. Wie die einzelnen Zeilen der Wahrheitstafel zeigen, sind verschiedene Konfigurationen von Bedingungen für das *outcome* verantwortlich. Mithilfe dieser Operationen können die Zeilen der Wahrheitstafel, die hinreichend für das *outcome* (P) sind, logisch dargestellt werden. Die *Boolesche Multiplikation* steht logisch für die Konjunktion (logische *UND-Verknüpfung*) die genau dann wahr ist, wenn sowohl die eine wie auch die andere Bedingung wahr ist. Sie wird mit dem Symbol „*" oder „•" oder ohne Symbol dargestellt. Die Konfiguration der Bedingungen, die in Slowenien zur politischen Unterstützung der Demokratie (P) führt, kann mit Ö * U * D, Ö • U • D oder ÖUD dargestellt werden, wobei hier letztere Notation verwendet wird. In Polen liegt ÖuD (Ö = 1, U = 0, D = 1) vor, in Ungarn öuD (Ö = 0, U = 0, D = 1). Um darzustellen, dass verschiedene Konfigurationen zum *outcome* führen (Äquifinalität), verwendet man die **Boolesche Addition**, die logisch für die nicht ausschließende Disjunktion (logische *ODER* Verknüpfung) steht. Sie ist genau dann wahr, wenn mindestens eine der Bedingungen wahr ist. So kann die Tatsache erfasst werden, dass in den neun Ländern unterschiedliche Konjunktionen zum *outcome* geführt haben.[26] Die **Boolesche Multiplikation** wird mit dem Symbol „+" dargestellt. Wir können demnach alle Konjunktionen in der Wahrheitstafel, die zum *outcome* (P) führen, wie folgt zusammenfassen:

$$ÖUD + ÖuD + öuD \rightarrow P$$

1. hohes ökonomisches Niveau, soziale Ungleichheit, institutionelle Demokratie
2. hohes ökonomisches Niveau, *keine* soziale Ungleichheit, institutionelle Demokratie
3. *kein* hohes ökonomisches Niveau, *keine* soziale Ungleichheit, institutionelle Demokratie

Diese Konfigurationen werden auch **primitive Ausdrücke** genannt. Mit ihnen lassen sich die Bedingungen des *outcome* „politische Unterstützung der Demokratie" deuten. Um die steigende Zahl an Konfigurationen zu begrenzen, wird mittels logischer Minimierung eine kleinstmögliche Lösung gesucht. Sie soll durch die Kombination der primitiven Ausdrücke eine logisch widerspruchsfreie Verdichtung der Ergebnisse zulassen. Dies geschieht durch die Prüfung der Kombinatoriken auf Überschneidungen, welche auf logisch erforderliche und logisch nicht erforderliche Komponenten verweisen. Damit wird auch dem Ziel der QCA, nämlich das *outcome* auf die „kürzestmög-

---

[26] Für den *outcome* P, sind nur Polen, Slowenien und Ungarn von Interesse, da nur dort P = 1. Wollten wir die Abwesenheit politischer Unterstützung (p) untersuchen, müssten die Konfigurationen der anderen sechs Länder betrachtet werden.

liche widerspruchsfreie Weise" (Berg-Schlosser 2003: 117) zu beschreiben, am besten entsprochen. Die logisch nicht erforderlichen Komponenten werden ausgeschlossen und die verbleibenden Bedingungen zu **Hauptimplikanten** zusammengefasst.

Im Beispiel wird in einem ersten Minimierungsschritt deutlich, dass es bei einem hohen ökonomischen Niveau (Ö) und institutioneller Demokratie (D) unerheblich ist, ob soziale Ungleichheit vorhanden ist (U) oder nicht (u). Daher können die primitiven Ausdrücke ÖUD und ÖuD zu ÖD kombiniert werden, da ÖD logisch beide primitive Ausdrücke enthält. In einem zweiten Schritt werden die nach der ersten Runde verbliebenen Konfigurationen erneut auf logische Minimierungsmöglichkeiten hin untersucht (zweite Minimierung). Die Konfiguration uD gibt die Konfiguration ÖuD und die Konfiguration öuD logisch wieder, entsprechend kann die Lösung weiter minimiert werden. Diese Schritte können bei komplexen Designs mit vier oder mehr Bedingungen in gleicher Weise durchgeführt werden. Allerdings erzeugt dies eine unübersichtliche Formeldarstellung. Am Ende des Bereinigungsprozesses stehen nicht weiter reduzierbare Hauptimplikanten, die die Lösung darstellen und die hinreichenden Kombinationen der Bedingungen für ein *outcome* abbilden. Faktisch führen sowohl eine Kombination eines hohen ökonomischen Niveaus mit dem Bestehen einer institutionellen Demokratie als auch die Konjunktion der Abwesenheit sozialer Ungleichheit mit institutioneller Demokratie zur politischen Unterstützung. Wichtig ist, dass nach der Minimierung **alle primitiven Ausdrücke durch die Hauptimplikanten abgedeckt werden** und keine weiteren Minimierungsmöglichkeiten vorliegen. Dabei sind zwei Regeln zu beachten: 1. Alle logisch überflüssigen Teile der Erklärung werden ausgeschlossen. 2. Alle Konfigurationen müssen noch von den Hauptimplikanten abgedeckt sein. Für die Darstellung der **Hauptimplikantengrafik** werden in der Spaltenbezeichnung (Ordinate) die Hauptimplikanten, in der Kopfzeile (Abzisse) die primitiven Ausdrücke abgetragen (vgl. auch Wagschal 1999: 296–297). Dies bedeutet, in jeder Spalte muss zumindest ein Vermerk (X) sein, damit diese Konfiguration durch zumindest einen Hauptimplikanten abgedeckt ist. Finden sich in einer Spalte mehrere Vermerke, so wird der primitive Ausdruck durch mehrere Hauptimplikanten abgedeckt.

Hauptimplikanten, die eine der von ihnen abgedeckten Spalten allein beherrschen, müssen zwingend Teil der Lösung sein. Hauptimplikanten, die aber nur in Spalten vermerkt sind, die auch von anderen Hauptimplikanten abgedeckt werden, müssen nicht Teil der Lösung sein und können eliminiert werden. Eine Deutung dieses Ergebnisses kann im Hinblick auf hinreichende Bedingungen erfolgen. Bei beiden Konfigurationen ÖD und uD handelt es sich um hinreichende Bedingungen für die politische Unterstützung der Demokratie. Das Ergebnis zeigt zudem zweierlei: Zum einen führt, anders als eingangs postuliert, die **Abwesenheit** sozialer Ungleichheit in Kombination mit dem Bestehen institutioneller Demokratie zu politischer Unterstützung. Dies weist auf die Bedeutsamkeit von Interaktionen politischer und sozialer Phänomene hin, die mit den Konfigurationen in QCA erfasst wird. Zum anderen zeigt das Ergebnis, dass es zwei **alternative Erklärungskombinationen** gibt, die zum gleichen *outcome* führen können. Es wird also von einer **äquifinalen Kausalität** ausgegangen: Mehrere Konfigurationen werden als Auslöser eines Zustands zugelassen. Interessant ist, dass für die Negation des *outcome* – das Fehlen der politischen Unterstützung – nicht einfach die Umkehrung der zuvor ermittelten Kombinationen gilt. Vielmehr können eigenständige und andere Konfigurationen für das Eintreten bzw. das Nichteintreten eines Ereignisses verantwortlich gemacht werden. So führt die Abwesenheit institutioneller Demokratie (d) oder die Abwesenheit eines hohen ökonomischen Niveaus in Kombination mit sozialer Ungleichheit (öU) zu fehlender politischer Unterstützung.

Diese Annahme der **Asymmetrie kausaler Beziehungen** steht im Gegensatz zur statistischen Analyse, wo eine Komplementarität der Ergebnisstrukturen vorliegt. Entsprechend wird diese Möglichkeit von Schneider (2007: 282) als eine der großen **Vorzüge** der QCA gedeutet: „Die separate Analyse des Nichtauftretens eines zu erklärenden Phänomens stellt einen weiteren wichtigen Beitrag in der vergleichenden Methodik dar, denn er erlaubt die bis dato nur bedingt mögliche Untersuchung asymmetrischer kausaler Strukturen" (Schneider 2007: 281). Gerade die Unterscheidung zwischen notwendigen und hinreichenden Bedingungen sowie die separate Betrachtung der Bedingungen, die zum *outcome* führen, und der Bedingungen, die zur Abwesenheit des *outcome* führen, ist als Vorteil gegenüber den üblichen statistischen Verfahren anzusehen, eröffnet sie doch die Chance auf eine detaillierte multiple Erklärung eines bestimmten Ereignisses. Daneben ist auf der einen Seite der fallorientierte Blick, auf der anderen Seite die breite Einsetzbarkeit, gerade für Small-n- und Medium-n-Analysen, hervorzuheben.

5.3.3 Problembereiche der QCA und wie man ihnen entgegentritt

Trotz vieler Vorteile hat die QCA auch **Nachteile**. Die **begrenzte empirische Vielfalt** (*limited diversity*) begrenzt die Anzahl der Bedingungen, die in die Analyse einbezogen werden können. Dies entsteht aufgrund der Berücksichtigung aller logisch möglichen Kombinationen der Bedingungen in der Wahrheitstafel. Liegen nur für wenige Kombinationen von Bedingungen empirische Fälle vor, die mit diesen Konfigurationen beschrieben werden können, birgt dies Probleme. Der Umgang mit diesen **logischen Rudimenten** wird unter Anwendern der QCA mittlerweile intensiv diskutiert (Schneider/Wagemann 2012: 151–177). Die dichotome Ausprägung der Variablen (Merkmal liegt vor oder liegt nicht vor) führt zu der Notwendigkeit, die in der Realität vorherrschende *Unschärfe* des Forschungsgegenstands „künstlich" aufzuteilen (vgl. Jacobs 2003: 139). Um die notwendigen Grenzen zu setzen, die *true* und *false* unterscheiden, sind kontextadäquate Interpretationen erforderlich. Schwierig wird die Untersuchung, wenn die Phänomene *graduell* angelegt sind und eine klare, dichotome Unterscheidung fast willkürlich erscheint.[27] So muss die theoretische Setzung der Schwellenwerte transparent sein. Problematisch sind Entscheidungen bei Fällen, deren Wert nahe am Schwellenwert liegt. Die Entscheidung, ob der Fall noch die 1 oder schon die 0 bekommt, muss fallbezogen und theorieorientiert begründet entschieden werden und unterliegt dadurch immer einer gewissen Willkürlichkeit aufgrund der Festlegung des Forschers. Die dichotome Vorgehensweise erzeugt zudem einen **Informationsverlust**, da graduelle Merkmale eingeebnet werden. Da nur wenige Theorien ausdrücklich Schwellenwerte beinhalten, wird diese theoriegebundene Entscheidung mitunter schwierig.

Ein weiteres Problem der QCA ist, dass bei fehlenden Informationen zu einer der logisch möglichen Konfigurationen (*missings*) Probleme in der Durchführung des Modells entstehen. Dieses als *limited diversity* bezeichnete Phänomen (Ragin 1987: 104–105) kann zwar bei unklarem Ergebnis durch Ausschluss der Wahrheitstafelzeile oder als variabler *outcome* behandelt werden. Beide Vorgehensweisen lösen das Problem nicht wirklich, da in der QCA keine Statistiken zur Abschätzung der Robustheit der Ergebnisse zur Verfügung stehen. „Gleichzeitig gibt es aber in der QCA keinen Indikator, mit dem das Gewicht von Fehlern bestimmt werden könnte" (Jacobs 2003: 139). Für den Umgang mit der *limited diversity* liegen mittlerweile Lösungsvorschläge vor (Ragin 1987: 104; Blatter u. a. 2007: 209–211; Schneider 2007: 278–279). Teilweise wird der bewusste Umgang mit dieser Problematik sogar als eine neue Stärke der QCA gedeutet (Schneider 2007: 281). Ob dies wirklich der Fall ist, bleibt interpretationsoffen. Auf jeden Fall problematisch ist die starke **Abhängigkeit der Ergebnisse von den verwendeten Bedingungen**. Je nach Auswahl der Bedingungen verändern sich die Ergebnisse zum Teil dramatisch. Beispielsweise kann man mit dem Einführen von nur zwei weiteren Bedingungen die Ergebniskonstellationen wesentlich verändern. Gerade diese Erkenntnis zeigt die Notwendigkeit (wie auch bei der quantitativen Aggregatdatenanalyse), mittels eines starken Theoriebezugs eine wohlbegründete Auswahl der Bedingungen zu treffen.

Ein letzter Kritikpunkt ist die Existenz von *contradictory cases*. Dies sind Fälle, die eine identische Konfiguration wie andere Fälle aufweisen, – mit einem Unterschied: einem widersprüchlichen Ausgang. Die gleichen Konfigurationen erzeugen also einen unterschiedlichen *outcome*. Entsprechend ist nicht zu entscheiden, was nun der zu prognostizierende Ausgang für diese Konfiguration ist. Schneider/Wagemann (2012: 120–123) schlagen mehrere Lösungen vor: Unter Einbeziehung des Wissens bezüglich der Einzelfälle werden mehr Bedingungen als Erklärungsfaktoren aufgenommen. Dies geschieht in der Annahme, dass sich die *contradictory cases* im Hinblick auf die neu aufgenommene Bedingung unterscheiden und unterschiedlichen Zeilen der Wahr-

---

27 Dies betrifft viele sozioökonomische Phänomene (Grad der Entwicklung, des Wachstums, der Arbeitslosigkeit, der Verschuldung etc.), deren typologische Abstufung (hoch – niedrig) entweder Konventionen folgt oder gut zu begründen ist. Zum Schellenwertproblem in der Demokratieforschung siehe Lauth (2004).

heitstafel zugeordnet werden. Der Ablauf ist folgender: 1. Der Forscher begründet Definition, Konzeptualisierung und Messung des *outcome* neu. 2. Die widersprüchlichen Kombinationen werden auf *outcome* 0 codiert und bei der Minimierung der Wahrheitstafel nicht miteinbezogen. Problem: Mögliche Erklärungen werden unterschlagen und nicht alle Fälle durch die Lösung abgedeckt. 3. Die widersprüchlichen Konfigurationen werden im *outcome* auf 1 codiert und daher bei der Minimierung der Wahrheitstafel mit einbezogen. Nachteil: Der Lösungsterm trifft zum Teil auch auf Fälle zu, in denen der *outcome* nicht vorhanden ist. 4. Eine computergenerierte Einbeziehung der widersprüchlichen Zeilen der Wahrheitstafel in den Minimierungsprozess: Hierbei bestimmt das Programm den *outcome* in den widersprüchlichen Zeilen als 1 oder 0, je nachdem, ob sie zu einem schlankeren Lösungsterm beitragen. Problem: Die Einbeziehung erfolgt rein logisch und ist nicht theoretisch begründet.

5.3.4 Fuzzy-Set QCA und Erweiterungen der QCA

Gerade der Kritikpunkt des Informationsverlusts aufgrund der dichotomen Codierung ließ eine Reaktion erfolgen. So erweiterte Ragin den QCA-Ansatz um die Fuzzy-Set QCA. Sie beschränkt Ereignisse nicht mehr auf eine Innen-außen-Entscheidung, sondern lässt nun Zwischenstufen bei den Bedingungen zu. Die **Fuzzy-Set QCA** wurde 2000 von Charles Ragin in seinem Buch zur Fuzzy-Set Social Science eingeführt. Ihr Ziel ist es, die bislang auf kategoriale Differenzen eingeschränkte kombinatorische Analyse zu erweitern. Dies geschieht in diesem Fall durch die Einführung von **relationalen Differenzkategorien**. Selbst wenn Ragin dies nicht als Erweiterung der QCA verstand, sondern als neuen Zugang, ist das kategoriale auf *äquifinale* Lösungen zielende Denken in einem direkten Anschluss an seine Überlegungen zur QCA zu verstehen. Entscheidend ist, dass Kategorisierungsstufen miteingeführt werden, die eine differenzierte Erfassung von Zuständen ermöglichen. Es sind also nun auch Teilzugehörigkeiten möglich. Dadurch ungelöst bleibt allerdings das **Entscheidungsproblem der Zuweisung** zu den multiplen Kategorien. Ob ein Zustand in die Kategorie 0.33 bis 0.50 fällt oder in die Kategorie 0.50 bis 0.66 ist genauso wenig klar und theoriebasiert zu klären, wie dies bei der dichotomen Entscheidung der Fall war. Einen ähnlichen, wenn auch leicht alternierenden Weg wie die Fuzzy-Set QCA geht die Multi-Value QCA. Auch sie bemüht sich, Prämissen zu finden, die eine feinere Ziselierung der konfigurativen Ergebnisse ermöglichen. Beide Verfahren können allerdings aus Platzgründen hier nicht in ihrer ganzen Breite dargestellt werden. Für eine intensivere Beschäftigung sei auf Ragin (1987, 2000) und Blatter u. a. (2007) verwiesen. Einen ausgezeichneten Einblick in die schrittweise Durchführung geben Schneider/Wagemann (2012; auch Verkuilen 2001).

Fuzzy-Sets und multivariate Erweiterungen der QCA
Fuzzy-Set und Multi-Value QCA sind Erweiterungen der einfachen Crisp-Set QCA. Sie versuchen Erfassungen mit mehreren Faktoren durch eine Überwindung der dichotomen Codierung besser gerecht zu werden.

Die Beschäftigung mit QCA hat in den letzten Jahren in der Politikwissenschaft zunehmend Verbreitung gefunden. Dies belegt die steigende Zahl an Publikationen, die sich auf diese Verfahren beziehen (für einen Überblick Rihoux/Ragin 2009; Rihoux/Grimm 2006 und die Lehrbücher von Schneider/Wagemann 2007 bzw. 2012; Blatter u. a. 2007: 189–234; Pennings 2009). Die Methode nimmt mittlerweile einen festen Platz im Instrumentarium der Vergleichenden Politikwissenschaft und der Internationalen Beziehungen ein.

Legen Sie klar fest, in welche Fuzzy-Kategorien Merkmalsausprägungen in der Fuzzy-Set QCA fallen. Treffen Sie Entscheidungen in Korrespondenz zu parallel durchgeführten statistischen Analysen.

5.4 Die Auswertung qualitativer Interviews

5.4.1 Sinnrekonstruktion, theoretische Sättigung und Fallorientierung – Grundsätzliches zur Auswertung qualitativer Interviews

In Kapitel 4 haben wir die Zugänge zur Durchführung von Interviews vorgestellt. Bereits dort wurde eindringlich darauf verwiesen, dass auch diese Formen der Erhebung nie in der einfachen Übernahme gesammelter Äußerungen oder Beobachtungen liegen. Vielmehr setzen **qualitative Daten** wie quantitative Daten ein systematisches methodisches Instrumentarium zur Auswertung voraus bzw. ziehen es nach sich. Bei den qualitativen Daten handelt es sich um verbale Daten (Behnke u. a. 2010: 336), die als Produkt der in Kapitel 4 dargestellten narrativen wie auch fokussierten Interviewverfahren entstanden sind. Sobald das Material als **Text** vorliegt, kann man unterschiedliche Zugänge der Auswertung wählen. Allerdings gilt es, schon in der Erhebungsphase eine gewisse **Sensitivität der Auswertungsmethode für die Datenerhebung** mitzudenken. In der qualitativen Analyse sind Erhebung und Auswertung aufgrund der spezifischen Logik qualitativer Forschung stark miteinander verzahnt und gehen in wechselseitigen Interaktionsschritten vonstatten (wie z. B. in der noch darzustellenden Grounded Theory). Mittlerweile steht ein recht breit gefächertes Instrumentarium an qualitativen Analyseverfahren mit entsprechenden Regelanleitungen für die nicht statistische Auswertung zur Auswahl.

Bemerkenswert sind einige beobachtbare fächerspezifische Grenzen der Anwendung gerade dieser Regelanleitungen: So fanden lange Zeit qualitative Auswertungsverfahren in der Politikwissenschaft eine erheblich geringere Resonanz als in der Soziologie. Im ungünstigsten Fall fand sich in politikwissenschaftlichen Beiträgen gelegentlich sogar die bedenkliche Ansicht, dass qualitative Forschungsarbeit sich allein durch die Nichtverwendung von Statistik rechtfertigen lasse. Unter der Behauptung einer (angeblich) qualitativen Forschung wurde dann gänzlich auf **Kriterien und Verfahren der Datenauswertung** verzichtet und anstelle geprüfter heuristischer Techniken wurde relativ ungeprüft und subjektiv interpretiert. Ein solches Verhalten ist gerade bei Experteninterviews, einem in der Politikwissenschaft recht häufig vorliegendem Vorgehen, in früheren Zeiten öfters zu beobachten gewesen (siehe Kapitel 4.6.2). Dort erhobene Interviews werden quasi als nicht zu hinterfragende Quelle der „Wahrheit" behandelt und die Aussagen der „Experten" relativ **reflexionsfrei** als „bare Münze" genommen. Dieses Vorgehen ist wissenschaftstheoretisch ausgesprochen bedenklich und nicht zu rechtfertigen. Ähnlich ist ein oberflächlicher Interpretationsumgang mit vorliegendem schriftlichem oder visuellem Material zu beurteilen. Diese „Saloppheit" im Umgang mit qualitativem Forschungsmaterial ist ärgerlich, eröffnen doch gerade passende Zugangs- und Auswertungsarten interessante **Einblicke** in politikwissenschaftliche Themen, die quantitativ nicht, oder nur schwierig zugänglich sind. Es ergibt eben oft nur begrenzt Sinn, auf die Verzahnungsaussagen von geschlossenem Textmaterial, welches in bestimmten Zusammenhängen entstanden ist, zu verzichten, dieses über Quantifizierung zu atomisieren und dann wieder in Beziehungen zu setzen. Ihre größten Stärken besitzen qualitative Methoden auch bei der Suche nach **Mechanismen** und in der gezielten und nachvollziehbaren Herausarbeitung der vernetzten Information in den Untersuchungsfällen.

An dieser Stelle ist erneut zu betonen, dass die **Differenzen** zwischen beiden Forschungslinien zwar vorhanden, aber bei Weitem **nicht so unüberbrückbar** sind, wie mancher meint (Kelle/Erzberger 2010). Viele hier aufgezeigten Schritte sind in ihrer Logik und Abfolge auch für anderes, ja sogar quantitatives, Datenmaterial strukturell verwendbar. Schon das Kernziel aller qualitativen Analyse ist dem Ziel der quantitativen Analyse nicht fern, richtet sich doch auch qualitative Analyse auf das „methodisch kontrollierte Fremdverstehen" (Przyborski/Wohlrab-Sahr 2010: 25; auch Kleemann u. a. 2009). Der bewusste Einsatz von Methode und klare Abläufe prägen also im quantitativen wie im qualitativen Fall die Analyse und gewährleisten hierdurch erst **Wissenschaftlichkeit**. Die einfache Wiedergabe der Aussagen eines Interviews ist noch keine wissenschaftliche Leistung. Letztendlich gelten die Interviews vor der erfolgten Interviewtranskription sogar nicht einmal als Daten für eine entsprechende Analyse.

! Grundprinzipien qualitativer Auswertung
Qualitative Auswertungsverfahren arbeiten oft in iterativer Weise und verbinden den Entstehungszusammenhang der Daten und ihre Auswertung stärker miteinander als dies in der quantitativen Forschung der Fall ist. Auch die qualitative Analyse besitzt klare methodische Abläufe und Ansprüche

an den Umgang mit dem erhobenen „Datenmaterial". In der qualitativen Forschung kommt es nicht auf die Höhe der Fallzahlen, sondern die theoretische Sättigung der Analyse und Interpretation an. Als qualitativer Forscher sollte man entsprechend seinen Untersuchungsfällen in ihrer Aussagekraft vertrauen und nicht über die Quantität der untersuchten Fälle argumentieren.

In einer im Platzangebot begrenzten Übersichtspublikation ist es nicht möglich, die **Bandbreite qualitativer Auswertungsverfahren** detailliert aufzufächern und darzustellen. Entsprechend sind Selektionen notwendig. Da **Experteninterviews** in der Politikwissenschaft unter den qualitativen Vorgehen wohl am weitesten verbreitet sind, empfiehlt es sich, eine mit diesen kompatible Auswertungsmethode genauer zu betrachten.[28] So wird der Schwerpunkt in Kapitel 5.4 auf die **qualitative Inhaltsanalyse** gelegt (Bogner 2014; Kuckartz 2014; Mayring 2015). Sie kann über Experteninterviews hinausreichend für das Gros sonstig verfügbaren **Textmaterials** eingesetzt werden. Dabei ist es unser Ziel, eine Art Vorlage für die Durchführung studentischer Projekte zu geben, die über allgemeine Überlegungen zur Analyse nicht quantitativen Materials hinaus ein geeignetes Vorgehen so skizziert, dass die Differenzen zu den standardisierten Verfahren erkennbar werden. Diese Konzentration auf die qualitative Inhaltsanalyse bedeutet nicht, dass andere Zugänge der Analyse qualitativen Datenmaterials und der interpretativen Sozialforschung ignoriert werden. Im Gegenteil: Es bietet sich für jeden Forscher an, sorgfältig zu prüfen, welches der verfügbaren Verfahren der zu beantwortenden Fragestellung am besten entspricht. Hier kann man sich an bestimmten Vorschlägen in einschlägigen Publikationen zu qualitativen Methoden orientieren. So stellen zum Beispiel Przyborski und Wohlrab-Sahr (2010: 183) die qualitative Inhaltsanalyse in ihrer Darstellung qualitativer Auswertungsverfahren zurück, da diese eher klassifizierend arbeitet „als dass sie Sinnstrukturen rekonstruiert" (Przyborski/Wohlrab-Sahr 2010: 183). Gleichwohl kann aber gerade diese Klassifikationsleistung für viele Untersuchungen gerade das Ziel sein. Um den verschiedenen Möglichkeiten gerecht zu werden und den Blick auch auf differenzierter interpretativ arbeitende qualitative Vorgehen zu lenken, soll ergänzend zur qualitativen Inhaltsanalyse auf die **Grounded Theory** als ein stärker den subjektiven Sinn rekonstruierendes Vorgehen der interpretativen Sozialforschung eingegangen werden (Rabinow/Sullivan 1987).

Viele qualitative Vorgehen funktionieren mit **Variationen** ähnlich wie die Grounded Theory oder die qualitative Inhaltsanalyse. Sie können aus Platzgründen maximal nur erwähnt werden. Als Möglichkeiten zur Datenauswertung qualitativen Materials zu nennen sind an dieser Stelle unter anderem die Deutungsmusteranalyse, die Objektive Hermeneutik (Oevermann 2001; Kleemann 2009), die Narrationsanalyse bzw. Konversationsanalyse, die dokumentarische Methode (Przyborski/Wohlrab-Sahr

---

28 Dadurch wird auch an die Vorstellung der Erhebung von Experteninterviews in Kapitel 4.6.2 angeschlossen.

2010: 183–309; Kleemann u. a. 2009; Bohnsack 2014; Bohnsack u. a. 2011) oder phänomenologische bzw. typologische Analysen (Mayring 1999: 81–106). Diese Vielfalt kann in einem Überblicksbuch nicht hinreichend gewürdigt und ausführlich behandelt werden. Für konkrete Anwendungen empfiehlt es sich auf tiefer gehende und diese Verfahren ausführlich beschreibende Referenzliteratur zurückzugreifen (Bohnsack u. a. 2011; Flick 2014; Kleemann u. a. 2009; Mayring 2010, 2015; Przyborski/Wohlrab-Sahr 2010).[29]

> **Interpretative Verfahrensvielfalt**
> Es gibt eine größere Zahl an Auswertungsvarianten in der qualitativen Sozialforschung, die für politikwissenschaftliche Fragestellungen geeignet sind. Zu nennen sind die Narrationsanalyse, die Grounded Theory, die Deutungsmusteranalyse, die dokumentarische Methode, die Diskursanalyse, das theoretische Codieren, die Konversationsanalyse, die Objektive Hermeneutik oder die hermeneutische Inhaltsanalyse. Trotz der Ähnlichkeit, auf in Textform überführte Interviews zurückzugreifen, nehmen sie unterschiedliche Zugänge in der Auswertung des vorliegenden Materials.

Egal welches qualitative Verfahren man sich aussucht, alle beziehen sich in der einen oder anderen Weise auf den wissenschaftstheoretischen Zugang der **Hermeneutik** und die Methode des Verstehens. Es geht um die **Rekonstruktion des Sinnes** von Handlungen. Typische Vorgehensweisen qualitativer Forschung sind in der hermeneutischen Spirale oder dem hermeneutischen Zirkel abgebildet (s. Kapitel 2.3). Darin wird der nicht linearen Ablauf qualitativer Forschung skizziert und bereits in Hinweis auf die stärkere Verwobenheit von Theorie und Praxis in der qualitativen Forschung gegeben. Darauf basierend haben sich, mit Differenzierungen im theoretischen und konzeptionellen Verständnis sowie hinsichtlich der Sinnrekonstruktion, die verschiedenen Zugänge qualitativer Forschung entwickelt. Der Bezug zur Hermeneutik wird vermutlich im Verfahren der **Objektiven Hermeneutik** am sichtbarsten. Speziell die Objektive Hermeneutik kennzeichnet ein wichtiges Perspektivziel, welches jede qualitative Forschungsanalyse mit der quantitativen Sozialforschung teilt, – verallgemeinerbare oder **intersubjektive Aussagen** bzw. Ableitungen treffen zu können. Dazu braucht es in der qualitativen Forschung eben keine Repräsentativität oder große Fallzahlen. Vielmehr ist es das Ziel, über eine theoretisch gesättigte Analyse der Mechanismen und Strukturen von Fällen übergreifende Aussagen bis Theorien formulieren zu können. „Die Zahl der zu erhebenden Fälle ist vom Gegenstandbereich und vom Typus der Untersuchung abhängig. Wesentlicher als eine konkrete Fallzahl ist die Frage der „theoretischen Sättigung". (Przyborski/Wohlrab-Sahr 2010: 182).

Was bedeutet dies praktisch? Dies bedeutet vor allem, es kommt bei einem qualitativ arbeitenden Forschungsdesign nicht darauf an, durch mehr Interviews ein Mehr

---

[29] Behnke u. a. (2010: 335–372) wählen ein vergleichbares, wenn auch etwas differentes Vorgehen, in dem sie versuchen zumindest vier Zugänge in der gebotenen Kürze vorzustellen. Dies sind die Grounded Theory, die Objektive Hermeneutik, die Diskursanalyse und die qualitative Inhaltsanalyse.

an relevanter Erklärung bereitzustellen – außer es wird dadurch die Variationsvielfalt der Kontrastfälle erhöht. Für **studentische Arbeiten** können drei bis vier gut gewählte Fälle vollkommen ausreichen. Entscheidend ist, dass sie einen inhaltlichen Erkenntnisgewinn liefern. Um über diese drei bis vier Interviews verfügen zu können, ist es meist sinnvoll, sechs bis sieben Interviews zu realisieren. Ähnliches gilt übrigens für die Informationsgewinnung durch Beobachtung oder Gruppeninterviews. Selbst wenn man nur eine oder zwei der Erhebungen stringent auswertet, ist es beruhigend, wenn man drei Beobachtungen oder Gruppendiskussionen durchzuführen anstrebt.[30] Manchmal merkt der Forscher erst wenn die Interviews realisiert sind, dass nicht alle die für die Bearbeitung der eigenen Fragestellung notwendigen Informationen in einzelnen Interviews enthalten sind. Dann ist er für alternatives Material, das ihm in der Interpretation weiterhilft, dankbar. Wofür man nicht mehr Interviews oder Texte benötigt, ist die Steigerung der Zahl ähnlicher oder gleicher Aussagen. Statt der absoluten Zahl der Interviews ist allein die **Möglichkeit zu Kontrastierungen** wichtig. Anhand ihrer kann man sich der begrenzten Reichweite der eigenen Untersuchung bewusst werden. Letzteres sollte sich in der eigenen Interpretation oder gar Theorieformulierung ausdrücken. Generell gilt: Man sollte über seine Interviews und ihre Erhebung reflektieren, den Interviews und den daraus gewonnenen Strukturen dann aber als Datengrundlage vertrauen, vorausgesetzt, man hat die Analyse fachgerecht und sauber durchgeführt.

Weniger ist mehr. Konzentrieren Sie sich für die qualitative Analyse auf wenige, aber gut begründet ausgewählte Fälle. Vertrauen Sie auf ihre Fälle, statt bemüht die Fallzahlen der Interviews oder Beobachtungen zu steigern. Wichtig ist es sinnvolle und erklärbare Kontrastfälle zur Verfügung zu haben.

Mit Blick auf die Objektive Hermeneutik wird auch ein Wahrnehmungsproblem – und gelegentlich echtes Problem – qualitativer Sozialforschung erkennbar. Oft unterliegen bestimmte qualitative Zugriffe dem Vorwurf, eher **Kunstlehren** zu sein, als nach nachvollziehbaren, verallgemeinerbaren und vor allem reproduzierbaren Prinzipien vorgehende intersubjektive Ergebnisse erzeugende wissenschaftliche Analyseverfahren. Diese Sicht ist dem Eindruck geschuldet, dass nur der Begründer des Ansatzes oder seine Schüler in der Lage sind, das Verfahren belastbar durchzuführen. Dieser Vorwurf konnte bislang nicht für alle qualitativen Auswertungszugänge vollständig aufgelöst werden. Allerdings wurden in den letzten Jahrzehnten vielfältige Bemühungen unternommen, eine solche Sicht auf qualitative Methoden zu überwinden. Generell sollte man hinsichtlich der **Erfordernisse qualitativer Auswertungsverfahren** sensitiv sein. So fordert – selbst wenn sie sinnvoll ist – eine Erhöhung der Fallzahlen recht

---

30 So erbringt nicht jeder Untersuchungsfall einen theoretischen und inhaltlichen Gewinn. Deswegen ist es immer angebracht, eine gewisse Auswahl zu haben und Rücksicherung für die eigene Arbeit bereitzustellen. Zudem kann man in qualitativen Forschungsvorhaben über den Wechselschritt zwischen Datenerhebung und Dateninterpretation Lücken schließen, sobald diese sichtbar werden.

schnell einen erhöhten Arbeitsaufwand. Benötigt die (notwendige) schriftliche Ausführung und Dokumentation der Schritte, die man in der qualitativen Inhaltsanalyse durchführt, sehr viel Zeit, so benötigen andere interpretative Verfahren durch den Einbezug zusätzlicher Interpreten oder Interpretationsgruppen zeitliche Ressourcen. Ein Beispiel: Das Verfahren der Objektiven Hermeneutik „erfordert nach Angaben seiner Anwender für eine Seite Protokoll(interpretation) 10 bis 15 Stunden Arbeit für drei bis sieben Mitarbeiter, die eine vierzig- bis sechzigseitige Interpretation zu liefern" (Oevermann 1979: 393 nach Kleemann u. a. 2009: 37). Selbst wenn dies vielleicht einen Extremfall eines besonders interpretationsaufwendigen qualitativen Analyseverfahrens darstellt, sind sowohl die Erhebung als auch die Transkription und die fachgerechte, methodisch saubere Analyse qualitativen Materials in ihrem Zusammenspiel alles andere als einfach – und sie sind alles andere als schnell umzusetzen. Vielmehr ist qualitative Sozialforschung und Auswertung **anspruchsvoll und aufwendig**. Die Annahme, dass man hier möglicherweise einen leichteren Weg wählen würde als in der statistischen Analyse ist entsprechend genauso falsch wie für Uneingeweihte gefährlich. Jeder Anwender, ob Student, Doktorand oder erfahrener Forscher sollte genau überlegen, welches Verfahren er in welchem Zeitraum für welche Fragestellung wie umsetzt. Anderenfalls kann es trotz interessanter Fragestellung und guten Willens zu einem Scheitern des angegangenen Projektes führen.

Sachgerechte qualitative Sozialforschung ist aufwendig und Ressourcenintensiv. Sie ist nicht geeignet als Wahl einer angeblich einfacheren Form der Sozialforschung gegenüber quantitativen Verfahren. Gehen Sie nicht davon aus mit einer Entscheidung für ein qualitatives Vorgehen Aufwand aus dem Weg zu gehen.

Noch ein Wort zum **Datenmaterial:** Es ist an dieser Stelle wichtig, sich vor Augen zu führen, dass die zu untersuchenden Daten **unterschiedlich entstanden** sein können. Zur Erinnerung: Ausgangspunkt jeder qualitativen Analyse sind **Texte**, die als Datenmaterial zu betrachten **sind** (siehe Kapitel 3.4). Folglich bezieht sich qualitative Auswertung auf feste Texte und Transkriptionen von Interviews, aber auch auf Beobachtungsprotokolle. Suggerieren viele der angesprochenen Verfahren eine Konzentration auf qualitative Interviews, so entspricht dies nicht durchweg der Realität. Selbst wenn aus fokussierten oder offenen Interviews gewonnene Transkripte einen großen Anteil an dem in der qualitativen Sozialforschung ausgewerteten Material ausmachen, wird auch eine große Bandbreite anderer Texte bearbeitet. Mit Blick auf die Inhaltsanalyse sind andere Textformen, zum Beispiel Texte aus Zeitungen, Radiosendungen, Fernsehaufnahmen, Parteiprogramme und Gesetzestexte als mindestens gleich bedeutsam zu erwähnen (z. B. Budge u. a. 2001).

Qualitative Interviews und interpretative Verfahren
Qualitative Interviews, ob leitfadenorientiert, fokussiert oder narrativ erhoben, werden auf systematische Weise mit entsprechenden einschlägigen Verfahren ausgewertet. Dabei werden Phasen der Da-

tenerhebung und der Datenauswertung weniger streng unterschieden als dies in den quantitativ und standardisiert arbeitenden Sozialwissenschaften der Fall ist. Im üblichen Verständnis wird zwischen verschiedenen interpretativen Verfahren ausgewählt, die über ein je eigenes Vorgehen mit einer eigenen inneren Logik verfügen. Das gewählte Vorgehen sollte dem Untersuchungsgegenstand angemessen sein. Ziel ist immer Sinnerschließung bzw. Rekonstruktion von Sinn und oft auch die Frage nach den Mechanismen, die für bestimmtes Verhalten oder bestimmte Diskurse verantwortlich sind.

Technische Hilfsprogramme wie zum Beispiel MaxQda, WinMax oder ATLAS/ti erleichtern die Durchführung von Textanalysen (auch Kuckartz 2014). Sie können bei der Strukturierung und Dokumentation von Text weiterhelfen. Prinzipiell ist ihre Ausrichtung aber stärker auf ein quantifizierendes Verständnis des Zählens und Kombinierens von Wörtern gerichtet **(quantitativ-erklärendes Wissenschaftsverständnis)**. Gleichwohl können solche Auswertungsformen für qualitative Auswertungsstrategien als Ergänzung sinnvoll sein. So sind **überzufällige Kombinationen** von Aussagen genauso zu identifizieren, wie besonders häufig aufscheinende Begriffe in ausgewählten und untersuchten Medien oder Interviews. Wieder ist die Kontextualisierung und ggf. der Vergleich der überzufälligen Wörter nach bestimmten Kriterien wichtig. Am größten ist die Bedeutung technischer Hilfsprogramme für sekundäre Auswertungsverfahren wie Diskursanalysen oder Prozessanalysen. So wird gerne auf diese Programme als Hilfsmittel zur Veranschaulichung von Diskursen zurückgegriffen. Auch **Analysen von Textkorpi** (Korpusdatenanalysen) bedienen sich entsprechender Programme, entwachsen diesen aber in den letzten Jahren immer stärker aufgrund ihres zunehmenden Volumens. Dann benötigen sie eigenständige Programmierungsschritte und Routinen. Dies führt auch dazu, dass sie in Teilen ihren Weg in quantitative Auswertungsverfahren nehmen.

Zusammenfassend lässt sich festhalten, dass viele Auswertungsverfahren der qualitativen Sozialforschung einem wissenschaftstheoretischen und konzeptionellen Gedanken verbunden sind, der sie von anderen **Verfahren unterscheidet**. So besitzt die Objektive Hermeneutik wie die Grounded Theory einen spezifischen Zugang zu einer Thematik. Beide Verfahren gehen möglichst ohne Voreingenommenheit durch eine vorgeschaltete Theorie an ein soziale oder politisches Phänomen heran und lassen ihm so Raum, seine ganz spezifische Entfaltung zu erreichen. Dies kann in eine neue Theorieentwicklung münden. Gleiches gilt für die rekonstruktive Sozialforschung der dokumentarischen Methode (Bohnsack u. a. 2013). Sowohl für die dokumentarische Methode als auch für die Objektive Hermeneutik ist es besonders wichtig, die vorliegenden Texte im Team zu interpretieren. Andere Verfahren rücken die Narrativität oder die kommunikationstheoretische Perspektive des Analysierten stärker in das Zentrum der Analyse (Kleemann 2009: 64–110). Wieder andere Verfahren wenden sich dem Diskurs selbst als Thema zu. Entsprechend ist es immer sinnvoll, sich vor Beginn einer qualitativ angelegten Untersuchung genau zu überlegen, welcher Methodik und speziell Auswertungsmethodik man folgen möchte. Dies gilt insbesondere vor dem bereits angesprochenen Hintergrund, dass Auswertungsmethodik und Datenerhebung in der qualitativen Forschung enger miteinander verzahnt sind, als dies in der quantitativen Forschung der Fall ist. Berücksichtigen sollte man auch, ob das gewählte Auswertungsverfahren ein kooperatives ist, wie zum Beispiel die Deutungsmusteranalyse oder die Objektive Hermeneutik. Dann gilt es, die gemeinsame Auswertung zu organisieren, werden die Interpretationen doch in und von einer Gruppe vorgenommen.

5.4.2 Die qualitative Inhaltanalyse und ihre Kernprinzipien

Die qualitative Inhaltsanalyse kann als eine der beliebtesten und die vielleicht grundsätzlichste Form qualitativer Auswertungen von sozialwissenschaftlichem Material angesehen werden. Sie stellt das Grundgerüst einer Arbeit mit Texten dar und ist in der Anwendung sehr vielfältig. Die qualitative Inhaltsanalyse kann genauso für die Analyse von unterschiedlichen Dokumenten (Zeitungstexte, Parteiprogramme etc.) verwendet werden wie für die Analyse der Niederschriften von Interviews. Ihre Grundlagendaten können sowohl leitfadengestützt als auch über narrative Verfahren erhoben werden. Kernziel der qualitativen Inhaltsanalyse ist ein **theorie- und regelgeleitetes** Textverstehen und Textinterpretieren. Die qualitative Inhaltsanalyse ist systematisch-analytisch ausgerichtet und orientiert sich am **kommunikationswissenschaftlichen** Grundmodell, das Kommunikation in Sender, Inhalt und Empfänger unterteilt. Sie analysiert ihr Material nicht isoliert, sondern als Teil des Kommunikationsprozesses und hat diesen zum Gegenstand (Mayring 2015: 12–13; auch Kuckartz 2014). Die Frage ist: Was sagt wer zu wem mit welchem Effekt? Entsprechend wird das Material überwiegend nicht isoliert von den Akteuren, die es produzieren, wahrgenommen. Die Inhalte werden also in strengerer oder leichterer Form immer kontextualisiert betrachtet, was nicht die zentrale Stellung des geschriebenen Textes untergräbt. Es wird eine **kontrollierte, systematisierte Stichprobe** von Personen interviewt. Diese werden sorgfältig mit Bezug zum Thema ausgewählt. Hintergrund ist die Unmöglichkeit einer breiten Bevölkerungsrepräsentation, wie sie Zufallsstichproben ermöglichen. Dies ist Forschern, die die qualitative Inhaltsanalyse verwenden, bewusst. Sie verlassen sich auf ihr Design, eine systematische Analyse der vorliegenden Texte und auf die Aufdeckung latenter Sinnzusammenhänge im Material.

Damit ist ein Kern des **Verständnisses der qualitativen Inhaltsanalyse** angesprochen: Die Inhaltsanalyse verläuft nach festen Regel und steht in klarer Abgrenzung zu einer „impressionistischen Ausdeutung des zu analysierenden Materials" (Mayring 2015: 12). Wie bei quantitativen Vorgehen ist es das Ziel, eine intersubjektive Nachvollziehbarkeit und Nachprüfbarkeit der Ergebnisse zu gewährleisten, dabei aber die Handlungsmotive des Befragten zu **verstehen** (siehe hierzu Kapitel 3.4). Früh (2011) definiert die qualitative Inhaltsanalyse als „empirische Methode zur systematischen, intersubjektiv nachvollziehbaren Beschreibung inhaltlicher und formaler

Merkmale von Mitteilungen". Damit unterscheidet sie sich von stärker interpretativen oder rekonstruktiven Verfahren, ist doch – wie in der quantitativen Analyse – eine **Theorie** oder ein theoretischer Ansatz als Ausgangspunkt und Leitlinie für eine qualitative Inhaltsanalyse nachdrücklich empfohlen.[31]

Qualitative Inhaltsanalyse bedeutet ein regelgeleitetes Verfahren zur Auswertung von Text und dessen Interpretation. Vermeiden Sie die unreflektierte Übernahme der Meinungen der Interviewten und bilden Sie sich selbst anhand dieser Regeln ein überindividuelles Urteil.

Das grundsätzliche Problem der Inhaltsanalyse ist das **Bedeutungsproblem**. So ist es mitunter schwierig, die erhaltene Information korrekt zu entschlüsseln und angemessen zu interpretieren. Texte differieren hinsichtlich der Kulturspezifika, innerhalb derer sie entstanden sind, und hinsichtlich der Intention der Verfasser und Produzenten. Verständnisprobleme und die Fehlinterpretation des vorliegenden Textes sind also nicht auszuschließen. Zudem kann es sein, dass man nur über unzureichende Information über den Empfänger verfügt oder gar die Validität des Kategoriensystems zur Verdichtung der Aussagen (Intercoderreliabilität) nicht gewährleistet ist. Diese **Problematik interkultureller Differenzen** findet sich allerdings auch in der standardisierten Umfrageforschung. Aufgrund der größeren Nähe des Interviewers zu den Ergebnissen der Interviews und der Begrenztheit im Umfang ist allerdings die Relevanz solcher Abweichungen für qualitative Interviews höher einzuschätzen. Es handelt sich um eine Schwierigkeit, die allen interpretativ arbeitenden Verfahren immanent ist und nicht behoben, sondern nur so gut wie möglich durch Informationen und Kontextualisierung eingebettet werden kann.

Qualitative Inhaltsanalyse
Die qualitative Inhaltsanalyse dient der Rekonstruktion von Sinngehalten in vorliegenden Texten. Sie ist ein theorie- und regelgeleitetes Verfahren der Textinterpretation und des Textverstehens. Dabei werden neben vorliegenden Textarten Interviewtranskripte als Texte verwendet und analysiert. Ziel ist es, nicht durch quantitative Aussagen Belege zu führen, sondern durch die Herausarbeitung der im Untersuchungsfall steckenden Logiken und Mechanismen. Die qualitative Inhaltsanalyse kann dabei auch für andere Textarten verwendet werden und besitzt ihre Stärken in der Dokumenten- wie auch Medienanalyse.

Ein in der Politikwissenschaft besonders interessanter, weil häufiger Fall, in dem qualitative Inhaltsanalysen zur Anwendung kommen (können), sind **Experteninterviews**. Sie unterscheiden sich hinsichtlich ihrer Zielgruppe von den in der Soziologie eher gebräuchlichen Interviews von Probanden zur Abbildung einer bestimmten Problemstellung aus der Bevölkerung. Gerade in den Fachbereichen der Internationalen

---

[31] Eine explizite und detaillierte Einführung in das Vorgehen der qualitativen Inhaltsanalyse gibt Mayring (2015).

Beziehungen, aber auch der Policy- oder Governance-Analyse finden sie breite Anwendung. Mehr noch als generell bei qualitativen Interviews ist hier auf eine häufig zu geringe methodische Absicherung der durchgeführten Experteninterviews hinzuweisen (Bogner 2014). Einfach gesagt: Es werden **die Äußerungen der sogenannten Experten relativ reflexionsfrei als wahre Aussagen genommen**. Dies ist noch akzeptabel, werden sie als persönliche Äußerungen über die eigene Person oder als deren (biografisch bedingter) Ausdruck behandelt. Es wird allerdings problematisch, wenn sie seitens des Forschers als objektiv abgesicherte Tatsachenbeschreibungen interpretiert werden. Die Aussage eines Bundesministers über unproblematische Beziehungen mit einem Nachbarland sollten zumindest hinterfragt werden, bevor man daraus den Schluss zieht, dass dem wirklich so ist. Eine Belastbarkeit des Ergebnisses kann allein über die methodische Logik, die prozedurale Vorgehensweisen der qualitativen Inhaltsanalyse und eine belastbare Kontextualisierung erreicht werden.

Was ist der Ausgangspunkt für eine **Auswertung eines qualitativen Interviews** und wie führt man es am besten durch? Wie in Kapitel 4.6 werden wir das Vorgehen stark auf Experteninterviews ausrichten. Als Abschluss der Erhebung haben wir die Daten in Form transkribierter Texte vorliegen mit denen nun umzugehen ist. Die klassische Form der Auswertung von Texten mit inhaltlicher Zielrichtung ist die angesprochene **qualitative Inhaltsanalyse**. Wie generell bei qualitativen Vorgehen ist der Ablauf an die jeweilige Fragestellung und das Material anzupassen. Flick (1999: 196, 2014) unterscheidet die Auswertungsstrategien a. nach der **Codierung** des Materials mit dem Ziel der Kategorisierung und b. nach der angestrebten Theoriebildung. Als Vorgehen nennt er:

1. das **theoretische Codieren** (um eine gegenstandsbezogene Theorie zu begründen, mit den drei Schritten offenes, axiales und selektives Codieren, d. h. der Text wird in einzelne Bestandteile zerlegt, die dann mit Codes belegt und zu Gruppen zusammengeführt werden),
2. das **thematische Codieren** (zum Vergleich von Untersuchungsgruppen),
3. die qualitative Inhaltsanalyse (mit Verwendung von Kategorien),
4. die **Globalauswertung** (zur schnellen und überblicksartigen Behandlung des Textes).

Ähnlich differenziert Mayring (2015) in seinem Standardwerk zur qualitativen Inhaltsanalyse. Er ordnet die Grundformen des Interpretierens in drei Großbereiche: 1. die Zusammenfassung, 2. die Strukturierung, 3. die Explikation. Unter diesen Prämissen können verschiedene einzelne Schritte durchgeführt werden. Alle drei Verfahren sind auch zu kombinieren. In der **Zusammenfassung** ist es das Ziel, das Material zu reduzieren und einen überblickbaren Korpus zu schaffen. Es wird eine Materialverdichtung erreicht, die eine begrenzte Hilfe für Interpretation und für Aussagen zur Theorie bereitstellt. In der **Strukturierung** werden bestimmte Aspekte aus dem Material herausgearbeitet und isoliert. Ziel ist es, einen Querschnitt des Materials zu bekommen und es aufgrund (am besten vorher) bestimmter Kriterien einschätzen zu können. Die **Explikation** ist die Phase, in der zusätzliches Material neben dem Text zur Verständniserweiterung und für die Interpretation herangezogen wird (Mayring 2015: 67). Alle drei Vorgehen können in ihrem Ablauf, eingedenk der angesprochenen Daten- und Fragestellungsangepasstheit, in ähnlicher Weise strukturiert und auch kombiniert werden (Mayring 2015: 62–64). Je nachdem, wie weit man seine Analyse treiben möchte und aus Ressourcengründen betreiben kann, unterscheidet sich der Ertrag der Analysen. Die Zusammenfassung schont die Ressourcen am stärksten. Der in Kapitel 5.4.3 dargestellte potenzielle Ablaufplan ist entsprechend dem breitesten Zugang, dem einer Strukturierung, angelegt. Dieser Ablauf kann zu eigenen Zwecken und je nach Aufgabenstellung variiert und reduziert werden.

5.4.3 Die qualitative Inhaltanalyse – potenzieller Ablaufplan

Zuerst erfolgt eine **Reflexion der Fragestellung** mit Bezug auf die zugrunde liegenden **theoretischen Grundannahmen,** an die sich die Auswahl der konkret zu behandelnden Untersuchungseinheiten anschließt. Hier wird deutlich, dass es sich bei der qualitativen Inhaltsanalyse um ein theoriegeleitetes Vorgehen handelt. Ausgewählt werden Texte, also mit Blick auf Interviews vorliegende Transkriptionen, die zur Analyse der zu beantwortenden Fragestellung am besten geeignet sind. Dabei ist die Entscheidung zu treffen, welche der im Erhebungsprozess durchgeführten Interviews man in die Analyse einbezieht. Diese Entscheidung kann im Ablauf der Analyse revidiert werden. Es ist immer sinnvoll, einen Blick in alle Transkripte zu werfen, um ggf. später noch einmal darauf zurückgreifen zu können. Wie stark man sich mit dem Material beschäftigt ist, hängt auch davon ab, wie viel Zeit dem Forscher zur Verfügung steht. Befragt man zum Beispiel Aktivisten der globalisierungskritischen Bewegungen, muss man über die **Passförmigkeit** von Befragten und die Zielstellung der Befragung nachdenken. Noch stärker gilt dies bei Expertenbefragungen, die ja nur dann sinnvoll sind, wenn sie den richtigen Experten identifiziert haben – und sich äußert (siehe Kapitel 4.6.2).

Die **Festlegung des Untersuchungsmaterials** und die **Bestimmung der Analyseeinheiten** sollte man zur besseren Nachvollziehbarkeit für spätere Rezipienten klar und verständlich begründen. Die entstehenden Analyseeinheiten sind **Codiereinheiten**. Sie kennzeichnen den minimalen Textteil, der unter eine Kategorie fällt. Ihr Gegenpol sind **Kontexteinheiten**: Sie umschreiben den größten Textteil, der unter eine Kategorie fallen darf. In der Bestimmung der konkreten Auswertungseinheiten wird festgelegt, welche Textteile jeweils nacheinander ausgewertet werden (Mayring 2015: 61). Diese Festlegung ist alles andere als profan. Bei umfangreichen Texten ist bereits zu diesem Zeitpunkt aus pragmatischen Gründen eine erhebliche Selektion der Textpassagen notwendig. Wird keine Selektion vorgenommen, besteht die Gefahr, am Material zu ersticken. Als Auswahlkriterium für die Textpassagen gelten die Forschungsfrage und die der Studie zugrunde liegende Theorie. Ebenfalls zu den ersten Arbeiten einer qualitativen Inhaltsanalyse gehört eine kurze **Analyse der Entstehungssituation** des Textmaterials und des Textkorpus. Diese sollte man zeitnah zum Interview verschriftlichen, damit es nicht zu Verzerrungen in der Rückerinnerung kommt. Dafür sind während des Interviews **verfasste Mitschriften** und Notizen (auch in Form von **Memos**) hilfreich. Sie geben später einen Einblick in die Ordnung des Materials und helfen, Fehlinterpretationen zu vermeiden. Die Mitschriften sollten eine Nachbetrachtung des Interviewverlaufs, eine kurze Beschreibung des Interviewpartners (Sozialstruktur, soziale Position, politische Ausrichtung) sowie Aussagen zur gesellschaftlichen Rahmensituation, in der das Interview geführt wurde, enthalten.

Man sollte sich immer dessen gewahr sein: Oft ist es eine große Menge an Material, die vom Forscher oder vom Forschungsteam zu bearbeiten ist, weshalb genügend Zeit für die Analyse einzuplanen ist. Qualitative Inhaltsanalysen erfordern in der Regel aufgrund der Materialbreite und Materialdichte einen **hohen Auswertungsaufwand**. Forscher sollten sich dies gleich zu Beginn ihrer Überlegungen bewusst machen. An dieser Stelle ist es sinnvoll, die Auswahl der Menge des zu bearbeitenden Materials, theoriegeleitet, selektiv und sorgsam vorzunehmen. Überfordert man sich, leiden die Ergebnisse eher, als dass sie von der Materialfülle profitieren. Es gilt: Weniger ist mehr!

⚡ Berücksichtigen Sie, dass die qualitative Inhaltsanalyse bei anwachsendem Material einen sehr hohen Auswertungsaufwand nach sich ziehen kann und begrenzen Sie Ihr Material frühzeitig sinnvoll und theoriegeleitet. Weniger ist mehr!

Ebenfalls in einem früheren Stadium der Arbeit ist eine Entscheidung für die anzuwendende **Analysetechnik** zu treffen. Folgen wir dem Konzept von Mayring (2015), stehen die Vorgehen der Zusammenfassung, welche sich besonders gut zur systematischen Analyse vollständiger Texte eignen, die Explikation als auf einzelne Bestandteile des Interviews oder des Untersuchungstexts bezogene Vorgehensform und die für größere Texte zu empfehlende Strukturierung zur Verfügung. Letztere stellt das Korsett der qualitativen Analyse des Experteninterviews dar. Sie zielt auf eine Detailanalyse von nach inhaltlichen Aspekten ausgewählten Textpassagen. Dazu ist eine vorab festzulegende **Bestimmung der Dimensionen** der Analyse hilfreich. Sie wird durch die Fragestellung und die theoretischen Vorüberlegungen geleitet. In dieser Phase der Auswertung legt der Forscher oder das Forschungsteam fest, wie tief er in das erhobene Material eindringen möchte. Das heißt, er bestimmt, bis zu welchem **Abstraktionsniveau** oder Generalisierungsgrad die Analyse vorgenommen werden soll. Die angestrebten **Generalisierungsgrade** können je nach Zeit und Arbeitskapazität der Forscher unterschiedlich abstrakt sein – wichtig ist ihre Angemessenheit hinsichtlich der Beantwortung der Forschungsfrage. In Abhängigkeit von der gewählten Auswertungsmethode kann eine vollständige Strukturierung durchgeführt werden. Weit häufiger ist aber im Rahmen einer inhaltlich ausgerichteten **Themenanalyse** eine selektive Codierung bzw. Konzentration auf die Strategie der Zusammenfassung nach Mayring (2015) anzutreffen. Da beide Vorgehen im Vorgang der Codierung enden, seien zuerst die Schritte der Variante „Strukturierung" dargestellt.

Die in der Strukturierung angestrebte Verallgemeinerung erfordert eine **Ordnung des Textes**. Dies geschieht in chronologischen Sequenzen, die den Ablauf des Textes wiedergeben. Die **Sequenzen** werden als eigenständige Abschnitte klassifiziert (z. B. Einstiegsphase als Sequenz 1, Inhaltsblock zum ersten Themenabschnitt als Sequenz 2 usw.) und markiert. Dem liegt eine eindeutige Zuordnung in der Transkription zugrunde. Dieses Vorgehen ermöglicht die weitere Bearbeitung des Gesamttexts über klar abgegrenzte Abschnitte. Nach diesem Schritt erfolgt eine **Paraphrasierung** (sprachliche Verallgemeinerung) des Textes und Zusammenführung zu **Generalisierungen**. Dabei sollte idealerweise der gesamte Untersuchungstext bzw. das, was man in seiner Selektion zum Untersuchungstext gemacht hat, in den Paraphrasen enthalten sein. Dieser Schritt dient zur Textreduktion und kann als Kern des Vorgehens der **Zusammenfassung** angesehen werden. Tabelle 5.21 zeigt an einem Beispiel, wie ein entsprechendes Vorgehen der Textkonzentration auf dem Weg über Paraphrasierung, Generalisierung und weiterer Reduktion gestaltet sein kann.

Tab. 5.21: Erster Durchgang Zusammenfassung am Beispiel „Politikerverdrossenheit" (eigene Zusammenstellung; siehe zu ausführlichem Beispiel Mayring 2015: 73–84).

Fall	S.	Nr.	Paraphrase	Generalisierung	Reduktion
A	15	1	Politikern kann man in Finanzsachen nicht trauen.	Misstrauen Politikern	
A	15	2	Jeder in der Politik macht was er will.	Misstrauen Politiker	
A	16	3	Ich weiß gar nicht, was das alles bedeuten soll.	Unsicherheit/Unwissen	Nichtpartizipation an Politik als Folge von Politikerverdrossenheit
A	16	4	Ich gehe nicht mehr wählen.	Nichtwahl	
A	17	5	Unterschriften gebe ich auch nicht her.	Nichtpartizipation	
B	17	6	Ich habe keine guten Erfahrungen mit Verwaltung gemacht.	schlechte Erfahrungen	
B	17	7	Politiker und Verwaltung sind genauso unzuverlässig.	Misstrauen Politiker und Verwaltung	
B	18	8	Ich habe keine Lust mehr auf Politik.	Nichtpartizipation	

Bei der **Paraphrasierung** folgt man in der Regel der Chronologie des Gesprächsverlaufs. Diese Zerlegung des Textes in inhaltliche Einzelteile und deren **Codierung** stellen – wie bei der Grounded Theory – die zentrale Grundlage für die angestrebte Verdichtung des Materials dar. Die Paraphrasen spiegeln die inhaltlichen Bestandteile eines Textes wider. Sie werden in einem nächsten Schritt in abstraktere **Generalisierungen** überführt. Hier kann man erste Überschneidungen zwischen Textpassagen erkennen. Das generalisierte Textmaterial wird weiter gebündelt und entweder systematisch verdichtet (erste Phase der Zusammenfassung) oder durch eine selektive Auswahl der für das Thema interessanten Generalisierungen reduziert und dann verdichtet. Dabei beginnt man die chronologisch geordneten Textsequenzen in inhaltlich geordnete Sinnsequenzen umzuordnen. Die ausgewählten Sinnsequenzen mit den ihnen zugeordneten Generalisierungen münden in übergreifende Kernaussagen zum Thema. Hat man im Vorfeld der Erhebung bzw. der Analyse bereits ein **Codiersystem** entwickelt, erfolgt an dieser Stelle die inhaltliche Definition der Ausprägungen – das heißt, die Erklärungen zu bestimmten Aussagen werden den identifizierten Textstellen und Sinnsequenzen zugeordnet. Diese können in einem späteren Stadium bei einer weiteren Konzentration (Operationalisierung) Teilquantifikationen der Kategorien für eine quantitative Analyse zulassen (vgl. Kuckartz 2014). Wenn noch keine Vorüberlegungen zu einem Codiersystem angestellt wurden, dann sind an dieser Stelle ein **Codierschema** und ein **Codierleitfaden** festzulegen, der das Vorgehen nachprüfbar und nachvollziehbar für spätere Rezipienten macht.

Abweichend von diesem zeit- und arbeitsaufwändigerem Weg der Herausarbeitung von Kategorien, kann der Forscher oder die Gruppe von Forschern bereits im Anschluss an die Bestimmung der Analysetechnik **Kategoriensysteme** zur systematischen Zusammenführung der Einzelergebnisse bestimmen. Diese ermöglichen eine weitere Reduktion des Textmaterials und tragen zu einer frühzeitigen **inhaltlichen Fokussierung** bei. Die ausgewählten Kategorien sind die Grundlage für den späteren Textdurchlauf. Aus forschungspragmatischen Gründen erfolgt eine Selektion der zu bearbeitenden Fragestellungen, da es kaum möglich ist, allen Fragestellungen gleichzeitig in ähnlichem Umfang nachzugehen. Wichtig ist, zu bestimmen, welche Formulierungen, Wörter oder Textpassagen zu einer Kategorie zu zählen sind. Ebenfalls wichtig ist, sich dessen bewusst zu sein, dass nicht berücksichtigte Textpassagen übrig bleiben und die späteren Aussagen in ihrer Reichweite gut durchdacht und dem ausgewählten Material angemessen formuliert sein sollten. Hier unterscheidet sich dieses vereinfachte Vorgehen „Zusammenfassung" von der besprochenen Strukturierung, die ihre Kategorien aus dem Text und dessen Sequenzen ermittelt.

Codierung und Codierschema
Der Festlegung und Bestätigung eines einheitlichen Codierschemas kommt in der qualitativen Inhaltsanalyse eine zentrale Bedeutung zu. Das Codierschema dient in der Folge als Legitimation der erzielten Ergebnisse und als Indikator für die fachgerechte und strukturierte Analyse des bearbeiteten Textmaterials. Es sollte begründet und transparent in der Niederschrift dargelegt sein.

Diese Schritte beinhalten nun noch keine endgültigen Entscheidungen über die Zuweisung inhaltlicher Interpretation zum Textmaterial. Die qualitative Inhaltsanalyse ist, anders als der hier geordnet dargestellte Ablauf, kein vollständig linear vorgehendes Verfahren. Speziell das Codierschema kann nach dem Gewinn erster Erkenntnisse **Revisionen** unterliegen. So kann sich das anfängliche Codierschema nach den ersten Codierungen als unzureichend erweisen. Im Sinne des hermeutischen Zirkels geht der Forscher im Analyseverlauf dann einen Schritt zurück. Zwei Möglichkeiten sind gegeben: Er kann mit **Probecodierungen** einer Stichprobe der Texte und Interviews arbeiten oder einfach mit den ersten Interviews beginnen und daraus lernen. Mayring (2015: 86) schlägt im zweiten Fall eine Größe von 10 % bis 50 % des Materials als Orientierungslinie für den Zeitpunkt der Revision der Kategorien vor. Im Rahmen der Revision werden Kategorien gestrichen, ergänzt oder die Definitionen präzisiert. Gegebenenfalls finden sich schon erste Ankerbeispiele für die spätere Anreicherung der Analyse mit verständlichen Beispielen.

In einem Textdurchlauf werden Synonyme oder Textpassagen identifiziert und den Kategorien zugeordnet (siehe Abbildung 5.2). An dieser Stelle kommt es zu einer Zusammenführung der grundsätzlichen theoretischen Interessen mit dem Material. Diese Phase kann als **theoriegeleitete Zusammenfassung** bezeichnet werden. Dabei gilt es, die Kategorien mit Bedeutungen zu belegen, sodass einerseits die Zuordnung von Textpassagen klar und nachvollziehbar erfolgen kann sowie der **theoretische Fokus der Kategorie** erkennbar ist. Also können Aussagen zur Politikerverdrossenheit gebündelt und mit passenden Beispielen belegt werden. Gleiches gilt für Aussagen, die verdeutlichen, dass es sich nicht um eine breitere Politikverdrossenheit insgesamt handelt. Diese Kategorisierung erleichtert eine weitere, vergleichende Vorgehensweise. Ebenfalls im Rahmen dieser Zusammenfassung ist es nun möglich, zwischen vorliegenden Kategorien auszuwählen und eventuell Streichungen vorzunehmen. Beides dient einer weiteren **Bündelung** des Materials

Um die verdichteten Aussagen, die nun eine umfassendere Gültigkeit beanspruchen, tragfähig und für den Rezipienten verständlich zu gestalten, werden **Ankeraussagen** (Aussagen, die beispielhaften Charakter für die generalisierten Kernaussagen besitzen und diese besonders plastisch abbilden) identifiziert und den Antwortdimensionen (Kernaussagen über zusammengefasste Sinnsequenzen) zugeordnet. Die Ankeraussagen sind typische Aussagesequenzen für eine Generalisierung. Bei einem weiteren Materialdurchlauf werden im Transkriptionstext des Interviews die Fundstellen vermerkt und weitere Beispiele für Korrespondenzen und Erklärungen herausgearbeitet. Dann erfolgt eine erneute Überprüfung und **Revision** der gebildeten Dimensionen, ggf. eine **Überprüfung und Anpassung** des eingangs erstellten Codiersystems sowie eine letzte Reduktion des Materials durch die Streichung weniger bedeutender Aussagen. Die Ankeraussagen und Ankerbeispiele verbinden nun auch die Verallgemeinerungen, die man in den Kategorien vorgenommen hat, wieder stärker mit dem Bezugstext.

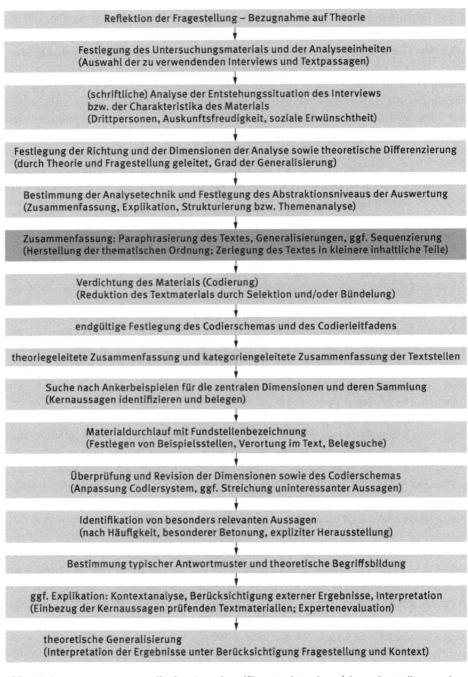

Abb. 5.2: Auswertungsraster qualitativer Interviews/(Experteninterviews (eigene Darstellung nach Mayring 1999: 55–89; 2015: 61–108; vgl. Pickel/Pickel 2003: 303).

Alle Schritte der qualitativen Inhaltsanalyse dienen der Reduktion von Material und der Konzentration des Materials für eine kompakte Interpretation. Wissenschaft ist Erkenntnisreduktion und Erkenntniskonzentration.

Bereits die im Text verankerten Grundaussagen werden durch **Kontextanalysen** bestätigt oder kontrastiert. Die Kontextanalysen sind entweder enger gefasst und beziehen sich auf andere im Text stehende Stellen (engere Kontextanalyse) oder sie berücksichtigen die Prüfung alternativer Texte, z. B. anderer Experteninterviews (weitere Kontextanalyse). Dabei werden die einfachen Aussagemuster zu komplexeren Erklärungszusammenhängen verbunden (z. B. die Erkenntnis, dass fast alle Argumentationen zur Wirtschaftspolitik letztendlich auf eine Differenzierung der Wirtschaftsbereiche hinauslaufen). Darüber hinaus können externe Ergebnisse anderer Untersuchungen und alternative Materialien (Statistiken, Textdokumente wie Verfassungen und Parteiprogramme) als Hilfen für die endgültige Interpretation herangezogen werden. Sie helfen dem Forscher, selektive Ergebnisse zu vermeiden, die alleine einem beengten Sichtkreis des Forschers geschuldet sind. Speziell wenn Textstellen nicht vollständig aus sich heraus interpretierbar sind, benötigt man dieses zusätzliche Material. Diese Phase innerhalb der qualitativen Inhaltsanalyse wird als **Explikation** bezeichnet. Hervorzuheben ist: Die Explikation arbeitet in gewisser Hinsicht spiegelverkehrt zu den bisherigen Verdichtungsbemühungen (ausführlich Mayring 2015: 90–97). Eine wichtige Rolle spielt in der Explikation die lexikalischgrammatikalische Definition der Kategorien.

Kernprämissen der qualitativen Inhaltsanalyse
Ziel der Auswertung qualitativer Inhalte liegen in den Schritten der Bestimmung der Analyseeinheiten, Festlegung eines Kategoriensystems zur Codierung, der Codierung, der Zusammenfassung der Ergebnisse sowie deren inhaltlicher (und theoriegeleiteter oder theoriegenerierender) Strukturierung. Sowohl Effekte aufgrund sozialer Kontexte als auch aufgrund der Person des Interviewten sind in der Interpretation zu berücksichtigen.

Neben dieser Kontexteinbindung ist zudem die **Person des Interviewten** oder im Experteninterview des Experten zu würdigen. Es gilt dessen Position, berufliche Stellung, parteipolitische Stellung und subjektive Haltung zum Thema bei der Interpretation des Textes zu berücksichtigen. Man sollte auf eine Beschreibung über den Interviewten, die man vor und/oder nach dem Interview angelegt hat, zurückgreifen. Die Einschätzung der Politikerverdrossenheit wird vermutlich unter verschiedenen Experten variieren. So dürfte ein Gewerkschaftsführer eine andere Position zum Thema einnehmen als der Vorsitzende des Arbeitgeberverbands oder eine externer Wissenschaftler. Gerade Politiker dürften zurückhaltender in der Akzeptanz der Annahme einer Politikerverdrossenheit sein, da sie dahingehend keine einschlägigen persönlichen Erfahrungen gemacht haben. Diese Urteile und Positionen muss der Forscher berücksichtigen, will er für eine vergleichende Analyse ein möglichst hohes Maß an Intersubjektivität erhalten.

Auf die Kernaussagen der eigenen Analyse und die externen Ergebnisse aufbauend, kann eine **theoretische Generalisierung** durch die Reflexion der Endaussagen geleistet werden. Diese beinhaltet die Interpretation der Ergebnisse der Interview- bzw. Textauswertung unter Berücksichtigung der Fragestellung. Damit ist der **Interpretationsvorgang abgeschlossen**. Das Resultat der Analysen wird in einen Artikel oder Forschungsbericht bzw. eine wissenschaftliche Abschlussarbeit übertragen. Die Niederschrift sollte unbedingt in der Interpretation **Verweise auf die konkreten Textstellen**, die Transkription der entscheidenden Textsequenzen (am besten ist vollständig, ggf. im Anhang der Arbeit oder auf CD-ROM) und eine Einordnung der Interviews hinsichtlich der wissenschaftlichen Belastbarkeit (Glaubwürdigkeit, Passförmigkeit des Experten) beinhalten.

Jede Abschlussarbeit sollte die vollständigen Transkripte oder Untersuchungstexte beinhalten sowie das Kategoriensystem und Codierschema. Fügen Sie diese Materialien entweder in Form eines Anhangs an den Text an oder legen Sie Ihrer Arbeit die Transkriptionen auf CD-ROM bei.

Die qualitative Inhaltsanalyse ist ein Vorgehen, das **strukturiert** mit jeder Form von Texten umzugehen versteht. Aufgrund dieser klaren Strukturierung empfiehlt sie sich auch für studentische Arbeiten. Gleichzeitig hat die qualitative Inhaltsanalyse, speziell aus dem Blickwinkel qualitativ arbeitender Forscher, das Manko, dass sie im ersten Zugriff relativ **schematisch** daherkommt. Hier ist eine gewisse Flexibilisierung in der Anwendung zu empfehlen, ohne allerdings die strukturellen Auswertungslinien aufzugeben. Die qualitative Inhaltsanalyse bietet sich aufgrund der Schemata und Leitlinien als Analyseverfahren gerade für nicht so erfahrene Forscher und Studierende, die Projekt- oder Abschlussarbeiten verfassen, an. Die Ergebnisse können **nachvollziehbar** und auf Basis einer systematischen Anleitung produziert werden. Um textuelle Sinnsequenzen zu identifizieren, kann es für Forscher, deren Zeit und Ressourcen begrenzt sind, sinnvoll sein, kein volles Verfahren der Strukturierung zu durchlaufen und sich auf Explikation und Zusammenfassung zu konzentrieren – oder gröbere Kategorien bzw. weniger Material für die Strukturierung zu verwenden. Insgesamt gilt für die qualitative Inhaltsanalyse: Selbst wenn sie kein reines Vorgehen der Sinnrekonstruktion darstellt, sind die mit ihr erzielten methodisch abgesicherten **Erkenntnisgewinne** hinsichtlich unterschiedlichen Textmaterials kaum zu unterschätzen. Die Praxis zeigt, dass sich vor allem der hohe Strukturierungsgrad der qualitativen Inhaltsanalyse für Studierende als hilfreich erweist. Diese Strukturierung bietet viele klare und verständliche Orientierungspunkte für die konkrete Auswertung vorliegenden Textmaterials.

5.4.4 Grounded Theory als Beispiel für ein rekonstruktives Verfahren

Die bisherige Konzentration auf die qualitative Inhaltsanalyse bedeutet nicht, dass nicht auch andere Zugänge der qualitativen Auswertung ebenfalls sinn- und gehaltvoll für politikwissenschaftliche Analysen sind. Die Skepsis bezüglich der Leistungskraft der qualitativen Inhaltsanalyse hinsichtlich der **Rekonstruktion von Sinn** wurde bereits zum Ausdruck gebracht. Dieser Anspruch qualitativer Sozialforschung wird durch alternative qualitative Verfahren besser erfüllt. Sowohl die dokumentarische Methode, die Objektive Hermeneutik als auch die Grounded Theory sind an dieser Stelle zu nennen (Glaser/Strauss 1967, 2010; Glaser 1978). Damit verbunden sind natürlich auch höhere Anforderungen und Ansprüche an den Forscher. Die verschiedenen qualitativen Auswertungsverfahren differieren dabei nur in einem begrenzten Rahmen, was ihre wissenschaftstheoretische Ausrichtung und ihre konzeptionellen Gedanken angeht. Sie führen im Durchführungsfall jeweils zu Unterschieden in der Umsetzung und Ausrichtung. Die Objektive Hermeneutik stellt primär den strukturbildenden, verallgemeinernden Charakter von Erzählungen heraus, der erst durch gemeinsame sequenzielle Interpretation herausgefiltert werden kann. Die Grounded Theory fokussiert durch eine vorgeschaltete Theorie auf die Vermeidung der **Voreingenommenheit**. Gleiches gilt für die rekonstruktive Sozialforschung der dokumentarischen Methode. Für diese ist es – wie auch für die Objektive Hermeneutik – besonders wichtig, Texte im Team – also gemeinsam – zu interpretieren. Dadurch soll der Subjektivität der Interpretation Einhalt geboten werden. Andere Auswertungsverfahren der qualitativen Sozialforschung rücken wiederum die Narrativität oder die kommunikationstheoretische Perspektive des Analysierten in das Zentrum. Rücken wir an dieser Stelle die Sinnrekonstruktion in den Vordergrund und berücksichtigen den derzeitigen Verbreitungsgrad von qualitativen Verfahren, empfiehlt sich als Beispiel für ein strenger auf Rekonstruktion ausgerichtetes qualitatives Vorgehen die Grounded Theory. Betrachten wir im Folgenden ihre Prämissen.[32]

Die **Grounded Theory** hat sich in den letzten Jahren zu einem in den Sozialwissenschaften zunehmend genutzten Auswertungsverfahren entwickelt. Glaser und Strauss (1967; auch Strauss/Corbin 1996), ihre Begründer wollen der Empirie – und damit der Realität – eine stärkere Rolle in der Theoriebildung zugestehen (Glaser/Strauss 2010: 11). Ihr Ziel ist es, (neue) Theorien mittlerer Reichweite in enger Korrespondenz zur empirischen Realität zu entwickeln und daraus verallgemeinerbare Tatbestände und Zusammenhänge zu rekonstruieren (Behnke u. a. 2010: 348–349). Um keine Einengung der Theoriebildung vorzunehmen, diese also nicht ihrer Kreativität und Flexibilität zu berauben, wird der Grounded Theory kein festes Durchführungs- und Auswertungskorsett angelegt. Dies bedeutet allerdings nicht, dass man tun kann, was man will (siehe Tabelle 5.22). So ist der Ablauf der Durchführung klar vorgege-

---

[32] Eine ausführliche uns sehr gut nachvollziehbare Darstellung und Erklärung der Grundprinzipien der Grounded Theory und ihrer Durchführung findet sich bei Przyborski/Wohlrab-Sahr 2010: 183–216).

Tab. 5.22: Auswertungsschritte der Grounded Theory (nach Przyborski/Wohlrab-Sahr 2010: 206, Hervorh. i. Orig.; ergänzt um Klammerangaben zur maßgeblichen Codierungsform in dieser Phase).

Arbeitsschritte
1. *Stellen generativer Fragen* im Zuge des Nachdenkens über die Forschungsfrage und der Untersuchung ersten Datenmaterials
2. *Herstellung vorläufiger Zusammenhänge durch Kodierung* (offene Codierung)
3. *Verifizieren der Theorie* durch Überprüfung der vorläufigen Zusammenhänge
4. *Verknüpfung von Kodierung und Datenerhebung* (axiale Codierung)
5. *Integration der Theorie* (Herausarbeitung der Schlüsselkategorie, selektive Codierung)
6. *Ausbau der Theorie mit Hilfe von Theoriememos*
7. *Berücksichtigung des temporalen und relationalen Aspekts „der Triade der analytischen Operation*, nämlich Daten erheben, Codieren, Memo schreiben" [...]
8. *Füllen von Lücken in der theoretischen Integration beim Schreiben des Forschungsberichts*

ben: Zuerst wird die gesellschaftliche Wirklichkeit in den Untersuchungsfällen erhoben. Sich manifestierende Eigenschaften der Wirklichkeit werden durch sogenannte **Memos** festgehalten. „In einem iterierenden Verfahren werden den Textstellen (der Transkripte) Codes entnommen, die im Laufe weiterer Durchgänge der Interpretation weiter abstrahiert werden" (Behnke u. a. 2010: 350; van Oertzen 2006). Die Memos, die je nach Ziel und Fragestellung exakter, kürzer oder ausführlicher formuliert sein können, dienen dazu, die eigenen Überlegungen, Ideen und für die Theoriebildung relevanten Aspekte für spätere Leser und andere Wissenschaftler wiederverwertbar und nachvollziehbar darzulegen. Sie haben ihren zentralen Nutzen im Rahmen des umfangreichen und recht unübersichtlichen Prozesses des offenen Codierens, legen sie doch erste Pfeiler für das Verständnis des Falles an. Gleichzeitig ermöglichen sie es, den „Denkverlauf" bis hin zur endgültigen Theoriegenese für andere (und sich selbst) transparent zu halten.

Der zentrale Prozess in der Grounded Theory ist das **Codieren** (siehe Tabelle 5.22). Codierung bedeutet eine Verdichtung des vorliegenden Materials, in dem Sinne, dass man „das Wichtige vom Unwichtigen" (Behnke u. a. 2010: 359) trennt, oder anders gesagt: „Kodieren bezeichnet die Überführung empirischer Daten in Konzepte und Kategorien (höherwertige Konzepte), aus denen schließlich eine Theorie entwickelt wird" (Wohlrab-Sahr/Pryborski 2010: 204). Grundlage sind die Transkripte von Beobachtungen und Interviews oder aber andere Texte. Codes erfassen in kurzer Form zentrale Aussagen des Textes. So kann der Code „soziales Vertrauen" gleich verschiedene Aussagen, welche Vertrauen zu Mitmenschen ansprechen, abbilden. Er verbindet dies zugleich mit einem theoretischem Konzept, dem Sozialkapitalansatz von Robert Putnam (2000). Gut ist es für die Codes Bezeichnungen zu verwenden, die im Text auftauchen oder aber die ohne große Umwege den Bezug zu theoretischen Konzepten herstellen. Die Codes repräsentieren dabei oft ganze Textabschnitte.

Es stehen zwei Möglichkeiten der Codierung zur Verfügung: Zum einen das stark am Erhalt der vorliegenden Struktur der Realität orientierte **offene Codieren**, zum anderen das von Vorüberlegungen ausgehende **theoretische Codieren**. Im ersten Fall wird der Versuch unternommen, den Text möglichst aus sich selbst heraus sprechen zu lassen. Ziel ist es, vorschnelle Zuweisungen zu vermeiden und den Raum auch für Theoriegenese zu öffnen. Die zuerst verborgenen Strukturen werden durch kleinteilige Vergleichsarbeit zwischen den Strukturen der Fälle herausdestilliert. Offenes Codieren ist aufwändig, anstrengend und setzt viel Erfahrung in hermeneutischer Textarbeit voraus. So ist die Entscheidung für eine Verdichtung dem Forscher überlassen, bedarf aber immer einer guten Begründung. Im zweiten Fall ist bereits im Vorfeld ein Codierschema auf Basis der theoretischen Annahmen der zugrunde liegenden Studie ausgearbeitet worden. Dieses Schema wird nun an die Texte angelegt und es wird nach entsprechenden Abbildungen im Material gesucht. Allerdings wird auch im zweiten Fall in der Grounded Theory neuen Aspekten breiter Raum gewährt. Das Codierschema gilt nie als endgültig geschlossen oder abgeschlossen und wird im Verlauf des Codierens modifiziert und angepasst. Der Ertrag für die Einschränkung des Möglichkeitsraums ist ein einfacherer Zugang zur Thematik über die Ableitung der Kategorien aus der Theorie. Man muss sich aber nicht zwingend auf eine der beiden Vorgehensweisen beschränken: Es ist in der Grounded Theory möglich, offenes und theoretisches Codieren nacheinander zu schalten. Man kann immer wieder von nachgelagerten Schritten des Codierens – im Sinne einer Ergebnissicherung und Ergebniserweiterung – zum offenen Codieren zurückzukehren.

Legen Sie hinreichend und großzügig Memos an und scheuen Sie sich nicht, das Material immer wieder einer kritischen Analyse zu unterziehen. Über die verschiedenen Materialdurchläufe erfolgt eine Verdichtung und Sicherheit in der Interpretation.

Will man eine weitere Verdichtung des Materials mit Blick auf die Theoriebildung erreichen, ist es angebracht, die bestehenden Codes im Laufe der Analyse weiter zu verengen. Diesen Vorgang nennt man **axiales Codieren** (Behnke u. a. 2010: 364). Es werden die Beziehungen zwischen Kategorien durchdacht und so etwas wie **zentrale Kategorien** identifiziert (Przyborski/Wohlrab-Sahr 2010: 205). Das Vorgehen kann man, mit etwas Vorsicht, mit der Dimensionsanalyse in der quantitativen Sozialforschung vergleichen.

Es werden Dimensionsachsen identifiziert, an denen sich „Unterkategorien" ausrichten. Anhand der Achsen ist es möglich, die vorliegenden Textpassagen weiter zu verengen oder neue Textpassagen entlang der Achsen zu interpretieren. Nach dem offenen Codieren werden bestehende Kategorien ggf. zusammengeführt, wenn es die Interpretation empfiehlt. Allerdings hat man sich auch mit der Herausarbeitung der

Achsen noch nicht endgültig auf „letzte" Schlüsselkategorien verständigt bzw. festgelegt. Dies erfolgt in einem letzten Schritt mit Ausrichtung auf das eigene Erkenntnisinteresse. Ist diese **Schlüsselkategorie** identifiziert, codiert man gezielt entlang dieser weiter. Dieses Vorgehen nennt man **selektives Codieren**, da die Arbeit jetzt auf diese eine „selektive" Schlüsselkategorie zugespitzt wird. Sie stellt den Übergang zur Theorie dar, in welcher der Anspruch der Grounded Theory – Theoriebildung – erfüllt wird. Die Schlüsselkategorie ist als Integration verschiedener Aspekte der Fälle und der Theoriebildung zu verstehen. Will man ein **Ablaufverständnis** der Grounded Theory aufzeichnen, gehen die Schritte vom Memoschreiben über das offene Codieren zum axialen Codieren und zuletzt zum selektiven Codieren. In diesem Ablauf sind immer wieder Rücksprünge möglich und im Dienste des Sinnverstehens und der Rekonstruktion des Sinngehaltes sinnvoll (von Oertzen 2006: 148–150).

Vom Verständnis her ist die Grounded Theory ein **induktives Vorgehen mit theoriegenerierender Absicht** (Glaser/Strauss 2010: 39–44). Dauernde Vergleiche mit der Realität und dem diese Realität abbildenden Text helfen, sich Schritt für Schritt an eine tragfähige Interpretation, wenn nicht gar Theorie, heranzuarbeiten – oder eben die gefundenen Schlüsselkategorien beim Codieren zu bestätigen bzw. zu ergänzen. Diese Einschätzung als induktiv besitzt allerdings bei einem genauen Blick Einschränkungen, erfolgt doch die Auswahl der Untersuchungsfälle oft alles andere als unbewusst oder zufällig. Bereits bei den Einstiegsfällen zum Codieren sind Vorentscheidungen durch den Forscher zu treffen. Damit wird die Zahl der eingehenden Möglichkeiten reduziert. Vertreter und Anwender der Grounded Theory haben dieses vom G rundmodell abweichende Problem erkannt und möchten ihm durch das **Theoretical Sampling** begegnen. Es verzahnt Codierung und Datenerhebung mit dem Ziel, Bausteine einer Theorie herauszuarbeiten, anzureichern und zu bestätigen. In Folge der ersten Codierungen werden die weiteren Fälle (im Prinzip im Rahmen eines hermeneutischen Zirkels) iterativ gezielt nach „theoretischen Gesichtspunkten, die sich im Verlauf der empirischen Analyse herauskristallisieren" ausgesucht (Przyborski/Wohlrab-Sahr 2010: 177). Sie sollen die bereits vorliegenden Fälle ergänzen und in ihrer Reichweite erweitern. Vor allem die **bewusste Reflexion** der getroffenen Entscheidungen, ihre transparente Nachvollziehbarkeit sowie die wechselseitige Bestätigung und Kontrolle von Empirie durch Theorie und von Theorie durch Empirie sollen die Ergebnisermittlung und Theoriegenese stützen. Die einmal getroffene Selektionsentscheidung hat immer wesentlichen Einfluss auf das konzeptionelle Ergebnis. Gleichwohl schützt sie davor, auf Basis reiner Zufälligkeit zu beginnen – und erst recht ist sie relevant für die folgende Ergänzung der inhaltlichen Blindstellen, die im Verlauf der Analyse identifiziert werden. Die theoretischen Erkenntnisse werden durch das kontinuierliche und zeitnahe Verfassen von **Memos** abgesichert: „Im Memo formuliert die Forscherin ihre ersten und schon fortgeschrittenen theoretischen Einsichten; Memos werden geschrieben, um Theoriebildungsprozess auf unterschiedlichen Ebenen voranzutreiben" (Przyborski/Wohlrab-Sahr 2010: 201). Entsprechend sind die Memos essenziell für die Arbeit an der neuen Theorie. Die verschiedenen Memos sind immer wieder miteinander „ins Gespräch zu bringen", um den angestrebten Erkenntnisfortschritt erreichen zu können.

Grounded Theory und Theoretical Sampling
Ziel des Theoretical Sampling (und der Grounded Theory) sind verallgemeinerbare Aussagen und vor allem die Theoriebildung. Diese Ziele sollen durch einen Wechselschritt von Empirie und Theorie erreicht werden. In diesem Vorgehen besitzen verschiedene Formen und Reihenfolgen des Codierens eine zentrale Bedeutung. Das Theoretical Sampling soll es ermöglichen, ergebnisoffen Theorie zu entwickeln. Dies wird anhand einer begründeten, auf die sich entwickelnde Theorie ausgerichteten Ergänzung der Empirie versucht, die als Ziel in sich „empirisch gesättigt" ist.

Sowohl hinsichtlich des Grades der strukturierten Auswahl als auch der Standardisiertheit des Codierens im Rahmen der angestrebten Materialverdichtung bestehen unterschiedliche Positionen unter den Anwendern und selbst unter den Theoriebegründern. In der Forschungsrealität haben sich in den letzten Jahrzehnten die mit theoretischen Vorannahmen arbeitenden Ansätze mittlerweile verstärkt durchgesetzt. Das Argument hierfür ist, dass sie eine besser zu kontrollierende Zugangsweise zu belastbaren Ergebnissen ermöglichen. Dabei gilt immer noch: Je weniger Voraussetzungen man an das Material stellt, umso offener können die erzielten Ergebnisse sein – und desto näher ist man der Realität. Dieser Ansatz ist aber für die konkrete Auswertung ein Problem, steigert sich doch schnell der **Bearbeitungsaufwand** bis hin zu einer nicht mehr vollziehbaren Bearbeitbarkeit des Materials. Zudem bleibt die Theoriebildung ein so kreativer Prozess, dass Ergebnisvarianzen zwischen Forschern nicht wirklich zu vermeiden sind (von Oertzen 2006: 151). Entsprechende theoretische Vorannahmen können den Aufwand und die Ergebnisrichtung reduzieren, ermöglichen es aber immer noch innerhalb des Materials mit größerer Offenheit vorzugehen als dies in standardisierten Auswertungsmethoden oder in der qualitativen Inhaltsanalyse der Fall ist.

So wie diese Vorentscheidung für eine Theorie für Puristen des Ansatzes die abgelehnte Einengung im Ergebnis mit sich bringt, hat gerade diese Öffnung der Grounded Theory und ihre Abkehr von der ursprünglich strikten Abstinenz von theoretischen Eingangsprämissen zuletzt zu einem beachtlichen Aufschwung der Grounded Theory in den Sozialwissenschaften geführt. Gleichwohl besteht in der politikwissenschaftlichen Analyse noch einiges an Raum für ihre Verwendung. Ihr unbestreitbarer Vorteil liegt in einer **klaren Strukturierung des Vorgehens bei gleichzeitiger Ergebnisoffenheit und Nähe zur Empirie**. Interessenten an einer Umsetzung seien allerdings darauf hingewiesen, dass der Aufwand einer Auswertung entlang der Grounded Theory beträchtlich ist.

Grounded Theory
Die Grounded Theory zielt auf in der Empirie verankerte Theoriebildung. Sie ist ein induktives Vorgehen mit theoriegenerierender Absicht. Durch eine enge Verzahnung von „Empirie erheben" und „Theorie bilden" sowie eingehender Dokumentation der Codierungsschritte und der Überlegungen

während des Forschungsprozesses (Memos) wird über höchstmögliche Transparenz versucht, möglichst vorurteilsfrei Aussagen zu einer Untersuchungsfrage zu treffen. Es gilt, das Material sprechen zu lassen, ohne dabei aber in einfache Deskription abzugleiten. Die Grounded Theory zielt auf verallgemeinerbare und fallübergreifende Ergebnisse. Die zentralen Bestandteile der Grounded Theory sind das Codieren, das Memoschreiben und die Verdichtung der Ergebnisse zu einer theoretischen Aussage. Aktuelle Zugänge nutzen vermehrt in der Mischung einen strukturell offenen Zugang zum Material bei gleichzeitigem Einfließen theoretischer Vorüberlegungen.

5.5 Verfahrenskombinationen, Designs und „sekundäre" Strategien der Auswertung

5.5.1 Integrative und aufbauende Analysevorgehen

Die kontroversen Diskussionen und Auseinandersetzungen zwischen Anhängern qualitativer oder quantitativer Methoden hinsichtlich des richtigen Zugangs zum Datenmaterial wurden bereits angesprochen. Heutzutage ist man sich häufiger einig, dass jede systematische Methodik ihre Berechtigung besitzt. Einzige und zentrale Voraussetzung ist die Angemessenheit des jeweiligen Vorgehens (Erhebung und Analyse) für den ausgewählten Untersuchungsgegenstand – und eben die Systematik. Diese Annäherung beider Positionen hat in der Folge dazu geführt, verstärkt Überlegungen zu weiterführenden und sinnvollen **Kombinationen von Verfahren** und Vorgehen anzustellen, die aus unterschiedlichen Linien der methodischen Analyse stammen. Zumeist sind diese Überlegungen einer Verzahnung von Methoden im Dienste der inhaltlichen Analyse auf der Ebene von **Designs** angesiedelt, gelegentlich können sie im Ausbau von komplexeren integrativen Methoden liegen. Solche Vorgehen werden zur Unterscheidung von den bisher behandelten Zugriffen als **sekundäre Strategien** der Auswertung bezeichnet. Es handelt sich bei genauer Betrachtung nämlich nicht um konkrete Auswertungsmethoden im engeren Sinne: Sie beschäftigen sich eher nicht nach einem festen Regelwerk direkt mit Daten, sondern greifen auf entsprechende Methoden als Hilfsmittel zurück. Ihr zentrales Anliegen ist die Einbettung in ein strengeres und differenzierteres konzeptionelles oder theoretisches Setting. Die Bezeichnung „sekundär" soll den Blick jedoch nicht in eine falsche Richtung hinsichtlich der zeitlichen Planungsprozesse von Studien lenken: Es handelt sich um Designs, die weitgehend vor der Wahl der konkreten Untersuchungsmethode stattfinden – oder die eine solche für sich nutzen und die Interpretation weitertreiben. Die dann durchgeführte Analyse setzt auf diese Methoden auf und interpretiert sie innerhalb einer übergeordneten Erklärungsstrategie oder eben eines **Designs**. Zwar sollte jeder sozialwissenschaftlichen Untersuchung ein Design zugrunde liegen, hier ist diese konzeptionelle Planungshaftigkeit aber besonders gut erkennbar und von essenzieller Bedeutung.

Eine erste Gruppe sind auf **theoretische Überlegungen** ausgerichtete Analysevorgehen. Hier ist die **Prozessanalyse** – oder das *Process Tracing* – zu nennen, das historisierende Überlegungen mit einem spezifischen Zugriff in den Mittelpunkt der Analyse stellt, dafür aber eben auf eine Kombination aus verschiedenen Basismethoden zurückgreift. Auch die **Diskursanalyse** fällt in diese Kategorie einer auf theoretisch-konzeptionelle Klärungen gerichteten Bündelung von empirischen Methoden, die einem übergeordneten Analysezweck untergeordnet werden. Beiden Formen kann man Eigenständigkeit in ihrer Anwendung zugestehen, setzen sie doch stark auf eine theoretische Ausrichtung (Diskursanalyse) oder eine theoriebasierte Durchführung (Prozessanalyse). Entscheidender Unterschied zu Vorgehen wie der qualitativen Inhaltsanalyse oder statistischen Verfahren ist das Fehlen eigener analytischer Methoden und der Rückgriff auf Auswertungsverfahren, wie wir sie in den vorangegangenen Kapiteln vorgestellt haben. Andere Ansätze versuchen verschiedene Auswertungsmethoden und deren Ergebnisse gezielt miteinander zu **verbinden**. Kernziel ist es, belastbarere Aussagen über Sach- und Tatbestände zu erhalten. Dazu werden Ergebnisse aus unterschiedlichen Auswertungen kombiniert – wie in der Triangulation und den **Mixed-Methods-Designs** – oder es werden Analyseebenen miteinander in direkte Verbindung gebracht – wie dies in der **Mehrebenenanalyse** der Fall ist. Bei dieser zweiten Gruppe sekundärer Strategien liegt der Schwerpunkt auf der Verzahnung der Methoden, die dann bessere, komplexere und belastbarere Ergebnisse erbringen sollen als dies bei der Verwendung einzelner Methoden der Fall wäre.

Zweifelsohne sind die in Kapitel 5.5 angesprochenen Verfahrenskombinationen für studentische Arbeiten oft von untergeordneter **Relevanz**. Gleichzeitig gewinnen sie in der politikwissenschaftlichen Forschungslandschaft mehr und mehr an Bedeutung. Vor allem die Möglichkeit eines verbindenden und integrierenden Forschungszugangs, der die Zwistigkeiten zwischen Vertretern quantitativer und qualitativer Ansätze überwindet, klingt attraktiv und modern. So zeichnet sich in sozialwissenschaftlichen Forschungsprojekten ein leichter Trend zu Mixed-Methods-Designs ab. Mehrebenenanalysen und Prozessanalysen erleben ebenfalls gerade, speziell in der international vergleichenden Forschung, diesen Entwicklungsschub. Über die große Attraktivität der Diskursanalyse in der Politikwissenschaft muss gar nicht erst geredet werden. Entsprechend sind solche Designs bereits für Doktorarbeiten ausgesprochen interessant und es ist hilfreich, deren Prinzipien zu verstehen, vor allem auch dann, wenn sie durch eine zunehmend stärkere Anwendung auch in studentischen Arbeiten verstärkt Anwendung finden.

5.5.2 Process Tracing – politikwissenschaftliche Prozessanalyse

Zu den neueren Vorgehen der Politikwissenschaft zählt das **Process Tracing** – oder die Prozessanalyse, die gerade auch in den Internationalen Beziehungen eine starke Verbreitung gefunden hat. Die Prozessanalyse soll speziell der zeitlichen Dynamik von

Politikentscheidungen Rechnung tragen. Hintergrund ist die Unzufriedenheit mit der teilweise in politikwissenschaftlichen Analysen aufzufindenden historischen Blindheit und der mangelnden Sensitivität für kausale Mechanismen seitens quantitativer Makroanalysen. Deren Erkenntnisgewinn sieht man als an vielen Stellen nicht differenziert genug und wenig praxisnah hinsichtlich der politiküblichen **Aushandlungs- und Geneseprozesse** an. So werden aus gegenwärtigen statistischen Zusammenhängen kausale Entstehungsstrukturen abgeleitet, obwohl keine Kenntnisse von Zusammenhangsmechanismen oder zeitlichen Verzahnungen vorliegen. Es werden zeitliche Aussagen getroffen, obwohl allein Zusammenhänge zu einem Zeitpunkt vorliegen. Zeitlich vorgeschaltete Entwicklungen werden gar nicht oder nur in sehr kurzen Zeiträumen berücksichtigt. Und wenn längere Zeitdifferenzen in die Analyse einbezogen werden, dann unterliegt man aus Sicht der Vertreter der Prozessanalyse oft dem Eindruck von **Scheinkorrelationen,** welche Kausalitäten suggerieren, die sich bei näherem Blick und unter Plausibilitätsgesichtspunkten inhaltlich gar nicht halten lassen (z. B. Bennett/George 1997; Bennett/Elman 2006; Rohlfing 2012).[33]

Gleichzeitig möchte man in der Prozessanalyse gerade die Perspektive **langfristiger Aussagen** und der kausalen Ableitung bestimmter Entscheidungsprozesse aufgrund dieser methodischen Bedenken nicht einfach aufgeben. Es ist ein zentrales Ziel, kausale Ableitungen vorzunehmen. Dabei geht der Anspruch aber eben über einfache statistische Analysen hinaus und inkludiert die Berücksichtigung von historischen Entwicklungen und deren Interpretation in der Prozessanalyse. Doch nicht, dass man dies falsch versteht. Entstehungszusammenhänge sollten deswegen keineswegs „historisch", also im Sinne eines Verständnis der gesellschaftlichen Entwicklung als weitgehend kontingente Entwicklungen, die dann erst ad post gedeutet werden können, verstanden werden. Sie sind primär politikwissenschaftlich zu verstehen und zu erklären. Einfach gesagt, möchte man über die Berücksichtigung von Sequenzen **systematische Kausalerklärungen** ableiten (Bennett/Checkel 2014). Neben den bereits erwähnten Internationalen Beziehungen erfolgt der Einsatz der Prozessanalyse vor allem in der Vergleichenden Politikwissenschaft. Process Tracing wird in der Regel dazu verwendet, *comparative case studies* zu durchleuchten, kann aber auch für die Begründung vorliegender Korrelationsstrukturen bzw. in Kombination mit diesen Zusammenhangsergebnissen angewendet werden. Ihre größte Stärke hat die Prozessanalyse bei Fallstudien.

Die Prozessanalyse verfügt über kein spezifisches methodisches Instrumentarium. Man kann sie also nicht als eine Methode im engeren Sinne verstehen, sondern eher als ein Arrangement von Methodenzugängen oder als ein Design. „Die Prozess-

---

33 Daneben wird noch die Starrheit statistischer Korrelationsanalysen bemängelt, welche sich in einer geringen Offenheit für flexible menschliche Reaktionen in komplexen Umwelten ausdrückt (Schimmelfennig 2006: 264). Dieses Argument trägt allerdings weniger stark aus als die Einwände gegen statistische Makroanalysen und ist auch nicht konsequent gegen die Verwendung von statistischen Analysen mit dem Ziel von Zusammenhangsanalysen zu wenden.

analyse ist nicht so sehr eine spezifische Methode oder Technik als vielmehr eine Erklärungsstrategie" (Schimmelfennig 2006: 263; Beach/Rasmusen 2013). Diese inhaltliche Ausrichtung bringt eine große Offenheit für unterschiedliche Methoden mit sich. Diese Verfahren werden im Rahmen der Prozessanalyse eingesetzt, um die (am besten kausalen) Mechanismen zwischen auslösenden und bewirkten Ereignissen im Rahmen dieser Erklärungsstrategie aufzudecken. Statistische Daten, Experteninterviews, Dokumente internationaler Verhandlungen, die man inhaltsanalytisch untersucht, oder auch die Medienanalyse politischer Diskurse können in eine Prozessanalyse einbezogen werden (Collier 2011: 825; Tansey 2009). Somit ist auch die Prozessanalyse ein **„sekundäres Analysevorgehen"**, welches auf anderen Erhebungs- und Analysemethoden – teilweise sogar deren Kombinationen – aufbaut.

Durch die Mischung aus methodischer Offenheit und Flexibilität hat die Prozessanalyse grundsätzlich das Potenzial, theoriegenerierend zu wirken. Im Normalfall wird sie bislang allerdings zumeist theorieprüfend angelegt. Den **Bezug zu Theorie** herzustellen, ist auch ein zentrales Ziel der Prozessanalyse. Gerade an dieser Stelle wird statistischen Analysen eine massive Schwäche vorgeworfen: Diese „Theorieschwäche" entsteht, da Anwender statistischer Vorgehen Zusammenhänge nicht anhand inhaltslogischer Mechanismen, sondern allein anhand instrumentell-statistischer Bezüge beurteilen.[34] Analyseverfahren müssen aus Sicht der Anhänger der Prozessanalyse aber „in der Lage sein, die theoretisch postulierten kausalen Mechanismen zu überprüfen" (Schimmelfennig 2006: 263). Entsprechend wird im Rahmen des Ablaufs eines Process Tracing zuerst die Entscheidung für eine Bezugstheorie getroffen. Die Entscheidung für eine **Referenztheorie** hilft, das spätere Problem der Überdimensionierung, das aus der Berücksichtigung aller möglichen Erklärungspfade und Ereignisse resultieren kann, zu vermeiden und einen **selektiven Erklärungspfad** anzulegen, der auf Alternativen hin kontrolliert wird. In der Folge werden alle möglichen empirischen Implikationen der Theorie identifiziert und deren potenzielle Mechanismen in Bezug auf eine abhängige Variable bedacht. Durch die Verwendung unterschiedlicher Analysemethoden wird versucht, den **Kausalprozess** und seine **Mechanismen** über die genaue Identifikation und Betrachtung von konkreten **Sequenzen** nachzuzeichnen. Damit schließt man direkt an die weiterführenden Debatten zu *case studies* (George/Bennett 2005; Gerring 2006; Muno 2009, 2015) oder *comparative case studies* (Erdmann 2007; Gschwend/Schimmelfennig 2007) an.

Process Tracing – eine „qualitative" Alternative zur Kausalanalyse !

Das Process Tracing oder die Prozessanalyse zielt auf die Einbindung historischer und zeitlicher Entwicklungen in die politikwissenschaftliche Kausalanalyse. Kausalitäten sollen als Verursachungszusammenhänge identifiziert werden. Die Prozessanalyse besitzt ihre Stärke in der Umsetzung einer kausalen Logik für Fallstudien unter Nutzung qualitativer Methoden, speziell Experteninterviews und Dokumentenanalyse, kann aber auch zur Prüfung bereits aufgedeckter statistischer Beziehungen ge-

---

34 Siehe hier auch das Argumentationsmuster der QCA.

nutzt werden. Somit ist sie sowohl theoriegenerierend als auch theorieprüfend. Die Prozessanalyse stellt eher ein Design als eine Methode dar. Ihr zentrales Ziel ist das Aufdecken von Verursachungsprozessen.

Im Zentrum der Analyse steht die Untersuchung des **Verursachungsprozesses**. Zwei Vorgehenslinien haben sich hier etabliert: 1. Zum einen wird ein Phänomen oder Ereignis als Fall einer größeren Klasse von Phänomenen gesehen, die vom gleichen Faktor abhängen. Schimmelfennig (2006: 264) ordnet diese Linie den eher generalisierenden, klassifizierenden oder extensiven Erklärungsstrategien zu. 2. Zum anderen wird eine konkrete historische Verursacherkette für einen Fall rekonstruiert. Diese Linie ordnet Schimmelfennig (2006: 265) den partikularisierenden, rekonstruierenden und intensiven Erklärungsstrategien zu. Trotz der unterschiedlichen Anlage, steht in beiden Fällen ein zuletzt verallgemeinerndes, auf Theorie ausgerichtetes, Erkenntnisinteresse im Vordergrund der Prozessanalyse.

In jedem Fall muss bei der Prozessanalyse **kleinteilig**, genau und konzentriert vorgegangen werden (siehe Abbildung 5.3). Erst gilt es, die entsprechenden Dokumente, Daten und Unterlagen möglichst umfassend zu sammeln: Sie sollen dazu dienen, in (oder über) einem bestimmten, längeren Untersuchungszeitraum Auskunft über mögliche Kausalbeziehungen zu geben. An dieser Stelle ist es ohne Weiteres möglich, verschiedene methodische Zugänge miteinander im Sinne des Erkenntnisinteresses zu **triangulieren**. Die Ergebnisse werden detailliert schriftlich niedergelegt und dann hinsichtlich potenzieller Kausalitäten interpretiert. Dies geschieht über die **bewusste Kontrastierung** unterschiedlicher möglicher Verlaufspfade und deren Vergleich zu empirisch erkennbaren, zeitlich verzahnten (historischen) Sequenzen. George und Bennett (2005: 166–170) sehen hier den Platz für den kontrollierten Vergleich. Bei diesem folgt man in einer **engmaschigen Darstellung** der vorher angelegten Theorie. Alternative Verlaufserklärungen können, je nach Erkenntnisinteresse und Ressourcenverfügbarkeit, ruhig selektiver bzw. knapper behandelt werden. Hierfür sind ggf. auch qualitative sequenzanalytische Auswertungsverfahren aus der Soziologie hilfreich. Mittels dieses „weicheren" Vorgehens gegenüber der „härteren" statistischen Analyse sollen die textuell vorliegenden Ergebnisse kausal in weltpolitische Ereignisse eingeordnet werden, dies allerdings, ohne sie gleich in eine quantitative Logik und ein quantitatives Untersuchungsdesign zu übersetzen. Alles dient dem Ziel, aus den an einem oder mehreren Fällen durchexerzierten Prozessanalysen **verallgemeinerbare Aussagen** zu destillieren, die sich in einem weiteren Schritt an Theorien rückbinden lassen. Am Ende der Prozessanalyse steht die Entscheidung des Forschers für eine theoriegeleitete Erklärung.

Als **problematisch** an der Prozessanalyse erweist sich vor allem ihr **hoher Anspruch**. So ist es das erklärte Ziel, eine möglichst lückenlose Verursachungskette für politische Ereignisse nachzuzeichnen (Bennett/George 1997; George/Bennett 2005). Dies geht mit einem **hohen Ressourcenaufwand** einher – und birgt in letzter Kon-

5.5 Verfahrenskombinationen, Designs und „sekundäre" Strategien der Auswertung

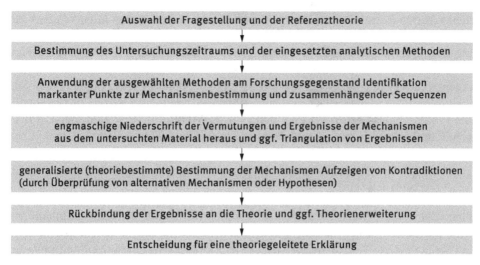

Abb. 5.3: Grundanlage einer Prozessanalyse (eigene Zusammenstellung).

sequenz immer noch die Gefahr, eine „falsche Erklärungsreihe" zu bevorzugen und (richtige) alternative Verursachungswege zu übersehen. An dieser Stelle, als Ergänzung zur Prüfung unterschiedlicher Pfade, kann der Einbezug des Vorgehens der QCA hilfreich sein. Sind die großen **Interpretationsfreiheiten** der Prozessanalyse ein Vorzug, bleibt umgekehrt das Risiko einer gewissen Willkürlichkeit der aufgedeckten Mechanismen. So kann es sein, dass man sich doch einer historischen Ableitung für ein Ereignis bedient, statt eines systematischen sozialwissenschaftlichen Zugriffs: Es wird ex post ein Ereignis als logisches Ergebnis innerhalb kontingenter Pfadmöglichkeiten verstanden (es ist ja eingetreten). Problematischer noch: Es besteht die Gefahr, nachträglich die Ereignisse zu plausibilisieren oder in deskriptives „Geschichtenerzählen" zu verfallen (Schimmelfennig 2006: 267). Beides ist nicht im Sinne der auf verallgemeinerbare politikwissenschaftliche Ergebnisse ausgerichteten Prozessanalyse und sollte vermieden werden. Zentrale Möglichkeit, diesen Gefahren zu begegnen, ist eine konsequente Bezugnahme auf eine Referenztheorie.

Achten Sie bei der Durchführung einer Prozessanalyse darauf, weder in eine rein historisierende, noch in eine subjektive Ex-post-Erklärungsstrategie zu verfallen.

Die Prozessanalyse ist also ein **Design,** das versucht, systematische sozialwissenschaftliche mit historischen Überlegungen zu versöhnen. Dabei möchte man politikwissenschaftlich kausale Erklärungsmuster mittels der **Rekonstruktion von Verlaufsmustern** ergründen. Die Prozessanalyse hat in den letzten Jahren verstärkte Nachfrage erfahren, speziell, weil sie Schwächen der statistischen Analyse begegnet, aber oft auch, weil sie geeignet scheint, Abneigungen von Forschern (und Studierenden) gegenüber statistischen oder methodischen Vorgehen eine Alternative geben zu können. Letzteres ist allerdings nicht das Ziel der Prozessanalyse. Vielmehr geht es ihr darum, ausgehend von einer Würdigung der Einzelfälle, unter Einbezug geeigneter methodischer Vorgehen die Genese von Ereignissen und Entscheidungen zu rekonstruieren. Der Bezug auf die Prozessanalyse sollte nie dazu dienen, sich von methodischen und theoretisch-systematischen Zugängen abzugrenzen. Im Gegenteil: Die Prozessanalyse **erfordert zwingend** die **Verwendung verschiedener empirischer Methoden** für ihre wissenschaftlich überprüfbare Anwendung.

5.5.3 Diskursanalyse(n)

Ebenfalls hoher Beliebtheit unter Studierenden der Politik- und Kommunikationswissenschaften später Semester erfreut sich die Diskursanalyse. Genau genommen, müsste man von Diskursanalysen reden, da sich mittlerweile eine große Bandbreite an Vorgehen, die unter diesem Namen zusammengefasst werden, im Feld etabliert (Keller 2011: 8, 14–63).[35] Diskursanalysen zeichnen sich dadurch aus, dass sie kein eigenständiges Analyseverfahren darstellen. Sie nehmen auf einer **theoretischen Basis** gezielte Gesellschaftsanalysen vor. Entsprechend handelt es sich um eine Art **Design**. So ist es nicht verwunderlich, wenn wechselweise von Diskursanalyse aber auch Diskurstheorie gesprochen wird. Eine Besonderheit ist zudem die Untersuchungsgrundlage: Zentrales Material der Diskursanalyse sind **sprachlich-symbolische Äußerungen** in und über die Gesellschaft. Diese werden anhand eines reflektierten Blickes auf deren Hintergründe und Entstehungszusammenhänge (kritisch) interpretiert und zu generellen Aussagen über die Gesellschaft verdichtet (Keller/Viehöver 2006: 103). Die Ergebnisse der Diskursanalyse sollen Auskunft über **symbolische Ordnungen** in Gesellschaften geben (Keller 2011: 8). Als materielle Analysegrundlage dienen immer Texte, was die Diskursanalyse nicht grundlegend von anderen Zugängen der qualitativen Sozialforschung unterscheidet (siehe Kapitel 3.4).

In ihrer Genese und grundsätzlichen Ausrichtung basiert die Diskursanalyse auf den gesellschaftskritischen Gedanken Michel **Foucaults** (1972). Damit besitzt sie ihren Ursprung in der politischen Theorie. Hier findet sich auch am häufigsten die Verwendung der Bezeichnung **Diskurstheorie**. Foucaults Überlegungen zentrieren auf eine starke theoretische Ausrichtung, was die Diskursanalyse fundamental von der eher nüchtern-analytischen qualitativen Inhaltsanalyse und der in der Empirie verankerten Grounded Theory unterscheidet. Ausgehend von einem dem Konstruktivismus entspringenden Verständnis der Welt geht Foucault (zusammen mit der Wissenssoziologie von Berger und Luckmann 1967) davon aus, dass die soziale Realität aus **Konstrukten** besteht, die über soziale Interaktionsprozesse entstehen und dann ei-

---

[35] Keller (2011) nennt neben der *discourse analysis*, die kritische Diskursanalyse (Jäger 2015), die kulturalistische Diskursforschung, die Diskurslinguistik sowie die wissenssoziologische Diskursanalyse.

genständige Wirkungsmacht gewinnen. Das gesellschaftliche Verständnis der Konstrukte wird durch die einen umgebenden Diskurse geregelt. Diskurse versteht Foucault als **regelgeleitete Praktiken** (Bohnsack u. a. 2011: 35; Foucault 1972; Keller 2011: 44). Sie bestimmen das Verständnis verschiedener Konstrukte in der Gesellschaft und legen es fest.

Diskurse
Diskurse sind regelgeleitete Praktiken, die das gesellschaftliche Verständnis von dort bestehenden Konstrukten herstellen.

Dies ist allerdings kein offener Prozess. Diskurse sind nicht (herrschafts-)frei, sondern werden überwiegend durch die in den Machtpositionen befindlichen Eliten bestimmt. Entsprechend kommt in Foucaults Werk dem Begriff der **Macht** eine zentrale Bedeutung zu. Macht ist der Schlüsselbegriff seiner Analyse von Gesellschaft. Konsequenterweise führt dies in der Diskursanalyse zur Untersuchung und Rekonstruktion unterschiedlicher „Techniken der Kontrolle und Einschränkung diskursiver Prozesse" (Bohnsack u. a. 2011: 36). Dies geschieht am erfolgreichsten über die gezielte Erschließung der regelgeleiteten Praktiken (Diskurse) anhand von vier **Formationen:** 1. der Formation der Gegenstände des Diskurses, 2. der Formation der Modalitäten der dort geführten Äußerungen, 3. der Formation der verwendeten Begriffe und 4. der Formation der durch die Akteure im Diskurs verwendeten Strategien. Die Diskurse spiegeln **Ideen**, die in der Folge ihrer Entstehung ein gewisses Eigenleben entfalten – und zu Realität werden (auch Keller 2011: 47–48). Diese Diskurse sind mit Macht(-positionen) verflochten. Politikwissenschaftlich gut nachvollziehbar dienen sie der **Legitimation** von Macht und Herrschaft. Da dies so ist, sind Diskurse in der Regel **umkämpft**. Verschiedene Gruppen stehen in Konkurrenz bis offener Auseinandersetzung hinsichtlich der Deutungshoheit über Diskurse (z. B. wie Vergangenheitspolitik zu betreiben ist und was dort behandelte Themen sind). Die Konflikte finden nach Foucault in der Regel auf historisch vorgenerierten Feldern statt. „Diskursformationen behandeln Themenfelder, die historisch gewachsen und intern bereits strukturiert sind" (Bohnsack u. a. 2011: 37).

Genau diese Ideen und Machtstrukturen gilt es aufzudecken – zu **dekonstruieren** bzw. zu rekonstruieren. Dafür wichtig ist eine genaue Betrachtung der Kontexte, in denen Diskurse entstehen und geführt werden. Wer sich wie an welcher Stelle positioniert gibt Auskunft über sein Diskursziel. Ebenfalls von Interesse sind die spezifischen Aspekte, die er in den Diskurs einbringt. Entsprechend ist das praktische Ziel der Diskursanalyse nach Foucault die **Bestimmung der Formationen** (siehe Tabelle 5.23). Als (analytisch erschwerende) Grundannahme gilt nach Foucault, dass es „keinerlei objektive Wahrheit außerhalb des Diskurses" gibt (Behnke u. a. 2010: 352). Somit ist auch der am Diskurs beteiligte Forscher nicht vollständig objektiv, ist er ja nicht von diesen Diskursen abgelöst und unabhängig. Er ist Teil und teilweise Akteur dieser Diskurse. Das schränkt die Deutung eines Diskurses durch einen Forscher

Tab. 5.23: Formationen nach Foucault (eigene Zusammenstellung).

Formationen	Beispiel: politischer Umgang mit Immigration
Formation der Gegenstände des Diskurses	Immigration, Flüchtlinge, Arbeitsmigration
Formation der Modalitäten der Äußerungen	Umgangsform einer Auseinandersetzung z. B. allein über Medien und Pressedarstellungen versus Diskussionsrunden
Formation der verwendeten Begriffe	Verwendung unterschiedlicher Begriffe wie Migranten, Ausländer, Migrationshintergrund
Formation der durch die Akteure verwendeten Strategien	Strategie der Betonung der Gefahren der Zuwanderung (Kriminalität, Überfremdung) versus Strategie der Betonung der Gewinne (Arbeitszuwanderung und Verjüngung des Arbeitsmarkts)

auf *eine* spezifische Deutung ein. Da es gleichzeitig das Anliegen der Diskursanalyse ist, so etwas wie eine objektive Dekonstruktion der Realität vorzunehmen, muss es das Ziel sein, über diese singulare Deutung hinauszukommen. Dazu benötigt man die breite und intersubjektiv nachvollziehbare Aufschlüsselung des Diskurses und seine (möglichst vollständige) Dekonstruktion. Die Diskursanalyse untersucht also konkret „die Produktion, die Verbreitung und den historischen Wandel von Deutungen für soziale und politische Handlungszusammenhänge. Ihr Untersuchungsgegenstand sind Texte und die Beziehungen, die diese Texte untereinander eingehen, wenn sie sich zu spezifischen Diskursen verflechten" (Bohnsack u. a. 2011: 35). In den neueren Formen analytischer Diskursanalyse hat sich der Fokus gegenüber der Ausrichtung Foucaults stärker hin zum Material und einer intersubjektiveren Anlage verschoben. So sieht zum Beispiel die von Reiner Keller vertretene wissenssoziologische Diskursforschung Texte „nicht als Produkte subjektiver oder objektiver Fallstrukturen, sondern als **materielle Manifestationen gesellschaftlicher Wissensordnungen**" (Keller 2011: 78) an. Hiermit steht ihnen eine gewisse Objektivität zu, was nun doch eine (teilweise) Überwindung eines rein subjektiven Forscherblicks ermöglicht.

Nutzen wie **Problem** der Diskursanalyse ist die **immanente gesellschaftskritische Dimension**, die manchmal einen ideologischen Einschlag annehmen kann. Diese Ausrichtung beschränkt den Deutungshorizont der Diskursanalyse auf eher gesellschaftskritische Äußerungen und engt gelegentlich ihr Ergebnisspektrum ein. Neben der eingeschränkten Ergebnisoffenheit besteht zudem ein **unrealistischer Anspruch** – nämlich einen Diskurs in seiner Gänze zu rekonstruieren. Dies ist materialtechnisch eigentlich nie möglich. Das zweite Problem führt uns an die technische Umsetzung der Diskursanalyse heran. Wie bereits angesprochen handelt es sich bei einer Diskursanalyse nach Foucault weniger um ein analytisches Verfahren als eine **gesellschaftskritische** Entschlüsselungskunst der Realität. Foucault legte auch nie ein belastbares Regelwerk der Durchführung von Diskursanalysen vor. Behnke u. a. (2010) beschreiben die Diskursanalyse dann konsequenterweise eher als **Denksche-**

ma, denn als ausgereifte empirische Methode. Entsprechend bleibt der methodische Zugriff in diesem Verständnis von Diskursanalyse unklar und unspezifisch. Diese Einschätzung trifft auf die in der Politikwissenschaft beliebte Diskurstheorie von Foucault (1972; 1996), oder die daran anschließenden marxistischen Erweiterungen von Ernesto Laclau (1993) und Chantal Mouffe (Laclau/Mouffe 1995) zu. Wie auch die kritische Diskursanalyse (Jäger 2015) werden hier die gesellschaftskritischen Positionen stärker betont als die Aspekte einer methodischen Umsetzung auf Basis einer intersubjektiven Analyse. Ungünstige Folge dieser sehr offenen Anlage ist ein gewisses Auswuchern von „vermeindlichen" Diskursanalysen, die sich wissenschaftstheoretische Überprüfbarkeit genauso entziehen, wie sie zwischen subjektiver Gesellschaftskritik und unklarer Untersuchungsanlage mäandern.

Allerdings greift eine daran anknüpfende Globalkritik der Diskursanalyse insgesamt zu kurz, berücksichtigt man die mittlerweile auffindbaren Versuche einer methodischen Erweiterung von Diskursanalysen (Keller 2011). Erste Hinweise auf präferierte Anwendungsstrategien sind bei Foucault ablesbar, wenn auch nicht konsequent umgesetzt. Als analytische Konsequenz bedeutet dies zum einen die Verwendung von **inhaltsanalytischen Verfahren**, zum anderen den Aufwand einer Breitenanalyse der die **Diskurse repräsentierenden Texte** und Verlautbarungen. Dass Letzteres faktisch nie geleistet werden kann, ergibt sich bei einer gesteigerten Medienproduktion quasi von selbst. Allerdings ist es sehr wohl möglich, bewusst (repräsentative) **Ausschnitte** entsprechender Diskurse einer sorgfältigen Analyse zu unterziehen. Dann ist zwar nicht mehr die Vollständigkeit des Bezugsmaterials gewährleistet, aber es besteht doch die Möglichkeit, die Formationen der gesellschaftlichen Diskurse so weit zu entschlüsseln, dass inhaltlich belastbare Aussagen über die Gesellschaft möglich sind.

Diskursanalyse
Die Diskursanalyse zielt auf eine gesellschaftskritische Analyse von unterschiedlichsten gesellschaftlichen Äußerungen, die einen quasi deterministischen Einfluss auf Handlungs- und Überzeugungsstrukturen der Menschen besitzen. Es existiert keine feste analytische Auswertungsmethode, häufig wird aber auf eine Verbindung inhaltsanalytischer Vorgehensweisen mit kontextorientierter Gesellschaftsanalyse zurückgegriffen. Dies gilt stärker für die wissenssoziologische Variante der Diskursanalyse als für die in der Politikwissenschaft beliebten Ansätze von Foucault, Laclau oder Jäger. Letztere legen ihren Schwerpunkt bewusst auf die normativere Seite der Gesellschaftskritik und sind eher als Diskurstheorie zu verstehen, denn als Analyseinstrument oder Design.

Die teilweise pragmatische Verwendung der Diskursanalyse in der Praxis hat in den letzten Jahren eine gewisse Fehlwahrnehmung mit sich gebracht: Es handelt sich um ein reduziertes Verständnis von Diskursanalyse verbreitet, in welcher **Diskursanalyse als eine Art von Medienanalyse** verstanden wird, die man (vielleicht) im Nachgang mit einem gesellschaftskritischen Anspruch verbinden kann. Diese Form der Pragmatik ist so in der Denkweise der Diskursanalyse nicht angelegt und führt zu einer unzulässigen Verkürzung ihres Anspruchs. Man konstruiert quasi eine Mogelpackung auf der zwar Diskursanalyse steht, in der allerdings eine einfache Medienanalyse drin ist. Dabei ist unbestritten, dass der Blick auf die Medien und die mediale Landschaft einen Ansatzpunkt für das gesteigerte Interesse an der Diskursanalyse mit sich bringt und diese dort durchaus ihre Stärken besitzt. Klassische **Medienanalysen**, die durch inhaltsanalytische Vorgehen untersucht werden, legen immer häufiger den Grundstein für eine kritische Analyse von Diskursen. Es werden die Diskurse, als öffentliche Diskurse, über ihre mediale Präsenz erfasst. Dies hat den Vorteil, belastbares Auswertungsmaterial zu erhalten. Entsprechendes Material liegt nicht selten bereits in umfangreicher Form (z. B. Medienarchive) oder leicht erreichbar via Internet und soziale Medien vor. Das größte Problem ist oft der Umfang, sind die Materialien an sich zumeist zu umfangreich für eine Analyse.

Medienanalysen sind für sich noch keine Diskursanalysen. Sie können als Grundlage ein Baustein einer Diskursanalyse sein, sind aber keineswegs damit gleichzusetzen. Erst die Verbindung zur Gesellschaftstheorie macht aus der Analyse von Diskursen eine Diskursanalyse. Legen Sie für eine Medienanalyse das Ziel ihres Interesses fest und seien Sie dann ehrlich, was Sie wirklich ausführen. Lassen Sie zudem ihren Leser an den Entscheidungen für die Selektion des Materials, die in der Regel notwendig ist, teilhaben.

Will man entsprechende Analysen erfolgreich umsetzen, zum Beispiel zur Thematik der Politikverdrossenheit oder der Islamfeindlichkeit, müssen die spezifischen Forschungsfragestellungen klar, scharf und inhaltlich begrenzt formuliert und sowohl der Zeitraum sowie die Untersuchungsmedien gezielt ausgewählt werden. Die Auswahl ist explizit zu begründen. Dabei bietet sich ein nicht zu breiter und – mit Blick auf die Ereigniskontexte – inhaltlich gewählter **Zeitraum** an, in dem möglichst **kontrastierend gewählte Medien** eingehenden Inhaltsanalysen unterzogen werden. Diese Analysen können sowohl qualitativ wie auch quantitativ sein (siehe Tabelle 5.24). Es ist möglich, qualitative und quantitative Zugänge im Rahmen einer Diskursanalyse zu kombinieren. Man muss sich als Durchführender dessen bewusst sein, dass die **Kapazitätsgrenzen** eines einzelnen Forschers bei Anhäufung des Materials schnell erreicht sind. Hauptaufgabe für den Forscher in solchen Studien ist es, die Beschränkung des verwendeten Daten- oder Medienmaterials zu bestimmen und für die Rezipienten transparent und nachvollziehbar offenzulegen. Jetzt könnte man einwenden, dass diese starke Verengung des Untersuchungsmaterials und des Umgangs mit ihm dem Anspruch, den Diskursanalysen nach Foucault eigentlich besitzen, nämlich der breiten Dekonstruktion, widerspricht. Diese Kritik ist nicht vollständig auszuräumen. Hier bleibt nur, entweder die pragmatische Lösung unter reflexiver und bewusster Wahrnehmung dieser Einschränkung umzusetzen – oder konsequenterweise auf einen diskursanalytischen Zugang zu verzichten. Denn damit aus der pragmatischen Medienanalyse eine Diskursanalyse wird, muss diese auch gesellschaftskritisch reflektiert und ihre Bedeutung für die Gesamtgesellschaft herausgearbeitet werden. Erst

Tab. 5.24: Auswertungsschritte der Diskursanalyse (nach Keller/Viehöver 2006: 107–109; auch Keller 2011: 119).

Schritte
1. Beschreibung des Untersuchungsgegenstands und Festlegung der zu untersuchenden Diskursfelder
2. Einholung von ersten Kontextinformationen und Bestimmung der Analyseziele (Sekundärliteratur, Dokumente, Aggregatdaten, Umfragen, Experteninterviews, Beobachtung)
3. Bestimmung und Begründung der Untersuchungsgrößen sowie Festlegung der Analyseeinheiten, ggf. Aufbau eines Materialkorpus
4. Festlegung der letztendlich verwendeten Datenerhebungsverfahren
5. Datenerhebung und Systematisierung des Datenkorpus
6. Datenfeinanalyse und Datenverdichtung mit Klärung der Angemessenheit für Untersuchungsfrage
7. Verdichtung der Analyseergebnisse der Feinanalyse zu Typen
8. Interpretation und Präsentation der Ergebnisse mit Blick auf Gegenstände, Akteure, Zusammenhänge, Deutungsschemata, Praktiken, Diskursstrategien (Einbezug auch nicht diskurstheoretischer Erklärungsansätze)

die Verbindung zur Gesellschaftstheorie macht aus der Analyse medialer Diskurse eine Diskusanalyse (zumindest im Verständnis von Foulcault).

Zu einer Diskursanalyse wird eine Analyse von Medien erst, wenn die gesellschaftsbezogene Deutung mit in die Interpretation einfließt und die politischen und sozialen **Kontexte** hinreichend in die Dekonstruktion des Betrachteten einbezogen werden. Diese Kontextorientierung ist die größte Stärke der Diskursanalyse, ist es so doch möglich, die Verflechtungen von gesellschaftlichen Phänomenen sichtbar zu machen. Gleichzeitig ist dieser Schritt mit dem angesprochenen **Ressourcenproblem** verbunden. Ist schon das für die Erfassung und Dekonstruktion der Diskurse zu verwertende Material nicht ohne Weiteres handhabbar, so ist dies mit den zusätzlichen Beziehungen zu verschiedensten Kontexten noch schwieriger umzusetzen. Entsprechend muss man sich wohl damit zufriedengeben, dass keine Diskursanalyse Diskurse jemals auch nur annähernd vollständig erfassen kann (Bohnsack u. a. 2011: 38). Was erfasst werden kann, sind Machtstrukturen, strategische und taktische Interessen von Akteuren und nicht auf den ersten Blick erkennbare Ideen, die Diskurse leiten. Dies ist, selbst wenn man sich vergegenwärtigt, dass nicht alles soziale Handeln von Diskursen gesteuert wird, gerade für Politikwissenschaftler ein durchaus interessanter Erkenntnisgewinn.[36] Es auch wichtig anzumerken, dass mediale Produkte nicht die einzig mögliche Textform sind, die mit Diskursanalysen oder mit dem Ziel der Erstellung einer Diskursanalyse untersucht werden können.

---

[36] Dieser Anschein wird manchmal erweckt, wenn Diskurse ziemlich direkt als die Beschreibung der Realität und von Handlungen dargestellt werden. Diskurse machen aber immer nur einen Teil der sozialen Realität aus.

> **Diskursanalyse in der Anwendungspraxis**
> Will man Diskursanalysen durchführen, so sollte man sich dem Anspruch des Ansatzes gewahr sein und seine theoriekonzeptionelle Seite wie auch seine Umsetzung für das eigene Forschungsprojekt klar sichtbar machen. Vermieden werden sollte eine einfache Gleichsetzung von Diskursanalyse mit qualitativen Medienanalysen, was nicht bedeutet, dass Diskursanalysen nicht analytisch unter Verwendung des Verfahrens der qualitativen Inhaltsanalyse durchgeführt werden sollten. Die Diskursanalyse setzt ein hohes Reflexionsvermögen sowie oft auch einen hohen zeitlichen Aufwand voraus.

An dem stärkeren Einbezug der Individuen und damit einer Abkehr von der bei Foucault teilweise abzulesenden Determiniertheit des individuellen Handelns durch die Diskurse setzt eine systematische Erweiterung oder Begrenzung an – die **wissenssoziologische Diskursanalyse** von Keller (2010, 2011). Für diese ist der Blick auf die gesellschaftliche Produktion symbolischer Ordnungen und gesellschaftlicher Wissensbestände zentral. Dieses Denken stellt eine Brücke zwischen der Wissenssoziologie und anderen Zugängen der Diskursforschung her. In Anlehnung an wissenssoziologische Überlegungen (Berger/Luckmann 1967) gesteht Keller dem Individuum eine höhere Selektivität in der Aneignung und im Vertrauen in die Diskurse zu. Die Diskurse umgeben zwar die Individuen, jene können aber teilweise besser als es ihnen Foucault zutraut, die Diskurse deuten und sich zu ihnen verhalten. In der Variation ihrer Positionen kommt ihnen die Existenz sich überschneidender Diskurse wie auch die Sichtbarkeit von Konfliktparteien in den Diskursen zugute. Nutzen dieser **Weiterführung** der Diskursanalyse ist vor allem die Herstellung des systematischen **Anschlusses an inhaltsanalytische Vorgehen**. Diskursanalysen werden dann zum Überbau gezielt durchgeführter qualitativer Inhaltsanalysen, welche einen kritischen und reflexiven Hintergrund in der Interpretation besitzen. An diesen Ausführungen wird ersichtlich: Die Diskursanalyse ist, trotz ihrer Beliebtheit, eigentlich ein Vorgehen, von dem in **studentischen Arbeiten** eher **abzuraten** ist. So fokussiert sich die Fragestellung nicht „natürlich" oder selbstgängig auf ein begrenztes Ereignis, das zudem zeitlich klar abgrenzbar ist. Hier sind weitreichende Entscheidungen des Forschers gefragt – und oft auch einiges an Erfahrung. Zudem ist Theoriesicherheit notwendig. Die Diskursanalyse empfiehlt sich eher für systematischer angelegte Dissertationsarbeiten, bei denen ein längerer Zeitraum zur Bearbeitung zur Verfügung steht. Für studentische Arbeiten eher tragbar, wenn auch nicht zu unterschätzen, sind Medienanalysen, die über begrenzte Zeiträume auf ein Ergebnis konzentriert werden können.

> **Sozialwissenschaftliche Diskursanalyse**
> „Die sozialwissenschaftliche Diskursforschung beschäftigt sich mit dem Zusammenhang zwischen Sprechen/Schreiben als Tätigkeit bzw. sozialen Praktiken und der (Re-)Produktion von Sinnsystemen/Wissensordnungen, den darin eingebundenen sozialen Akteuren, den diesen Prozessen zugrunde liegenden Regeln und Ressourcen sowie ihren Folgen in sozialen Kollektiven" (Keller 2011: 8).

5.5.4 Triangulation und Mixed-Methods-Designs

Ziel von Mixed-Methods-Designs ist es, unterschiedliche sozialwissenschaftliche Methoden zum Zweck eines gemeinsamen Erkenntnisinteresses zu verknüpfen. Mixed Methods werden als ein **Forschungsdesign** und **nicht** als eine **Methode** verstanden (Creswell/Piano 2007: 5). Ausgangspunkt ist die Erkenntnis, dass monomethodische Vorgehen auf Erkenntnisgewinn verzichten, weil sie dazu neigen, ihre eigenen blinden Flecken systematisch zu ignorieren – und nur einen Teil der möglichen Information zu erheben. Die jahrelangen Konfrontationsstellungen zwischen qualitativen und quantitativen Forschern sind ein entscheidender Grund für diese Abschottungsstrategie mancher Forscher gegenüber jeweils anderen Methoden. In jüngerer Zeit hat sich das Interesse hinsichtlich einer **geregelten Zusammenführung** von unterschiedlichen Zugängen zu Fragestellungen der Sozialwissenschaften erheblich erweitert, was sich in einem enormen Wachstum an Literatur widerspiegelt (Bergmann 2008; Creswell 2003, 2009; Creswell/Piano Clark 2011; Kuckartz 2012; Tashakkori/Teddlie 2010).[37]

In Mixed-Methods-Designs werden nicht nur Erhebungs- und Analysemethoden sowie deren Ergebnisse zusammengeführt, sondern auch deren **wissenschaftstheoretische Hintergrundkonzepte** zueinander in Beziehung gesetzt. Die Verknüpfung kann dabei auf unterschiedliche Weise und an unterschiedlichen Stellen des Forschungsprozesses stattfinden. Zum einen gibt es Designs mit einem **Übergewicht** entweder des qualitativen oder des quantitativen Zugangs (*dominant-less* vs. *dominant studies*), zum anderen gibt es Designs, in denen beide methodischen Vorgehensweisen einen egalitären Status besitzen (*equivalent status designs*). Zum Beispiel kann eine qualitative Vorstudie als Hilfe für eine spätere quantitative Umfrage, die dann den Fokus für die später entstehende Interpretation bildet, dienen. Umgekehrt ist es möglich, statistische Grunddaten als begleitende (Kontext-)Information für qualitative Interviews heranzuziehen, ohne ihnen eine zentrale Bedeutung für das Gesamtergebnis und die zugrunde liegende Argumentationsstruktur zuzugestehen (siehe Tabelle 5.25). Neben der Wertigkeitsbestimmung zwischen qualitativen und quantitativen Zugängen dienen **zeitliche Variationen** als Unterscheidungsmerkmal von Mix-Methods-Designs. Studien können in zeitlich voneinander abhängiger Weise (*sequentiell studies*) oder aber parallel (*parallel/simultaneous studies*) zueinander durchgeführt werden (Creswell 2003: 208–226; Tashakkori/Teddlie 1998: 17–18). Beispielsweise werden über Leitfadeninterviews Sachverhalte in ihren Mechanismen entfaltet, woran sich eine Theoriebildung anschließt, die dann mit standardisierten Methoden einer testenden Überprüfung unterzogen wird.

---

37 Aufgrund der räumlichen Beschränktheit werden die Vorgehensweisen von Mixed-Methods-Designs nur konzentriert dargestellt. Zur intensiveren Auseinandersetzung sei auf die Lehrbücher von Creswell (2009; Creswell/Piano-Clark 2011) und Tashakkori/Teddlie (1998, 2010) verwiesen. Hinweise auf die Anwendung finden sich auch bei S. Pickel (2009).

> Überlegen Sie bei der Planung deines Forschungsdesigns nicht nur, welche Methode sie verwenden wollen, sondern auch, ob sich für ihre Fragestellung eine sinnvolle Methodenkombination anbietet. Es gibt immer mehrere Wege in einem Projekt vorzugehen. Planen Sie gründlich und prospektiv – und legen sie ihr Design fest.

Ergebnisse statistischer Analysen können auch durch eine Überprüfung auf der qualitativen Ebene (z. B. Experteninterviews, narrative Interviews) vertieft und in ihrem Zusammenwirken präzisiert werden. Dabei fließt die Überlegung qualitativer Forschungslogik nicht linearen Vorgehens in Mixed-Methods-Designs ein und führt zu stärkeren Wechselprozessen zwischen unterschiedlichen Erhebungsformen. Quantitative Studien stellen über Typisierungen speziell Hinweise für ein gezieltes *sampling* für qualitative Untersuchungsteile bereit. Deren Ergebnisse können dann wiederum an die repräsentativen Verteilungen zurückgebunden werden. Insgesamt bestehen also **mehrere Wege**, Methoden sinnvoll in einem Design miteinander zu verbinden.

Die **Vorteile** der Mixed-Methods-Designs liegen in der Kumulation der Erkenntnisse und der wechselseitigen Abdeckung von Schwachpunkten der einzelnen Vorgehensweisen. Dem steht der hohe Aufwand eines solchen Designs gegenüber. Zudem sollte man reflektiert sein, was die Anwendung von Mixed Methods angeht. **Nicht** um jeden Preis sollte eine Verbindung unterschiedlicher Ergebnisse **erzwungen** werden, wenn sich diese inhaltlich nicht decken. Es eben dann nicht klar, welcher und ob überhaupt einer der Zugänge richtig liegt. Zudem finden sich Schwierigkeiten praktischer Natur. Selten sind einzelne Forscher in der Lage, unterschiedliche Verfahren in gleich kompetenter Weise durchzuführen und die Verknüpfung unterschiedlicher methodischer Vorgehen innerhalb eines Projekts ist extrem zeit- und ressourcenintensiv. Allerdings darf deswegen ein Methodenmix nicht grundsätzlich an der mangelnden Offenheit für Methodenpluralismus scheitern. Strukturierte Mixed-Methods-Modelle können hilfreich sein, eine breitere, ergebnisorientierte Sicht zu eröffnen.

Ein typisches und vielleicht das verbreiteste Verfahren, das als Mixed-Methods-Design in den Sozialwissenschaften zum Einsatz kommt, ist die **Triangulation**. Sie ist für die Verbindung von Modellen unterschiedlicher Verfahren wie auch Untersuchungsebenen hilfreich. Unter Triangulation versteht man die Kombination von verschiedenen Methoden, Forschern, Untersuchungsgruppen, lokalen und zeitlichen Forschungsansätzen und theoretischen Perspektiven bei der Analyse *eines* Untersuchungsgegenstands (Flick 1999: 249; 2014). Das Vorgehen der Triangulation versucht auf theoretischem oder inhaltlichem Wege, Ergebnisse, die mit zwei unterschiedlichen Verfahren gewonnen wurden, über einen **Anker** – in der Regel das inhaltliche Ziel der Analyse – zu verbinden. Die **Spannbreite** der einzubeziehenden Verfahren ist groß. Gleichzeitig muss der Forscher Festlegungen vornehmen und Entscheidungen treffen, denn alle einbezogenen Verfahren müssen hinsichtlich der Forschungsfrage vergleichbar bzw. verknüpfbar sein. Bei einer Triangulation können dann zum Beispiel Daten aus quantitativen Erhebungen, Aggregatdaten wie das Brut-

Tab. 5.25: Formen von Mixed-Methods-Studien (Zusammenstellung Tashakkori/Teddlie 1998: 15; Großbuchstaben kennzeichnen dominante Strukturen).

äquivalente Designs	sequenziell	qualitativ → quantitativ
		quantitativ → qualitativ
	parallel	qualitativ + quantitativ
		quantitativ + qualitativ
dominante Designs	sequenziell	QUALITATIV → quantitativ
		QUANTITATIV → qualitativ
weniger dominante Designs	parallel	QUALITATIV + quantitativ
		qualitativ + QUANTITATIV
Einzeleinsatz während einer Stufe der Studie	Untersuchungstyp	qualitativ oder quantitativ
	Datenerhebung	qualitativ oder quantitativ
	Datenanalyse	qualitativ oder quantitativ
Mehrfacheinsatz während einer Stufe der Studie (Mixed-Model-Design)	Untersuchungstyp	qualitativ und/oder quantitativ
	Datenerhebung	qualitativ und/oder quantitativ
	Datenanalyse	qualitativ und/oder quantitativ

tosozialprodukt eines Landes oder Daten aus der Umfrageforschung sowie Ergebnisse aus offenen Interviews bzw. Analysen von Parteiprogrammen oder Gesetzestexten trianguliert werden – sofern sie auf die gleiche Fragestellung zielen.

Mixed-Methods-Designs
Mixed-Methods-Designs versuchen, eine verschiedene Methoden übergreifende Position zur Beantwortung einer Fragestellung einzunehmen und die Schwachstellen der einzelnen Methoden durch Verwendung weiterer Methoden auszugleichen. Dabei können sowohl qualitative als auch quantitative Ansätze miteinander verbunden werden. Sie stehen allen verfügbaren Methoden der Politikwissenschaft sowie wissenschaftstheoretische Denkweisen offen. Die Umsetzung von Mixed-Methods-Designs erfordert einen hohen Aufwand, weshalb sie eher für größere Forschungsprojekte als für kleinere Arbeiten (Studierende, Einzelforscher) zu empfehlen sind. Die Triangulation stellt die bekannteste und am weitesten ausgearbeitete Form eines Mixed-Methods-Designs dar.

Die Triangulation folgt keinem strengen technischen Design, sondern setzt auf **inhaltliche Verknüpfungsaspekte** zwischen den Ergebnissen. Als **Vorteil** zu sehen ist, dass eine Triangulation methodisch erst einmal **relativ einfach durchzuführen** ist – zumindest solange geeignetes Datenmaterial zur Verfügung steht. Zweitens schaffen Triangulationen einen **Informationsgewinn**, der über eine einfache Parallelität von Datenanalysen hinausgeht. Dies gilt in besonderem Ausmaß für die Vergleichende Politikwissenschaft mit ihren Ergebnisstrukturen auf der Mikro- und der Makroebene bzw. auf der Aggregat- und Individualebene (Lauth u. a. 2015): So unterscheiden sich Individualdatenanalysen in ihrem Geltungsbereich zwar von Aggregatdatenanalysen, beide zusammen können aber als Hinweis auf eine globale Verbindung gedeutet werden, die eine Verallgemeinerung eines Zusammenhangs ermöglicht. Ihre hauptsächliche Anwendung besitzt die Triangulation in der **Verknüpfung** von qualitativen Verfahren oder von qualitativen Verfahren mit statistischen Ergebnisstrukturen.

> Wenn Sie sich für eine Triangulation entscheiden, denken Sie frühzeitig sowohl an ihre Kapazitäten als auch daran, welche Ergebnisse aus welchen Verfahren sie in die Triangulation einbeziehen wollen.

In der Triangulation können unterschiedliche Formen der Datenerhebung (*between-method*) und verschiedene Datenquellen innerhalb einer Erhebungsmethode (*within-method*) miteinander verbunden werden. Denzin (1978, 1989) unterscheidet Triangulation anhand der Kriterien Raum, Zeit und Personen: Der Untersuchungsgegenstand soll möglichst zu verschiedenen Zeitpunkten, an verschiedenen Orten und anhand verschiedener Personen analysiert werden. Die **Untersuchertriangulation** bezieht sich auf den Einsatz mehrerer Forscher zum systematischen Vergleich des (Interviewer-)Einflusses auf den Analysegegenstand. Die **Theorientriangulation** nutzt unterschiedliche theoretische und hypothetische Blickwinkel auf den Untersuchungsgegenstand, um seiner Komplexität auf die Spur zu kommen (Denzin 1989: 237–238). Bei der Kombination qualitativer und quantitativer Datenerhebungs- und Analysemethoden können drei Ansätze verfolgt werden (Jakob 2001):

1. Im **Phasenmodell** dienen qualitative Verfahren zur Hypothesengenerierung, die Hypothesenüberprüfung erfolgt anschließend mittels standardisierter Verfahren der quantitativen Sozialforschung.
2. Das **Konvergenzmodell** dient der Validierung der Analyseergebnisse durch die Kombination quantitativer und qualitativer Methoden der Datenerhebung, die als gleichberechtigt betrachtet werden.
3. Im **Komplementaritätsmodell** werden mit der jeweiligen Methode unterschiedliche Gegenstandsbereiche erhoben, die zur Beantwortung der (gemeinsamen) Forschungsfrage ergänzend bearbeitet werden.

Die Anlage beider Erhebungstechniken – vertiefende versus verallgemeinernde Analysen – ermöglicht eine **Kombination in allen Phasen des Forschungsprojekts**. Die Datenerhebungstechniken der qualitativen Sozialforschung können genutzt werden, um eine Fragestellung zu konkretisieren, einzugrenzen oder zu formulieren. Die Ergebnisse sogenannter explorativer Interviews eignen sich beispielsweise gut, um Fragen für standardisierte Interviews zu entwerfen, die dann einer großen Stichprobe vorgelegt werden können (Phasenmodell). So werden schwer zu korrigierende Fehler bei teuren Datenerhebungen mittels Umfragetechnik vermieden. Die Koppelbarkeit hilft sowohl, Ergebnisse zu präzisieren, als auch Fehler zu vermeiden. Ein Beispiel: Nach der Analyse des quantitativen Datenmaterials, das sich sowohl aus Aggregatdaten als auch aus Individualdaten oder aus beiden Datenarten zusammensetzen kann, bietet eine erneute Phase qualitativer Interviews die Möglichkeit, Interpretationsansätze der Ergebnisse statistischer Analysen zu vertiefen und/oder zu erweitern

(Konvergenzmodell bzw. Komplementaritätsmodell). Alle **Analysen zusammengenommen** erlauben dann einen Blick auf die Rahmenbedingungen (Aggregatdaten), die eine bestimmte Kausalkette (Hypothese) auslösen, auf die innergesellschaftlichen Einstellungszusammenhänge (Individualdaten), welche diese Kausalkette erklären, und auf mögliche Bedeutungs- und Bewusstseinszusammenhänge (qualitative Interviews), welche die Entstehung bestimmter Einstellungen der Individuen begründen.

Die Triangulation
Die Triangulation nimmt die logisch-interpretative Verbindung von Ergebnissen unterschiedlicher Analysen vor und versucht, eine stärkere Stützung der Verallgemeinerbarkeit von Ergebnissen zu erreichen. Dabei können verschiedene Analyseverfahren (*between method*) und verschiedene Datenressourcen (*within method*) miteinander verbunden werden. Die Triangulation eignet sich zum Beispiel für die Einbindung von Experteninterviews in eine verallgemeinernd angelegte Analyse oder von Umfragedaten in eine Diskursanalyse. Die Triangulation ist vielseitig verwendbar. Sie eignet sich aufgrund ihrer Flexibilität und Ergebnisoffenheit speziell für den Erstzugang zu neuen Forschungsfeldern. Zudem ermöglicht sie ein hohes Maß an Kontrolle inhaltlicher Ergebnisse durch verschiedene Zugänge.

Die Triangulation quantitativ gewonnener Daten bezieht sich auf die Verknüpfung von Individual- und Aggregatdaten und wird als **quantitative Triangulation** (*within method*, wenn man sich auf die Verarbeitungstechnik der Daten bezieht; *between method*, wenn die Erhebungstechniken der Daten gemeint sind) bezeichnet (Pickel 2009). Sie ist gut geeignet, um Rahmenbedingungen für die Strukturen der Sozialbeziehungen (Makro- oder Aggregatdaten), das heißt auch der gesellschaftlichen Systeme, mit den kulturellen Voraussetzungen innerhalb der Gesellschaft (Mikro- oder Individualdaten), also Einstellungen und Verhaltensweisen, zu verbinden.

5.5.5 Mehrebenenanalyse – der Kontext in den Individualdaten

Bei der Mehrebenenanalyse handelt es sich um ein Verfahren, das dazu genutzt wird, **quantitative Daten auf der Makroebene mit Daten auf der Mikroebene** zu verbinden. Ziel ist es, Kontexteffekte (Effekte auf der Makroebene) hinsichtlich ihrer Wirkung auf individuelle Handlungen und Einstellungen zu kontrollieren. Es geht darum, auf der Individualebene bestehende Erklärungszusammenhänge hinsichtlich ihrer Kontextabhängigkeit zu kontrollieren. Dies ist besonders vor dem Hintergrund unterschiedlicher kultureller Kontexte, aber auch divergierender Strukturbedingungen interessant. Da es sich um ein fortgeschrittenes statistisches Vorgehen handelt, welches exakte Erläuterungen zur eigenen Durchführung benötigt, wird hier nur auf das **Prinzip** der Mehrebenenanalyse eingegangen. Die Mehrebenenanalyse arbeitet in auf Basis der kausalen Logik der Regressionsanalyse (Pötschke 2006; Snijders/Bosker 2013). Über statistische Prozeduren (überwiegend Regressionen und Analyse von Kovarianzen) wird berechnet, inwieweit sich auf der Aggregatebene liegende Kontextfaktoren auf Zusammenhänge zwischen zwei Variablen auf einer untergeordneten Ebene auswirken. Der zentrale Gewinn der Mehrebenenanalyse ist die systematische Berücksichtigung von **Kontextfaktoren** auf der Aggregatebene. Dieser ist innerhalb von Individualdatenanalysen – zum Beispiel durch die Verwendung von Ländern als Dummy-Variablen – nur ungenügend gewährleistet.[38]

Die Mehrebenen oder Multi-Level-Analyse knüpft an das Vorgehen der klassischen **Kontextanalyse** an, die ihre Genese in der Bildungsforschung hatte (Langer 2004: 11–14). Der Grundgedanke ist, dass ein auf der Individualebene angesiedelter Zusammenhang $x_1 \rightarrow y_1$ (mehr Scheidung → mehr Selbstmord bei Einzelpaaren) in einer gewissen Abhängigkeit zu einem Kontextzusammenhang $X_{1-k} \rightarrow Y_{1-k}$ (Gebiete mit höherer Scheidungsrate → höhere Selbstmordrate) steht. Diese als Cross-Level-Wechselwirkung bezeichnete Funktion ist das erklärte Untersuchungsziel der Mehrebenenanalyse. Aufgrund dieser Ebenenlogik ist sie besonders für die Vergleichende Politikwissenschaft interessant. Zwei dort in der Analyse von Gesellschaft bestehende Probleme werden behandelt: 1. Durch den gemeinsamen Einbezug von Aggregat- und Individualmerkmalen in die statistische Analyse wird die **Problematik des ökologischen Fehlschlusses** (und auch des individualistischen Fehlschlusses) überwunden, der gestützt auf Zusammenhänge auf einer Analyseebene (falsche) verallgemeinernde Annahmen für die andere Ebene herstellt. 2. Die Untersuchung von Cross-Level-Wirkungen über verschiedene Aggregatebenen hinweg ist in der Lage, **Wirkungszusammenhänge der Kontextbedingungen** und ihre Einflussstärke auf Individualbeziehungen herauszuarbeiten.

Mehrebenenanalyse

Eine Mehrebenenanalyse wird angewendet, wenn auf der untersten Analyseebene eine abhängige Variable besteht, zu der erklärende (unabhängige) Variablen auf unterschiedlichen Ebenen (Mikro- und Makroebene) existieren. Für ihre Analyse ist eine hierarchische – also einschließende – Datenstruktur notwendig. Der Vorzug der Mehrebenenanalyse liegt darin, Veränderungen auf der Makroebene oder der Rahmenbedingungen direkt in die Erklärung von Ereignissen und Handlungen einfließen zu lassen. Ihr Denken ist der Regressionsanalyse verhaftet kausal.

Auf diese Weise lassen sich direkte Auswirkungen der (politischen, sozioökonomischen, institutionellen, sozialen) Strukturen und gemeinsame gesellschaftliche Phänomene in ihrer Auswirkung auf Individualbeziehungen statistisch bestimmen. Da-

---

[38] In früheren Analysen wurden Kontexte als eigene Variable in vergleichende Individualdatenanalysen eingebracht und als Effekte interpretiert. Dieses Vorgehen hat den Nachteil, dass die Aussagekraft gering bleibt und die Dummy-Variable eine Blackbox-Erklärung mit sich bringt, die auch Deskriptionen abdeckt. Einflüsse auf Beziehungen zwischen Individualvariablen sind, wenn überhaupt, nur ausgesprochen aufwändig mittels umfangreicher Interaktionsvariablen einzubringen. Typisch ist die Verwendung von Länderdummys (USA, Frankreich). Sie zeigen überdurchschnittliche oder unterdurchschnittliche Effekte auf die abhängigen Variablen und erreichen schon bei 15 Fällen eine solche Zahl, dass Interaktionseffekte nicht mehr sinnvoll zu modellieren sind.

mit wird kontextuell bedingten Unterschieden von Individualzusammenhängen eine eigenständige Bedeutung zuerkannt und man unterliegt weniger der Gefahr, einmal festgestellte individuelle Korrelationen zu über- oder zu unterschätzen. Entsprechend tragen neben unabhängigen Individualvariablen die unterschiedlichen **Kontexte**, in der die abhängige Variable steht, zur Erklärung vorliegender Varianz bei dieser abhängigen Variablen bei. Variationen im Kontext sind dann sowohl erklärender Faktor für Variationen der abhängigen Variablen, als auch Einflussfaktor für Zusammenhänge zwischen den einbezogenen Variablen auf der Individualebene. Durch das **Ziel der Erklärung kausaler Heterogenität** unter Einbezug von Individualmerkmalen als auch der Erklärung kultureller Heterogenität durch den Einbezug von Aggregatmerkmalen ermöglicht die Mehrebenenanalyse über statistisch formulierte Modelle eine präzisere Kontrolle von Analyseebenen übergreifenden Berechnungen. Die Mehrebenenanalyse ist allerdings keineswegs voraussetzungsfrei. Voraussetzungen für den Einsatz einer Mehrebenenanalyse sind (Hummell 1972; Langer 2008)

- ein **Inklusionsverhältnis** zwischen den Daten der oberen Ebene (Makroebene) und Daten der unteren Ebene (Mikroebene),
- eine **hierarchische Organisationsstruktur** der Daten (bestimmte Daten sind anderen in der Ebene übergeordnet),
- **Metrik** der verwendeten Daten, insbesondere der Kriteriumsvariable,
- **Linearität** der verwendeten Merkmale,
- alle Variablen sind **messfehlerfrei** erhoben,
- die Merkmale sind **aufaddierbar**,
- der Einbezug **nominaler** (exogener) Variablen in die Analyse nur als **Dummy-Variablen**, um ihnen eine metrische Ausprägung zu verleihen (siehe Kapitel 3.2.2, siehe auch Langer 2004: 97).

Dabei wird für beide analytische Ebenen von einem **Minimum von 30 Fällen** ausgegangen (Kreft/de Leeuw 1996). Dies stellt auf der Individualebene (Level-1-Ebene) selten ein Problem dar, wird aber auf der Aggregatebene (Level-2-Ebene) sehr schnell problematisch. So finden sich mit dem Popularitätsgewinn der Mehrebenenanalyse nicht wenige Untersuchungen, die diese Fallzahl auf der Makroebene unterschreiten. Je geringer die Fallzahlen auf der Makroebene, desto geringer ist die Varianz, über die man auf der Makroebene verfügt. Mit dem Fehlen an Varianz entsteht die Gefahr, dass sich zum einen Effekte der Makroebene statistisch gegenüber Individualeffekten in nur begrenztem Umfang in Szene setzen können, zum anderen ist es möglich, dass einzelne, stark abweichende Makrofälle erhebliche statistische Verzerrungen im Ergebnis nach sich ziehen.

Grundvoraussetzung von Mehrebenenanalysen sind Fallzahlen auf beiden Untersuchungsebenen von mindestens 30 Fällen. Mehrebenenanalysen unterhalb von 30 Einheiten sind möglich, aber oft nicht sinnvoll. Prüfen Sie genau, ob eine Mehrebenenanalyse für ihre Fragestellung wirklich angebracht ist.

Tab. 5.26: Hierarchieverhältnisse in der Mehrebenenanalyse (eigene Zusammenstellung nach Langer 2004: 18).

Ebene 3 Länder	Land 1								Land 2							
Ebene 2 Regionen	A				B				A				B			
Ebene 1 Personen	1	2	3	4	5	6	7	8	1	2	3	4	5	6	7	8	9

Besonders hervorzuheben ist auch das Bestehen eines **Inklusionsverhältnisses** zwischen den Indikatoren, das heißt., die Einheiten der einen Ebene (z. B. Individualebene) sind auch Bestandteile einer übergeordneten Ebene (Aggregatebene, z. B. Länder oder Regionen) (Engel 1998: 5; siehe Tabelle 5.26). Beim Inklusionsverhältnis handelt es sich um die Beziehung der untersuchten Einheiten auf Individual- und Aggregatebene zueinander. Die Einheiten auf der Individualebene sollten Untereinheiten der Aggregatebene sein, um eine sinnvolle Mehrebenenanalyse zu ermöglichen. Es existieren Mikroeinheiten, die Untereinheiten der Makroebeneneinheit darstellen. Jedes Merkmal einer untergeordneten Ebene ist gleichzeitig inkludiertes Merkmal einer oder mehrerer übergeordneter Ebenen. In der gleichen Weise, wie Person 5 zur Region B gehört, gehört sie zu Land 1 und zählt Region B zu Land 1. Beides sind also Untertypen des auf der höchsten Ebene gelegenen Aggregats Land 1 und sie werden sowohl durch die Zugehörigkeit zu diesem Kontext (Land 1), als auch zu Kontext Region B beeinflusst (hierzu Lauth u. a. 2014, 2015; Raudenbush/Bryk 2002).

Durch diese Technik ist sowohl die Analyse individueller als auch kollektiver Eigenschaften möglich, besteht nun die Möglichkeit, Veränderungen und Differenzen zwischen Aggregateinheiten auf der Makroebene in ihre Wirkung auf analytisch niedriger liegende Ebenen zu isolieren. Eine Mehrebenenanalyse ist dann sinnvoll, wenn man sich in seiner Fragestellung mit einem Phänomen auseinandersetzt, das einen Effekt auf der Individualebene besitzt, dieser aber von Kontextfaktoren beeinflusst sein kann. Ulrich Rosar illustrierte dies 2003 in einem Beitrag zur Einstellung der Europäer zum Euro, wo er zum Beispiel als Kontextfaktoren verschiedene Ländermerkmale in sein Erklärungsmodell für die Einstellung zum Euro integrierte (Gründungsmitglied Eurozone, Gründungsmitglied EG, überdurchschnittliche Inflation, Überdurchschnittlicher EU-Anteil am Gesamtexport). Sein Ergebnis zeigt sowohl Individualeffekte vom empfundenen subjektiven Nutzen der EU als auch Aggregateffekte auf (Rosar 2003: 241).

Ausgehend von hierarchischen Zwei-Ebenen-Modellen bis hin zu multivariaten logistischen Mehrebenenmodellen haben sich (Engel 1998) verschiedenste Zugänge entwickelt. Dabei kann für alle Modelle zwischen **Individualeffekten** (Effekte, die durch die Variation der Variablen der Mikroebene entstehen), **Systemeffekten** (Effekte, die aus der Variation des Kontexts heraus entstehen) und **Kompositionseffekten** (Effekte, die aus einer Verbindung von Aggregat- und Individualeffekt entstehen) unterschieden werden (siehe Abbildung 5.4). Aufgrund ihres erklärenden Charakters

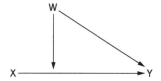

Abb. 5.4: Grafische Logik der Mehrebenenanalyse (Rosar 2003: 227).

sind Mehrebenenanalysen überwiegend auf kausale Analyseformen und damit auf die statistische Methode der Regressionsanalyse ausgerichtet. Die Logik der Mehrebenenanalyse lässt sich mit einem Diagramm von Rosar (2003: 227) beschreiben. Der Kontexteffekt W wirkt sich auf die Beziehung X → Y auf der Individualebene aus und sorgt für eine Moderation dieses Zusammenhangs. Als Folge kann sich sowohl das Endergebnis als auch die Struktur und Stärke des Zusammenhangs verändern.

Alle Umsetzungen der Mehrebenenanalyse setzen sich mit der statistischen Abbildung dieser Beziehungen auseinander. Zwar rücken auch logistische Beziehungsformen in den Blick, zentral bleiben allerdings **lineare** Betrachtungsformen. Mehrebenenanalysen sind **hierarchisch** (Makroebene – Mikroebene) geordnet und zählen zu den Ansätzen des *Hierarchical Linear Modelling* (Bryk/Raudenbush 2002). Mittlerweile ist es möglich, die Mehrebenenanalyse auf Panel- und Zeitreihenanalysen zu erweitern. Multi-Level-Analysen haben sich fest im Kanon der Politikwissenschaft etabliert und schließen eine Lücke zwischen Makro- und Mikroebene der Analyse.

Die Mehrebenenanalyse

Das Verfahren der Mehrebenenanalyse zielt auf die technische (regressionsbasierte) Verbindung von Aggregat- oder Kontextfaktoren mit Faktoren der Mikroanalyse. Letztere werden dabei als Untereinheiten der Makroebeneneinheiten benötigt, um eine analytische Verknüpfung zu ermöglichen. Die Mehrebenenanalyse besitzt den Vorteil, sowohl die Fehlschlussproblematik hinter sich zu lassen als auch einen direkten Vergleich von Individual- und Aggregateffekten zu ermöglichen. Dabei kann gezielt zwischen Aggregateffekten, Individualeffekten und Kompositionseffekten unterschieden werden. Allerdings setzt die Mehrebenenanalyse ein gutes Verständnis statistischer Methoden voraus und sollte nicht unterhalb von 30 Fällen auf der Makroebene durchgeführt werden.

Gleichzeitig werden Mehrebenenanalysen (zu) gerne als probates Allheilmittel für irgendwie den Mikro-Makro-Link betreffende Analysen angewandt. Grund hierfür ist, dass Mehrebenenanalysen den Eindruck hoher statistischer Kenntnisse des Anwenders sowie eine statistischen Relevanz und Reliabilität des Ergebnisses vermitteln, die nicht zwingend gegeben sein muss. Ohne entsprechende Kenntnisse und eine gute theoretische Rahmung kann die Verwendung von Mehrebenenanalysen zu Fehlinterpretationen und falscher statistischer Sicherheit führen. Zudem muss man sich der anvisierten Aussageebene bewusst sein. Liegt sie auf der **Mikroebene**, dann sind Mehrebenenanalysen hilfreich, liegt sie auf der Makroebene, so muss das exakte Untersuchungsziel genau bestimmt werden, werden doch vor allem Individualeffekte bemessen. Wie alle anderen Methoden erfordert auch die Wahl der Mehrebenenanalyse eine bewusste und durchdachte Entscheidung sowie Interpretation.

5.6 Fazit

In Kapitel 5 wurden verschiedene Analysemethoden vorgestellt. Sie differieren in ihrer Anwendung je nach zur Verfügung stehendem Datenmaterial und umfassen sowohl quantitative als auch qualitative Zugänge. Innerhalb der – grob getrennten – Bereiche von qualitativ und quantitativ besteht eine **hohe Variationsbreite an Analysemöglichkeiten**. Die Entscheidung für eine bestimmte Analysemethode erfolgt nicht erst zum Zeitpunkt der Datenanalyse – und auf keinen Fall ist sie ein Zufallsprodukt. Die Entscheidung über die spätere Auswertung ist bereits zu Beginn eines Projekts, bei der Planung des methodischen Zugangs und des Untersuchungsdesigns, zu treffen. Dies schließt Variationen und Ergänzungen im Auswertungsvorgehen zu einem späteren Zeitpunkt nicht aus, hilft aber bei der Ausrichtung der Erhebung des Datenmaterials. So muss dieses Datenmaterial für verschiedene Verfahren in einer bestimmten Art und Weise vorliegen – und gelegentlich ist eine entsprechende Erhebungsform und ein entsprechendes Erhebungsformat nicht mehr nachträglich korrigierbar. Dies gilt speziell für das eine oder andere qualitative Analysevorgehen. Qualitative Analysen setzen häufiger auf einen iterierenden **Wechselschritt zwischen Analyse und neuer Datengewinnung**. Umgekehrt ist es in der Surveyforschung schwierig, einmal entstandene Lücken im Datenmaterial zu korrigieren, sind diese doch an sich abgeschlossen und auch teuer. Angewandte statistische Methoden sind wiederum vielfältiger kombinierbar als es manchem Forscher bewusst ist: Faktorenanalysen sind zum Beispiel eher eine Vorstufe der Clusteranalysen als das sie diese ausschließen.

Aus pragmatischen Gründen haben wir uns bei der Darstellung in Kapitel 5 besonders auf zwei Analysetechniken konzentriert: die **statistische Analyse** von quantitativen Daten (mit dem Beispiel aus der Umfrageforschung) sowie die qualitative Inhaltsanalyse (mit dem Beispiel des Experteninterviews). Beide scheinen uns vor dem Hintergrund studentischer empirischer Arbeiten am interessantesten. Die auf Inhaltsanalysen aufbauende **Diskursanalyse** sowie das stärker auf Sinnrekonstruktion ausgerichtete Vorgehen der Grounded Theory wurden ebenfalls detaillierter vorgestellt. Beide erfahren gewinnen in der Politikwissenschaft an Bedeutung, speziell in den Kreisen jüngerer Forscher. Die **Grounded Theory** hat den Vorteil, dass sie in einem gewissen Kontrast zur qualitativen Inhaltsanalyse ein stark iterativ arbeitendes Vorgehen ist, das primär theoriegenerierend und klar auf **Sinnrekonstruktion** angelegt ist. Man kann es zu den interpretativen Verfahren zählen (Kleemann u. a. 2009). Eine solche Einschätzung trifft für die **qualitative Inhaltsanalyse** nur teilweise zu. Ihre Form der Sinnrekonstruktion ist noch stärker textbasiert als ohnehin in der qualitativen Forschung üblich und mehr auf die handwerkliche Durchführung der Analyse ausgelegt. Die Entscheidung für diese methodischen Zugänge bedeutet nicht, dass die anderen, nur skizzierten Verfahren weniger relevant sind. Objektive Hermeneutik, Bearbeitung von digitalen Textkorpusdaten oder auch Narrationsanalysen können genauso zum politikwissenschaftlichen Erkenntnisgewinn beitragen. Gleichwohl finden sie bislang geringe Anwendung in der Politikwissenschaft. Entsprechend haben wir ihre Beschreibung im Dienste der Kürze des vorliegenden Buches zurückgestellt. Um sich vertieft mit den verschiedenen Methoden auseinanderzusetzen, kann nur empfohlen werden, die angegebene **Referenzliteratur** zurate zu ziehen.

Kapitel 5 beschließen kombinierende Verfahren. **Triangulation**, Mixed-Methods-Designs oder auch die **Mehrebenenanalyse** können dazu dienen, Ergebnisse verschiedener Analysen, aber auch Makro- und Mikroebene direkt in der Analyse zu verbinden.

5.7 Weiterführende Literatur

Quantitative Methoden

K. Backhaus; B. Erichson; W. Plinke; R. Weiber (2003): Multivariate Analysemethoden. Eine anwendungsorientierte Einführung. Heidelberg (10. Aufl.).
Standardwerk für das Erlernen der multivariaten Analyse mit ausführlicher Darstellung der verschiedenen Analyseverfahren; speziell zur Vertiefung und zum Erlernen multivariater Analyseverfahren geeignet und zu empfehlen.

J. Behnke; N. Baur; N. Behnke (2010): Empirische Methoden der Politikwissenschaft. Paderborn (2. Aufl.).
Detaillierte Darstellung der in den Politikwissenschaften angewendeten Methoden; sehr empfehlenswert für Einsteiger in die Politikwissenschaft; politikwissenschaftliche Beispiele bei enger Anbindung an die sozialwissenschaftliche Kernmethodik, die quantitative Aspekte aufnimmt und über den Weg der Grounded Theory auch qualitative Zugänge berücksichtigt.

J. Behnke; N. Behnke (2006): Grundlagen der statistischen Datenanalyse. Eine Einführung für Politikwissenschaftler. Wiesbaden.
Mit Aspekten der Wissenschaftstheorie beginnende Einführung in die statistischen Auswertungsverfahren der Sozialwissenschaften; Schwerpunkt sind Beispiele für Politikwissenschaftler.

A. Diekmann (2007): Empirische Sozialforschung. Grundlagen, Methoden, Anwendungen. Reinbek bei Hamburg (11. Aufl.).
Grundlagenbuch der empirischen Sozialforschung, das verschiedene Methoden der empirischen Sozialforschung vorstellt und beschreibt; Standardwerk im studentischen sozialwissenschaftlichen Haushalt.

D. N. Gujarati (2015): Basics Econometrics. New York (6. Aufl.).
Basisbuch mit Hinweisen zu verschiedenen statistischen Verfahren bis hin zu ausgesprochen hochwertigen und komplexen Analysevorgehen.

J. Hirschle (2015): Soziologische Methoden. Eine Einführung. Weinheim.
Kompaktes Einführungsbuch in verschiedene Bereiche der sozialwissenschaftlichen Methodik mit pragmatischer Darstellung verschiedener Auswertungsverfahren.

G. Kockläuner (2000): Multivariate Datenanalyse. Am Beispiel des statistischen Programmpakets SPSS. Braunschweig.
Schlankes Buch, das anhand von SPSS-Beispielen verschiedene multivariate Analyseverfahren darlegt.

J. Maier; H. Rattinger (2000): Methoden der sozialwissenschaftlichen Datenanalyse. München.
Auf politikwissenschaftliche Auswertungsverfahren zielendes Buch mit verschiedenen Beispielen; speziell der Durchführung von Regressionsanalysen, Faktorenanalysen und Clusteranalysen wird Raum gegeben; klar und verständlich geschrieben.

C. Schendera (2009): Clusteranalyse mit SPSS. Mit Faktorenanalyse. München.
Breitere Auseinandersetzung mit der Clusteranalyse und ihren verschiedenen Varianten in SPSS; zusätzlich wird die Faktorenanalyse behandelt.

F. Schimmelfennig (2006): Prozessanalyse. In: J. Behnke; T. Gschwend; D. Schindler; K.-U. Schnapp (Hrsg.): Methoden der Politikwissenschaft. Neuere qualitative und quantitative Analyseverfahren. Baden-Baden: 263–272.
Kompakte und verständliche Darstellung der Prozessanalyse innerhalb der Politikwissenschaften, die auch deren Probleme nicht auslässt.

B. Rasch; M. Friese; W. Hofmann; E. Naumann (2010) (Hrsg.): Quantitative Methoden 1. Einführung in die Statistik für Psychologen und Sozialwissenschaftler Heidelberg (3. Aufl.).
Auf statistische Auswertungen und vor allem Schätz- und Testverfahren ausgerichtetes Lehrbuch; speziell der T-Test wie auch Kovarianz und Korrelationen werden ausführlich dargestellt.

U. Wagschal; M. Grasl; S. Jäckle (2009): Arbeitsbuch Empirische Politikforschung. Berlin.
Auf praktische Beispiele ausgerichtetes Arbeitsbuch für in der Politikwissenschaft angewendete Verfahren; klar auf Beispielaufgaben ausgerichtet.

G. Wenzelburger; S. Jäckle; P. König (2014): Weiterführende statistische Methoden für Politikwissenschaftler. Eine anwendungsorientierte Einführung mit Stata. München.
Arbeitsbuch für multivariate Analyse- und Auswertungsverfahren mit politikwissenschaftlichen Beispielen.

Qualitative Methoden

J. Behnke; N. Baur; N. Behnke (2010): Empirische Methoden der Politikwissenschaft. Paderborn (2. Aufl.).
Detaillierte Darstellung der in den Politikwissenschaften angewendeten Methoden; sehr empfehlenswert für Einsteiger in die Politikwissenschaft; politikwissenschaftliche Beispiele bei enger Anbindung an die sozialwissenschaftliche Kernmethodik, die quantitative Aspekte aufnimmt und über den Weg der Grounded Theory auch qualitative Zugänge berücksichtigt.

A. Bogner (2014): Interviews mit Experten. Wiesbaden.
Detaillierte Beschäftigung mit Experteninterviews – vom Zugang über die Durchführung bis hin zu Problemen spezifischer Punkte des Experteninterviews.

R. Bohnsack (2014): Rekonstruktive Sozialforschung. Einführung in qualitative Methoden. Opladen (9. Aufl.).
Einführung vor allem in das Vorgehen der dokumentarischen Methode; beschreibt zugleich zentrale Denkweisen und die Form des offenen Zugangs zu Gruppendiskussionen und Interviews; Formen der gemeinsamen Interpretation werden ausführlich diskutiert.

R. Bohnsack; W. Marotzki; M. Meuser (2011): Hauptbegriffe Qualitativer Sozialforschung. Opladen (3. Aufl.).
Auf die knappe Darlegung von Begriffen der qualitativen Sozialforschung ausgerichtetes Handbuch, das sich gut als Nachschlagewerk eignet.

U. Froschauer; M. Lueger (2003): Das qualitative Interview. Wien.
Einführungsbuch in die Durchführung und Auswertung qualitativer Interviews; ein spezieller Schwerpunkt wird auf die Feinstrukturanalyse gelegt.

U. Flick (2014): Qualitative Sozialforschung. Eine Einführung. Reinbek bei Hamburg (6. Aufl.).
Basisbuch für das Verständnis qualitativer Sozialforschung; Forschungsdesign, wissenschaftstheoretisches Verständnis und Auswertungstechniken werden ausführlich behandelt.

U. Flick; E. von Kardorff; I. Steinke (Hrsg.) (2010): Qualitative Forschung. Ein Handbuch. Reinbek bei Hamburg (8. Aufl.).
Handbuch mit Übersichtsartikeln zur Auswertung und Analyse von qualitativem Datenmaterial.

W. Früh (2011): Inhaltsanalyse: Theorie und Praxis. Konstanz (7. Aufl.).
Standardlehrbuch zur Einführung in die Inhaltsanalyse als breites Verfahren für die Textanalyse.

B. Glaser; A. Strauss (2010): Grounded Theory. Strategien qualitativer Forschung. Bern (3. Aufl.).
Basiswerk zur Anwendung der Grounded Theory; Prämissen, Implikationen und Grundgedanken werden ausführlich dargestellt.

R. Keller u. a. (2010): Handbuch Sozialwissenschaftliche Diskursanalyse. Band 2: Forschungspraxis. Wiesbaden (4. Aufl.).
Handbuch mit einer Vielzahl an Beispielen; sehr hilfreich zur Orientierung bei der Durchführung von Diskursanalysen.

R. Keller (2011): Diskursforschung. Eine Einführung für SozialwissenschaftlerInnen. Wiesbaden (4. Aufl.).
Einführungsbuch in die Möglichkeiten der wissenssoziologischen Diskursanalyse; aufgrund der präzisen und verständlichen Darstellung der Anwendbarkeit der Diskursanalyse sehr zu empfehlen.

F. Kleemann; U. Krähnke; I. Matuschek (2009): Interpretative Sozialforschung. Eine praxisorientierte Einführung. Wiesbaden.
Sehr gut lesbares Buch über die Vorgehensweisen der interpretativen Sozialforschung, das vier interpretative Methoden mit Blick auf ihre Anwendung behandelt; neben der Konversationsanalyse, der Narrationsanalyse und der Objektiven Hermeutik wird auch die dokumentarische Methode behandelt; für potenzielle Anwender eines der genannten Verfahren sehr zu empfehlen, da stark an der Ausführung orientiert aufgebaut.

U. Kuckartz (2014): Qualitative Inhaltsanalyse. Methoden, Praxis, Computerunterstützung. Weinheim.
Einführung in die qualitative Inhaltsanalyse mit Anregungen und Informationen über die Nutzung von Programmpaketen zur Analyse; breit angelegtes und interessantes Einführungswerk.

P. Mayring (2003/2015): Qualitative Inhaltsanalyse. Grundlagen und Techniken. Weinheim (8. Aufl./ 12. Aufl.).
Klare, sachliche und gut nachvollziehbare Darstellung qualitativer Inhaltsanalyse; Studierende können sich hier gut orientieren und die verschiedenen Schritte der qualitativen Inhaltsanalyse durchführen; es werden Techniken des Vorgehens sehr systematisch vorgestellt, was das Buch sehr empfehlenswert macht.

A. Przyborski; M. Wohlrab-Sahr (2010/2013): Qualitative Sozialforschung. Ein Arbeitsbuch. München (3. Aufl./4. Aufl.).
Hervorragend für das übergreifende Verständnis qualitativer Verfahren geeignetes Lehrbuch, in dem das Vorgehen von Narrationsanalyse, Objektiver Hermeneutik, Grounded Theory, qualitativer Inhaltsanalyse sowie dokumentarischer Methode ausführlich und sehr gut nachvollziehbar dargestellt wird; vermittelt auch ein gutes Verständnis von qualitativer Forschung insgesamt; derzeit das beste Einstiegsbuch in den Ablauf qualitativer Sozialforschung.

6 Beispiel für eine eigene Umfrage – Erhebung zur Politikverdrossenheit

6.1 Das Problem

Wir haben einen Überblick über Forschungsdesigns und Analysemethoden gegeben, doch als Studierende(r) fragt man sich: Wie kann ich ein entsprechendes Forschungsvorhaben umsetzen? In Kapitel 6 wollen wir eine Art **„Blaupause"** bieten, die dabei helfen soll, Schritt für Schritt ein kleines Forschungsvorhaben zu verwirklichen. Am Beispiel eines konkreten Projekts setzen wir uns mit den Möglichkeiten der Datenanalyse auseinander. Aufgrund der starken Verbreitung in der derzeitigen politikwissenschaftlichen Ausbildung konzentrieren wir uns auf ein Projekt in der Umfrageforschung. Unsere Fragestellung resultiert aus der allgemeinen Diskussion zur **Politikverdrossenheit** (Meier 2000, Arzheimer 2002, Pickel 2002) und schließt an Debatten zu Legitimitätskrise moderner Demokratien (Pharr/Putnam 2000) sowie zur Postdemokratie (Crouch 2008) an. Konzeptionell ist das Projekt in der politischen Kulturforschung angesiedelt (Almond/Verba 1963; Pickel/Pickel 2006). Dabei verweisen verschiedene mediale und politikwissenschaftliche Diskurse auf grundlegende Unterschiede in den politischen Kulturen in West- und Ostdeutschland. Uns interessiert, wie sich die Politikverdrossenheit im vereinigten Deutschland 25 Jahre nach dem Umbruch entwickelt hat – und ob es zwischen beiden Regionen mit bzw. aufgrund ihrer unterschiedlichen jüngeren Vergangenheit auch heute noch Unterschiede in den Einstellungen zu politischen Objekten (Politikverdrossenheit) gibt. Gleichzeitig interessieren die Gründe und Folgen von Politikverdrossenheit – und wie sich dieses Konstrukt überhaupt zusammensetzt.

Wie sind wir zu dieser Fragestellung gekommen? Wir sind durch Medienberichte auf das Thema aufmerksam geworden und haben es im Rahmen eines Seminars und bei Durchsicht politikwissenschaftlicher Literatur als interessant ausgemacht. Eine persönliche Nähe zur Umfrageforschung, die wir im Studium behandelt haben, sowie das Interesse an der Durchführung einer empirischen Arbeit (und nicht einer reinen Literaturarbeit) haben ihr Übriges getan. Zudem hat uns ein Blick in die politikwissenschaftlichen Theorien zusätzlich zu dieser Fragestellung angeregt. Dort ist uns die politische Kulturforschung als ein Konzept aufgefallen, das hier möglicherweise angewendet werden kann – und das uns inhaltlich angesprochen hat. Es scheint aus unserer Sicht für die Fragestellung passend zu sein.

6.2 Die Fragestellung

Für ein spezifisches Projekt ist es notwendig, sich auf eine **präzise Fragestellung** zu verständigen. Diese sollte das Thema klar und deutlich definieren und die Frage, der man nachgehen möchte, präzise zum Ausdruck bringen. Eine Forschungsfrage sollte zudem als „echte" Frage formuliert sein, also mit einem Fragezeichen abschließen. Die Fragestellung sollte auf keinen Fall zu breit angelegt sein.

Achten Sie gleich zu Anfang darauf: Eine Fragestellung sollte immer eng und präzise formuliert sein – breiter und komplexer wird sie im Zuge der Bearbeitung von alleine.

Ausgangspunkt der vorgestellten Beispielforschung ist folgende (deskriptive) Fragestellung: **Inwieweit unterscheidet sich die Politikverdrossenheit in Ostdeutschland von der Politikverdrossenheit in Westdeutschland?** Die Fragestellung zielt damit auf eine Analyse der Unterschiede politischer Einstellungen zwischen zwei Regionen in Deutschland. Sie beinhaltet eine Bestimmung und Prüfung des zugrunde liegenden Konzepts der Politikverdrossenheit: Existiert diese überhaupt und wann ist von Politikverdrossenheit zu sprechen? Erst in der Folge dieser Bestimmung können die Unterschiede zwischen Ost- und Westdeutschland untersucht werden. Entsprechend ist der Fragestellung ein Untersuchungsablauf implizit. Inwieweit man nach den Beweggründen für Politikverdrossenheit fragt (kausale Fragestellung), bleibt dem Forscher im Verlauf der Studie überlassen.

Formulieren Sie eine klare und hinreichend enge Fragestellung, die in der Folge die Leitlinie der Bearbeitung vorgibt und zum Abschluss der Arbeit beantwortet wird.

6.3 Konzeptspezifikation, Literaturanalyse und Hypothesenbildung

Zuerst muss eine **Konzeptspezifikation** erfolgen: Was ist Politikverdrossenheit? Hierfür ist eine Analyse der vorliegenden Literatur erforderlich. Diese ergibt, dass das Konzept der Politikverdrossenheit relativ schwammig und vor allem mehrdimensional ist. Am besten scheint es – folgt man den einschlägigen Publikationen zum Thema – mithilfe des Konzepts der politischen Unterstützung der politischen Kulturforschung (Easton 1979) operationalisierbar. Dieses unterscheidet zwischen der politischen Unterstützung von politischen Autoritäten, Institutionen, des politischen Systems und der politischen Gemeinschaft. In neueren Bearbeitungen (Fuchs 2002) wurde statt der politischen Gemeinschaft die Haltung zu den Prinzipien der Demokratie aufgenommen. Folgt man Pickel (2002), Arzheimer (2002) und Meier (2000), zerfällt Politikverdrossenheit in Phänomene wie Parteien- und Politikerverdrossenheit, Institutionenverdrossenheit, politische Apathie und Demokratieverdrossenheit. Konsequenterweise resultiert aus dieser Analyse, dass zur Erfassung von **Politikverdrossenheit mehrere Einzelaspekte** zu untersuchen sind. Dies impliziert, dass die jeweiligen Arten der Verdrossenheit sich unterschiedlich zueinander verhalten können. Zudem erhält man eine Aussage über die Nützlichkeit des Begriffs „Politikverdrossenheit" als analytischem Begriff. Zugleich ist nun klar, dass man die Literatur der politischen Kulturforschung breiter zur Kenntnis nehmen muss, um das Konzept und dessen Operationalisierung zu durchdringen. Es bietet sich dabei an, die berücksichtigte Literatur in einem Literaturverzeichnis zu verankern, und sich gegebenenfalls entsprechende Notizen, Exzerpte oder Memos für die Weiterarbeit anzulegen. Das kann auch mithilfe von Literaturprogrammen wie Endnote oder Citavi o. Ä. erfolgen.

Machen Sie sich während der Durchsicht der Literatur Notizen und erstellen Sie auf diese Weise frühzeitig die Basis für Ihre später zu verwendende Literaturliste.

Im weiteren Verlauf der Auseinandersetzung mit der Forschungsfrage versucht man, die bisherigen Überlegungen zu verdichten. Dabei lässt man eigene Vorstellungen vom Untersuchungsgegenstand und den möglichen Ergebnissen einfließen. Dies geschieht in quantitativen Forschungsprojekten in der Regel mittels **Hypothesen**. Sie schärfen und konkretisieren die Fragestellung und dienen in der durchzuführenden Studie als Leitlinien. Für die Hypothesenbildung greift man auf Ergebnisse der Literaturanalyse zurück und versucht das, was auf dem Forschungsgebiet bereits vorliegt, mit den eigenen Erwartungen zu verbinden. Hypothesen greifen Unteraspekte der Fragestellung auf und ergänzen Aussagen aus der Theorie oder aus bisherigen Forschungsergebnissen. Theorien können so am eigenen Datenmaterial überprüft werden. Nimmt man ein Forschungsvorgehen auf und wiederholt es mit eigenen Daten, so spricht man von einer **Replikation**.

Um die Fragestellung zu präzisieren, bietet es sich an, auf das Konzept der politischen Unterstützung zurückzugreifen, wie es in einschlägigen größeren Arbeiten zur Politikverdrossenheit angewandt wurde (Easton 1979). Dabei zeigt sich, welche Teilaspekte für das ausgewählte Gebiet bzw. die Region bislang noch nicht eingehend analysiert wurden. Nach Sichtung der Literatur bieten sich für die weitere Arbeit folgende Hypothesen an (siehe Tabelle 6.1):

Tab. 6.1: Hypothesen für Beispielforschung Politikverdrossenheit (eigene Darstellung).

H1:	Die Politikverdrossenheit in Ostdeutschland ist stärker ausgeprägt als in Westdeutschland. [deskriptiv]
H2:	Die stärkere Politikverdrossenheit ist eine Folge der unterschiedlichen politischen Sozialisation. [kausal]
H3:	Bei der Politikverdrossenheit in West- wie in Ostdeutschland handelt es sich v. a. um eine Verdrossenheit hinsichtlich der Parteien und Politiker und nicht um eine Demokratieverdrossenheit. [deskriptiv]

An dieser Stelle ist es wichtig, darauf hinzuweisen, dass eine Hypothese nur eine Annahme ist, die bestätigt oder abgelehnt werden kann. Sie ist keine Aussage über die Realität – oder gar die politische Meinung des Forschers. Einer Hypothese stehen Alternativhypothesen gegenüber. Für **H1** wäre dies die Hypothese, dass keine Unterschiede hinsichtlich der Politikverdrossenheit bestehen; für **H2**, dass andere Gründe als die Sozialisation, möglicherweise die ökonomische Situation, für auffindbare Unterschiede verantwortlich sind; für **H3**, dass es keine Differenzen zwischen den einzelnen Formen der Politikverdrossenheit gibt oder dass es sich bei der Politikverdrossenheit doch um eine Form der Demokratieverdrossenheit handelt. Eine Aussage über die Tragfähigkeit einer Hypothese – oder ihrer Alternativen – kann erst mithilfe empirischer Daten getroffen werden. **Hypothesen müssen falsifizierbar sein**, deshalb stellt die Aussage „auch in Deutschland gibt es Politikverdrossenheit" keine Hypothese dar. Man sollte zudem nicht zu viele Hypothesen innerhalb einer Studie formulieren. Ein solches Vorgehen wird schnell unübersichtlich und man verzettelt sich in kleinteiligen Einzelheiten, es gilt also: „Weniger ist mehr!" Als Faustregel lässt sich anführen: In studentischen Arbeiten sind drei bis vier Hypothesen ausreichend. Dabei kann man zwischen einer übergreifenden **Haupthypothese** und Unterhypothesen unterscheiden. In unserem Beispiel wäre **H1** eine solche Haupthypothese. Insgesamt ist anzumerken, dass es sich im Prinzip um eine vergleichende Fragestellung handelt. Sie kann sowohl im Fachbereich „Politisches System der Bundesrepublik Deutschland" als auch in der Vergleichenden Politikwissenschaft angesiedelt werden (siehe Lauth u. a. 2014).

Formulieren Sie wenige, dafür aber klare und falsifizierbare Hypothesen.

Hypothesen führen als „roter Faden" durch die Arbeit. Sie sind auf jeden Fall am Ende der Arbeit zu diskutieren. Selbst wenn man ein qualitatives Analyseverfahren wählt, das nicht auf das Überprüfen von Hypothesen ausgelegt ist, kann die Formulierung von Hypothesen, die in diesem Fall Annahmen genannt werden, für die Anlage der weiteren Arbeit als **Orientierungshilfe** dienen.

6.4 Forschungsdesign – Auswahl der Untersuchungsform und Operationalisierung

In nächsten Schritt gilt es, die **Untersuchungsform** zu bestimmen. Da es sich bei der Frage nach dem Syndrom[1] „Politikverdrossenheit" um eine Frage handelt, die auf der

---

[1] Meier (2000) bezeichnet „Politikverdrossenheit" als Syndrom, weil sie sich aus verschiedenen Bezugspunkten wie Parteien, Politikern oder Demokratie zusammensetzt, und diese Bezugspunkte in engem inhaltlichem Zusammenhang stehen.

Ebene der Einstellungen von Individuen, also der Mikroebene, angesiedelt ist, empfiehlt sich die Analyse von Umfragedaten. Aggregatdaten spielen für die Beantwortung dieser Fragestellung eine nachgeordnete Rolle. So werden gelegentlich Quoten der Nicht- oder Protestwahl als Beleg für die These der Politikverdrossenheit herangezogen. Dieses Vorgehen ist – laut Forschungsliteratur und Konzept der politischen Unterstützung – nur begrenzt nützlich. Die Indikatoren „Nicht- und Protestwahl" übertragen das Einstellungssyndrom „Politikverdrossenheit" auf die Verhaltensebene. Politische Einstellungen gehen jedoch dem Verhalten voraus und sind nicht Teil des Verhaltens. Nichtsdestotrotz kann es hilfreich sein, einen Blick auf die statistischen Grunddaten des Bundesamts, der Landesämter oder Gemeinden zu werfen und einen Einblick in die Entwicklung des Wahlverhaltens zu gewinnen. Diese Daten können der Einordnung des eigenen empirischen Materials dienen. Auch der Rückgriff auf zusammenfassende Publikationen, wie die alle zwei Jahre erscheinenden Datenreports des Statistischen Bundesamts, ist sinnvoll. Entsprechend der Fragestellung, die auf Einstellungen bezogen ist, muss allerdings das Ausmaß der Politikverdrossenheit anhand verschiedener Kategorien politischer Einstellungen der Bevölkerung erfasst werden, die durch das Konzept der politischen Kulturforschung vorgegeben sind. Als Erhebungsform sind Leifadeninterviews, Gruppendiskussionen oder eine Umfrage möglich. Wir entscheiden uns für die Erhebung von **Umfragedaten**, da das Konzept der politischen Kulturforschung Aussagen auf der kollektiven Ebene anstrebt. Als Option behalten wir uns vor, die Umfrage durch einige Leitfadeninterviews zu ergänzen. Hinsichtlich des Untersuchungsgebiets haben wir uns eingangs bereits auf die Bundesrepublik Deutschland festgelegt.

Nun stellt sich die Frage, wie man an einschlägige Umfragedaten gelangt. Existieren bereits erhobene Umfragen, die die Fragestellung hinlänglich abdecken, besteht die Möglichkeit, auf dieses, bereits erhobene **Sekundärdatenmaterial** zurückgreifen. So können regelmäßige Umfrageprojekte, wie *Allbus* (Allgemeine Bevölkerungsumfrage der Sozialwissenschaften), *Eurobarometer* oder *World Value Survey*, *European Social Survey* oder *International Social Survey Programme*, aber auch die im Bereich der Wahlforschung angesiedelten *German Longitudinal Election Studies* (GLES) herangezogen werden. Diese Datensätze sind, wie viele andere, bei der GESIS kostengünstig, für Studierende teilweise sogar kostenlos, erhältlich. Repräsentative, bereits geprüfte Sekundärdaten haben den Vorteil, dass eine aufwändige Erhebung nicht erforderlich ist. Von Nachteil ist jedoch, dass die erhobenen Daten nicht an das eigene Forschungsvorhaben angepasst werden können. Man muss die Fragestellungen wie die Antwortvorgaben so verarbeiten, wie sie vorliegen. Bei der Frage zur Politikverdrossenheit kann sich dies als Problem erweisen: Einzelne Dimensionen des Konzepts der politischen Unterstützung sind möglicherweise nicht erhoben worden und können somit nicht zur Beantwortung der eigenen Fragestellung herangezogen werden. Gelegentlich kommt es auch vor, dass Fragen in Trendstudien im Laufe der Zeit verändert oder ganz gestrichen wurden. Ist dies der Fall, muss man die Fragestellung an die verfügbaren Daten anpassen oder selbst eine entsprechende Erhebung durchführen. Letzteres kann mit Kosten- und Ressourcenproblemen verbunden sein, die für Studierende und Doktoranden in der Regel kaum zu bewältigen sind. Entsprechend muss man sich zwischen der Nutzung von Sekundärdaten, die zwar repräsentativ und belastbar sind, aber nicht vollständig der eigenen Fragestellung entsprechen, und einer eigenen Erhebung, die zwar die Fragestellung vollständig behandelt, aber für Studierende und Doktoranden kaum finanzierbar ist, entscheiden.

> Prüfen Sie vor der Durchführung einer kostenintensiven Umfrage, ob geeignetes Sekundärdatenmaterial zur Verfügung steht.

Als junger Wissenschaftler sieht man sich mit der Herausforderung konfrontiert, die Forschungsfrage trotz mangelnder finanzieller Ressourcen mithilfe empirischen Datenmaterials zu beantworten. Nicht jede Forschungsfrage ist so breit angelegt, wie die in unserem Beispiel. Studentische Arbeiten oder Dissertationen nehmen oftmals **spezielle Gruppen** oder **lokale Räume** in den Blick. So könnte man beispielsweise eine lokale Studie durchführen, um Aussagen über die Verdrossenheit der Wähler hinsichtlich ihrer lokalen Politiker und Parteien zu erhalten. Dies ist mit einer vor Ort gezogenen, räumlich begrenzten Stichprobe ohne Weiteres zu lösen. Wie alle Stichproben ist sie hinsichtlich ihrer Repräsentativität für die zu untersuchende Grundgesamtheit zu prüfen. Nimmt man sich beispielsweise vor, die Politikverdrossenheit in Duisburg zu untersuchen, so muss eine Zufallsstichprobe so angelegt sein, dass alle erwachsenen Bürger Duisburgs die Möglichkeit erhalten, in die **Stichprobe** zu gelangen. Nur zur Sicherheit: Die ermittelten Ergebnisse sind natürlich nicht repräsentativ für Nordrhein-Westfalen, sondern nur für die Stadt Duisburg. Gleichwohl können die Daten für die Ermittlung von Politikverdrossenheit interessant sein, die über diese Grundgesamtheit hinausreichen. Allerdings sind die Ergebnisse nur mit Vorsicht argumentativ abzuleiten und können nicht empirisch unterfüttert werden. Das Ziel des Forschungsprojekts ist stets im Auge zu behalten und zu vermitteln. Als Bearbeitung der vorliegenden Fragestellung könnte man Einwohner aus den Städten Duisburg und Leipzig hinsichtlich ihrer Einstellungen zu politischen Objekten vergleichen. Erklärungsschemata von Politikverdrossenheit könnte man anhand der beiden unterschiedlichen Grundgesamtheiten **kontrastierend** untersuchen. Die Aussagekraft der späteren Aussagen ist dann an diese Untersuchungsgebiete anzupassen.

Design festlegen
Vor der Durchführung eines Forschungsprojekts ist ein Design festzulegen, in dem sowohl Entscheidungen über die zu untersuchende Stichprobe, über deren Korrespondenz mit der Fragestellung als auch über ihren Bezug zu entsprechenden Theorien getroffen werden. Die Untersuchungsanlage sollte den eigenen finanziellen und methodischen Möglichkeiten entsprechen und kann auch verschiedene Forschungsmethoden (qualitative Interviews, Bevölkerungsumfragen etc.) miteinander kombinieren.

6.4 Forschungsdesign – Auswahl der Untersuchungsform und Operationalisierung

Hat man sich für eine Untersuchungsform entschieden, die eine eigene standardisierte Befragung erforderlich macht, gilt es, die Fragen zu erarbeiten und einen Fragebogen zu konstruieren (siehe Kapitel 4.5.2). Die Fragebogenkonstruktion kann hier nur kurz angesprochen werden. Sie wird in entsprechenden Lehrbüchern ausführlich erklärt (Engel u. a. 2012; Jacob u. a. 2013). Der Prozess der Umsetzung der Hypothesen in Indikatoren und konkrete Fragen, die **Operationalisierung**, dient zur Erhebung der zur Beantwortung der Forschungsfrage nötigen politischen Einstellungen. Manche Fragen können direkt gestellt, andere müssen über Itembatterien abgeprüft werden. Letzteres ist bei sensiblen Themen (Fremdenfeindlichkeit, Islamophobie) genauso notwendig, wie bei weitgehend unscharfen Phänomenen wie der Politikverdrossenheit. Ausgewählte Fragen zu diesem Themenbereich und Phänomen sind in Tabelle 6.2 dargestellt (siehe auch Pickel/Pickel 2006). Sie sind aus verschiedenen bereits vorliegenden Umfragen zusammengetragen und wurden bereits in anderen Studien erfolgreich dazu verwendet, das Phänomen „Politikverdrossenheit" aufzuspannen. Dieser Rückgriff bietet auch noch zu einem späteren Zeitpunkt die Möglichkeit von Vergleichen oder einer Rückbindung der eigenen Daten mit dem eigenen Sample an vorliegende Basisdaten.

Tab. 6.2: Fragen zur Politikverdrossenheit (eigene Zusammenstellung, Basis: GESIS).

Legitimität Die Demokratie ist die angemessenste Regierungsform.	→ Frage zielt auf Demokratieverdrossenheit [Legitimität, Werte]
Effektivität Wie zufrieden oder unzufrieden sind Sie – alles in allem – mit der Demokratie, so wie sie in Deutschland besteht? Wie stark vertrauen Sie [politischen Parteien] [dem Bundesverfassungsgericht] [dem Bundestag]?	→ Frage zielt auf Demokratieverdrossenheit [konkretes demokratisches System, Werteverwirklichung] → Frage zielt auf Parteiverdrossenheit
External Efficacy Die Politiker kümmern sich darum, was einfache Leute denken.	→ Frage zielt auf Politikerverdrossenheit
Politisches Interesse Einmal ganz allgemein gesprochen: Wie stark interessieren Sie sich für Politik?	→ Frage zielt auf Grundorientierung zum Politischen und politische Apathie
Internal Efficacy Der Durchschnittsbürger hat einen erheblichen Einfluss auf die Politik.	→ Frage zielt auf Politikerverdrossenheit
Was meinen Sie, wie viele Politiker sind in Deutschland in Korruption verwickelt?	→ Frage zielt auf Politikerverdrossenheit

Tabelle 6.2 zeigt einen kleinen Ausschnitt aus einem **breiten Spektrum an Fragen**, das nahezu alle Einstellungen der Bürger zur Politik abbilden kann[2]. Gleichzeitig ist zu erkennen, dass die Bürger unterschiedliche politische Objekte beurteilen sollen. Politikverdrossenheit ist ein diffuses Phänomen mit vielen Aspekten. Eine einfache Aussage über eine Diskrepanz zwischen West- und Ostdeutschland hinsichtlich der Politikverdrossenheit greift möglicherweise zu kurz: Das Syndrom „Politikverdrossenheit" ist so facettenreich, dass die Einstellungen je nach Indikator und Dimension der Politikverdrossenheit unterschiedlich ausfallen können. Um die Unterschiede darstellen zu können, verwenden wir ein Set an Fragen, das bereits in nationalen und internationalen Umfragen getestet ist **(Replikation)** und verschiedene Indikatoren abbildet. Ein Rückgriff auf solche Fragen erleichtert die **Vergleichbarkeit** mit bereits durchgeführten Studien und die Absicherung der eigenen Ergebnisse. Fragen, die ein definiertes Konzept beschreiben, sollten nur dann verändert werden, wenn sie tatsächlich nicht mehr zeitgemäß sind oder das Ziel der eigenen Untersuchung verfehlen. Ist es notwendig, eigene Fragekonstruktionen zu entwickeln, sollten sie eingehend erläutert und getestet werden. Die einzelnen Fragen werden systematisch mit Bezug auf das zugrunde liegende Konzept – in diesem Fall das Konzept der politischen Unterstützung nach Easton – zusammengestellt und **sinnverwandte Konzepte** sollten **einbezogen** werden. Einige der in Abbildung 6.1 ausgewählten Aussagen zu Politikern und politischen Parteien zählen zu den Konzepten der *internal* und *external efficacy*. Sie können einen Beitrag zur Einschätzung von Politikverdrossenheit leisten, reichen aber auch darüber hinaus und bilden das politische Selbstbewusstsein der Bürger ab. Im Rahmen der Operationalisierung wird eingehend verdeutlicht, welche Indikatoren anhand welcher Fragestellung abgebildet werden. Entsprechend findet sich in jeder empirischen Abschlussarbeit auch ein Kapitel zu Daten, Stichprobe und Methode wieder.

! **Fragebogenkonstruktion**
Die Konstruktion des Fragebogens ist der wichtigste Schritt einer (selbst durchgeführten) Umfrage. Neben der Operationalisierung der Forschungsfragen und deren Antwortvorgaben bzw. Ausprägungen ist auf die Länge und Verständlichkeit des Fragebogens zu achten. An vielen Stellen kann man durch die Replikation von bereits getesteten und auf bestimmte Konzepte zugeschnittenen Fragen Anschlussfähigkeit an andere Studien und eine größere Sicherheit bei der Anwendung der Items erzielen.

Bei der Erarbeitung neuer Fragen sind verschiedene Grundprämissen zu beachten. Sie wurden bereits in Kapitel 4.5.2 ausführlich dargestellt. Deshalb sei hier nur daran erinnert, das **Suggestivfragen** oder **mehrdeutige Fragen** zu vermeiden sind und

---

2 Unter https://www.gesis.org/gesis-survey-guidelines/instruments/erhebungsinstrumente/sozialwissenschaftliche-merkmale/ steht eine umfangreiche Suchmaske für Befragungsitems aus allen soziopolitischen Bereichen zur Verfügung.

auf die Abstimmung der Fragen geachtet werden sollte. Fragen sollten nicht zu **umständlich und zu akademisch** formuliert werden. Sie müssen für „normale" Bürger verständlich sein. Dies bedeutet auch, dass man latente Phänomene, die man untersuchen möchte, nicht mit ihren Fachbezeichnungen abfragt. Das Vokabular der Fragestellung sollte im „normalen" Sprachgebrauch verankert sein. Besonders wenn man Fragen zu einem grundsätzlich sensiblen Thema stellt, kann es günstig sein, das zu untersuchende – latente – Phänomen großräumig einzukreisen. Für solche latenten Einstellungssyndrome kommen in der Regel die bereits angesprochenen **Itemskalen** zum Einsatz.

Achten Sie bei Item-Skalen immer darauf, dass die Fragen nicht nur als singuläre Items zu testen sind, sondern die Abbildung des latenten Phänomens durch alle Fragen zu prüfen ist. Streichen Sie keine einzelnen Items im Rahmen eines Kürzungsprozesses.

Die Fragenkonstruktion konzentriert sich nicht nur auf die Formulierung der Fragen selbst, sie beinhaltet auch die Entscheidung über die Antwortvorgaben und deren Kategorisierung. Die **Antwortvorgaben** sollten erschöpfend und klar voneinander abgegrenzt sein. Hier fällt auch die Entscheidung zwischen offenen oder geschlossenen Antwortvorgaben. In der Regel sind offene Frageformulierungen zu vermeiden. Zum einen ist der Aufwand der nachträglichen Kategorisierung von offenen Antworten hoch, zum anderen verschiebt man die Entscheidung über die Kategorisierung nur auf einen späteren Zeitpunkt. Folglich ist es sinnvoll, bereits vor der Befragung entsprechende Entscheidungen über die Standardisierung möglicher Antworten vorzunehmen. Die Zusammenfassung von offenen Antworten in geschlossene Kategorien ist oft ein mühsamer Prozess, der zudem die funktionale Äquivalenz vieler verschiedener, höchst subjektiver Äußerungen beachten muss. Dies führt gerade bei studentischen Projekten häufig dazu, dass zunächst hart erkämpfte Fragen später nie mehr einer Kategorisierung und erst recht nicht einer Auswertung unterzogen werden. **Offene Fragestellungen** werden zudem deutlich seltener beantwortet als geschlossene Fragen. Meiden Sie daher offene Fragen.

Verwenden Sie in standardisierten Umfragen offene Fragen nur im äußersten Notfall.

Der Hinweis auf die „Auswertungsökonomie" gilt auch für die **Skalierung der Antwortvorgaben**. Verwendet man unterschiedliche Antwortvorgaben, die sich zwar unterscheiden, aber nicht in ein Verhältnis (z. B. mehr oder weniger) zueinander gesetzt werden können, produziert man nominal skalierte Daten (siehe Kapitel 3.2.2). Zwar kann man dann Unterschiede der Ausprägungen ausmachen, aber die Abstände zwischen den Antwortvorgaben sind unklar. Auch Antwortvorgaben, die ein Weniger oder ein Mehr abbilden, ermöglichen lediglich die Erstellung einer Rangordnung (Ordinalskalierung). Anzustreben ist, dass die nummerischen Abstände zwischen den Antwortvorgaben möglichst gleich sind (z. B. beim Einkommen). In diesem Fall erhält man metrische Daten. Der Vorteil metrischer Daten liegt darin, dass sie später mit hochwertigeren Verfahren der statistischen Datenanalyse untersucht werden können. Mittelwerte oder multivariate Datenanalysen können zum Beispiel nur mit metrisch skalierten Daten berechnet werden (siehe Kapitel 5.1). Metrisch skalierte Antwortvorgaben erlauben es dem Befragten, sich selbst entsprechend eines (aus Sicht des Forschers hoffentlich) wahrgenommenen Kontinuums einzuordnen.

Auch die **Länge des Fragebogens** sollte bedacht werden: Zum einen hängt das Antwortverhalten der Befragten wesentlich von der Befragungsdauer ab (je länger die Befragung dauert, desto häufiger kommt es zu Antwortverweigerungen oder gar zum Abbruch). Zum anderen steigen auch die Kosten, der Aufwand für die Verteilung des Fragebogens, die Dauer des Einsammelns sowie der Dateneingabe. Die angemessene Fragebogenlänge ist abhängig vom Ort, der Art und dem Zielpublikum der Befragung. In einer Befragung in Schulklassen sollte der Fragebogen, wenn möglich, drei bis vier Doppelseiten nicht überschreiten. Umfragen mit der Unterstützung von Meinungsforschungsinstituten können wesentlich länger sein, sie sind aber auch wesentlich teurer und meist nur durch Drittmittel zu finanzieren. Selbst durchgeführte Umfragen sollten im Interesse der Probanden kurz gehalten werden. Wichtig: Bei schriftlichen Umfragen ist auf einen gut strukturierten und optisch ansprechenden Fragebogen besonderer Wert zu legen.

Konstruieren Sie keine zu langen und unverständlichen Fragebögen. Beachten Sie die Sprachfähigkeit der untersuchten Zielgruppe. Erstellen Sie sich frühzeitig einen Codeplan.

Parallel zur Erstellung des Fragebogens, also zu einem frühen Zeitpunkt der Erhebung, ist es ratsam, einen **Codeplan** zu entwerfen. Im Codeplan werden den Antwortvorgaben Ziffern zugewiesen. Dabei wird für jede Frage ein eindeutiger Variablenname (V1_) vergeben und den möglichen Ausprägungen eine entsprechende Ziffer (z. B. 1 bis 3), der sogenannte Codewert, zugeordnet. Tabelle 6.3 zeigt ein Beispiel zur Erhebung der Demokratiezufriedenheit. Jeder Merkmalsausprägung des Merkmals „Demokratiezufriedenheit" wird eine Ziffer zugeordnet (1 bis 4). Der Codeplan ist das Werkzeug, die „Übersetzung" der Fragen in Daten, auf das man für die Codierung, Interpretation und Identifikation der Ergebnisse zurückgreifen muss. Sind die Auswahlvorgaben nominalskaliert, entsteht zunächst eine Variable mit mehreren „Namensnennungen" als Ausprägung. Diese Variable kann in mehrere Variable umcodiert bzw. zerlegt werden, die dann die nominale Information abbilden (siehe Tabelle 6.3). Anders als in der Variable „Demokratiezufriedenheit", die Ausprägungen zwischen 1 und 4 annehmen kann, entstehen mehrere dichotome Variablen mit den Ausprägungen 1 oder 0.

Frageformulierung
Bei der Formulierung von Fragen sind Suggestivfragen, unklare oder zu akademische sprachliche Wendungen sowie unzureichende Antwortvorgaben zu vermeiden. Auch die Länge des Fragebogens und dessen Angemessenheit für das Zielpublikum sind zu bedenken. Der Fragebogenkonstruktion kommt in der Umfrageforschung eine entscheidende – oft aber unterschätzte – Bedeutung zu. Es gilt die Regel „Garbage in, garbage out": Nur wer „gute" Fragen stellt, bekommt „gute" Antworten.

Tab. 6.3: Auszug aus dem Codeplan – Frage: Sind Sie zufrieden mit der Demokratie? (eigene Zusammenstellung).

Antwortvorgabe (Variable V1) Demokratiezufriedenheit	Codewert
sehr zufrieden	1
eher zufrieden	2
eher unzufrieden	3
sehr unzufrieden	4
Antwortvorgabe (Variable V1) Demokratiezufriedenheit	**Codewert**
V2_1 Wahlabsicht CDU	1 oder 0
V2_2 Wahlabsicht SPD	1 oder 0
V2_3 Wahlabsicht Linke	1 oder 0

Insgesamt endet dieser Teil des Forschungsprozesses mit einem Fragebogen, wenn möglich, einem eindeutigen Codeplan und ggf. einer Anweisung für Interviewer, wie das Interview zu führen ist (falls man das Interview nicht selbst durchführt). Diese Phase der Datenerhebung ist nicht zu unterschätzen, denn Fehler und Versäumnisse, die bei der Fragebogengestaltung geschehen, sind nach der Feldphase nicht mehr auszugleichen. An dieser Stelle ist also besondere **Vorsicht und Sorgfalt** gefragt. Um Fehler zu vermeiden, sollte man Fragebogenentwürfe mit Mitstudierenden, Kollegen und insbesondere dem Betreuer besprechen. Führen Sie mit einigen Probanden einen Pretest durch und überarbeiten Sie den Fragebogen, falls er missverständliche Frageformulierungen enthält.

6.5 Ausführung des Forschungsdesigns – Zugang zu Feld und Stichprobe

Ein Fragebogen ist nur dann etwas wert, wenn er den Weg ins Feld findet. Der Feldzugang und das Stichprobendesign sind die wichtigsten Aspekte bei diesem Schritt der Forschung. An erster Stelle steht der **Feldzugang**. Um eine entsprechende Datengrundlage für das eigene Forschungsinteresse zu erhalten, ist es notwendig, sich das Untersuchungsfeld zu erschließen. Gerade bei speziellen Untersuchungsgruppen ist der Feldzugang das alles Entscheidende, man sollte ihn also frühzeitig klären. Soll zum Beispiel eine Umfrage in einer Schulklasse durchgeführt werden, muss der Zugang vorher mit der Schulbehörde, der Schule und ggf. auch den Eltern der Schüler abgesprochen werden. Sollen Politiker (als Experten oder Amtsträger) befragt werden, sollte man rechtzeitig nachfragen, ob und, noch wichtiger, wann sie bereit sind, an wissenschaftlichen Interviews teilzunehmen. Ist der Feldzugang nicht gesichert, kann ein ganzes Forschungsprojekt – und auch eine Abschlussarbeit – schnell scheitern. Dies gilt insbesondere dann, wenn ein fester Abgabetermin der Arbeit oder des Forschungsberichts eingehalten werden muss. Der Feldzugang ist also rechtzeitig vorzubereiten. Dies beginnt bereits mit dem Zeitpunkt der Befragung. Urlaubs- und Ferienzeiten sind zu vermeiden. Häufig müssen auch Verwertungsrechte und Datenschutzfragen geklärt werden. Anonymität ist den Befragten nicht nur zuzusichern, sondern auch zu wahren. Die Daten dürfen nach der Erhebung den einzelnen befragten Personen nicht zuordenbar sein, ausgenommen, diese sind explizit damit einverstanden. Hinweise zu Beginn des Befragungsinstruments helfen, der gestiegenen Skepsis gegenüber dem Sammeln persönlicher Daten zu begegnen.

Achten Sie darauf, sich frühzeitig Ihren Feldzugang zu sichern.

Neben der Auswahl einer geeigneten Stichprobe ist das spezifische **Stichprobendesign** wichtig. Im vorliegenden Beispielfall soll eine Bevölkerungsumfrage durchgeführt werden. Eine repräsentative Befragung von 1000 Bürgern in Deutschland gemäß Zufallsauswahl ist von Studierenden nicht zu leisten. Welche Alternativen bieten sich an?

Im Rahmen der vorliegenden Fragestellung ist es unabdingbar, West- und Ostdeutsche zu befragen, um dem vergleichenden Ansatz der Fragestellung gerecht zu werden. Die Stichprobengröße muss allerdings so gewählt werden, dass die statistischen Ergebnisse belastbar sind. Für eine studentische Befragung ist eine Stichprobe von 100 bis 200 Befragten ausreichend. Sie kann jedoch in den seltensten Fällen als eine für die deutsche Bevölkerung repräsentative Stichprobe gestaltet werden.

Bei unserer Fragestellung könnte man durch die Konzentration auf zwei Stichproben – zum Beispiel 100 Ostdeutsche in Leipzig und 100 Westdeutsche in Duisburg – ein **Kontrastgruppendesign** anlegen. Um an die passenden zu Befragenden heranzukommen, ist es allerdings nicht ausreichend, sich in die jeweilige Fußgängerzone zu stellen. Aufgrund vielfältiger Einflussfaktoren (Berufstätigkeit, Stadtteil der Wohnung etc.) hat in diesem Fall nicht jeder potenzielle Proband dieselbe Möglichkeit, in die Stichprobe zu gelangen (Zufallsstichprobe). Noch einflussreicher für das Antwortverhalten ist, dass keine neutrale bzw. für den Befragten sichere Umfragesituation besteht. Bei Befragungen im öffentlichen Raum sind zudem nur sehr **kurze Fragebögen** einsetzbar. Längere Befragungszeiten erhöhen das Risiko großer Abbruchquoten und Verweigerungszahlen (siehe Kapitel 4.5.3).

6.5 Ausführung des Forschungsdesigns – Zugang zu Feld und Stichprobe — 277

Feldzugang und Stichprobendesign
Der Absicherung des Feldzugangs und der Festlegung des Stichprobendesigns kommt für jede Studie, ob qualitativ oder quantitativ, zentrale Bedeutung zu. Ohne Zugang zu den Interviewpartnern oder zum Beobachtungsort wird keine Studie umgesetzt werden können. Hier gilt es, sich rechtzeitig zu informieren und die Probanden zu kontaktieren. Die Zusammensetzung der Stichprobe ist für die späteren Ergebnisse von eminenter Bedeutung und sollte transparent und, soweit möglich, nach den Regeln einer Zufallsauswahl vorgenommen werden. Die Kriterien einer Quotierung sind zu dokumentieren.

- **Alternative 1:** Einwohnermeldeämter geben unter bestimmten Bedingungen Adressstichproben für wissenschaftliche Untersuchungen heraus. Entsprechende Schreiben des Betreuers erleichtern diesen Zugang. Eine per Zufallsverfahren ausgewählte anonymisierte Adressenstichprobe für eine schriftliche (oder Face-to-Face-)Befragung entspricht dem Erkenntnisinteresse der im Beispiel gewählten Forschungsfrage am ehesten.
- **Alternative 2:** Sie können mithilfe verschiedener Portale eine Online-Befragung durchführen. Diese kann für unterschiedliche Personenkreise erstellt bzw. diese können eingeladen werden, an der Befragung teilzunehmen. Eine Online-Befragung kann leicht höhere Fallzahlen erzielen, da im Gegensatz zur Face-to-Face-Befragung zur Beantwortung der Fragen keine Begleitung nötig ist. Die Frageformulierungen sind entsprechend anzupassen. Auch bei der Online-Befragung ist die Übereinstimmung der Stichprobe mit der Grundgesamtheit hinsichtlich soziostruktureller Merkmale und, in unserem Fall, hinsichtlich der Zusammensetzung nach dem Staatsgebiet zu überprüfen. Repräsentative Stichproben sind kaum zu verwirklichen. Hier gelten im Übrigen die Regeln der bewussten Stichproben (siehe Kapitel 4.2.2), die unter anderem mittels Quotierung bestimmter Merkmale der Befragten ein vergleichendes Design ermöglichen.
- **Thematische Alternativen:** Würde man die Politikverdrossenheit von Schülern der Sekundarstufe untersuchen, ist die Grundvoraussetzung vorgegeben – die Schüler dieser Klassenstufen müssen für eine Befragung zugänglich sein. Die entsprechenden Schulbehörden sind lange im Vorfeld zu kontaktieren. Daneben bleiben aber Fragen offen: Nimmt man in einem Gebiet, zum Beispiel Nordrhein-Westfalen, eine Vollerhebung aller Schulen vor? Wenn nicht, nach welchem Auswahlkriterium werden die Schulen ausgewählt? Welche Klassen untersucht man? Soll ein gezieltes Vergleichsdesign zwischen vergleichbaren Schulen in Sachsen und Nordrhein-Westfalen angelegt werden? In jedem Fall sollte die Entscheidung für eine bestimmte Stichprobe von klaren – und später reproduzierbaren – Überlegungen geleitet werden. Systematisch intervenierende Variablen spielen eine wichtige Rolle. Lehrpläne, religiöse Prägung der Regionen, die sozialstrukturellen Eigenschaften der Regionen bzw. der Elternhäuser der Schüler können zunächst die Umfragebereitschaft und später das Forschungsergebnis beeinflussen. Eine Befragung, in der zum Beispiel nur west- und ostdeutsche Schüler

befragt werden, ermöglicht keine Aussagen, die Rückschlüsse auf die west- und ostdeutsche Bevölkerung zum Thema „Politikverdrossenheit" zulassen. Sie ist schlicht nicht repräsentativ für diese beiden Bevölkerungsgruppen. Fragen zum Einfluss von politischer Sozialisation oder von Gesprächen über Politik mit Eltern und Freunden können hingegen gut untersucht werden.

> Durchdenken Sie Ihre Stichprobe gut. Bereiten Sie sie rechtzeitig vor. Bedenken Sie datenschutzrechtliche Aspekte. Sorgen Sie für Variation der Befragten in der Stichprobe. So können Sie später zum Beispiel Gruppenvergleiche durchführen.

Insgesamt ist es wichtig, verschiedene Einflussfaktoren **systematisch zu variieren** und diese Variation zu kontrollieren. Beispielsweise können verschiedene Analysemodelle, die unterschiedliche Gruppen oder verschiedene Erklärungsfaktoren berücksichtigen, berechnet werden. Die systematische Kontrolle dieser Varianten eröffnet die Möglichkeit, Aussagen auf Basis dieser Variation zu treffen. Unterschiede, die nicht dokumentierbar sind, bringen kaum einen Gewinn für wissenschaftliche Aussagen und dienen bestenfalls der Illustration.

6.6 Feldphase – konkrete Durchführung einer Umfrage

> **Feldphase**
> In der Feldphase ist entscheidend, wie die Befragung durchgeführt wird. Dies umfasst Aspekte wie die grundsätzliche Form der Datenerhebung ebenso wie ggf. die Interviewerkontrolle oder die Auseinandersetzung mit der Interviewsituation als solcher.

Der Zugang ist die eine Seite der **Feldphase**, die **konkrete Durchführung** der Umfrage die andere. Als Studierende(r) müssen Sie entscheiden, wie die Datenerhebungsinstrumente zu den Merkmalsträgern gelangen. In unserem Beispiel der Bevölkerungsumfrage müssen Sie auswählen, ob Sie eine schriftliche, telefonische, onlinegestützte oder Face-to-Face-Befragung durchführen (Jacob u. a. 2013: 97–174). Erhalten Sie Adressen vom Einwohnermeldeamt, ist eine schriftliche oder eine Face-to-Face-Befragung möglich. Bei Letzterer hat man die größte Kontrolle über die Befragung und erhält Informationen über die Interviewsituation. Zugleich ist eine Face-to-Face-Befragung mit hohem Aufwand verbunden, gerade wenn man eine etwas höhere Fallzahl erreichen möchte. Telefonbefragungen sind für selbst konzipierte Arbeiten kaum zu leisten und werden in der Regel von Befragungsinstituten durchgeführt (siehe Kapitel 4.5.3). Externalisiert man die Befragung, müssen die **Interviewer kontrolliert** werden. Unter studentischen Arbeiten kommen gerade auch Onlinesurveys immer mehr in Mode. Sie sind von technikaffinen Studierenden schnell zu codieren und liefern direkt Daten. Ihr Manko ist allerdings die selektive Auswahl der Befragten und die Notwendigkeit, Personen auf die Surveys aufmerksam zu machen.

> Kontrollieren und protokollieren Sie die Umfragesituation. Achten Sie auf Störfaktoren und notieren Sie diese.

Wir gehen nun davon aus, dass Sie die Umfrage selbst durchführen. In diesem Fall entfällt zwar die Interviewerkontrolle, jedoch müssen Sie sich selbst mit möglichen Problemen der konkreten **Interviewsituation** vertraut machen. Die Umfragesituation bei Face-to-Face-Befragungen wird zum Beispiel durch die Anwesenheit Dritter verändert. Aspekte **sozialer Erwünschtheit** verhindern, dass der Befragte die aus seiner Sicht „wahre" bzw. zutreffende Antwort gibt. So sind zum Beispiel Aussagen von Schülern darüber, wie sie einen Politiker beurteilen, weniger zuverlässig, wenn ein Elternteil dem Interview beiwohnt. Zudem muss darauf geachtet werden, die Befragten nicht zu bestimmten Antworten zu ermutigen oder den Eindruck zu erwecken, der Interviewte würde dem Interviewer mit seinen Antworten einen Gefallen tut. Die eigene Durchführung der Befragung hat jedoch auch Vorteile: Sie ermöglicht es dem Interviewer, **Notizen** über den Ablauf der Befragung, eventuelle Probleme während der Befragung sowie **Schwierigkeiten** bei der Beantwortung des Fragebogens anzufertigen – und ggf. für die spätere Interpretation zu nutzen.

> **Durchführung der Befragung**
> Die unterschiedlichen Arten der Datenerhebung mittels Umfrage (über ein Meinungsforschungsinstitut, Face-to-Face, postalisch, per persönlicher Verteilung, online) haben unterschiedliche Vorteile und bergen unterschiedliche Probleme, die bereits in der Phase des Forschungsdesigns zu bedenken sind. Für die Auswahl des Forschungsinstruments sind die gewählte Untersuchungszielgruppe sowie die eigenen Ressourcen entscheidend.

Eine **Face-to-Face-Befragung** ist, wie in Kapitel 4.5.4 geschildert, zeitintensiv und bedarf eines großen Ressourceneinsatzes. Eine Alternative ist die Verteilung von Fragebögen mit der Bitte, diese an den Interviewer zurückzuleiten. Die klassische Verteilungsform hier ist die **postalische Befragung**. Hierbei gilt es, den Fragebogen so zu konzipieren, dass er einfach und selbsterklärend ist. Zudem muss er an die (richtigen) Probanden geschickt werden – und diese müssen in der Lage sein, den Fragebogen wieder an den Interviewer zurückzusenden. Abgabekästen, Abholung oder das Sammeln an einer bestimmten Stelle sind weitere Möglichkeiten. In der klassischen postalischen Befragung wird dies über einen Postversand und die Beilage eines Empfängerbriefs mit Rückumschlag gelöst. Auch diese Variante der Datenerhebung ist relativ kostenintensiv und wird für Qualifikationsarbeiten selten angewendet. Oft wird deshalb auf die zeitintensive, aber finanziell entlastende Form der Verteilung der schriftlichen Fragebögen zurückgegriffen. Berücksichtigen Sie aber, dass die Rücklaufquote bei postalischen wie Verteilungsumfragen nur relativ **gering** ist. Dem kann man durch persönliches Einsammeln begegnen, allerdings sollte man in der Regel nicht mit mehr als 15 bis 20 % Rücklauf rechnen. Als Folge muss eine entsprechend höhere Zahl an Fragebögen ausgegeben werden, um die angestrebte Stichprobengröße zu erreichen. Die Rücklaufquote kann erhöht werden, wenn man mit Organisationen kooperiert, die Sammelstellen zur Verfügung stellen, die den Befragten bekannt sind (z. B. in Schulen Sammlung im Sekretariat oder durch Vertrauenslehrer), oder wenn man Zeitpunkte und Orte benennt, an denen die Fragebögen eingesammelt werden bzw. zu sammeln sind.

Eine letzte, in jüngerer Zeit zunehmend verbreitete Möglichkeit ist die Durchführung von **Online-Umfragen**. Hierfür benötigt man einerseits das technische Knowhow, andererseits die Möglichkeit, eine Umfrage im Internet zu verbreiten (Server, Homepage usw.). Dafür entfallen die bislang beschriebenen Probleme bei der Umsetzung der Face-to-Face- oder postalischen Befragung. Bei der Online-Befragung muss jedoch die Zielgruppe über die Befragung in Kenntnis gesetzt werden, da sie nicht von selbst auf die Umfrage treffen wird. Gute Verteiler sind hierbei wichtig und können trotzdem die Repräsentativität der Umfrage kaum gewährleisten. Die selektive Beantwortung und Verzerrungen der Stichprobe in der Feldphase sind zu kontrollieren und oft nur schwer abzusichern. Fehlende Informationen über die Nutzer und Teilnehmer bedürfen entsprechend einer besonderen Sorgfalt bei der Datenkontrolle. Im Gegensatz zur Face-to-Face- oder Telefonumfrage kann man sich, wie bei der postalischen Befragung, nicht sicher sein, ob auch tatsächlich die Zielperson den Fragebogen ausgefüllt hat. Fragen zur Sozialstruktur erleichtern eine Gewichtung und Anpassung der Stichprobe an die Grundgesamtheit. Portale wie https://www.surveymonkey.de u. Ä. ermöglichen einen kostenfreien Zugang zu entsprechender Software und Verteilungsmöglichkeiten. Damit sind Online-Umfragen insbesondere für Studierende interessant, denn sie eröffnen einen schnellen Zugang zum Feld und damit zu ersten Ergebnissen. Zudem müssen sie, ähnlich wie dies bei Face-to-Face- und Telefonumfragen möglich ist, nicht händisch oder mittels Scanner vom Fragebogen in einen Datensatz übertragen werden.

6.7 Zwischenschritte – Dateneingabe und Datenkontrolle

Zwei Prozesse gehen der Datenauswertung zwingend voraus: zum einen die **Dateneingabe**, zum anderen die Datenkontrolle (siehe Kapitel 4.5.4). Hat man nicht die Möglichkeit, ein Meinungsforschungsinstitut mit der Umfrage zu beauftragen oder kann keine Online-Umfrage durchgeführt werden, so müssen vorliegende Fragebögen erst für eine digitale Verarbeitung aufbereitet und in ein Programm zu Datenerfassung (und -analyse) übertragen werden. Anschließend können die Daten unter

Verwendung von Statistikprogrammpaketen analysiert werden. Derzeit stehen SPSS[3], STATA oder auch *R* zur Verfügung. Erstere sind kostenpflichtig, stehen aber an Universitäten häufig zur Verfügung. *R* ist ein Programm, das kostenlos aus dem Internet geladen werden kann. Seine Anwendung setzt ein umfangreiches Wissen über Programmierung und vor allem statistische Datenanalyse voraus und ist somit, im Gegensatz zu SPSS oder STATA für Anfänger nicht so anwenderfreundlich. Für SPSS und STATA existiert eine umfangreiche Literatur für Anfänger und Fortgeschrittene, für *R* kann man auf Online-Tutorials oder eine auskunftsfreudige Community zurückgreifen. Für alle Programme gilt: Ein Einführungskurs ist die beste Methode, sich den Programmen zu nähern.

Bei der Dateneingabe werden zuerst die Antworten im Fragebogen in Zahlen transformiert; das heißt die Ausprägungen der Variablen werden nummerisch erfasst. Dies geschieht über den in Kapitel 6.4 bereits erwähnten **Codeplan**, in dem diese Übertragungen eingetragen und dokumentiert werden. Auf der Basis des Codeplans werden die nummerischen Ausprägungen der Antworten zu den einzelnen Fällen (alle Angaben einer Person) in eine sogenannte Maske im Statistikprogramm übertragen. Diese Arbeit ist sorgfältig durchzuführen. Fehleingaben sind nur mühsam zu korrigieren und wirken sich in der Analyse oft ungünstig aus. Am Ende dieses – teilweise (abhängig von der Länge des Fragebogens und der Zahl der eingegangenen Fragebögen) zeitaufwändigen – Prozesses steht dann ein (Roh-)Datensatz. Zur besseren Bearbeitung können noch sogenannte *labels* für jede Variable – ein kurzer *Name* entsprechend der Fragestellung, die Bedeutung der nummerischen Ausprägungen (*Werte*) und eine *Beschriftung* auf Basis des Fragetexts eingegeben werden. Mit ihrer Hilfe kann die entsprechende Variable oder der entsprechende Indikators bereits im Datensatz identifiziert werden, ohne jedes Mal den Codeplan heranziehen zu müssen (siehe Kapitel 6.4).

Dateneingabe und Datenkontrolle
Eine sorgfältige Dateneingabe und Datenkontrolle sind zentrale Voraussetzungen der Datenanalyse. Fehler, die sich hier einschleichen, sind später nur mit großem Aufwand zu bereinigen. Es empfiehlt sich, vor Beginn der Auswertung eine genaue Datenkontrolle durchzuführen.

Da kein Mensch ohne Fehler arbeitet, ist eine konzentrierte und systematische **Datenkontrolle** erforderlich. Dazu kann man einerseits die Daten im Statistikprogramm durchsehen und die Fragebögen erneut heranziehen, um Fehler zu korrigieren. Andererseits können statistische Plausibilitätstests durchgeführt werden. Der Rückgriff auf den Fragebogen ist dann notwendig, wenn Häufigkeitsauszählungen ungewöhnliche und auffällige Werte ausweisen. Dies sind zum Beispiel Werte, die für die Varia-

---

[3] Als freie Version mit eingeschränkten Analysemöglichkeiten kann PSPP verwendet werden (siehe Kapitel 5.1).

ble nicht vergeben wurden oder beispielsweise zweistellig sind, obwohl nur einstellige Codes vergeben wurden. Statistische Plausibilitätskontrollen versuchen die Konsistenz des Datensatz über Annahmen zu prüfen, die auf Beziehungen beruhen, die aus anderen Zusammenhängen bekannt sind oder die aus Plausibilitätsgründen zu erwarten sind. So ist zum Beispiel bekannt, dass Bildungsstand und Alter in einem umgekehrten Verhältnis zueinander stehen. In der Gruppe der jüngeren Menschen finden sich mehr Personen mit einer qualifizierten Ausbildung und im Durchschnitt ist das formale Bildungsniveau höher. Trifft dies auf den eigenen Datensatz nicht zu oder weicht die Beziehung zwischen Alter und Bildung in der eigenen Stichprobe von extern bekannten Verteilungen auffällig ab, muss man die Daten an dieser Stelle genaueren Sichtprüfungen unterziehen. Am Ende dieser Prozeduren, durch die aufgefundene Fehler genauso wie nicht erklärbare Daten **bereinigt** werden, steht der verwertbare, korrigierte Datensatz. Er dient als Grundlage der eigentlichen empirischen Analyse.

6.8 Untersuchungskern – Datenanalyse und Interpretation

Liegt der geprüfte und korrigierte Datensatz vor, kann man mit der Auswertung beginnen. Am Anfang steht in der Regel eine deskriptive **Datenanalyse**, meist der **Häufigkeiten**. Sie gibt nicht nur erste inhaltliche Anhaltspunkte, sondern dient auch dem Zweck, sich einen Überblick über die Verteilung der Indikatoren zu verschaffen. Sollen sie später in vertiefenden Verfahren angewendet werden, sollte bekannt sein, ob sie normal- oder schiefverteilt sind. Auf diese Weise macht man sich den Datensatz vertraut. Für manche Fragen, zum Beispiel nach dem Vertrauen zu politischen Parteien, reichen Aussagen auf der Basis von Häufigkeitsverteilungen bereits aus. Gleichwohl gewinnen auch Häufigkeiten ihre Tragfähigkeit erst dann, wenn sie entweder mit theoretischen Annahmen konfrontiert werden oder indem man sie einem Vergleich mit weiteren Gruppen, zum Beispiel Subgruppen innerhalb einer Gesellschaft oder weiteren Gesellschaften in international vergleichenden Umfragen, unterzieht. Erst aus dem Vergleich kann man Aussagen darüber treffen, ob die ermittelten Anteile an Befragten, die Parteien vertrauen, hoch oder niedrig sind[4].

Greifen wir unser Beispiel der Politikverdrossenheit wieder auf: Ein Überblick über die Haltungen der befragten Bundesbürger aus West- und Ostdeutschland zu politischen Fragen macht schnell deutlich, dass es sich nicht um eine generelle Ablehnung der Demokratie handelt, sondern dass vor allem eine kritische Haltung gegen-

---

[4] 2015 vertrauten etwa 242 % der Deutschen den politischen Parteien. Sind das viele oder wenige Bürger? Verglichen mit Slowenien, wo lediglich 4 % der Bürger noch Vertrauen in politische Parteien besitzen, sind es viele; verglichen mit den Niederlanden, wo 44 % der Bürger den Parteien vertrauen, sind es wenige (ESS 2014). Zur Abschätzung helfen eine Anbindung an die entsprechende Theorie und ein Vergleich mit weiteren Studien.

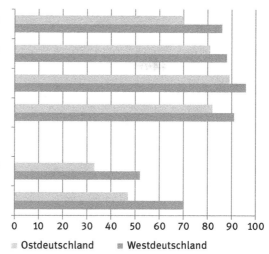

Die Demokratie ist besser als jede andere Regierungsform. (1991)

Die Demokratie ist besser als jede andere Regierungsform. (1997)

Die Demokratie ist die beste vorstellbare Staatsidee. (2002)

Ich halte die Demokratie allgemein für eine gute Regierungsform. (2010)

Ich bin zufrieden, wie sich die Demokratie entwickelt. (2010)

Ich bin zufrieden mit der Demokratie. (2012) (ESS)

Ostdeutschland Westdeutschland

Abb. 6.1: Häufigkeitsvergleich eines Indikators für Politikverdrossenheit zwischen West- und Ostdeutschland (eigene Berechnungen aus verschiedene Quellen u. a.; IFD-Allensbach 1999; Sozialer und kultureller Wandel in Deutschland 1998; Political Culture in an enlarged Europe (PCE) 2002; ARD-Deutschlandtrend, Juli 2010; ESS 2012 (6–10 auf einer Skala mit 11 Punkten); Antworten in %).

über politischen Parteien und Politikern eingenommen wird (siehe Abbildung 6.1). Es kann gezeigt werden, dass zum einen die Zustimmungsgrade zwischen unterschiedlichen Indikatoren des Konzept der politischen Unterstützung differieren. Zum anderen unterscheiden sich auch die Differenzen der Zustimmung zu verschiedenen Indikatoren des Konzepts der politischen Unterstützung zwischen Westdeutschland und Ostdeutschland. Hier wird deutlich, dass **Vergleichsmöglichkeiten** mit anderen Gruppen (aber auch über die Zeit) sehr hilfreich für Interpretationen sind. In der Tat unterscheidet sich die Demokratiezufriedenheit zwischen West- und Ostdeutschland signifikant. In den stärker auf die Legitimität der Demokratie abhebenden Fragen finden wir ebenfalls regionale Unterschiede, nur fallen die Differenzen zwischen der allgemeinen Haltung zur Demokratie und der Zufriedenheit mit der aktuellen Demokratie in West- und in Ostdeutschland unterschiedlich aus (siehe Abbildung 6.1).

Betrachten wir in einem zweiten Analyseschritt eine **Kreuztabelle** aus Demokratiezufriedenheit und Einschätzung der eigenen Wirtschaftslage, so stellen wir fest, dass beide Variablen in einem linearen Zusammenhang stehen (zur Kreuztabellenanalyse siehe Kapitel 5.1.2). Von der Theorie her argumentierend gehen wir jetzt davon aus, dass die kausale Beziehung folgendermaßen lautet: Eine geringere Zufriedenheit mit der eigenen ökonomischen Situation reduziert die Wahrscheinlichkeit, mit der Demokratie zufrieden zu sein! Unser Interesse geht aber über einen Erklärungsindikator hinaus. Die komprimierte Form von Kreuztabellen stellen **Korrelationsko-**

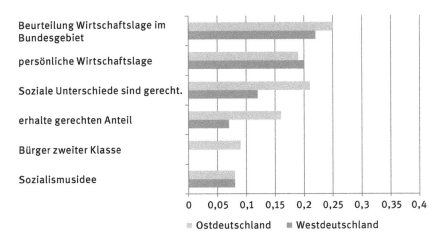

Abb. 6.2: Korrelationen zwischen Demokratieverdrossenheit (AV) und Einstellungen zu Wirtschaft, Politik und sozialer Ungleichheit (AVs) (eigene Berechnungen, Allbus 1991–2010; Darstellung Korrelationskoeffizient Pearson's r).

effizienten[5] dar. Eine Übersicht verschiedener Korrelationen zeigt Abbildung 6.2. In der Tat besteht zwischen Demokratiezufriedenheit und einer Dummy-Variable Ostdeutschland (Ostdeutschland = 1, Westdeutschland = 0) ein Zusammenhang von Pearsons r = −0.29. Die Eigenschaft Ostdeutscher zu sein, erhöht somit die Chance mit der aktuellen Demokratie unzufrieden zu sein. Das **Signifikanzniveau** ergibt sich aus einer Abschätzung, inwieweit man aufgrund der Stichprobenergebnisse zu Unrecht einen Zusammenhang in der Grundgesamtheit annehmen würde. In der Regel wird hier eine Fehlerwahrscheinlichkeit von 5 % (Signifikanzniveau p = .05) als akzeptabel erachtet (siehe Kapitel 5.1.3). Wird dies überschritten, dann wird die Unsicherheit der Einschätzung des Ergebnisses so groß, dass man auf die Annahme eines Zusammenhangs in der Grundgesamtheit verzichten sollte. Dieses Problem haben wir aber in diesem Fall nicht. Das Ergebnis ist bei einem Schätzfehler von fast null Prozent hochsignifikant. Damit kann es auf die Grundgesamtheit übertragen werden, und wir können für alle West- und Ostdeutschen (und nicht nur für die Stichprobe) eine entsprechende Aussage tätigen.

Will man nun weiterführende Aussagen treffen, hilft nun auch eine Inspektion von Korrelationen der Demokratiezufriedenheit innerhalb der einzelnen Gebiete mit **potenziellen Erklärungsvariablen** weiter (siehe Abbildung 6.2). Es wird deutlich, dass sich der Einfluss der meisten Bestimmungsgründe in West- und Ostdeutschland gleicht – abgesehen vom Gefühl, ein Bürger zweiter Klasse zu sein und der Haltung

---

[5] Je nach Skalenniveau der Variablen sind unterschiedliche Korrelationsmaße zu verwenden. Alle Korrelationskoeffizienten variieren zwischen +1, einem perfekten positiven Zusammenhang, und −1, einem perfekten negativen Zusammenhang (siehe Kapitel 5.1.2).

zur Frage „Soziale Unterschiede sind gerecht". Der für sich genommen stärkste Erklärungsfaktor ist die wahrgenommene wirtschaftliche Lage im Bundesgebiet und die wahrgenommene eigene wirtschaftliche Situation. Demokratiezufriedenheit als eine Komponente von Politikverdrossenheit wird also in erster Linie durch die wirtschaftliche Lage, dann aber vor allem von Wahrnehmungen der Ungleichbehandlung und sozialer Deprivation geprägt.

Nach der Korrelationsanalyse sind wir schon recht gut informiert, haben aber noch Zweifel, ob die verschiedenen Erklärungsfaktoren, die wir jetzt im bivariaten Zusammenhang mit dem Indikator „Demokratiezufriedenheit" getestet haben, nicht interkorrelieren und immer nur einen bestimmten (manchmal nicht sichtbaren) Effekt reproduzieren. Diese Zweifel kann man beseitigen, indem man a. eine **multivariate Analyse**, zum Beispiel eine Regressionsanalyse mit dem Indikator „Demokratiezufriedenheit" als abhängiger Variable und den in Abbildung 6.2 aufgeführten Erklärungsfaktoren als unabhängige Variablen und b. eine Korrelationsanalyse der unabhängigen Variablen durchführt. Alternativ zu b. kann man sich in der Regressionsanalyse den sogenannten VIF-Faktor ausgeben lassen. Der Vorteil multivariater Analysen ist einerseits, dass sie das Geflecht der Erklärungen herausarbeiten, das heißt man kann erkennen, welche Variable(n) die Ausprägung der Demokratiezufriedenheit wirklich erklären und wie diese Variablen untereinander zusammenhängen. Andererseits kann man mögliche Effekte, die irrtümlich aufgrund einer bivariaten Korrelation angenommen werden, als eben solche – irrtümliche Effekte – aufdecken (Drittvariablenproblem; siehe Kapitel 5.1.2). Die Ergebnisse einer **Regressionsanalyse** (siehe Kapitel 5.1.5) mit den obigen Variablen bestätigt unser Ergebnis: Ohne Frage hängen die meisten der präsentierten unabhängigen Variablen untereinander in erheblichem Ausmaß zusammen. So reduziert beispielsweise die Wahrnehmung der wirtschaftlichen Lage im Bundesgebiet den Einfluss der Einschätzung der persönlichen Wirtschaftslage merklich. Gleichzeitig bleibt die Reihenfolge der Effektstärken überwiegend erhalten. Damit haben wir die zentralen Bestimmungsgründe für einen Faktor der Politikverdrossenheit identifiziert.

Verbleiben Sie nicht bei der Zusammenhangsanalyse, sondern berücksichtigen Sie zur Interpretation der Ergebnisse auch die Häufigkeitsausprägungen der in die Zusammenhangsanalyse einbezogenen Variablen.

Doch sagt dieses Ergebnis tatsächlich etwas über die **Unterschiede in der Demokratiezufriedenheit zwischen West- und Ostdeutschland** aus? Hierzu müssen wir zusätzlich wieder auf die Häufigkeiten der unabhängigen Variablen zurückgreifen. Was sich da zeigt, erleichtert die Interpretation der Ergebnisse aus der multivariaten Analyse. In der Einschätzung der wirtschaftlichen Situation im Bundesgebiet bestehen nahezu keine Unterschiede zwischen West- und Ostdeutschland. Die Schlussfolgerung daraus ist, dass aus dieser einflussreichsten unabhängigen Variablen die Unterschiede in der Demokratiezufriedenheit in West- und Ostdeutschland nicht resultieren können. Anders ist es mit der relativen Deprivation („Erhalte den gerechten Anteil am Lebensstandard") und der Akzeptanz sozialer Ungleichheit: Wesentlich mehr Ostdeutsche als Westdeutsche denken, weniger als den gerechten Anteil am bundesdeutschen Lebensstandard zu erhalten. Ostdeutsche sind zudem in geringerem Ausmaß bereit, soziale Ungleichheit als „natürlich" zu akzeptieren. Exakt an dieser Stelle entstehen nun die Differenzen in der Demokratiezufriedenheit zwischen West- und Ostdeutschland. Da zudem auch noch der Effekt der Akzeptanz sozialer Ungleichheit in Ostdeutschland stärker ausfällt, kann das Gros der Unterschiede in der Demokratiezufriedenheit zwischen West- und Ostdeutschland jetzt erklärt werden. Relative Deprivation und die Ablehnung sozialer Ungleichheit sind die zentralen Erklärungsfaktoren der Unterschiede in der Demokratiezufriedenheit zwischen West- und Ostdeutschen. Es wird deutlich, dass für eine inhaltliche Interpretation das **Zusammenspiel zwischen der univariaten Analyse und der Zusammenhangsanalysen** essenziell ist. Nur dann sind Effekte in ihrer ganzen inhaltlichen Wirkung interpretierbar.

Datenanalyse
Die Datenanalyse setzt die Dateneingabe und die sorgfältige Kontrolle des Rohdatensatzes voraus und zerfällt dann in drei größere Bereiche: deskriptive Analyse über Häufigkeitsdarstellungen, eine bivariate Vergleichs- oder Zusammenhangsanalyse (Kreuztabellen, Korrelationen) und multivariate Analysen (Regressionsanalysen, Faktorenanalysen, Clusteranalysen). Dies ist auch eine gute Durchführungsabfolge, wobei oft nur ausgewählte multivariate Analysen zum Einsatz kommen.

Andere, für das vorliegende Beispiel weniger relevante, multivariate Analyseverfahren sind die Faktorenanalyse und die **Clusteranalyse**. Man könnte in unserem Beispiel mit Clusteranalysen untersuchen, ob es unterschiedliche Bevölkerungsgruppen mit unterschiedlichen Ausprägungen der politischen Einstellungen gibt. Hier ist darauf hinzuweisen, dass die Clusteranalyse ein eher weiches empirisches Verfahren ist, das zwar aufgrund der Gruppenzuweisungen eine hohe Trennschärfe suggeriert, aber bereits bei kleineren Veränderungen der einbezogenen Grunddaten abweichende Ergebnisse produziert. **Faktorenanalysen** sind in der Lage, die innere Stabilität eines Syndroms Politikverdrossenheit prüfen, was ebenfalls von Nutzen für das Verständnis dieses Syndroms ist (siehe Kapitel 5.1.6 und 5.1.7).

6.9 Dissemination – Präsentation der Ergebnisse

Die Interpretation erfolgt entlang der Ausgangsfragestellung und unter Rückgriff auf die der Untersuchung zugrunde gelegte Theorie. Die Theorieüberprüfung kann im weiteren Verlauf der Forschung durch immer wiederkehrende Rekurse auf die empirische Arbeit weiter vorangetrieben werden – und im Idealfall sogar in neue theoretische Überlegungen münden. Solche neuen Theorien wären ja letztendlich auch das Ziel wissenschaftlicher Arbeit. Im Rahmen der konkreten Analyse handelt es sich zumeist um Prozesse der Bestätigung oder der Falsifikation einzelner Hypothesen. Diese Herstellung der **Beziehung zwischen Theorie und Empirie** ist für die Präsentation der Ergebnisse wichtig. So werden einzelne Fragestellungen herausgegriffen, mit Bezug zur Theorie bearbeitet und dann in Artikel oder Präsentationen und Vorträge überführt. Häufig soll nicht alles, was untersucht wurde, auch präsentiert werden. In der Regel werden nur **Ausschnitte** der analytischen Arbeit vorgestellt. Diese Selektion ist allerdings unproblematisch, teilweise ist sie für das Verständnis der erzeugten Information sogar hilfreich und notwendig.

Der Aspekt der Ergebnisverbreitung – der **Dissemination** – stellt die erzielten Ergebnisse fachöffentlich zur Diskussion und Prüfung. Die daraus resultierenden Feedbacks sind für die Weiterentwicklung der Interpretationen und Antworten auf die Forschungsfragen von wesentlicher Bedeutung. Auch im Studienverlauf finden sich solche Diskussionen über „veröffentlichte" Studienergebnisse: Jedes Referat über eine analytische Arbeit, jede Vorstellung einer Abschlussarbeit in einem Kolloquium sollte in eine wissenschaftliche Debatte des Studierenden mit seinem Auditorium münden. In der Präsentation zeigen sich das Konzept und die Struktur der Arbeit ebenso wie die systematische Beantwortung der Forschungsfrage und der Erkenntnisgewinn, den diese produziert. Nur wenn Ergebnisse vorgestellt werden, können sie **kontrovers diskutiert** und in der Folge verbessert werden. Dies ist notwendig, denn Wissenschaft ist ein Prozess der **kumulativen Wissenssammlung**.

Ergebnisse werden nicht für die Schublade produziert. Verbreiten Sie Ihre Resultate und präsentieren Sie sie. Halten Sie Referate und Vorträge, schreiben Sie Fachartikel und stellen Sie sich der wissenschaftlichen Diskussion.

Bei der Verschriftlichung der Ergebnisse muss nachvollziehbar dargestellt werden, wie man vorgegangen ist und warum man welche Theorie, Fallauswahl, Daten, Indikatoren und Analysemethoden gewählt hat. Diese **Transparenz** ist ein wichtiges Merkmal von Wissenschaftlichkeit. Die Ergebnisse müssen auch von anderen Wissenschaftlern überprüft und kritisiert werden können. Die Dokumentation ist nur die Vorstufe für spätere wissenschaftliche Veröffentlichungen – aber eine wichtige. Sie sollte mit **klaren Belegstrukturen** (Zitationen) arbeiten und dem Leser den Weg, den man in seiner Interpretation der Analyse geht, nachvollziehbar darlegen. Dabei sind neben Rückgriffen auf die Theorie eigene **Annahmen explizit** zu benennen. Sie sind am Ende des Theorieteils zu formulieren. Der Vorteil einer eigenen empirischen Analyse liegt darin, dass man auch Annahmen verwerfen und modifizieren kann, die bekannte Persönlichkeiten oder Medien verbreitet haben. In gewisser Hinsicht sind eigene empirische Forschungsprojekte eine Möglichkeit zu **wissenschaftlicher Emanzipation** (siehe Abbildung 6.3).

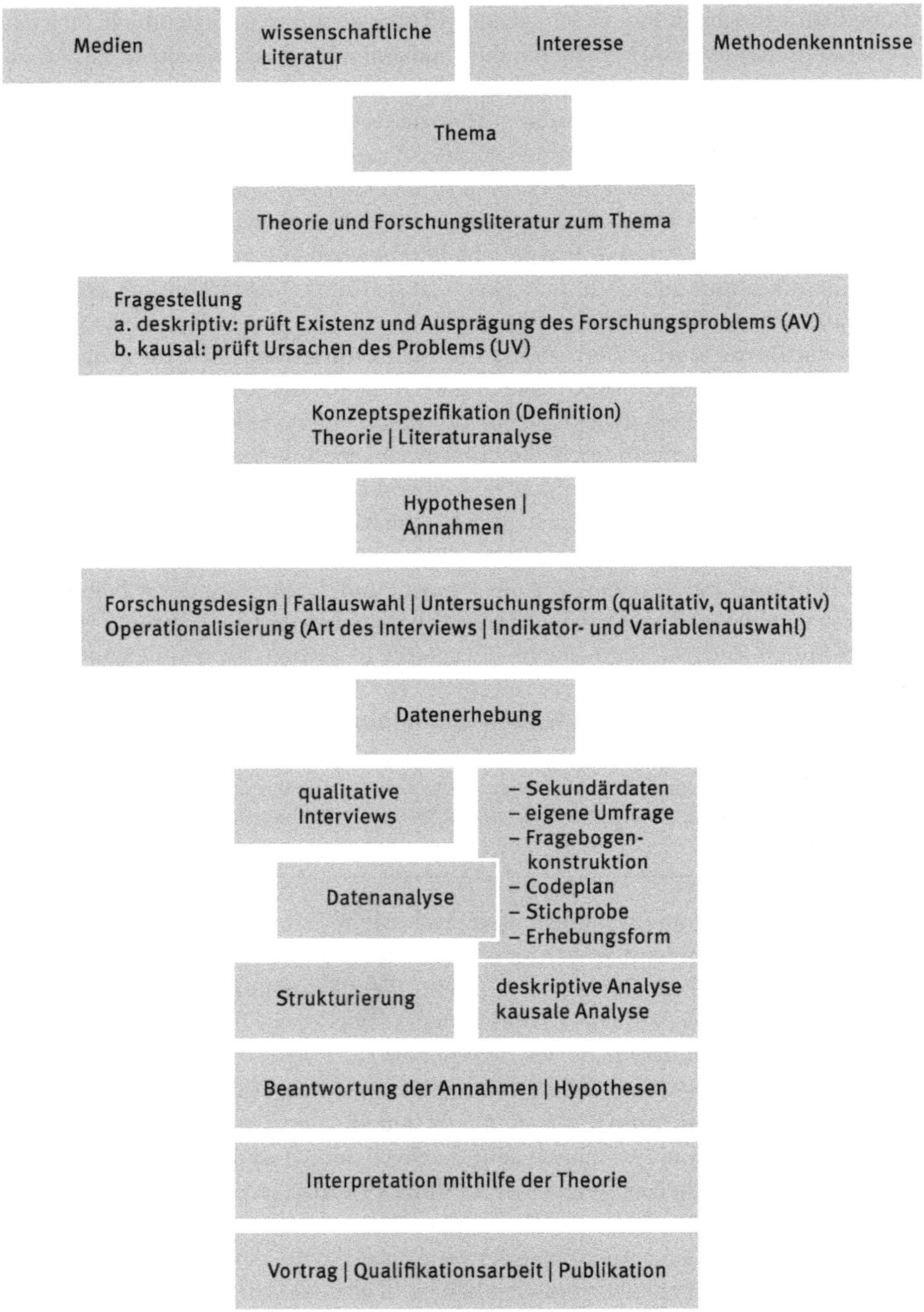

6 Beispiel für eine eigene Umfrage – Erhebung zur Politikverdrossenheit

```
[Medien]  [wissenschaftliche Literatur]  [Interesse]  [Methodenkenntnisse]
                              │
                          [Thema]
                              │
         [Theorie und Forschungsliteratur zum Thema]
                              │
   Fragestellung
   a. deskriptiv: prüft Existenz und Ausprägung des Forschungsproblems (AV)
   b. kausal: prüft Ursachen des Problems (UV)
                              │
         [Konzeptspezifikation (Definition)
          Theorie | Literaturanalyse]
                              │
         [Hypothesen | Annahmen]
                              │
   Forschungsdesign | Fallauswahl | Untersuchungsform (qualitativ, quantitativ)
   Operationalisierung (Art des Interviews | Indikator- und Variablenauswahl)
                              │
         [Datenerhebung]
```

- qualitative Interviews
- Sekundärdaten
- eigene Umfrage
- Fragebogenkonstruktion
- Codeplan
- Stichprobe
- Erhebungsform

Datenanalyse

Strukturierung — deskriptive Analyse / kausale Analyse

[Beantwortung der Annahmen | Hypothesen]

[Interpretation mithilfe der Theorie]

[Vortrag | Qualifikationsarbeit | Publikation]

Abb. 6.3: Ablaufschema eines Forschungsprojekts (eigene Darstellung).

Für **Abschluss- und Qualifikationsarbeiten** ist es wichtig, zu einer **klaren Aussage** über die aufgestellte **Forschungsfrage** zu kommen, die aus den eigenen Analysen abgeleitet wird. Dies können sehr wohl „klare Aussagen" über die eben nicht eindeutig zu treffende Bestimmung eines Phänomens sein. Ein klar formuliertes „Sowohl als auch" ist in seiner Aussagekraft nicht zu unterschätzen. Unser Beispiel hat gezeigt, dass der Weg zu einer eindeutigen Aussage über die Komplexität des Syndroms „Politikverdrossenheit" zu der Erkenntnis führt, dass das Syndrom in einzelne Bestandteile zerlegt werden muss, deren Erklärung wiederum einer komplexen Analyse bedarf. Wichtig ist, dass eine Ergebnispräsentation **Interpretationsangebote** beinhaltet und nicht auf eine reine Datenschau oder Zitationsflut aus qualitativen Interviews reduziert wird. Dies ist keine Wissenschaft. Es ist hilfreich, sich auf wenige inhaltliche Kernaussagen zu konzentrieren. Zudem sollte eine gute **Dokumentation** der verwendeten und analysierten Materialien in jeder Abschlussarbeit enthalten sein. Nach dem Abschluss von Forschungsprojekten ist es sinnvoll, die erhobenen Daten für Sekundäranalysen zur Verfügung zu stellen, was in Deutschland in der Regel durch eine Weitergabe des Datenmaterials an die **GESIS** geschieht.

Eine wissenschaftliche Arbeit benötigt eine Interpretation der Daten und Analyseergebnisse sowie eine wissenschaftliche Aussage. Daten- und Textwüsten sind kein Ersatz dafür. Unbelegtes Philosophieren über die Forschungsfrage ist keine Alternative.

Eine Antwort auf unsere Leitfrage nach den innerdeutschen Differenzen der Politikverdrossenheit könnte somit sein: In der Tat **unterscheiden** sich West- und Ostdeutsche hinsichtlich ihrer Haltung zum aktuellen demokratischen System. Sie differieren aber kaum in den grundlegenden Einstellungen zur Demokratie als bester Staatsform sowie der Beurteilung von Parteien und Politikern. Entsprechend können die beobachtbaren Einstellungen nicht allein aus der Sozialisation in zwei unterschiedlichen Regionen resultieren. Die Zusammenhangsanalysen haben ebenfalls die hohe Wirksamkeit von situativen Faktoren, aber vor allem von relationalen Einschätzungen und Mentalitäten der Bürger (gerechter Anteil, Bürger zweiter Klasse) herausgestellt. Genauer genommen ist es das aktuelle politische System, das ein größeres Misstrauen der Ostdeutschen auf sich zieht.

Konsequenterweise müsste man also antworten: **Eine allgemeine Politikverdrossenheit kann im ganzen Bundesgebiet nicht festgestellt werden. Es gibt eine starke Politiker- und Parteienverdrossenheit bei gleichzeitiger Akzeptanz der Demokratie. Dabei sind mehr Ostdeutsche vor allem mit dem aktuellen politischen System der Bundesrepublik Deutschland unzufrieden als Westdeutsche, selbst wenn sie die Demokratie generell befürworten und den Westdeutschen in der Politikerverdrossenheit kaum voraus sind.**

> **Präsentation**
> Wissenschaftliche Ergebnisse sollten öffentlich präsentiert werden, da eines ihrer zentralen Ziele der Austausch und die Auseinandersetzung über wissenschaftliche Arbeit ist. Dies setzt eine möglichst verständliche Präsentation der erzielten Ergebnisse voraus. Wichtig sind der Rückbezug zur eigentlichen Fragestellung, zur Theorie und die Stützung der notwendigen Interpretationen durch das Datenmaterial. Entsprechend sollten Forscher auch der Präsentation und Verbreitung ihrer Ergebnisse in der Öffentlichkeit Planung und Aufmerksamkeit widmen.

7 Fazit und Perspektiven

Was lässt sich nach diesem doch recht zügigen Gang durch die Methoden der empirischen Politikforschung zusammenfassend festhalten? Vor allem eines: **Die gewählte Analysemethode muss der Fragestellung angemessen sein.** Es gibt keine generell falsche oder richtige Methode. Ob eine Methode falsch oder richtig ist, ergibt sich allein aus ihrer Angemessenheit für ein spezifisches Forschungsproblem. Für dessen Bearbeitung ist es nicht verboten, im Gegenteil, es ist sogar gewünscht und oftmals angebracht, verschiedene methodische Zugänge miteinander zu verbinden und auf diese Weise den größtmöglichen Erkenntnisgewinn zu erzielen. Die Überlegungen zu Mixed-Methods-Designs können erheblich weiterhelfen, solche Arbeiten mit Methodenkombinationen sinnvoll und zielgerecht zu strukturieren. Wichtig ist, dass sowohl das Ziel der empirischen Analyse als auch die eigenen Ressourcen vorher bedacht werden. Speziell ist es notwendig, die eigenen Kapazitäten, vor allem die oft begrenzten zeitlichen Ressourcen, realistisch abzuschätzen, denn oft müssen im Fall eines Mixed-Methods-Designs weitere Analysemethoden erlernt werden. Dies gilt auch für Forschende zu einem späteren Zeitpunkt in ihrer Karriere. Auch die Konzentration auf eine einzelne Methode kann sehr wohl ausreichend sein, um ein Problem angemessen zu bearbeiten und die gestellte Forschungsfrage adäquat zu beantworten. Wichtig ist es dann, die Forschungsfrage klug auszuwählen und diese Auswahl nachvollziehbar zu begründen.

Vor jedem erfolgreichen Methodeneinsatz, egal auf welcher Komplexitätsebene dies angesiedelt sein mag, muss eine präzise und beantwortbare Fragestellung stehen. Klar formulierte Hypothesen und eine leitende Theorie sind für die Präzisierung der Fragestellung von Nutzen, wenn nicht gar unabdingbar. Ohne eine **klar formulierte Fragestellung** unterliegt jedes Projekt, sei es eine Seminararbeit, eine Bachelorarbeit, eine Masterarbeit oder eine Dissertation, dem Risiko auszuufern und nicht zum gewünschten Ziel zu führen. Diese (richtige) Entscheidung in einer frühen Phase des Forschungsprozesses gibt den Pfad für eine erfolgreiche Arbeit vor. Die Forschungsfrage sollte nicht auf der Basis einer Ad-hoc-Entscheidung gestellt werden. So mag die Forschungsidee gerne ad hoc entstehen, für jeden sozialwissenschaftlichen Zugang ist aber die Einbettung in eine **Theorie** wesentlich. Ohne Theorie läuft das Forschungsprojekt Gefahr, wissenschaftlich nicht anschlussfähig zu sein oder zum puren Selbstzweck zu werden. Über die Beziehung der Forschungsfrage zur Theorie, sei sie mittlerer Reichweite, eine Großtheorie oder eine bereichsspezifische Theorie, knüpft man an Überlegungen anderer Wissenschaftler im Fachbereich an und kann von deren Erkenntnissen profitieren. Zudem sind Theorien hilfreiche Leitlinien für die eigene Arbeit. Allerdings können Theorien für sich keinen wirklichen Erkenntnisfortschritt gewährleisten. Hierfür bedarf es der Empirie und empirischen Forschung. Theorien benötigen für die Prüfung ihres Wahrheitsgehalts empirische Analysen. Diese geben Aussagen darüber, ob eine Theorie richtige oder falsche Annahmen macht. Sind sie richtig, kann die Theorie weiter verwendet, unter spezifischen Bedingungen geprüft und als Leitlinie genutzt werden. Ist dies nicht der Fall, kann man möglicherweise – nach weiteren negativ ausfallenden empirischen Testungen – auf sie verzichten. Nur auf diese Weise einer Verzahnung von theoretischem Denken und empirischer Analyse ist ein Fortschritt in der Theoriebildung zu erzielen.

Für Studierende ist wichtig, dass sie keine Sorgen haben müssen, wenn sie nicht der allererste sind, der eine Fragestellung zu beantworten versucht. Jedes neue Forschungsprojekt liefert gerade über seine empirischen Forschungsergebnisse einen neuen Erkenntnisfortschritt. Letztlich hat jeder Forscher eine eigene, und damit etwas andere Sicht auf ein Phänomen und geht unter veränderten Rahmenbedingungen an eine Forschungsfrage heran. Wissenschaft ist ein **kumulatives Vorgehen**, das Baustein für Baustein an Erkenntnis zusammensetzt und ergänzt. So sind Arbeiten, die ganz neue und noch nie da gewesene Erkenntnisse verkünden, eher mit Vorsicht zu betrachten. Viele Ergebnisse wurden bereits früher erzielt und können, eventuell mit Ergänzungen, in die Gegenwart transferiert werden. Diese Tatsache sollte keinen an einer Fragestellung interessierten Forscher von der Forschung abhalten. So ist auch die Bestätigung einer durch Theorie geleiteten Fragestellung unter anderen Rahmenbedingungen alles andere als zu unterschätzen. Viel häufiger besteht heute die Gefahr, dass der Blick auf die abwegigsten Gebiete gelenkt wird, nur weil diese (angeblich) noch nicht untersucht wurden. So soll keinesfalls einer, in jüngerer Zeit zu beobachtenden **Kleinteiligkeit von Forschungsprojekten** das Wort geredet werden. Wichtig ist es, neue Facetten und Bestätigungen sowie Korrekturen an bestehenden Theorien, Konzepten und Bildern über die Welt vorzunehmen, ihre Relevanz zu zeigen oder zu widerlegen und Schlüsse für die Gegenwart zu ziehen. Dies gelingt aber nur über neue empirische Erkenntnisse.

Um diese weiterführenden Erkenntnisse zu erhalten, ist es wichtig, über Kenntnisse zu verfügen, die es ermöglichen, wissenschaftliche Aussagen zu erzielen. Hier haben sich in den Sozialwissenschaften **methodische Standards** etabliert, die Ergebnisse für Außenstehende überprüfbar machen. Nachvollziehbarkeit ist eines der wesentlichen Kriterien für Wissenschaftlichkeit. Die Verwendung bestimmter Methoden allein um die Möglichkeit ihrer Anwendung willen ist sinnlos. **Methodenanwendung muss immer auf ein Ziel gerichtet** sein. Reine „Methodenspielerei" kann helfen, sich mit einer Methode vertraut zu machen, sie ist aber noch keine wissenschaftliche Arbeit. Methoden müssen mit den entsprechenden korrekten Kenntnissen umgesetzt werden. Neben der Auswahl der angemessenen Methode ist es ihre **fachgerechte Anwendung**, die über die Qualität der Ergebnisse entscheidet. Wird der Beleg geführt, dass man die Resultate auf die beschriebene Art und Weise erzielt hat, muss jeder Kritiker gute – und ebenfalls empirisch belastbare – Gegenargumente formulieren können. Ob man nun qualitative oder quantitative Verfahren verwendet, ändert wenig an der Struktur der Argumentation: Bestimmte methodische Kernprinzipien sind einzuhalten, das Vorgehen ist nachvollziehbar zu dokumentieren und dem Leser ist immer transparent zu machen, was man an welcher Stelle der Arbeit aus welchen Gründen getan hat. Dies mag zuweilen aufwendig und mühsam sein, entspricht aber empirischer Wissenschaftlichkeit. Es lohnt sich immer, Zeit für das Erlernen von Analysemethoden einzuplanen. Sie eröffnen den Weg, neue Forschungsfragen zu beantworten und in der Anwendung der angemessenen Analysemethoden flexibel zu bleiben.

Empirische Politikforschung kann, wenn man sie gut strukturiert und durchdacht betreibt, genau zu den spannenden Erkenntnissen führen, die sich der Studierende zu Beginn seines Studiums möglicherweise gewünscht hat. Man erzielt neue Erkenntnisse, stellt allgemeine Aussagen aus Wissenschaft und Politik auf den Prüfstand und ist in der Lage, etwas **Eigenständiges** zu produzieren. Empirische Politikforschung ist keine bloße Reproduktion von bestehendem Wissen oder – schlimmer noch – stammtischinspirierte Schaumschlägerei. Sie ist die Möglichkeit, eigene Erkenntnisse über die Welt zu erhalten. Diese eigenständig erarbeiteten Ergebnisse anderen mitzuteilen, ist hochgradig befriedigend. Zudem regen eigene Erkenntnisse dazu an, sich weiter und tiefer mit dem Fach – in diesem Fall Politikwissenschaft – auseinanderzusetzen. Wenn das vorliegende Buch ein wenig dazu beiträgt, dann sind wir zufrieden.

Literatur

F. H. Aarebrot; P. H. Bakka (1997): Die vergleichende Methode in der Politikwissenschaft. In: D. Berg-Schlosser; F. Müller-Rommel (Hrsg.): Vergleichende Politikwissenschaft. Opladen: 57–76 (4. Aufl.).

C. H. Achen (1986): Statistical Analysis of Quasi-Experiments. Berkeley.

C. H. Achen; P. W. Shively (1995): Cross-Level Inference. Chicago.

H. Albert (1964): Theorie und Realität. Tübingen.

G. A. Almond; S. Verba (1963): The Civic Culture: Political Attitudes and Democracy in Five Nations. Princeton.

K. Arzheimer (2002): Politikverdrossenheit. Bedeutung, Verwendung und empirische Relevanz eines politikwissenschaftlichen Begriffs. Wiesbaden.

P. Atteslander (2006): Methoden der empirischen Sozialforschung. Berlin (11. Aufl.).

P. Atteslander (2013): Methoden der empirischen Sozialforschung. Berlin (13. Aufl.).

K. Backhaus; B. Erichson; W. Plinke; R. Weiber (2003): Multivariate Analysemethoden: Eine anwendungsorientierte Einführung. Heidelberg (10. Aufl.).

N. Baur; J. Blasius (Hrsg.) (2014): Handbuch Methoden der empirischen Sozialforschung. Wiesbaden.

N. Baur; S. Fromm (2003): Datenanalyse mit SPSS für Fortgeschrittene. Ein Arbeitsbuch. Wiesbaden.

D. Beach; R. B. Pedersen (2013): Process Tracing Methods: Foundations and Guidelines. Michigan.

N. Beck; J. Katz (1995): What to do (and not to do) with Time-Series Cross-Section Data. In: American Political Science Review 89: 634–647.

J. Behnke (2015): Logistische Regressionsanalyse. Wiesbaden.

J. Behnke; N. Baur; N. Behnke (2010): Empirische Methoden der Politikwissenschaft. Paderborn (2. Aufl.).

J. Behnke; N. Behnke (2006): Grundlagen der statistischen Datenanalyse. Eine Einführung für Politikwissenschaftler. Wiesbaden.

J. Behnke; T. Gschwend; D. Schindler; K.-U. Schnapp (Hrsg.) (2006): Methoden der Politikwissenschaft. Neuere qualitative und quantitative Analyseverfahren. Baden-Baden.

A. Bennett; J. Checkel (2014): Process Tracing. From Metaphor to analytic Tool. Cambridge.

A. Bennett; A. L. George (1997): Process Tracing in Case Study Research. Mac Arthur Foundation Workshop on Case Studies. Ann Arbor.

A. Bennett; C. Elman (2006): Complex Causal Relations and Case Study Methods: The Example of Path Dependence. In: Political Analysis 14/3: 250–268.

K. Benoit; N. Wiesehomeier (2009): Expert Judgements. In: S. Pickel; G. Pickel; H.-J. Lauth; D. Jahn (Hrsg.): Neuere Entwicklungen und Anwendungen auf dem Gebiet der Methoden der vergleichenden Politik- und Sozialwissenschaft. Wiesbaden: 477–496.

P. L. Berger; T. Luckmann (1967): Die gesellschaftliche Konstruktion der Wirklichkeit. Eine Theorie der Wissenssoziologie. Frankfurt/Main.

M. Bergmann (2008): Advances in Mixed Methods Research: Theories and Applications. London.

D. Berg-Schlosser (2003): Makro-qualitative vergleichende Methoden. In: D. Berg-Schlosser; F. Müller-Rommel (Hrsg.): Vergleichende Politikwissenschaft. Opladen: 103–128 (4. Aufl.).

D. Berg-Schlosser (2005): Makro-qualitative Methoden. In: S. Kropp; M. Minkenberg (2005): Vergleichen in der Politikwissenschaft. Wiesbaden: 170–179.

D. Berg-Schlosser, L. Cronqvist (2008): Vergleichende Methoden der Politikwissenschaft. Stuttgart.

J. K. Blatter; F. Janning; C. Wagemann (2007): Qualitative Politikanalyse. Eine Einführung in Forschungsansätze und Methoden. Wiesbaden.

A. Bogner; B. Littig; W. Menz (Hrsg.)(2002): Das Experteninterview. Theorie, Methode, Anwendung. Opladen.

A. Bogner (2014): Interviews mit Experten. Wiesbaden.

R. Bohnsack (2014): Rekonstruktive Sozialforschung. Einführung in qualitative Methoden. Opladen (9. Aufl.).

R. Bohnsack; W. Marotzki; M. Meuser (2011): Hauptbegriffe qualitativer Sozialforschung. Opladen (3. Aufl.).

R. Bohnsack; I. Nentwig-Gesemann; A.-M. Nohl (2013): Die dokumentarische Methode und ihre Forschungspraxis: Grundlagen qualitativer Sozialforschung. Wiesbaden (3. Aufl.).

K. A. Bollen; R. W. Jackmann (1990): Regression Diagnostics: An Expository treatment of Outliers and Influential Cases. In: J. Fox; S. J. Long (Hrsg.): Modern Methods of Data Analysis. London: 257–291.

J. M. Box-Steffensmeier; B. Jones (2004): Event History Modelling: A Guide for Social Scientists. Cambridge.

H. E. Brady; D. Collier; J. Seawright (2004): Refocusing the Discussion of Methodology. In: H. E. Brady; D. Collier (Hrsg.) (2004): Rethinking Social Inquiry. Diverse Tools, Shared Standard. Lanham: 3–20.

F. Brosius (2013): SPSS 21. Heidelberg.

F. Brosius (2014): SPSS 22 für Dummies. Weinheim.

S. Bröchler; R. Schützeichel (Hrsg.) (2008): Politikberatung. Ein Handbuch für Studierende und Wissenschaftler, Stuttgart.

A. Bryk; S. Raudenbush (2002): Hierarchical Linear Models: Applications and Data Abalysis Methods. London.

I. Budge; H.-D. Klingemann; A. Volkens; J. Bara; E. Tannenbaum; R. Fording; D. Hearl; H. M. Kim; M. McDonald; S. Mendes (2001): Mapping Policy Preferences: Parties, Electors and Governments: 1945–1998. Oxford.

M. Bühner (2006): Einführung in die Test- und Fragebogenkonstruktion. München (2. Aufl.).

D. T. Campell; J. Stanley (1963): Experimental and Quasi-Experimental Designs for Research. Chicago.

A. Chalmers (2006): Wege der Wissenschaft. Einführung in die Wissenschaftstheorie. Heidelberg (6. Aufl.).

D. Collier; J. Mahony; J. Seawright (2004): Claiming Too Much: Warnings about Selection Bias. In: H. E. Brady; D. Collier (Hrsg.) (2004): Rethinking social inquiry. Diverse Tools, Shared Standards. Lanham: 85–102.

J. W. Creswell (2003): Research Design. Qualitative, Quantitative, and Mixed Methods Approaches. London.

J. W. Creswell (2009): Research Design. Qualitative, Quantitative, and Mixed Methods Approaches. London (2. Aufl.).

J. W. Creswell; V. L. Piano Clark (2007): Designing and Conducting Mixed Methods Research. London.

J. W. Creswell; V. L. Piano Clark (2011): Designing and Conducting Mixed Methods Research. London (2. Aufl.).

C. Crouch (2008): Postdemokratie. Frankfurt/Main.

N. K. Denzin (1978): Sociological Methods: A Sourcebook. New York.

N. K. Denzin (1989): The Research Act. Englewood Cliffs.

R. Diaz-Bone; C. Weilcher (2015): Methoden-Lexikon für die Sozialwissenschaften. Wiesbaden.

A. Diekmann (2007): Empirische Sozialforschung. Grundlagen. Methoden. Anwendungen. Reinbek bei Hamburg (11. Aufl.).

A. Diekmann (Hrsg.) (2004): Methoden der Sozialforschung. Wiesbaden.

A. Diekmann; P. Mitter (1984): Methoden zur Analyse von Zeitverläufen. Stuttgart.

V. Dreier (1996): Empirische Politikforschung. München.
D. Easton (1979): A System analysis of Political Life. New York.
U. Engel (1998): Einführung in die Mehrebenenanalyse. Grundlagen, Auswertungsverfahren und praktische Beispiele. Darmstadt.
U. Engel; S. Bartsch; C. Schnabel; H. Vehre (2012): Wissenschaftliche Umfragen. Frankfurt/Main.
U. Engel; B. Jann (2014): Improving Survey Methods. London.
G. Erdmann (2007): Area Studies, Comparative Politics und Comparative Area Studies – Anmerkungen zum Stand einer Debatte, Tagung der Sektion „Vergleichende Politikwissenschaft" der Deutschen Vereinigung für Politikwissenschaft (DVPW) mit dem Thema „Stand und Zukunft der Vergleichenden Politikwissenschaft" (zus. mit den Arbeitskreisen „Demokratieforschung", „Empirische Methoden der Politikwissenschaft" und „Wahlen und politische Einstellungen"). Delmenhorst, 09.–11.11.2007.
S. Falk; A. Römmele; D. Rehfeld; M. Thunert (Hrsg.)(2006): Handbuch Politikberatung. Wiesbaden.
T. Faas; S. Huber (2010): Experimente in der Politikwissenschaft: Vom Mauerblümchen zum Mainstream. In: Politische Vierteljahresschrift 51: 721–749.
A. Field (2013): Discovering Statistics Using SPSS. London.
U. Flick (1999): Qualitative Sozialforschung. Eine Einführung. Reinbek bei Hamburg.
U. Flick (2014): Qualitative Sozialforschung. Eine Einführung. Reinbek bei Hamburg (6. Aufl.).
U. Flick (2006): Triangulation. Wiesbaden.
U. Flick; E. von Kardorff; I. Steinke (Hrsg.) (2010): Qualitative Forschung. Ein Handbuch. Reinbek bei Hamburg (8. Aufl.).
M. Foucault (1972): Die Ordnung des Diskurses. München.
M. Foucault (1996): Diskurs und Wahrheit. Berlin.
R. J. Franzese (2005): Empirical Strategies for Various Manifestations of Multilevel Data. In: Political Analysis 13/4: 430–446.
R. J. Franzese; J. C. Hays (2009): Empirical Modeling of Spatial Interdependence in Time-Series Cross-Sections. In: S. Pickel; G. Pickel; H.-J. Lauth; D. Jahn (Hrsg.): Neuere Entwicklungen und Anwendungen auf dem Gebiet der Methoden der vergleichenden Politik- und Sozialwissenschaft. Wiesbaden: 207–236.
J. Friedrichs (2006): Methoden empirischer Sozialforschung. Reinbek bei Hamburg (14. Aufl.).
U. Froschauer; M. Lueger (2003): Das qualitative Interview. Wien.
W. Früh (2011): Inhaltsanalyse. Theorie und Praxis. Konstanz (7. Aufl.).
D. Fuchs (2002): Das Konzept der politischen Kultur: Die Fortsetzung einer Kontroverse in konstruktiver Absicht. In: Bürger und Demokratie in Ost und West: Studien zur politischen Kultur und zum politischen Prozess. Wiesbaden: 27–49.
S. Fuß; U. Karbach (2014): Grundlagen der Transkription. Opladen.
H.-G. Gadamer (1990): Wahrheit und Methode. Grundzüge einer philosophischen Hermeneutik. Tübingen.
D. Garz; K. Kraimer (1991): Qualitativ-empirische Sozialforschung. Konzepte, Methoden, Analysen. Wiesbaden.
C. Geertz (1987): Dichte Beschreibung. Frankfurt/Main.
U. W. Gehring; C. Weins (2004): Grundkurs Statistik für Politologen. Opladen (4. Aufl.).
A. L. George; A. Bennett (2005): Case Studies and Theory Development in Social Sciences. Cambridge.
J. Gläser; G. Laudel (2010): Experteninterviews und qualitative Inhaltsanalyse. Wiesbaden (4. Aufl.).
B. Glaser; A. Strauss (1967): The Discovery of Grounded Theory. Strategies for Qualitative Research. Chicago.
B. Glaser; A. Strauss (2010): Grounded Theory. Strategien qualitativer Forschung. Bern (3. Aufl.).

B. Glaser (1978): Theoretical Sensitivity. Advances in the Methodology of Grounded Theory. Mill Valley.

T. Gschwend (2006): Ökologische Inferenz. In: J. Behnke; T. Gschwend; D. Schindler; K.-U. Schnapp (Hrsg.): Methoden der Politikwissenschaft. Neuere qualitative und quantitative Verfahren. Wiesbaden. 227–238.

T. Gschwend; F. Schimmelfennig (Hrsg.) (2007): Forschungsdesign in der Politikwissenschaft. Probleme – Strategien – Anwendungen. Frankfurt/Main.

D. N. Gujarati (2015): Basics Econometrics. New York (6. Aufl.).

M. Häder (2010): Empirische Sozialforschung. Eine Einführung. Wiesbaden (2. Aufl.).

F. Hartmann; D. Lois (2015): Hypothesen testen. Eine Einführung für Bachelorstudierende sozialwissenschaftlicher Fächer. Heidelberg.

C. Helfferich (2004): Die Qualität qualitativer Daten. Manual für die Durchführung qualitativer Interviews. Wiesbaden.

W. Heitmeyer (2012): Deutsche Zustände. Folge 11. Frankfurt/Main.

C. G. Hempel (1974): Philosophie der Naturwissenschaften. München.

C. G. Hempel; P. Oppenheim (1948): Studies in the Logic of Explanation. In: Philosophy of Science 15: 135–175.

A. Hildebrandt; S. Jäckle; F. Wolf; A. Heindl (2015): Methodologie, Methoden, Forschungsdesign. Ein Lehrbuch für fortgeschrittene Studierende der Politikwissenschaft. Wiesbaden.

J. Hirschle (2015): Soziologische Methoden. Eine Einführung. Weinheim.

H. J. Hummell (1972): Probleme der Mehrebenenanalyse. Stuttgart.

J. Jacobs (2003): Des Kaisers neue Kleider? Fuzzy-Set-Sozialwissenschaften und die Analyse von mittleren Ns. In: S. Pickel; G. Pickel; H.-J. Lauth; D. Jahn (Hrsg.): Vergleichende politikwissenschaftliche Methoden. Neue Entwicklungen und Diskussionen. Wiesbaden: 135–149.

S. Jäger (2015): Kritische Diskursanalyse. Eine Einführung. Münster.

D. Jahn (2006): Einführung in die vergleichende Politikwissenschaft. Wiesbaden.

D. Jahn (2009): Die Aggregatdatenanalyse in der vergleichenden Politikwissenschaft. In: S. Pickel; G. Pickel; H.-J. Lauth; D. Jahn (Hrsg.): Neuere Entwicklungen und Anwendungen auf dem Gebiet der Methoden der vergleichenden Politik- und Sozialwissenschaft. Wiesbaden: 145–168.

M. Jahoda; P. F. Lazarsfeld; H. Zeisel (1975): Die arbeitslosen von Marienthal. Ein soziographischer Versuch über die Wirkungen langandauernder Arbeitslosigkeit. Frankfurt/Main.

J. Janssen; W. Laatz (2013): Statistische Datenanalyse mit SPSS. Eine anwendungsorientiere Einführung in das Basissystem und das Modul Exakte Tests. Heidelberg (8. Aufl.).

A. Jakob (2001): Möglichkeiten und Grenzen der Triangulation quantitativer und qualitativer Daten am Beispiel der (Re-)Konstruktion einer Typologie erwerbsbiographischer Sicherheitskonzepte. Forum qualitative Sozialforschung. https://www.qualitative-research.net/index.php/fqs/article/view/981 (zuletzt aufgerufen am: 29.12.2015).

R. Jacob; A. Heinz; J. P. Decieux (2013): Umfrage. Einführung in die Methoden der Umfrageforschung. München (3. Aufl.).

B. Jann (2005): Einführung in die Statistik. München (2. Aufl.).

S. Kailitz (2004): Politischer Extremismus in der Bundesrepublik Deutschland. Wiesbaden.

R. Kaiser (2014): Qualitative Experteninterviews. Konzeptionelle Grundlagen und praktische Durchführung. Wiesbaden.

U. Kelle (2007): Die Integration qualitativer und quantitativer Methoden in der empirischen Sozialforschung. Theoretische Grundlagen und methodologische Konzepte. Wiesbaden.

U. Kelle; C. Erzberger (2010): Qualitative und quantitative Methoden: kein Gegensatz. In: U. Flicke; E. von Kardorff; I. Steinke (Hrsg.): Qualitative Forschung. Ein Handbuch. Reinbek b. Hamburg: 299–308.

U. Kelle; S. Kluge (1999): Vom Einzelfall zum Typus. Fallvergleich und Fallkontrastierung in der Qualitativen Sozialforschung. Wiesbaden.
U. Kelle; S. Kluge (2010): Vom Einzelfall zum Typus. Fallvergleich und Fallkontrastierung in der Qualitativen Sozialforschung. Wiesbaden (2. Aufl.).
R. Keller u. a. (2010): Handbuch Sozialwissenschaftliche Diskursanalyse. Band 2: Forschungspraxis. Wiesbaden (4. Aufl.).
R. Keller (2011): Diskursforschung. Eine Einführung für SozialwissenschaftlerInnen. Wiesbaden (4. Aufl.).
R. Keller; W. Viehöver (2006): Diskursanalyse. In: J. Behnke; T. Gschwend; D. Schindler; K.-U. Schnapp (Hrsg.): Methoden der Politikwissenschaft. Neuere qualitative und quantitative Analyseverfahren. Baden-Baden: 103–112.
P. Kennedy (2008): A Guide to Econometrics. Minnesota (6. Aufl.).
G. King; R. O. Keohane; S. Verba (1994): Designing Social Inquiry. Scientific Inference in Qualitative Research. Princeton.
G. King; R. O. Keohane; S. Verba (2004): The Importance of Research Design. In: H. E. Brady; D. Collier (Hrsg.) (2004): Rethinking Social Inquiry. Diverse Tools, Shared Standards. Lanham: 181–192.
F. Kleemann; U. Krähnke; I. Matuschek (2009): Interpretative Sozialforschung. Eine praxisorientierte Einführung. Wiesbaden.
M. Klein (2006): Der faktorielle Survey: Conjoint- und Vignettenanalyse. In: J. Behnke; T. Gschwend; D. Schindler; K.-U. Schnapp (Hrsg.): Methoden der Politikwissenschaft. Neuere qualitative und quantitative Verfahren. Wiesbaden: 133–143.
G. Kockläuner (2000): Multivariate Datenanalyse. Am Beispiel des statistischen Programmpakets SPSS. Braunschweig.
J. Kopp; D. Lois (2014): Sozialwissenschaftliche Datenanalyse. Eine Einführung. Wiesbaden (2. Aufl.).
I. Kreft; J. de Leeuw (1998): Introducing Multilevel Modeling. London.
H. Kromrey (2012): Empirische Sozialforschung. Modelle und Methoden der standardisierten Datenerhebung und Datenauswertung. Stuttgart (12. Aufl.).
U. Kuckartz (2014): Qualitative Inhaltsanalyse. Methoden, Praxis, Computerunterstützung. Weinheim.
T. Kühn; K.-V. Koschel (2011): Gruppendiskussionen. Ein Praxis-Handbuch. Wiesbaden.
T. S. Kuhn (1997): Die Struktur wissenschaftlicher Revolutionen. Frankfurt/Main (3. Aufl.).
E. Laclau (1993): Discourse. In: R. Goodin; P. Pettit (Hrsg.): A Companion to Comptemporary Political Philosophy. Oxford: 431–437.
E. Laclau; C. Mouffe (1995): Hegemonie und radikale Demokratie. Wien.
S. Lamnek (2005): Qualitative Sozialforschung. Weinheim.
T. Landman (2000): Issues and Methods in Comparative Politics. An Introduction. London.
W. Langer (2004): Mehrebenenanalyse. Eine Einführung für Forschung und Praxis. Wiesbaden.
W. Langer (2008): Mehrebenenanalyse. Eine Einführung für Forschung und Praxis. Wiesbaden (2. Aufl.).
H.-J. Lauth (2004): Demokratie und Demokratiemessung. Eine konzeptionelle Grundlegung für den interkulturellen Vergleich. Wiesbaden.
H.-J. Lauth (2009): Typologien in der vergleichenden Politikwissenschaft: Überlegungen zum Korrespondenzproblem. In: G. Pickel; S. Pickel; D. Jahn; H.-J. Lauth (Hrsg.): Vergleichende politikwissenschaftliche Methoden – Neue Entwicklungen und Diskussionen. Wiesbaden: 155–164.
H.-J. Lauth; G. Pickel; S. Pickel (2009): Methoden der vergleichenden Politikwissenschaft. Eine Einführung. Wiesbaden.
H.-H. Lauth; G. Pickel; S. Pickel (2014): Vergleich politischer Systeme. Paderborn.

H.-J. Lauth; G. Pickel; S. Pickel (2015): Methoden der vergleichenden Politikwissenschaft. Eine Einführung. Wiesbaden (2. Aufl.).

H.-J. Lauth; C. Wagner (2002): Gegenstand, grundlegende Kategorien und Forschungsfragen der „Vergleichenden Regierungslehre". In: H.-J. Lauth (Hrsg.): Vergleichende Regierungslehre. Eine Einführung. Wiesbaden: 15–36.

H.-J. Lauth; J. Winkler (2006): Methoden der Vergleichenden Regierungslehre. In: H.-J. Lauth (Hrsg.): Vergleichende Regierungslehre. Eine Einführung. Wiesbaden: 37–69 (2. Aufl.).

E. S. Lieberman (2005): Nested analysis as a mixed-method strategy for comparative research. In: American Political Science Review 99/3: 435–452.

A. Lijphart (1971): Comparative Politics and the Comparative Method. In: American Political Science Review 65: 682–693.

A. Lijphart (1975): The Comparable-Cases Strategy in Comparative Research. In: Comparative Political Studies 8/2: 158–177.

S. M. Lipset (1981): Political Man. Baltimore.

J. Mahoney (2000): Strategies of causal inference in small-n analysis. In: Sociological Methods & Research 28/4: 387–424.

J. Mahoney; G. Goertz (2006): A Tale of two Cultures. Contrasting Quantitative and Qualitative Research. In: Political Analysis 14/3: 227–259.

J. Maier; T. Faas (2011): Das TV-Duell 2009 – langweilig, wirkungslos, nutzlos? Ergebnisse eines Experiments zur Wirkung der Fernsehdebatte zwischen Angela Merkel und Frank-Walter Steinmeier, in: H. Oberreuter (Hrsg.): Am Ende der Gewissheiten: Wähler, Parteien und Koalitionen in Bewegung. München: 147–166.

J. Maier; H. Rattinger (2000): Methoden der sozialwissenschaftlichen Datenanalyse. München.

H. O. Mayer (2008): Interview und schriftliche Befragung. Entwicklung, Durchführung, Auswertung. München (4. Aufl.).

P. Mayring (1999): Einführung in die quantitative Sozialforschung. Weinheim.

P. Mayring (2002): Einführung in die qualitative Sozialforschung. Weinheim (5. Aufl.).

P. Mayring (2003): Qualitative Inhaltsanalyse. Grundlagen und Techniken. Weinheim (8. Aufl.).

P. Mayring (2015): Qualitative Inhaltsanalyse. Grundlagen und Techniken. Weinheim (12. Aufl.).

C. Merritt; R. Fowler (1948): The Pecuniary Honesty of the Public at Large. In: Journal of Abnormal and Social Psychology 43: 90–93.

C. N. Meidl (2011): Wissenschaftstheorie für SozialforscherInnen. Wien.

H. Merkens (2010): Auswahlverfahren, Sampling, Fallkonstruktion. In: U. Flick; E. von Kardorff; I. Steinke (Hrsg.): Qualitative Forschung. Ein Handbuch. Reinbek b. Hamburg: 286–299.

M. Meuser; U. Nagel (1991): ExpertInneninterviews – vielfach geprobt, wenig bedacht. Ein Beitrag zur qualitativen Methodendiskussion. In: D. Garz; K. Kraimer (Hrsg.): Qualitativ-empirische Sozialforschung. Opladen: 441–471.

M. Meuser; U. Nagel (2009): Das Experteninterview – konzeptionelle Grundlagen und methodische Anlage. In: S. Pickel; G. Pickel; H.-J. Lauth; D. Jahn (Hrsg.): Neuere Entwicklungen und Anwendungen auf dem Gebiet der Methoden der vergleichenden Politik- und Sozialwissenschaft. Wiesbaden: 441–456.

S. Miligram (1974): Obedience to Authority: An Experimental View. New York.

J. S. Mill (1978 [1843]): A System of Logic. 3 Bde. Toronto.

S. Misoch (2015): Qualitative Interviews. Berlin.

T. Müller; S. Pickel (2007): Wie lässt sich Demokratie am besten messen? Zur Konzeptqualität von Demokratie-Indizes. In: Politische Vierteljahresschrift 3: 511–539.

G. L. Munck; J. Verkuilen (2002): Conceptualizing and Measuring Democracy: Evaluating Alternative Indices. In: Comparative Political Studies 35/1: 5–34.

W. Muno (2009): Fallstudien und die vergleichende Methode. In: S. Pickel; G. Pickel; H.-J. Lauth; D. Jahn (Hrsg.): Neuere Entwicklungen und Anwendungen auf dem Gebiet der Methoden der vergleichenden Politik- und Sozialwissenschaft. Wiesbaden: 85–104.

W. Muno (2015): Fallstudien und Process Tracing in der Vergleichenden Politikwissenschaft. In: H.-J. Lauth; M. Kneuer; G. Pickel (Hrsg.): Handbuch Vergleichende Politikwissenschaft. Wiesbaden.

O. Niedermayer (1997): Vergleichende Umfrageforschung: Probleme und Perspektiven. In: D. Berg-Schlosser; F. Müller-Rommel (Hrsg.): Vergleichende Politikwissenschaft. Ein einführendes Studienhandbuch. Opladen: 89–102 (3. Aufl.).

U. Oevermann; T. Allert; E. Konau; J. Krambeck (1979): Die Methodologie einer Objektiven Hermeneutik und ihre allgemeine forschungslogische Bedeutung in den Sozialwissenschaften. In: H.-G. Soeffner (Hrsg.): Interpretative Verfahren in den Sozial- und Textwissenschaften. Stuttgart: 352–433.

U. Oevermann (2001): Die Struktur sozialer Deutungsmuster – Versuch einer Aktualisierung. In: Sozialer Sinn 2/1: 35–82.

W. J. Patzelt (2005): Wissenschaftstheoretische Grundlagen sozialwissenschaftlichen Vergleichens. In: S. Kropp; M. Minkenberg (2005): Vergleichen in der Politikwissenschaft. Wiesbaden: 16–54.

P. Pennings (2003): The Methodology of the Fuzzy-Set Logic. In: S. Pickel; G. Pickel; H.-J. Lauth; D. Jahn (Hrsg.): Vergleichende politikwissenschaftliche Methoden: Neue Entwicklungen und Diskussionen. Wiesbaden: 87–105.

P. Pennings; H. Keman; J. Kleinnijenhuis (1999): Doing Research in Political Science – An Introduction to Comparative Methods and Statistics. London.

S. Pharr; R. Putnam (2000): Disaffected Democracies: What's troubling the Trilateral Countries. Princeton.

G. Pickel (2003): Die Verwendung von Individualdaten zum Nationenvergleich: Anmerkungen und Beispiele aus der vergleichenden Forschung. In: S. Pickel; G. Pickel; H.-J. Lauth; D. Jahn (Hrsg.): Vergleichende politikwissenschaftliche Methoden. Neue Entwicklungen und Diskussionen. Wiesbaden: 151–178.

G. Pickel (2009): Der Einbezug des Individuums in die Länderanalyse – Umfrageforschung und vergleichende Politikwissenschaft. In: S. Pickel; G. Pickel; H.-J. Lauth; D. Jahn (Hrsg.): Neuere Entwicklungen und Anwendungen auf dem Gebiet der Methoden der vergleichenden Politik- und Sozialwissenschaft. Wiesbaden: 269–288.

G. Pickel; S. Pickel (2003): Einige Notizen zu qualitativen Interviews als Verfahren der vergleichenden Methode der Politikwissenschaft. In: S. Pickel; G. Pickel; H.-J. Lauth; D. Jahn (Hrsg.): Vergleichende politikwissenschaftliche Methoden: Neue Entwicklungen und Diskussionen. Wiesbaden: 289–316.

G. Pickel; S. Pickel (2009): Qualitative Interviews als Verfahren des Ländervergleichs. In: S. Pickel; G. Pickel; H.-J. Lauth; D. Jahn (Hrsg.): Neuere Entwicklungen und Anwendungen auf dem Gebiet der Methoden der vergleichenden Politik- und Sozialwissenschaft. Wiesbaden: 417–440.

S. Pickel (2003): Jonglieren mit analytischen Ebenen: Triangulation von Aggregat- und Individualdaten. In: S. Pickel; G. Pickel; H.-J. Lauth; D. Jahn (Hrsg.): Vergleichende politikwissenschaftliche Methoden: Neue Entwicklungen und Diskussionen. Wiesbaden: 201–220.

S. Pickel (2009): Die Triangulation als Methode in der Politikwissenschaft. In: S. Pickel; G. Pickel; H.-J. Lauth; D. Jahn (Hrsg.): Neuere Entwicklungen und Anwendungen auf dem Gebiet der Methoden der vergleichenden Politik- und Sozialwissenschaft. Wiesbaden: 493–518.

S. Pickel; W. Breustedt; T. Smolka (2016): Measuring the Quality of Democracy: why include the Citizens perspective? In: International Political Science Review 37/5: 645–655.

S. Pickel; T. Stark; W. Breustedt (2015): assessing the quality of quality measures of democracy: a theoretical framework and its empirical application. In: European Political Science 14/4: 496–520.

S. Pickel; G. Pickel (2006): Vergleichende politische Kultur- und Demokratieforschung. Wiesbaden.

S. Pickel; G. Pickel; H.-J. Lauth; D. Jahn (Hrsg.)(2003): Vergleichende politikwissenschaftliche Methoden: Neue Entwicklungen und Diskussionen. Wiesbaden.

S. Pickel; G. Pickel; H.-J. Lauth; D. Jahn (Hrsg.)(2009): Neuere Entwicklungen und Anwendungen auf dem Gebiet der Methoden der vergleichenden Politik- und Sozialwissenschaft. Wiesbaden.

T. Plümper; V. Troeger (2009): Fortschritte in der Paneldaten-Analyse: Alternativen zum de facto Beck-Katz-Standard. In: S. Pickel; G. Pickel; H.-J. Lauth; D. Jahn (Hrsg.): Neuere Entwicklungen und Anwendungen auf dem Gebiet der Methoden der vergleichenden Politik- und Sozialwissenschaft. Wiesbaden: 237–250.

M. Pötschke (2006): Mehrebenenanalyse. In: J. Behnke; T. Gschwend; D. Schindler; K.-U. Schnapp (Hrsg.): Methoden der Politikwissenschaft. Neuere qualitative und quantitative Verfahren. Wiesbaden, 167–180.

K. Popper (2005): Logik der Forschung. Tübingen (11. Aufl.).

A. Przeworski; H. Teune (1970): The Logic of Comparative Social Inquiry. New York.

A. Przyborski; M. Wohlrab-Sahr (2010): Qualitative Sozialforschung. München (3. Aufl.).

A. Przyborski; M. Wohlrab-Sahr (2013): Qualitative Sozialforschung. München (4. Aufl.).

P. Rabinow; W. M. Sullivan (Hrsg.)(1987): Interpretive Social Science: A second Look. Berkeley.

C. C. Ragin (1987): The Comparative Method: Moving Beyond Qualitative and Quantitative Strategies. Berkeley.

C. C. Ragin (2000): Fuzzy-Set Social Science. Chicago.

C. C. Ragin; D. Berg-Schlosser; G. De Meur (1996): Political Methodology: Qualitative Methods. In: R. E. Goodin; H.-D. Klingemann (eds.): A New Handbook of Political Science. Oxford: 749–768.

B. Rasch; M. Friese; W. Hofmann; E. Naumann (2010) (Hrsg.): Quantitative Methoden 1. Einführung in die Statistik für Psychologen und Sozialwissenschaftler. Heidelberg (3. Aufl.).

S. Raudenbush; A. Bryk (2002): Hierachical Linear Models. Applications and Data Analysis Methods. Thousand Oaks (2. Aufl.).

B. Rihoux (2009): Qualitative Comparative Analysis (QCA) and related techniques: recent advances and challenges. In: S. Pickel; G. Pickel; H.-J. Lauth; D. Jahn (Hrsg.): Neuere Entwicklungen und Anwendungen auf dem Gebiet der Methoden der vergleichenden Politik- und Sozialwissenschaft. Wiesbaden: 339–360.

B. Rihoux; H. Grimm (2006): Innovative Comparative Methods for Policy Analysis. New York.

B. Rihoux; C. Ragin (2009): Configurational Comparative Methods: Qualitative Comparative Analysis (QCA) and related techniques. London.

W. Robinson (1950): Ecological Correlations and the Behavior of Individuals. In: American Sociological Review 15/3: 351–357.

I. Rohlfing (2009): Vergleichende Fallanalysen. In: S. Pickel; G. Pickel; H.-J. Lauth; D. Jahn (Hrsg.): Neuere Entwicklungen und Anwendungen auf dem Gebiet der Methoden der vergleichenden Politik- und Sozialwissenschaft. Wiesbaden: 105–124.

I. Rohlfing (2012): Case Studies and Causal Inference: An Interpretative Framework. Basingstoke.

U. Rosar (2003): Die Einstellung der Europäer zum Euro: Ein Anwendungsbeispiel der Mehrebenenanalyse als Instrument komparativer Umfrageforschung. In: S. Pickel; G. Pickel; H.-J. Lauth; D. Jahn (Hrsg.): Vergleichende politikwissenschaftliche Methoden: Neue Entwicklungen und Diskussionen. Wiesbaden: 469–484.

M. Rudolf; J. Müller (2004): Multivariate Verfahren. Eine praxisorientierte Einführung mit Anwendungsbeispielen in SPSS. Göttingen.

C. Schendera (2009): Clusteranalyse mit SPSS. Mit Faktorenanalyse. München.

E. K. Scheuch (1968): The Cross-Cultural Use of Sample Surveys: Problems of Comparability. In S. Rokkan (Hrsg.): Comparative Research Across Cultures and Nations. Paris: 176–209.

M. G. Schmidt (1995): Vergleichende Politikforschung mit Aggregatdaten: Inwieweit beeinflussen Parteien Regierungspolitik? In: U. von Alemann (Hrsg.): Politikwissenschaftliche Methoden. Grundriss für Studium und Forschung. Opladen: 327–356.

C. Q. Schneider (2006): Qualitative Comparative Analysis und Fuzzy Sets. In: J. Behnke; T. Gschwend; D. Schindler; K.-U. Schnapp (Hrsg.): Methoden der Politikwissenschaft. Neuere qualitative und quantitative Verfahren. Wiesbaden: 273–286.

C. Q. Schneider; C. Wagemann (2007): Qualitative Comparative Analysis (QCA) und Fuzzy Sets. Ein Lehrbuch für Anwender und jene die es werden wollen. Opladen.

C. Q. Schneider; C. Wagemann (2009): Standards guter Praxis in Qualitative Comparative Analysis (QCA und Fuzzy-Sets. In: S. Pickel; G. Pickel; H.-J. Lauth; D. Jahn (Hrsg.): Neuere Entwicklungen und Anwendungen auf dem Gebiet der Methoden der vergleichenden Politik- und Sozialwissenschaft. Wiesbaden: 361–386.

R. Schnell; P. B. Hill; E. Esser (2013): Methoden der empirischen Sozialforschung. München (9. Aufl.).

F. Schimmelfennig (2006): Prozessanalyse. In: J. Behnke; T. Gschwend; D. Schindler; K.-U. Schnapp (Hrsg.): Methoden der Politikwissenschaft. Neuere qualitative und quantitative Analyseverfahren. Baden-Baden: 263–272.

M. Schulz; B. Mack; O. Renn (2012): Fokusgruppen in der empirischen Sozialwissenschaft. Von der Konzeption bis zur Auswertung. Wiesbaden.

F. Schütze (1983): Biographieforschung und narratives Interview. In: Neue Praxis 3: 283–293.

F. Schütze (1987): Das narrative Interview in Interaktionsfeldstudien: erzähltheoretische Grundlagen. Teil 1. Studienbrief der Fernuniversität Hagen. Hagen.

F. Schütze; W. Meinefeld; W. Springer; A. Weymann (1973): Grundlagentheoretische Voraussetzungen methodisch kontrollierten Fremdverstehens. In: Arbeitsgruppe Bielefelder Soziologen (Hrsg.): Alltagswissen, Interaktion und gesellschaftliche Wirklichkeit. Band 2. Reinbek b. Hamburg: 433–495.

J. Seawright; J. Gerring (2008): Case Selection Techniques in Case Study Research: A Menu of Qualitative and Quantitative Options. In: Political Research Quarterly 61/2: 294–301.

T. Snijders; R. Bosker (2013): Multilevel Analysis. An introduction to basic and advanced multilevel modelling. London (2. Aufl.).

W. Steffani (1997): Gewaltenteilung und Parteien im Wandel. Wiesbaden.

A. Strauss; J. Corbin (1996): Grounded Theory. Grundlagen qualitativer Sozialforschung. Weinheim.

J. Strübing (2013): Qualitative Sozialforschung. Eine komprimierte Einführung für Studierende. München.

J. Strübing (2014): Grounded Theory. Wiesbaden.

O. Tansey (2009): Process Tracing and Elite Interviewing: A Case for Non-probability Sampling. In: S. Pickel; G. Pickel; H.-J. Lauth; D. Jahn (Hrsg.): Neuere Entwicklungen und Anwendungen auf dem Gebiet der Methoden der vergleichenden Politik- und Sozialwissenschaft. Wiesbaden: 455–472.

A. Tarski (1994 [1941]): Introduction to Logic and to the Methodology of Deductive Sciences. Oxford.

A. Tashakkori; C. Teddlie (1998): Mixed Methodology. Combining Qualitative and Quantitative Approaches. London.

A. Tashakkori; C. Teddlie (2003): Handbook of Mixed Methods in social and Behavioral Research. London.

A. Tashakkori; C. Teddlie (2010): Mixed Methodology. SAGE Handbook of Mixed Methods. London.

G. Tiemann (2009): Zwei Verfahren zur Analyse heterogener Kausalität: Time-Series-Cross-Section- und Mehrebenenmodelle. In: S. Pickel; G. Pickel; H.-J. Lauth; D. Jahn (Hrsg.): Neuere Entwicklungen und Anwendungen auf dem Gebiet der Methoden der vergleichenden Politik- und Sozialwissenschaft. Wiesbaden: 187–206.

J. von Oertzen (2006): Grounded Theory. In: J. Behnke; T. Gschwend; D. Schindler; K.-U. Schnapp (Hrsg.): Methoden der Politikwissenschaft. Neuere qualitative und quantitative Analyseverfahren. Baden-Baden: 145–154.

J. Verkuilen (2001): Measuring Fuzzy-Set Membership Functions. A Dual Scaling Approach. Paper Annual Meeting American Political Science Association. San Francisco August 30 – September 2, 2001.

C. Wagemann; C. Q. Schneider (2003): Fuzzy-Set Qualitative Comparative Analysis (fs/QCA): Ein Zwei-Stufen-Modul. In: S. Pickel; G. Pickel; H.-J. Lauth; D. Jahn (Hrsg.): Vergleichende politikwissenschaftliche Methoden. Neue Entwicklungen und Diskussionen. Wiesbaden: 135–150.

U. Wagschal (1999): Statistik für Politikwissenschaftler. München.

U. Wagschal; M. Grasl; S. Jäckle (2009): Arbeitsbuch Empirische Politikforschung. Berlin.

M. Weber (1972): Die „Objektivität" sozialwissenschaftlicher und sozialpolitischer Erkenntnis. Gesammelte Aufsätze zur Wissenschaftstheorie. Tübingen.

C. Weilscher (2007): Sozialforschung: Theorie und Praxis. Konstanz.

C. Welzel (2002): Fluchtpunkt Humanentwicklung. Über die Grundsachen der Demokratie und die Ursachen ihrer Ausbreitung. Wiesbaden.

C. Welzel (2003): Irrtümer bei der Interpretation des „ökologischen Fehlschlusses". Zur Aussagekraft aggregierter Umfragedaten. In: S. Pickel; G. Pickel; H.-J. Lauth; D. Jahn (Hrsg.): Vergleichende politikwissenschaftliche Methoden: Neue Entwicklungen und Diskussionen. Wiesbaden: 179–200.

G. Wenzelburger; S. Jäckle; P. König (2014): Weiterführende statistische Methoden für Politikwissenschaftler. Eine anwendungsorientierte Einführung mit Stata. München.

B. Western (1995): Concepts and Suggestions for Robust Regression Analysis. In: American Journal of Political Science 39/3: 786–817.

J. R. Winkler; J. W. Falter (1995): Grundzüge der politikwissenschaftlichen Forschungslogik und Methodenlehre. In: A. Mohr (Hrsg.), Grundzüge der Politikwissenschaft. München: 65–141.

A. Witzel (1982): Verfahren der qualitativen Sozialforschung. Frankfurt/Main.

E. Zimmermann (2006): Das Experiment in den Sozialwissenschaften. Stuttgart (2. Aufl.).

Stichwortverzeichnis

A
Aggregatdaten 24, 42, 76, 77, 142, 192, 197, 198, 200, 249, 252, 254, 255, 269
Aggregatdatenanalyse 1, 13, 25, 52, 77, 197, 198, 200, 201, 213, 256
allgemeine Sätze 7
Alternativhypothese 164
Anonymität 89, 102

B
Bedeutungsproblem 223
biografisches Interview 112, 113
Boolsche Algebra 25

C
Chi-Quadrat 158, 162
Clusteranalyse 167–169, 192–196, 262, 286
Codierschema 228, 229, 232, 235
Codiersystem 117, 125, 228
Contradictory Cases 213

D
Datenkontrolle 26, 104, 106, 108, 280, 281
Dendogram 192
Diskriminanzanalyse 167–169, 196, 197
Diskursanalyse 218, 239, 244–247, 249, 250, 255, 260, 263
Dispersionsmaße 150–152
Drittvariablen 78, 79, 81, 83, 84, 160, 161, 181
Dummy-Variablen 108, 109, 195, 256

E
Einfachstruktur 185, 186, 189
empirische Sättigung 56
Erkenntnis 2, 18, 19, 30, 37, 59, 60, 72, 187, 213, 231, 251
Erkenntnisfortschritt 15
Experiment 51, 78–81
Expert Judgements 1
Experte 118, 120–122, 124–127
Explanandum 10, 35
Explanans 10, 35
externe Validierung 26, 47, 48, 202
Extraktionsmethode 187, 188, 190

F
Face-to-Face-Befragung 71, 89, 96, 97, 278, 279
Fallauswahl 23, 31, 51–53

Falsifikation 10, 18, 287
Feldexperiment 25, 82, 83
Feldnotizen 135, 136
Feldphase 24, 25, 88, 95, 100, 101, 275, 278, 280
Forschungsdesign 19, 20, 23, 50–52, 60, 62, 251, 263, 268
Freiheitsgrade 159, 173

G
Gewichtung 69, 72–74
Grounded Theory 2, 61, 215, 217, 218, 221, 228, 233, 234, 236, 237, 244, 260–262, 264
Grundgesamtheit 23, 24, 62, 64, 65, 68, 71–74, 76, 142, 144–146, 161, 164–166, 173–175

H
Hawthorne-Effekt 82
Hempel-Oppenheim-Schema 10, 11, 35
hierarchisch-agglomerative Verfahren 193
Hypothesen 3, 9, 10, 15, 17, 18, 22, 23, 27, 29, 62, 110, 162, 165, 167, 202, 207, 267, 268, 287, 291

I
Imputation 199
Individualdatenanalyse 1, 25
induktiv 10, 11, 18, 45, 53, 56, 60, 185
Inferenz 166
Inferenzstatistik 144, 161
Informationsgehalt 9, 11, 18, 29, 38, 151, 156, 159, 160
Intercoderreliabilität 56, 105
Intervallskala 38–40
Intervieweffekte 100, 103
Interviewerleitfaden 100
Itembatterien 43, 90, 91, 191, 271

K
Kommunalitäten 187, 189
Komponentenmatrix 189
Konfidenzintervall 163, 164
Kontextvariablen 35
Konzeptspezifikation 22, 266
Korrespondenztheorie 7, 8
Kreuztabellen 144, 153, 156, 159, 283, 286

L

Längsschnittstudien 66
Leitfadeninterview 25, 64, 112, 114–116
Limited Diversity 212, 213
Lost-Letter-Methode 82

M

Maximum-Likelihood-Methode 188
Mehrebenenanalyse 35, 239, 255–259
Merkmal 34–36, 44, 45, 49, 145, 148, 212, 258, 287
Merkmalsträger 33, 34, 36, 66, 145, 195
Mittelwertvergleich 156
Mixed-Methods-Design 54, 201, 239, 252
Modus 150, 151
Multikollinearität 44, 178, 181

N

narratives Interview 34, 113
Narrativität 221, 233
Neoinstitutionalismus 16
Nominalskala 38, 39
Normalverteilung 163
Nullhypothese 164, 165

O

ökologische Inferenz 198
Operationalisierung 13, 23, 37, 41, 44, 62, 84, 228, 268, 271, 272
Ordinalskala 38, 39

P

Partialkorrelation 160
politische Kulturforschung 2
Positivismus 19
Primärforscher 58, 89, 201–203
probabilistisch 204
problemzentriertes Interview 114
Process Tracing 2, 13, 64, 239–241
Prozessanalyse 239–243, 246, 262

Q

QCA 2, 25, 61, 200, 204–215, 243
qualitative Inhaltsanalyse 59, 217, 218, 223, 224, 229, 232, 233, 260
qualitative Methoden VIII, 1, 12
Quartile 150, 151
Querschnittbefragung 66
Quotenplan 68, 69
Quotenstichprobe 66, 68–70, 74

R

Ratioskala 38–40
Regressionsanalyse 144, 167–171, 173–175, 177–182, 185, 255, 256, 259, 285
Regressionskoeffizient 174
Reliabilität 6, 37, 46–48, 55, 56, 58, 60, 76, 259
Replikation 48, 86, 272
repräsentativ 72, 73, 199, 270

S

Scheinkorrelation 161
schließende Statistik 144, 161, 167
schriftliche Befragung 63, 89, 98, 140, 278
Schwedenschlüssel 71, 100
Sekundärdaten 25, 201, 203, 204, 269
Selection Bias 23, 53, 200, 201
Selektivität 81, 250
Sequenzen 227, 228, 240–242
Signifikanz 79, 144, 161, 165, 166, 173
singuläre Sätze 7
Sinnstrukturen 11, 57, 111, 113, 114, 217
Sinnverstehen 15, 29, 54
Spannweite 151, 152, 174
SPSS 26, 40, 105, 142, 143, 149, 160, 172, 173, 179, 182, 185–190, 193, 194, 261, 262, 281
Stegreiferzählung 114
Strukturfunktionalismus 16
Strukturmatrix 189
Suggestivfragen 92, 272, 275
Syllogismus 10, 11
symbolische Ordnungen 244

T

telefonische Befragung 96, 97, 99
Theoretical Sampling 69, 236, 237
theoretische Sättigung 218
Transkription 34, 59, 112, 116–119, 124, 125, 220, 227, 232
Transparenz 3, 5, 6, 28, 46, 48, 55, 58, 202, 238, 287
Triangulation 13, 239, 251–255
Typologie 27, 44, 45

U

Überquotierung 68
Umfragedaten 25, 54, 142, 200, 201, 255, 269

V

Validität 6, 46–48, 55–57, 60, 61, 76, 81, 82, 223

Variable 5, 34–38, 40–42, 53, 148, 154, 157, 160, 161, 168, 170–172, 174–181, 184, 186, 191, 195, 197, 205, 241, 256, 257, 281, 284

Varianz 24, 40, 152, 172, 179, 183, 187, 188, 191, 257

Varianzerklärung 187

vergleichende Methode 50–52, 54, 60

Vollerhebung 24, 68, 144, 277

W

Wissenschaftstheorie IX, 2, 5, 6, 9, 30, 31, 33, 56, 60, 261

Wissensordnungen 246, 250

Z

Zirkularität 14, 56, 125

Zugzwänge 114